必勝合格！

出題のねらい・解答のポイントがよくわかる！

韓国語能力試験
TOPIK II 中・上級

3・4・5・6級
一発
クリア！

完全模試 3回分

Visang Education / 吉川寿子

© Visang Education

Jリサーチ出版

はじめに

　10年以上前、「大学生になったら韓国に留学したいので、TOPIKの受験に備えた授業をしてほしいです!」と高校生の生徒さんに依頼されたのが、私がTOPIK対策に本格的に取り組み始めたきっかけです。TOPIKは、韓国への留学や就職に必要な資格として広く認められています。しかし、TOPIKはTOPIK Ⅰ（初級）とTOPIK Ⅱ（中上級）というランク分けのため、出題範囲の把握が難しいです。また、問題文もすべて韓国語で、日本語に翻訳させる問題がなく、日本語母語学習者には解きにくいタイプの問題も多数出題されます。TOPIKの独学が難しいと言われるのは、ここに理由があるようです。そのため私も、韓国から教材を取り寄せたり試験を自ら受けたりして、TOPIKでどのような語学能力が求められているのか、また必要な対策は何なのかを研究しながら、授業を行っています。

　本書は、TOPIK Ⅱの問題タイプ別の解法を紹介し、実践レベルの模擬試験を3回分収録しています。この模擬試験は、韓国内の数多くの語学堂（韓国の大学が運営する語学教育施設）で採用されている教材や多様な教育コンテンツの開発・制作で実績のある、Visang Education 社にて作成したオリジナルの問題です。それぞれの解答には、日本語母語学習者の目線から丁寧に解説を加えています。問題の理解に必要な韓国文化の説明や、特に独習されている方に向けて、試験本番での時間配分なども記しました。

　また、TOPIK Ⅱの最大の特徴である記述式作文問題では、マス目を使って解答例を提示していますので、原稿用紙の記入方法が一目瞭然です。巻末には、試験直前の復習・整理に役立つよう、本書で学習した語句の見直しに便利なリストや作文で使いたい表現などをまとめました。

　本書の制作を進めるにあたり、TOPIK Ⅱで最も難解とされる読解の小説問題の訳文作成では、韓日・日韓翻訳家で翻訳講師のカン・バンファ先生、東京韓国文化院・世宗学堂のユ・チュンミ先生に大変ご協力をいただきました。この場を借りて厚く御礼申し上げます。

　出題されるジャンルも幅広く、3科目の問題を解くだけでも3時間かかるハードなTOPIK Ⅱですが、半ばスポーツをするような感覚で、楽しんでいきましょう! そして、ぜひ、本書でTOPIK Ⅱを攻略し、韓国語を通じてかなえたい目標へとステップアップしてください。作成者一同、心より応援しています!

吉川寿子

目次

はじめに …………………………………………………………… 3

本書の構成と使い方 …………………………………………… 5

韓国語能力試験「TOPIK Ⅱ」の内容 ……………………… 6

TOPIK Ⅱの問題の特徴と解き方のポイント ……………… 8

音声ダウンロードのご案内 …………………………………… 14

第1回模擬試験　解答・解説 ……………………………… 15

第2回模擬試験　解答・解説 ……………………………… 71

第3回模擬試験　解答・解説 ……………………………… 127

付録「試験に出る重要語句」………………………………… 181

別冊

第1〜3回模擬試験　問題

第1〜3回模擬試験　答案用紙

本書の構成と使い方

　本書は、下記の通り3回分のTOPIK Ⅱ模擬試験とその解説を掲載しています。問題と答案用紙は付属の別冊に、解答・解説はこちらの本冊に収められています。

　聞き取り問題用の音声は、Jリサーチ出版のホームページよりダウンロードできます。詳しくはP.14をご覧ください。音声の利用方法には、①「模試1回分を通しで再生するパターン」と、復習・確認用に②「問題ごとに再生するパターン」の2通りあります。①は「第1回：001」「第2回：002」「第3回：003」、②は「第1回：101〜165」「第2回：201〜265」「第3回：301〜365」のトラックを設けています。

▶第1回〜第3回模擬試験　問題用紙・答案用紙（別冊）

　実際の試験と同様のページ構成で作られた模擬試験です。それぞれの試験を、聞き取り問題は音声を流しながら、時間通りに解いてください。TOPIK Ⅱの解答は、筆記問題を除いて4択・マークシート式です。付属の答案用紙を使い、実際に答えを塗りつぶしながら進めましょう。

▶第1回〜第3回模擬試験　解答（本冊）

　各回の解説ページの最初に、聞き取りと読解の正解番号を答案用紙のマークシートの形で掲載しています。自分の答案用紙と照らし合わせながら答え合わせをしましょう。

▶第1回〜第3回模擬試験　解説ページ（本冊）

　解説ページには、各問の日本語訳と、文法事項や語句など、問題を解くために必要な知識を示しています。解説を読みながら、間違えた原因や、今後の学習で補うべきポイントを確認しましょう。模擬試験1回ごとにP.8の「TOPIK Ⅱの問題の特徴と解き方のポイント」を読んで復習すると、出題傾向や実際の試験で注意すべき点が、よく理解できるでしょう。

　解説のアイコンは、💡 ポイント　⚠ 落し穴・ひっかけ　✏ 必須文法　👆 重要語彙・表現　📖 関連情報　関 関連語句　を表しています。

▶試験に出る重要語句（本冊）

　巻末には、本書の模擬試験に出てきた語句の中でもぜひ覚えておきたいもの、また関連して覚えておくとよいものをまとめています。「これだけは必要！」という語句を厳選しているので、試験直前の見直しにも役立ちます。

5

韓国語能力試験「TOPIK Ⅱ」の内容

　TOPIKは、韓国政府が認定する唯一の韓国語能力試験として、大韓民国教育部・国立国際教育院が主催し、日本での試験の実施は、韓国教育財団が主管し開催します。現在世界97ヵ国の韓国語学習者が受験しており、大学の単位認定、奨学金支給、留学や就職など、さまざまな場面で韓国語の能力を裏付ける資格として活用されています。試験は、初級向けのTOPIKⅠと中・上級向けのTOPIKⅡに分けて行われ、一定以上の得点によりTOPIKⅠは1〜2級、TOPIKⅡは3〜6級の成績が付与されます。以下、TOPIKⅡについて紹介します。

▶ 試験概要（TOPIKⅡ）

開催時期	4月、7月、10月（日本での実施は年3回）
受験資格	特になし（ⅠとⅡの併願は不可）
受験申請方法	日本で受験する場合はTOPIK（韓国教育財団）ホームページにてオンラインで申請
受験料	7,000円
成績発表	試験日の約1ヵ月後より、韓国のTOPIKホームページ（https://www.topik.go.kr）にて成績照会と成績表の印刷が可能
成績有効期間	各試験の成績発表日より2年間

▶ 問題の種類および配点（TOPIKⅡ）

時間	試験領域	解答形式	問題数	配点	配点合計
1時間目	聞き取り（60分）	マークシート（4択）	50	100点	300点
	筆記（50分）	記述式	4	100点	
2時間目	読解（70分）	マークシート（4択）	50	100点	

▶ 各級の評価基準（TOPIKⅡ)　　聞＝聞き取り　　読＝読解　　筆＝筆記

評価等級	評価基準
3級 （120点以上）	聞「個人的な談話」や「身近で平凡な社会的テーマを扱う談話」、「広告やインタビュー、天気予報などの実用談話」を聞いて、概要を把握し、推論できる。 読「基本的な社会生活に必要な事柄に関する文章」「身近な社会・文化などを扱う簡単なテーマの文章」を読んで、内容を理解し、推論できる。 読簡単な広告、案内文などの実用文を読んで情報を把握し、主な内容や細かい内容を推論できる。身近な筆：社会的テーマの説明文や感想文を、段落単位で比較的正確かつ適切に構成できる。また、日常生活における実用文を適切な書式で記述できる。

4級 (150点以上)	聞	「対人コミュニケーションで必要とされる、一般的な社会的・抽象的テーマを扱った談話」や「比較的平凡な内容のニュースや討論」を聞いて、内容を把握し、推論できる。
	読	「社会生活に必要な事柄の文章」や「経済・社会・文化に関するテーマの文章」を読んで内容を理解し、推論できる。
	読	「感想文や使用説明書、案内文、説明文、新聞記事、エッセイなど」を読んで情報を把握し、内容を推論できる。
	筆	一般的または身近な社会的テーマの説明文や感想文を、段落単位で正確かつ適切に構成できる。
5級 (190点以上)	聞	「経済・社会・文化などの専門分野に関する一般的な対話や談話」や「身近なテーマでの講演や対談」を聞いて内容を把握し、推論し、時に批判的な理解ができる。
	聞	祝辞や弔辞など特殊な状況においての談話を聞き、概ね内容を把握し、推論できる。
	読	一般的な学業や仕事に関する文章」を読んで内容を理解し、推論でき、批判的な分析ができる。
	読	政治・経済・社会・文化・科学など多様なテーマの論説文や記事などを読んで内容を理解でき、小説や詩などの文芸作品を読んで作者の意図や趣旨を把握できる。
	筆	社会的・抽象的なテーマや特定の専門分野に関する論述文を比較的正確で、適切に構成できる。
6級 (230点以上)	聞	「社会生活のあらゆる場面の談話」や「政治・経済・社会・文化・教育などの専門分野に関わる、多少深度の深い談話」、「複雑な内容の講演や演説、対談」を聞いて、内容を把握できるか推論ができる。
	読	「社会のあらゆる領域・分野に関する文章」を読んで内容を把握し、推論でき、批判的に分析できる。小説、民謡、評論などを読んで、作者の意図や心情などを把握できる。
	筆	社会的・抽象的なテーマや特定の専門分野に関する論述文を正確かつ適切に構成できる。

＊試験については、必ずTOPIK（韓国教育財団）のホームページで最新情報を確認してください。
https://www.kref.or.jp/topik/

TOPIKⅡの問題の特徴と解き方のポイント

■ 1. TOPIK Ⅱ の問題の特徴と対策

TOPIK Ⅱは、TOPIK Ⅰに比べると問題数も多く、マークシートに加えて記述式の作文問題もあります。さらに、中級と上級、両方のレベルの問題が一緒に出題されますので、初めて受験される方は必ず事前に、制限時間を設けて模擬試験を受けて、ご自身のレベルを把握しておいてください。

目標の級に応じた対策

TOPIK Ⅱで出題されるジャンルは、身近な話題から教育、健康、心理、科学、生物、芸術、経済、歴史、政策のほか、時事問題も反映されますので、普段から社会全体に幅広く関心を向けながら学習を進めましょう。

また、TOPIK Ⅱのマークシート問題は各2点ですので、難しい問題も易しい問題も配点は同じです。**目標級を勝ち取るには、本番でどこまで解くか、時間配分をどうするのか、戦略が必要です。**

中級レベル（3・4級）を目指す方なら、**無理に全問に解答しようとしないで、確実に6割の解答を目指し、残りの問題で得点を上積みする**、といった考え方のほうがいいでしょう。

上級レベル（5・6級）を目指す方なら、苦手の問題・分野を残すと得点が伸び悩む要因になりますので、**弱点強化**が必要です。また、**タイムマネージメントがより重要**になります。制限時間内に的確に答えが得られるよう、問題文や選択肢をスピーディーに読み取ることや、**速読**のスキルを高めることを課題としましょう。

■ 2. TOPIK Ⅱ の解き方のポイント

聞き取り問題（全50問　60分）

問題形式の違いに注意

中級レベルとされる前半は、スピードは比較的ゆっくりですが、**1〜20番は読み上げ音声が1回しかありません**。イラストや図表の違いを把握し、選択肢を素早く読みながら、集中して内容を聞き取る必要があります。**21〜50番は読み上げ音声が2回ずつ**ありますので、キーワードや数字をメモして確認しながら、解答しましょう。なるべく1回で聞き取って、次の問題の選択肢を先読みする余裕が持てるようになることが理想です。そのためにも、問題のタイプを知ったうえで練習を重ねておくことが、高得点のカギになります。

前半の問題では、**家庭や職場、学校など身近な状況での会話文**が多く出題されますが、後半は、**公的な場面での対話や講演、ドキュメンタリーなど**も出題されます。同じタイプの問題でも、求められる語彙や表現のレベルが上がります。上級を目指す方は、韓国語で**ニュースを聞いて要点をメモする練習**が必須です。

聞き取りの問題タイプ

聞き取りの問題タイプを分類すると、次のようになります。

問題タイプ	
タイプ1	音声の内容と一致するイラストや図表を選ぶ
タイプ2	会話の次のセリフを選ぶ
タイプ3	女性の次の行動を選ぶ
タイプ4	会話の内容と一致する文を選ぶ
タイプ5	話者の中心となる考えを選ぶ
タイプ6	話者が何をしているのかを選ぶ
タイプ7	話者の意図や話す態度を選ぶ
タイプ8	話者がどんな人物か（職業など）を選ぶ
タイプ9	談話の前後の内容を選ぶ
タイプ10	話者の意図や目的を選ぶ

※計50問、各2点

※それぞれの問題数や有る無しなど、詳しくは公式サイトでお確かめください。

（→韓国教育財団 https://www.kref.or.jp/topik/）

◎ポイント整理

①問題で指示された人物の発話や行動、考えを中心に聞く。

②発話や行動が誰のものかに注意し、取り違えないようにする。

③話者が心情や評価、理由を述べている部分に注意する。

④正解選択肢は発話の内容を言い換えていることが多い。

⑤イラスト問題では、音声が流れる前にそれぞれの絵の内容の違いや特徴をつかむようにする。

読解問題（全50問　70分）

語彙力の強化が必要

　読解問題も、内容一致や主題選びなど、多くは TOPIK I と問題のタイプは共通するものの、序盤から中盤、後半へと進むにつれて、問題文と選択肢の単語や表現の難易度が上がります。TOPIK I と同様、文章の並べ替えもありますが、新たに**新聞記事のタイトルやエッセイのテーマ、小説の登場人物の心情**を選ぶ問題などがありますので、よく使われる**慣用句**を覚えるなど、語彙力の一層の強化が必要です。また後半では、一文挿入の問題も複数あり、集中力が求められます。

効率よく、スピード重視で

　読解は自分のペースで解けますので、中級レベルを目指す方は、必要なレベルの語彙・表現をインプットした上で、自分が**確実に点を取れそうな問題にしっかり時間をかけて**取り組みましょう。

　問題のボリュームが多いので、上級を目指す方が時間内に解ききるためには、**効率とスピード**がより求められます。本文を最初から最後まで、端から端まですべて読み、すべて理解する必要はありません。先に問題指示文や選択肢にさっと目を通してから本文を読むといいでしょう。タイトルや場面・状況も最初にしっかり押さえます。そして、下線部や空欄とその前後を重点的に読むなど、問題に合わせてメリハリをつけて読むようにしましょう。

ミスやロスを避ける

　後半の問題は、1問あたり1分半前後のペースを目標にするといいでしょう。一つの問題に時間をかけすぎると大きなロスにつながりかねません。一定のペースをキープすることが大切です。答えに確信が持てない場合は、深入りせず、とりあえず解答をして、次の問題に進みましょう。

　また、試験では読解は2時限目に行われるため、疲労によるケアレスミスが起こりやすいです。焦るあまり、マークする場所を間違える、というようなことも起こり得ます。試験終了までに**マークミスがないかチェック**する時間を必ず取りましょう。

読解の問題タイプ

　読解の問題タイプを分類すると、次のようになります。

問題タイプ	
タイプ 11	文法の正しい用法を選ぶ（文法問題）
タイプ 12	広告やポスター、図表の内容と一致する文を選ぶ

タイプ 13	文を適切な順番に並べ替える
タイプ 14	文章の内容と一致する文を選ぶ
タイプ 15	文や文章の穴を埋める語句を選ぶ（空欄補充）
タイプ 16	新聞記事のタイトルと一致する文を選ぶ
タイプ 17	文章の主題を選ぶ
タイプ 18	文章に挿入する文を選ぶ（一文挿入）
タイプ 19	登場人物の心情を選ぶ
タイプ 20	筆者の意図や態度、目的を選ぶ

※計 50 問、各2点

※それぞれの問題数や有る無しなど、詳しくは公式サイトでお確かめください。

（→韓国教育財団 https://www.kref.or.jp/topik/）

◎ポイント整理

①空欄の近くに「이（この）」「그（その）」「저（あの）」から始まる指示語があれば、その指示内容を確認し、手がかりにする。

②文章が長い問題などでは、最初に問題指示文や選択肢に目を通してから本文を読むと効率がよい。

③文章のすべてを読み解こうとするのではなく、問われていることに基づいて、下線部や空欄、結論部分などを重点的に読む。

④一つの問題に時間をかけすぎず、一定のペースをキープするようにする。

⑤主題を問う問題では、逆接や理由・因果関係を表す接続詞、副詞などの強調表現、文末表現に注意する。また、「本文内容と一致しているが主題ではない」選択肢に惑わされないようにする。

⑥要旨を問う問題では、文章全体の論理展開をとらえて判断する。

⑦本文の内容との一致を問う問題では、本文からそのまま抜き出したものでなく、言い換えで表現されている選択肢を中心に選ぶ。

⑧文の並べ替えや挿入の問題では、指示詞や接続詞、文末表現を中心に、文と文のつながりや文章の流れを判断する。

筆記問題（全4問 50分）

解答はペンで書く

　TOPIK Iと違い、TOPIK IIには筆記問題があります。しかも、鉛筆と消しゴムは使えず、試験当日に会場で配られる**ペンを使って記入し、持参の修正テープで修正する**、というルールです。いずれ試験がオンライン形式に移行すれば、タイピング形式になる可能性もありますが、しばらくはペンで紙の答案用紙に書くスタイルが続く予定なので、慌てることのないよう、心づもりをしておきましょう。

　TOPIK IIの合格には筆記が重要なカギを握っています。特に作文です。自信がなくても白紙答案は避けて、部分点だけでも得るようにしましょう。ただし、「作文」だからと、とにかく何か書かなくてはと焦り、いきなり書き始めては本末転倒です。何よりもまず、**問題文を注意深く読んで、何が求められているか確認する**ことを心掛けてください。そして、問題文や与えられた情報をしっかり手がかりにしてください。

筆記の目標スコア

　聞き取りと読解のスコアにもよりますが、筆記で必要なスコアの目安としては、概ね下記の通りです。
※筆記（100点満点中）は大問4つで、51〜52番は空欄補充（20点）、53番はデータ作文（30点）、54番は社会的テーマ作文（50点）。

➡ 3級合格を目指す方は30点台（51、52、53番）
➡ 4級合格を目指す方は40点台（51、52、53番）
➡ 5級合格を目指す方は50点台（51、52、53番＋54番300〜400字前後）
➡ 6級合格を目指す方は60点台（51、52、53番＋54番500〜700字）

51-52番（空欄補充）

　筆記のスタートになる51番の空欄補充問題は、実用文（メールのやり取り、案内文など）です。レベル的にはTOPIK Iの読解後半の問題に近い内容が多いので、2級をクリアした方であれば理解できるはずの内容です。3級合格を目指す方は、作文は51番だけでも書きましょう。ここでの文法事項は、初級レベルでもかまいませんので臆せずに書きます。多少のミスがあっても、採点者にこの受験者は問題文を読み取れている、とアピールすることが大切です。51番は1問5点で、2問で10点の配点です。

　51番の特徴は、タイトルがあることです。**タイトルは文章を書く目的そのもの**なので、タイトルの文言がそのまま解答になるケースもあります。次に、**文章の丁寧さ加減を把握して、適切な敬語を使う**ことが大切です。また、**空欄の前後から推測して、文脈に会った文法事項を含んだ内容を正確に書く**ことが求められ

ます。51番で求められている文法事項は、そんなに多くありません。スペルの確認も含め、手を動かして書く練習をしておきましょう。52番も解き方は基本的には同じですが、内容の抽象度が上がってわかりにくい問題が多く、**解答に時間を取られやすいので注意**してください。

> **注意！** 文末に**합니다（格式）体**や**해요（会話）体**を使用できるのは51番までです。52番からは文末を**한다（叙述）体**で書かなければなりません。

53番-54番（作文）

53番と54番では、原稿用紙スタイル（マス目）の解答欄に答えを書きます。**分かち書きや数字・記号の記入方法**を確認しておきましょう。

53番は、提示された**図表の内容を丁寧に文章化するのがポイント**で、得点を稼ぎやすい問題です。巻末の「試験に出る重要語句」の中で図表に関する表現を取り上げていますので、覚えておきましょう。それらの表現に副詞や接続詞などを加えて攻略します。54番は社会的テーマの作文です。大学入試や就職試験の小論文のように、硬い調子の書き言葉で書くようにします。また、**文章全体の構成や段落分け、論理展開がポイント**になりますので、意識して書きましょう。

53番は最初のマスを空けて1つの段落で書きますが、54番は問題文の下にある設問ごとに改行して段落を作るのが基本です。どちらも、問題文をよく読み、それをヒントに文章の組み立てを考えます。また、53番と54番で意味が同じものがあった場合は、なるべく表現を変えたほうが得点につながります。慣れないうちは時間内に指定文字数を満たすのが難しいですが、解答例の書き写しなどで少しずつ練習しましょう。

◎ポイント整理

①制限時間が短いので、目標レベルと配点をふまえて時間配分を考える。
②中級目標は53番を中心に攻略。上級目標は60点以上獲得に照準を合わせる。
③53番は、グラフを説明する定型表現を覚えて、適宜、接続語や副詞を使う。
④54番は、設問をヒントに、文章全体の構成や流れを問題用紙の余白にメモしてから書き進める。
⑤作文練習の際は、ペンと修正テープを使い、タイマーを利用して時間配分を意識する習慣をつける。
※練習なしに本番で満足な答案は書けない。手を動かすことが大切。

【解答時間の目安（計50分）】
➡中級　51-52番⇒15分　53番⇒25分　54番⇒5分　見直し⇒5分　※53番を重視
➡上級　51-52番⇒5分　53番⇒15分　54番⇒25分　見直し⇒5分　※54番の時間を確保

音声ダウンロードのご案内

STEP 1 商品ページにアクセス！
方法は次の3通り！

- QRコードを読み取ってアクセス。
- https://www.jresearch.co.jp/book/b659346.html を入力してアクセス。
- Jリサーチ出版のホームページ（https://www.jresearch.co.jp/）にアクセスして、「キーワード」に書籍名を入れて検索。

STEP 2 ページ内にある「音声ダウンロード」ボタンをクリック！

STEP 3 ユーザー名「1001」、パスワード「26400」を入力！

STEP 4 音声の利用方法は2通り！
学習スタイルに合わせた方法でお聴きください！

- 「音声ファイル一括ダウンロード」より、ファイルをダウンロードして聴く。
- 「▶」ボタンを押して、その場で再生して聴く。

※ダウンロードした音声ファイルは、パソコン・スマートフォンなどでお聴きいただくことができます。一括ダウンロードの音声ファイルは.zip形式で圧縮してあります。解凍してご利用ください。ファイルの解凍が上手く出来ない場合は、直接の音声再生も可能です。

● 音声ダウンロードについてのお問合せ先 ●
toiawase@jresearch.co.jp
（受付時間：平日9時〜18時）

TOPIK II

第1回模試 解答・解説

正答一覧

聞き取り

問	答	問	答	問	答
1	2	18	2	35	3
2	4	19	3	36	2
3	2	20	2	37	4
4	2	21	3	38	2
5	4	22	4	39	2
6	3	23	3	40	1
7	4	24	3	41	4
8	2	25	2	42	3
9	2	26	1	43	3
10	1	27	1	44	4
11	4	28	3	45	3
12	2	29	1	46	1
13	4	30	3	47	2
14	2	31	1	48	1
15	4	32	3	49	3
16	3	33	4	50	2
17	1	34	1		

読解

問	答	問	答	問	答
1	4	18	1	35	4
2	3	19	1	36	4
3	4	20	4	37	2
4	1	21	3	38	2
5	4	22	2	39	2
6	2	23	1	40	3
7	2	24	2	41	3
8	3	25	4	42	1
9	1	26	1	43	1
10	4	27	3	44	4
11	3	28	4	45	1
12	1	29	2	46	4
13	2	30	3	47	3
14	2	31	4	48	4
15	4	32	3	49	2
16	4	33	1	50	1
17	1	34	3		

★和訳の中で、問題文中で正解につながる部分には_____、正解以外の選択肢で間違っている部分には～～～を引いています。

第1回模擬試験　聞き取り問題　解説

問題〔1-3〕　次を聞いて最も当てはまるイラストまたはグラフを選びなさい

1

🔊101

> 남자 : 한국어 교재를 찾고 있는데요.
> 여자 : 오른쪽으로 가시면 어학 교재 모아 놓은 곳에 있습니다.
> 남자 : 네, 감사합니다.

訳　男性：韓国語の教材を探しているんですが。
　　女性：右に行くと、語学教材を集めておいたところにあります。
　　男性：はい、ありがとうございます。

① 　② 　③ 　④

1：正解 ②

💡男性の最初のセリフ한국어 교재（韓国語の教材）を聞き取れるかがポイントです。イラストはすべて男性が女性に何かを尋ねていますが、それぞれの状況の違いを素早く読み取りましょう。②が書店でのやりとりですので正解となります。

✏️ -아/어 놓다　～しておく〈状態の持続〉　모으다（集める）＋아 놓다→모아 놓다（集めておく）

✋ □관광 안내소：観光案内所　□자격증〔資格証〕：資格　□만화：漫画　□문학：文学　□소설：小説　□매표쇼〔買票所〕：チケット売り場

2

🔊102

> 여자 : 이곳에서 사진을 찍어도 될까요?
> 남자 : 죄송하지만 박물관 안에서는 사진을 찍으시면 안 됩니다.
> 여자 : 아, 그렇군요. 알겠습니다.

訳　女性：ここで写真を撮ってもいいでしょうか？
　　男性：申し訳ありませんが、博物館の中では写真を撮ってはいけません。
　　女性：ああ、そうなんですね。わかりました。

① 　② 　③ 　④

16

2：正解 ④

💡 男性の博物館（博物館）が発音変化（鼻音化）した〔방물관〕を聞き取れるかがポイントです。正解の④は、博物館の展示前での会話です。

⚠️ すべてのイラストで男性が女性をとがめるようなジェスチャーをしていますが、ひっかけです。

3

여자: 근무 시간을 선택해서 일할 수 있는 시간 선택제 근무의 형태가 늘어나고 있습니다. 미취업 여성을 대상으로 조사한 결과 시간 선택제로 일하고 싶은 이유로 육아라는 응답이 가장 많았습니다. 그 다음이 개인 시간 활용, 근로 시간 단축, 건강 문제 등의 순이었고 근무 시간은 8시간을 가장 선호하는 것으로 나타났습니다.

訳 女性：勤務時間を選択して働ける時間選択制勤務の形態が増えています。未就業の女性を対象に調査した結果、時間選択制で働きたい理由として育児という回答が最も多かったです。その次が個人時間の活用、労働時間の短縮、健康問題などの順であり、勤務時間は8時間を最も好むことがわかりました。

①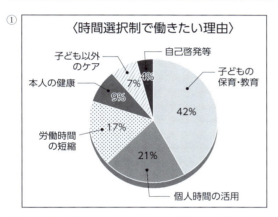

②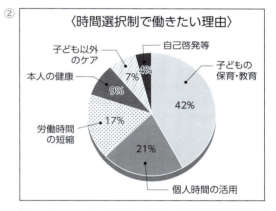

③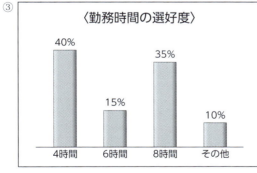

④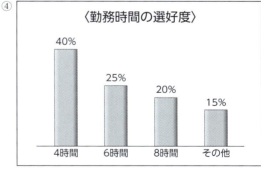

3：正解 ②

💡 時間選択制で働きたい理由として育児に次いで個人時間の活用と言っている②が正解です。

⚠️ ①は順位が異なり、③と④は8時間労働を好む割合が低いので不正解。

🖐 □응답〔応答〕：応答、回答 □선호하다〔選好-〕：好む、より好む □근로 시간〔勤労時間〕：労働時間
□ A, B 등의 순이었다：A, B 等の順だった〈順位の表現例〉

問題〔4-8〕 次を聞いて、この後に続く言葉として最も当てはまるものを選びなさい。

4

여자 : 저, 예약을 하지 않았는데 빈방이 있을까요?
남자 : 네, 있습니다. 며칠 동안 계실 건가요?

訳 女性：あの、予約をしていませんでしたが空室はありますか？
男性：はい、あります。何日の間いらっしゃる予定でしょうか？
①カードで計算（会計）します。　　②２日間いるつもりです。
③今日は空室がありません。　　　　④海が見える部屋でお願いします。

4：正解 ②

며칠 동안（何日 + 間）と、滞在期間を問われています。

-(으)ㄹ 건가요？ 〜する予定なのでしょうか？〈相手の意思の確認〉

□ 빈방〔-房〕：空室

5

여자 : 생일 축하합니다. 이건 제 선물이에요.
남자 : 고마워요. 저녁에 생일 파티를 할 건데 오실 수 있어요?

訳 女性：お誕生日おめでとうございます。これは私のプレゼントです。
男性：ありがとうございます。夕方に誕生日パーティーをするのでお越しになれますか？
①昨日のパーティーは楽しかったですか？　②他の用事がなければ必ず来てください。
③ここの料理は全部おいしいです。　　　　④ごめんなさい。夕方に約束があります。

5：正解 ④

男性のパーティーの誘いに対する返答なので④以外は当てはまりません。

6

남자 : 여권 사진을 찍으러 왔는데요.
여자 : 30분 정도 기다리셔야 하는데 괜찮으시겠어요?

訳 男性：パスポートの写真を撮りに来たのですが。
女性：30分ほどお待ちにならないといけませんが、よろしいですか？
①ここでお待ちくだされば大丈夫です。　②写真がきれいに撮れていて、よかったです。
③では、少し後にまた来ます。　　　　　④長くお待たせして、すみません。

6：正解 ③

30分待たされることへの確認の返答なので、③になります。

①と④は女性のセリフで、②は写真が撮れたあとの感想なのでここでは不正解です。

7

남자: 무슨 일이 있어요? 얼굴이 안 좋아 보여요.
여자: 지하철에 우산을 두고 내렸어요. 어제 새로 산 건데…

訳 男性：どうしたんですか？ 顔色がよくなさそうに見えます。
女性：地下鉄に傘を忘れてきました。昨日新しく買ったものなのに…
①私も今、出ようとしています。　　　　②家に帰って休むべきです。
③心配しましたが、本当によかったですね。④紛失物センターへ連絡してみてください。

7：正解 ④

💡 얼굴이 안 좋아 보이다で「顔色が良くなさそうだ」「元気がなさそうに見える」。女性の顔色／顔の表情が悪いのは忘れ物が原因なので、男性は傘を探すアドバイスをしていると考えるのが自然です。

⚠ ②は「顔色が悪い」という内容から体調不良へと誘導しようとしています。①と③はこの会話の内容と合いません。

🖐 **忘れ物の表現**　□ N를/을 두고 내리다：Nを忘れて（乗り物を）降りる、乗り物に忘れ物をする　□ 분실물〔紛失物〕센터：遺失物・落とし物センター

8

여자: 오늘부터 수강 신청인데 다 했어?
남자: 아니 다른 일이 있어서 아직 못 했어.

訳 女性：今日から受講の申し込みだけど、全部できた？
男性：ううん、別の用事があってまだできてないんだ。
①もう終えるなんて、すごいね。　　　　②早く急いだほうがいいと思うよ。
③明日からやってみようかと考えているところだ。④あなたはまじめだから、何もかもうまくいくよ。

8：正解 ②

💡 男性が授業の申し込みをまだしていないと聞いて、女性は急ぐように促しています。

⚠ ①は男性がまだ終えていないので当てはまりません。③は引き続き男性の話す可能性のある内容です。④は、この会話からは判断できません。

🖐 □ 신청〔申請〕：申し込み

問題〔9-12〕 次を聞いて、女性が次に取る行動として最も当てはまるものを選びなさい。

9

여자: 이 안경으로 하고 싶은데 완성되려면 얼마나 걸릴까요?
남자: 지금 주문이 밀려 있어서 시간이 좀 걸릴 것 같습니다.
여자: 그럼 쇼핑을 하고 저녁 때 들르면 될까요?
남자: 네, 그전에 완성해 놓을 테니 다녀오세요.

訳 女性：このメガネにしたいのですが、完成するのには、どれくらいかかるでしょうか？
男性：今、注文が込み合っているので、時間がちょっとかかりそうです。

女性：それでは、ショッピングをして夕方に立ちればいいですか？
男性：はい、その前に完成させておきますので行ってきてください。
①家へ帰る。　②ショッピングに行く。　③もう一度メガネを選ぶ。　④メガネを取りに行く。

9：正解 ②

💡 メガネが完成するまで、女性はショッピングをして戻ってくると言っています。

10

남자 : 어서 오세요. 무슨 약을 드릴까요?
여자 : 아침부터 머리가 계속 아파요.
남자 : 그럼 저쪽에 물이 있으니까 이 약을 지금 드시고 그래도 나아지지 않으면 병원에 가 보세요.
여자 : 네, 알겠습니다.

訳 男性：いらっしゃいませ。どんな薬を差し上げましょうか？
女性：朝からずっと頭が痛いです。
男性：それでは向こうに水があるので、この薬を今飲まれて、それでも良くならない場合は、病院に行ってみてください。
女性：はい、わかりました。
①薬を飲む。　②病院に行く。　③水を買いに行く。　④後ろで待つ。

10：正解 ①

💡 男性に薬を飲むように言われて同意しているので①が正解です。

11

남자 : 왜 가방 사진을 찍고 있어요?
여자 : 지금은 잘 들지 않는 가방인데 버리긴 아까우니까 중고 사이트에 싸게 올려놓으려고요. 지난번에 안 입는 옷도 올렸더니 금방 팔렸거든요.
남자 : 그럼 나도 안 쓰는 가방이 있는데 찾아볼까요?
여자 : 그래요. 내가 사진을 찍어 줄 테니까 가지고 와요.

訳 男性：なぜかばんの写真を撮っているのですか？
女性：今はあまり使わないかばんなのに捨てるのはもったいないので中古サイトに安く載せておこうと思っています。前回着ない服も載せたところ、すぐに売れたんですよ。
男性：それでは、私も使わないかばんがありますが、探してみましょうか？
女性：そうですね。私が写真を撮ってあげますから持ってきてください。
①古着を捨てに行く。　②かばんを探しに行く。
③着ない服を探す。　④かばんの写真を、引き続き撮る。

11：正解 ④

💡 女性の最後のセリフから、引き続きかばんの撮影を続けるつもりであることがわかります。　⚠ ②は男性がこれから取る行動です。①と③は会話に出た単語を使った選択肢ですが、会話の内容と合わ

ないひっかけです。
📝 -씨더니 ～したところ〈原因・理由〉※主語が一人称

の場合、前節が後節の理由や原因になる
👆 □가방을 들다：かばんを持つ、提げる、使う

12

여자：여보세요? 저희 집 세탁기가 좀 이상해서 연락 드렸는데요.
남자：어디가 이상한지 말씀해 주시겠습니까?
여자：세탁기에 빨래를 넣고 돌리면 소리가 너무 크게 나고 많이 흔들려요.
남자：바닥의 균형이 맞지 않으면 많이 흔들리고 소리가 납니다. 우선 세탁기가 잘 놓여 있는지 확인해 보시고 그래도 이상하면 다시 연락 주세요.

🈯 女性：もしもし？ 私の家の洗濯機がちょっと変なので連絡さしあげたのですが。
男性：どこが変なのか教えてくださいますか。
女性：洗濯機に洗濯物を入れて回すと、音が大きくなりひどく揺れます。
男性：（洗濯機の置かれている）床のバランスが合わないととても揺れて音がします。<u>まず洗濯機がちゃんと置かれていることを確認なさって</u>、それでもおかしければもう一度連絡をください。
① 洗濯機を修理しに行く。　　　　② 洗濯機の状態を確認する。
③ 洗濯機に洗濯物を入れる。　　　④ 顧客センターにもう一度電話する。

12：正解 ②

💡 男性に洗濯機の置かれた床の状態を確認するように言われています。
👆 □빨래：洗濯、洗濯物　関 빨랫감 洗濯物　□균형〔均衡〕：バランス

問題〔13-16〕 次を聞いて、聞いた内容と同じものを選びなさい。

13

남자：(딩동댕) 관리실에서 안내 말씀드립니다. 내일은 우리 건물의 계단 청소가 있는 날입니다. 아침 10시부터 12시까지 진행할 예정이오니 각층 계단에 놓아두신 물건이나 자전거 등은 다른 장소로 이동해 주시기 바랍니다. 입주자 여러분들의 적극적인 협조를 부탁드립니다. 감사합니다.(딩동댕)

🈯 男：（チャイム音）管理室よりご案内申し上げます。 明日は私たちの建物の階段清掃がある日です。 <u>朝10時から12時まで行う予定につき</u>、各階の階段に置いておいた物や自転車などは他の場所に移動をお願いします。 入居者の皆さまの積極的なご協力をお願いします。 ありがとうございます。（チャイム音）
① 今日の午前中に 建物の階段の清掃を実施する。
② 午前と午後に分けて清掃をする予定だ。
③ 階段にある自転車は、そのまま置いておいても差し支えない。
④ 階段の清掃にかかる時間は、約2時間ほどだ。

13：正解 ④

💡 <u>朝10時から12時まで行う予定なので約2時間かかります。</u>
⚠ アナウンスの問題は、<u>実施される日時を聞き逃さないようにしましょう。</u>①と②は、そのあたりを聞き漏ら

すと誘導されます。③はスクリプトの表現を途中まで使っていますが文末が正反対です。

-으니 ～なので、～につき〈かしこまった理由表現〉
□딩동댕：ピンポン、ピンポンパンポン〈チャイム音〉

14

남자 : 뭘 그렇게 열심히 만들고 있어요?
여자 : 비누를 만들고 있어요. 천연 재료로 만드니까 안심이 되잖아요. 그래서 많이 만들어 놓고 오래 쓰려고요.
남자 : 많은 양을 한꺼번에 만드는 건 좋지 않아요. 집에서 만드는 건 아무래도 보존 처리를 할 수 없기 때문에 오래 보관하면 변질의 우려가 있어요.
여자 : 아, 그래요? 저는 먹는 음식이 아니니까 오래 두어도 괜찮을 줄 알았어요.

訳 男性：何をそんなに一所懸命作っているのですか？
女性：せっけんを作っています。天然素材で作るから安心じゃないですか。だからたくさん作っておいて長く使うつもりです。
男性：たくさんの量を一度に作るのは良くありません。自宅で作る物はどうしても保存処理ができないので長く保管すると変質の恐れがありますよ。
女性：ああ、そうですか？ 私は口にする食べ物ではないので、長く置いても大丈夫だと思っていました。
①食品に保存処理をすることは、よくない。
②せっけんは少しずつ作って使うことが望ましい。
③天然のせっけんは傷まないので、長く使用することができる。
④せっけんと口にする食べ物は、一緒に作って使うほうがいい。

14：正解②

男性が自宅で作る物は長く保管すると変質の恐れがあると言っているので②が正解。
③は正反対の内容で、①と④の内容はありません。

-(으)ㄴ/-(으)ㄹ 줄 알았다 ～だと思っていた（が違った）〈予想に反する表現〉
□ 아무래도：どうしても、どうやら、どうせ ※頻出副詞ですが文脈で判断する

15

여자: 도로 상황을 전해드리겠습니다. 내일부터 시작되는 명절 연휴로 인해 오늘 저녁 무렵부터 귀성객과 연휴 나들이 차량이 고속도로로 몰릴 것이 예상됩니다. 현재 경부 고속도로 상황을 살펴보면 벌써부터 상하행선 양쪽 차선에서 많은 차량들이 오다가다를 반복하고 있습니다. 따라서 고속도로를 이용하려는 분들은 출발 시간대를 조정하시는 것이 좋겠습니다. 또한 국도 등의 다른 경로를 이용하는 것도 참고하시기 바랍니다.

訳 女性：道路状況をお伝えします。明日から始まる明節の連休のため、今日の夕方頃から帰省客と連休の旅行者の車が高速道路に押し寄せることが予想されます。現在、京釜高速道路の状況を見てみると、すでに上下行線の両車線で多くの車両が往復を繰り返しています。したがって、高速道路を利用するつもりの方は出発時間帯を調整するほうがいいでしょう。また、国道などの他のルートを利用することも参考にされますようにお願いします。
①連休の始まる今日の夕方から、車がたくさん押し寄せるだろう。

②明節に家へ帰ろうとする人々で、公共交通機関が混雑している。
③名節の連休には、高速道路と国道の両方で交通渋滞が起こる。
④車が一度に集まる時間帯を避けて出発するのがいい。

15：正解 ④

💡 明節（旧正月や秋夕など韓国の大きな節句）によって高速道路の渋滞が予想されるため、出発時間帯を調整することを促しているので④が正解。

⚠ 明日から混雑が予想されるので①は不正解。②の公共交通機関と③の内容についても話されていない。

✋ **交通機関関連表現**　□귀성객：帰省客　□나들이：旅行者　□상하행선：上下行線　□오다가다를 반복하다〔反復-〕：往復（行ったり来たり）を繰り返す　□경부고속도로：京釜高速道路（ソウルと釜山を結ぶ韓国最長の高速道路）　□대중교통〔大衆交通〕：公共交通機関　□교통정체〔交通停滞〕：交通渋滞　□몰리다：押し寄せる　□출발시간대를 조절하다：出発時間帯を調整する

16

여자 : 저는 라면의 기름기 때문에 먹고 싶어도 망설여질 때가 많은데 저와 같은 사람들은 라면을 어떻게 먹으면 좋을까요?
남자 : 보통 라면은 튀긴 면발로 인해 기름기가 많이 생기는데요. 물이 끓을 때 먼저 면을 잠깐 넣었다가 그 물을 버린 후에 새 물로 다시 끓여 드시면 좋습니다. 그리고 물이 끓으면 면보다 스프를 먼저 넣으세요. 그렇게 하면 면에 들어 있는 기름이 없어지고 깔끔한 국물을 즐기실 수 있습니다.

📝 女性：私はラーメンの油が理由で食べたくてもためらうことが多いのですが、私のような人たちはラーメンをどのように食べればいいですか？
男性：普通のラーメンは揚げた麺で、油っぽくなります。水が沸騰する時、まず麺を少しの間入れてから、そのお湯を捨てた後、新しい水でゆでて召し上がるといいです。そして水が沸騰したら、麺よりもスープを先に入れてください。そうすれば、麺に入っている油分がなくなり、さっぱりしたスープをお楽しみいただけます。
①麺を沸騰したお湯に入れて、長く置いてこそ油っぽさが消える。
②ラーメンを油で揚げて料理すると、おいしい麺を楽しむことができる。
③水が沸いたらスープをまず入れて、麺を入れてこそスープがさっぱりする。
④ラーメンをゆでてから後で新しい水をさらに追加してゆでるのがおいしい。

16：正解 ③

💡 男性はラーメンの油分を抜くためにラーメンを一度ゆでてから、そのお湯を捨てて新しく沸かしたお湯にスープを先に入れることでさっぱりした味わいになると言っています。

⚠ ①と②の内容はありません。④が紛らわしいですが、ラーメンをゆでたお湯は一度捨てて取り換えるので合いません。

✋ □끓이다：お湯を沸かす、ゆでる（スープごと食べる料理を作る際に使う）※韓国語には日本語の「お湯」に当たる単語がない。더운 물（熱い水）という表現はある　□깔끔하다：さっぱりしている、すっきりしている※味や状態以外に性格も表現する。誉め言葉で使われることが多い

問題〔17-20〕　次を聞いて、男性の主となる考えとして最も当てはまるものを選びなさい。

17

남자 : 팔이 왜 그래요? 많이 다쳤어요?
여자 : 빗길에 미끄러져 넘어지는 바람에 팔을 다쳐서 병원에 다녀오는 길이에요. 횡단보도를 건너려고 뛰다가 그만...
남자 : 빗길에서는 보행 속도를 늦춰야 해요. 우산을 들고 있어 한쪽 손이 자유롭지 못하기 때문에 특히 주의가 필요해요. 비가 많이 내리는 여름철에 미끄러져 다치는 사고가 겨울철 빙판길 사고만큼 많다는 통계도 있어요.

訳 男性：腕はどうしたんですか？　けがはひどいんですか？
女性：雨道で滑って転んだ拍子に腕をけがしたので、病院に行ってきた帰り道です。横断歩道を渡ろうと走ったら、そのまま…
男性：雨道では歩行速度を遅くしなければなりません。傘を持っていて片手が自由ではないので特に注意が必要です。雨が多く降る夏の時期に滑ってけがをする事故が冬場のアイスバーンの事故と同じくらい多いという統計もあります。
①雨道の事故を予防するには歩くスピードを緩めるのがいい。
②冬季に地面が凍った時、骨折事故が最も多く起こる。
③横断歩道でゆっくり歩くと事故に遭う危険性がある。
④雨が降っても転ばないようにするなら、傘を持たないようにしないといけない。

17：正解①

💡 男性は雨道は滑りやすいので、歩行速度を遅くする＝歩くスピードを緩める必要があると言っているので①が正解です。

⚠ ③は途中まで合っていますが、最後が真逆ですので最後までしっかりと読む必要があります。②は紛らわしいですが骨折事故という単語は出てきません。④については後半の内容がありません。

📝 -는 바람에 〜した拍子に、〜したはずみに〈思いがけない理由〉 -는 길이다 〜する途中（の道のり）だ
다녀오는 길：行って帰ってくる途中
👆 □ 많이 다치다：ひどくけがをする、けががひどい
□ 빙판길〔氷盤-〕：アイスバーンの道

18

남자 : 수지 씨, 저랑 봉사활동 같이 안 할래요? 작년부터 벽화 그리기 활동에 참여하고 있는데 배울 점도 많고 보람도 있어요.
여자 : 저는 그림도 못 그리고 잘 하는 게 별로 없는데 괜찮아요?
남자 : 물론이에요. 옆에서 도와줄 사람도 필요하고 주변 청소도 있고 할 일은 많아요. 봉사활동은 재능보다 진심을 가지고 어떤 일이든 해 보려는 적극적인 마음이 더 중요해요.

訳 男性：スジさん、ボランティア活動を一緒にしませんか？昨年から壁画を描く活動に参加しているのですが、学ぶ点も多く、やりがいもあります。
女性：私は絵も描けず、うまくできることはあまりありませんが、大丈夫ですか？
男性：もちろんです。そばで手伝ってくれる人も必要で、周辺の清掃もあってやることは多いです。ボランティア活動は才能よりも真心をもって、どんなことでもしてみようという積極的な心（のほう）がもっと重要です。
①才能があれば、分野に関係なく挑戦することができる。

②ボランティア活動をしようとする真心と積極的な態度が重要だ。
③壁画を描くことは、やりがいを最も大きく感じることのできる活動だ。
④他人がやりたがらないことをしようとするには、チャレンジ精神が必要だ。

18：正解 ②

💡 会話の最後で男性が話している内容が②の選択肢とそのまま置き換えられます。
⚠️ ①が紛らわしいですが、男性は才能を重視していません。③と④についての内容はありません。
✋ □보람：やりがい　□진심：真心　□진정성〔真正性〕：真心、誠意

19

여자：돈을 모으려면 어떻게 하는 것이 좋을까요?
남자：돈을 모으고 싶다면 소비 습관부터 고쳐야 해요. 외식을 자주 하거나 식후에 꼭 커피를 마신다든지 야식을 배달시키는 것 등 불필요한 곳에 돈을 쓰는 건 아닌지 생각해 볼 필요가 있어요.
여자：아, 그렇게 큰 지출이 아니더라도 자주 하면 큰돈이 되겠군요.
남자：저축할 돈이 없어서 못 한다는 말은 핑계에 지나지 않아요. 티끌 모아 태산이라는 말도 있잖아요.

📖 女性：お金を貯めようとするなら、どうすればいいですか？
男性：お金を貯めたいのなら、消費習慣から直さなければなりません。外食を頻繁にしたり、食後に必ずコーヒーを飲んだり、夜食を配達注文することなど、不要なところにお金を使うのではないかと考えてみる必要があります。
女性：ああ、それほど大きな支出ではなくても、頻繁にすれば大きなお金になりますね。
男性：貯蓄するお金がないからできないという言葉は言い訳に過ぎません。塵も積もれば山となるという言葉もあるではないですか。
①とにかくお金を使わないでいればこそ、まとまったお金を作ることができる。
②外食や夜食の配達などは、大きな支出ではない。
③貯蓄するには、不要な支出をしないようにしなくてはいけない。
④お金がないので貯蓄ができないという言葉は、うそではない。

19：正解 ③

💡 男性は無自覚な消費習慣による不要な支出をなくすことが、お金を貯めるためには必要と繰り返しています。②と④は正反対の内容です。①は会話に出てこない内容ですが、もっともらしく作られたひっかけです。
✏️ -더라도　〜であっても〈逆接〉※前節の内容が後節に影響しない　-든지　〜でも〈選択〉※さまざまなものの中でどれを選択しても構わないことを表す
✋ □곳：場所、所 ※慣用的に物理的な場所以外にも使用されることがある　□큰돈：大金　□목돈：まとまったお金　□티끌 모아 태산：塵も積もれば山となる ※行動習慣の話題で頻出のことわざ　□핑계：口実、言い訳　□-에 지나지 않다：〜に過ぎない

20

여자：세계적인 온라인 쇼핑몰에서 한국의 농기구 호미가 돌풍을 일으키고 있다는데요. 외국인들이 호미를 많이 구입하는 이유가 뭐라고 생각하십니까?
남자：호미는 손으로 땅을 팔 때 사용하는 것으로 한국의 전통적인 농기구 중의 하나입니다. 서양에는 포크처럼 생긴 농기구나 삽 등은 있지만 호미와 같은 형태는 없습니다. 호미는 팔을 당겨서 사용하기

때문에 힘이 덜 들고 편리해서 정원 가꾸기나 원예를 많이 하는 서양 사람들에게 인기가 높습니다. 편리한 물건은 동서양 상관없이 어디에서나 통하는 법이니까요.

訳 女性：世界的なオンラインショッピングモールで、韓国の農機具ホミが旋風を巻き起こしています。外国人がホミをたくさん買う理由は何だとお考えですか？
男性：ホミは手で土を掘るときに使う物として、韓国の伝統的な農機具の一つです。西洋にはフォークのようにできた農器具やシャベルなどはありますが、ホミのような形態はありません。ホミは腕を引いて使用するので、そんなに力がかからず便利なので、庭園の手入れや園芸をたくさんする西洋人に人気があります。<u>便利なものは東洋と西洋の区別なしに、どこでも通じるものですからね。</u>
①農業に必要なさまざまな農機具が、<u>韓国でのみ生産される</u>。
②使用が便利なものは、どこでも認められるものだ。
③<u>西洋にない器具をたくさん作ってこそ</u>、人気を得ることができる。
④韓国の農機具が<u>全世界へ大量に輸出されて</u>、好評を得ている。

20：正解 ②

💡 男性は最後に、韓国のホミのような便利な道具は洋の東西を問わずに通じると語っていますので②の選択肢で言い換えています。他の選択肢は、どれも合いません。

📝 덜 +用言 あまり～しない〈副詞〉힘이 덜 들다（力があまりかからない）※안 / -지 않다 等を使わずに、否定ニュアンスを持つ。ある限度に満たないことを表す

関 덜다：差し引く、減らす　□-기 마련이다：～するものだ ※主語の規模が大きい際に使う法則の表現
👆 □돌풍〔突風〕을 일으키다：ブーム、旋風を巻き起こす　□동서양 상관〔東西洋 相関〕없이：東洋と西洋の区別なく

問題〔21-22〕　次を聞いて問いに答えなさい。

여자 : 이번 명절에 고향의 부모님께 선물을 사 드리고 싶은데 마땅한 게 떠오르지 않아서 고민이에요. 영수 씨 생각은 어때요?
남자 : 떨어져 계시는 부모님께 선물도 좋지만 자주 연락드리고 얼굴 보여 드리는 게 더 좋은 효도라고 생각해요.
여자 : 그래도 남들보다 비싸고 좋은 선물을 해 드리고 싶어요. 그래야 다른 사람들한테 자식 자랑도 하실 거 아니에요.
남자 : 남에게 보여 주는 게 무슨 의미가 있어요. 진심과 정성이 더 중요한 거지.

訳 女性：今回の名節に故郷の両親にプレゼントを買いたいのですが、適当なものが思いつかなくて悩んでいます。ヨンスさんの考えはどうですか？
男性：<u>離れているご両親へプレゼントも良いですが、しょっちゅう連絡して顔を見せる方が良い孝行だと思います。</u>
女性：それでも、他の人よりも高価で良い贈り物をしたいと思います。そうしてこそ、他の人に子ども自慢もできるではありませんか。
男性：<u>他人に見せることなんて、何の意味もないです</u>（何の意味がありますか）。真心と誠意がもっと重要だよ。

21

訳 男性の主たる考えとして、最も適当なものを 選びなさい。
①両親への贈り物は、よく選んでこそ失敗しない。
②気持ちを表現しようとするには、高価であっても贈り物を時々すべきだ。

③高価な贈り物より、近況を頻繁に伝えることが本当の親孝行だ。
④両親へ孝行するには、まず誇らしい人になることだ。

21：正解 ③

男性は両親への親孝行は高価なプレゼントよりもこまめに連絡することだと話しています。正解の③以外は、男性の話した内容と反対の内容です。

□마땅하다：適当だ、ふさわしい　□안부〔安否〕를 전하다〔伝-〕：よろしく伝える、近況を伝える　□효도〔孝道〕：(親) 孝行

22

訳 聞いた内容と同じものを選びなさい。
①女性は両親へ高価な贈り物をした。
②女性は両親と一緒に故郷で暮らしている。
③女性の両親は子どもの自慢することが好きです。
④他人へ見せるための贈り物は意味のないことだ。

22：正解 ④

男性が贈り物を他人に見せることは、何の意味もないと言っています。他はどれも一致しません。
⚠ ③は女性がそう思っているだけで、男性は同意していません。

反語 断定を強調するために、言いたいことの反対の意味を疑問形で述べる表現。ここでは、「他人に見せることなんて、何の意味もない」と言うために、わざと「何の意味がありますか」と表現しています。

問題〔23-24〕　次を聞いて問いに答えなさい。

남자 : 반려견에 왜 목줄을 안 채웠어요? 밖에 나올 때 목줄을 하지 않으면 개를 잃어버릴 위험도 있고 사람에게 피해를 입힐 수도 있잖아요.
여자 : 밖에서 자유롭게 뛸 수 있게 해 주고 싶어서 일부러 목줄을 채우지 않았어요. 우리 개는 순한 데다 저만 보고 따라오니까 괜찮을 것 같아서요.
남자 : 그렇지 않아요. 개들은 집에 있을 때와 달리 밖으로 나오면 돌발 행동을 할 수도 있어요. 산책길에서 미처 예상하지 못한 일이 일어나거나 안전 사고가 날 수 있기 때문에 모두를 위해 목줄은 꼭 해 주는 게 좋아요.
여자 : 제가 미처 생각을 못 했네요. 앞으로 꼭 목줄을 채울게요.

訳 男性：ペット犬になぜ首輪をつけなかったのですか？ 外に出るときに首輪をしないと犬を見失う危険もあるし、人に被害を与えることもあるでしょう。
女性：外で自由に遊べるようにしてあげたくて、わざと首輪をつけませんでした。 私たちの犬は穏やかなだけでなく、私だけを見てついてくるので大丈夫だと思います。
男性：そうではありません。犬は家にいる時と違って、外に出れば突発的な行動をすることもあります。散歩の途中で、予想できないことが起こったり、安全に関わる事故が起こることがあるので、みんなのために首輪は必ずしてあげるのがいいです。
女性：私の考えがそこまで及びませんでした。これから必ず首輪をします。

23

訳 男性が何をしているのか答えなさい。
①ペットの犬から受けた被害状況を伝えている。

②運動する時に守らないといけない注意事項を力説している。
③ペットの犬と散歩をするときの首輪の必要性を強調している。
④公共の場所でのマナーと規則について説明している。

23：正解③

💡 男性は一貫して散歩時の犬の首輪着用がいかに必要か訴えていますので、③が正解です。他はどれも合いません。

📝 **미처** そこまで（〜なかった）〈否定語を伴う副詞〉
✋ □목줄을 채우다：首輪をつける

聞いた内容と同じものを選びなさい。
①家の中でもペットの犬の安全に関わる事故がたくさん起こっている。
②主人が隣にいれば、ペットの犬は他の所には行かない。
③ペットの犬が外に出ると、家とは違った様子で行動することがある。
④ペットの犬のために、自由に走り回って遊べる場所が必要だ。

24：正解③

💡 女性が自分の犬は大人しいから首輪がなくても大丈夫と言っていたが、男性はペットが家の中とは違う行動を取ることもあると話しています。

⚠ ②は女性の意見ですが、男性に否定されています。①と④についての内容はありません。
✋ □안전 사고〔安全 事故〕：安全に関わる事故

問題〔25-26〕 次を聞いて問いに答えなさい。

여자：고속도로는 신호등도 없는데 왜 잘 달리다가 갑자기 차가 막히는 현상이 생기는 걸까요?
남자：보통 교통 체증이 일어나는 이유는 앞에서 도로 공사나 교통사고가 발생했을 때 그리고 도로가 갑자기 좁아지는 경우 일어납니다. 그러나 뚜렷한 이유도 없이 정체되는 현상을 유령 체증이라고 합니다. 앞에서 달리던 차가 차선을 바꾸거나 속도를 줄이게 되면 뒤쪽에 영향을 주게 되어 점차 교통체증이 일어나게 되는 것을 말합니다. 이런 현상을 방지하려면 불필요한 차선 변경이나 급정거를 자제해야 합니다. 또 차간 거리를 충분히 유지하고 스마트폰 사용이나 음식 섭취 같은 행동을 줄이는 등 기본적인 교통 상식만 잘 지켜도 교통 체증을 줄일 수 있습니다.

訳 女性：高速道路には信号機もないのに、なぜ順調に走っている途中で急に車が渋滞する現象が生じるのでしょうか？
男性：通常、<u>交通渋滞が起こる理由は、前で道路工事や交通事故が発生したとき、そして道路が急に狭くなった場合に起こります</u>。しかし、明確な理由もなく停滞する現象を幽霊渋滞といいます。前方で走っていた車が車線を変えたり速度を下げると、後ろに影響を与えることになり、徐々に交通渋滞が起こるようになることを言います。このような現象を防ごうとするなら、不要な車線の変更や急停止を控える必要があります。また、<u>車間距離を十分に維持し、スマートフォンの使用や食べ物の摂取のような行動を減らすなど、基本的な交通常識をよく守るだけでも、交通渋滞を減らすことができます</u>。

25

訳 男性の主たる考えとして、最も適当なものを 選びなさい。
①<u>高速道路にも信号機を設置してこそ</u>、交通渋滞を減らすことはできる。

②一般的な交通規則をよく守るだけでも、停滞現象を減少させることができる。
③原因がわからない交通停滞の状態がドライバーに恐怖を与える。
④運転中、携帯電話を使ったり食物を食べる行動が交通事故を誘発する。

25：正解 ②

💡 会話の最後で男性常識のある運転マナーを守るだけで交通渋滞の減少に効果があると話しています。他の内容は話されていません。

✋ □뚜렷하다：はっきりしている　□차선 변경：車線変更　□급정거：急停車　□자제하다：自制する、控える　□섭취：摂取　□상식：常識

26
訳 聞いた内容と同じものを選びなさい。
①突然車線が減少すると、交通渋滞が発生することになる。
②なんの理由もなく車が渋滞する現象は幽霊のせいだ。
③前方で速度を落とすと後ろの車が走り出す。
④車間距離を広げることが、交通事故を減らす方法だ。

26：正解 ①

💡 男性が、交通渋滞が起こる理由について交通事故や工事を挙げています。これらが原因で走行できる車線の減少と言い換えることができるので①が正解となります。

⚠ 迷うのは④ですが、交通渋滞ではなく「交通事故」に単語がさりげなくすり替えられています。②と③はスクリプトの単語を使っていますが内容が一致しません。
✋ □줄이다：減らす　□감소시키다：減少させる

問題〔27-28〕　次を聞いて問いに答えなさい。

여자 : 가을이라 밤에 달빛이 더 아름다운 거 같지 않아요? 덥지도 춥지도 않은 계절이니 밖에서 달을 구경하면 정말 좋겠어요.
남자 : 그럼 말 나온 김에 이번 주말 창덕궁 달빛 기행에 신청해 볼까요? 이번에는 궁중 문화 축제도 함께 열린다니까 볼만 할 거예요.
여자 : 오, 그래요? 궁에서 그런 행사를 한다니 진짜 멋지겠네요.
남자 : 특히 예년과 달리 반달 모양의 연못으로 유명한 반월지가 달빛 탐방 구역으로 추가되었다는데 거기서 달도 보며 우리의 전통 문화를 제대로 느껴볼 수 있는 좋은 기회가 될 것 같아요. 그럼 바로 신청할게요.

訳 女性：秋だから、夜に月明かりはもっと美しいとは思いませんか？ 暑くも寒くもない季節なので、外で月を眺めたら本当にいいですね。
男性：じゃあ話が出てきたついでに、今週末、昌徳宮の月明かり紀行に申し込んでみましょうか？ 今回は宮中文化祭りも一緒に開かれるらしいので、見る価値があります。
女性：わあ、そうですか？ 宮廷でそんな行事をするなんて、本当に素敵ですね。
男性：特に例年とは異なり、半月形の池で有名な半月池が月光探訪エリアとして追加されたそうですが、そこで月も見て私たちの伝統文化をきちんと感じてみる、いい機会になると思います。それでは、すぐに申し込みます。

27

訳 男性が話す意図として当てはまるものを選びなさい。
①月見にふさわしい最適な場所を推薦するため。　②宮廷の美しい伝統建築物を紹介するため。
③宮中文化の特別さと優秀さを強調するため。　④月明り紀行の申込が難しい理由を確認するため。

27：正解①

男性は伝統文化を感じられる、昌徳宮での月明り紀行を推薦しています。

②と③は会話の中に出てきますが、後半部分がいずれも男性の話す目的としては不適当です。これから申し込むので④も当てはまりません。

-(으)ㄹ 만하다 ～する価値がある、～する価値がある、～するに足る

□달 구경：月の見物、月見 ※類語：달맞이　□제대로：(肯定文) うまく／ちゃんと～する、(否定文) ろくに／まともに～ない

28

訳 聞いた内容と同じものを答えなさい。
①宮中文化祭りは申し込まなくても入場が可能だ。
②誰にでも無料で開放された場所で月を見ることができる。
③今度新しく月明かり探訪区域の追加で、見どころが増えた。
④昌徳宮では毎日宮中文化体験の機会を得ることができる。

28：正解③

男性が今年は半月池が新たにお月見区域に追加されたと話しています。

このイベントは申し込みが必要で、無料かどうか、文化体験の有無については話されていません。

名詞＋거리 材料・何かをする物種 구경 거리：見どこ

-(으)ㄴ 김에 ～のついでに

□창덕궁：昌徳宮（ソウル市内にある朝鮮時代の宮廷のひとつで、ユネスコ世界文化遺産）　□연못〔蓮 -〕：蓮池、(一般に) 池　□반달〔半 -〕：半月

問題〔29-30〕 次を聞いて問いに答えなさい。

여자：서울숲은 서울 시민들의 휴식 공간이자 어린이들의 생태 학습장으로 인기가 높은데요. 다른 숲과 비교해서 어떤 특징을 가지고 있습니까?
남자：이곳 서울숲은 한강과 맞닿아 있어 예전 뚝섬유원지로 골프장, 경마장, 체육공원 등으로 활용되던 곳인데 서울 시민들에게 환경친화적 생태 공원으로 거듭나게 되었지요. 특히 뚝섬 생태숲은 과거 한강물이 흘렀던 곳을 자연 생태 공원으로 조성하여 야생 동물을 관찰할 수 있도록 했기 때문에 아이들에게도 훌륭한 자연 학습장이 되고 있습니다. 서울과 같은 대도시의 아이들이 자연을 배우고 마음껏 뛰어놀 수 있는 울창한 숲이 있다는 건 매우 다행스런 일입니다. 저 역시 아이들에게 숲을 설명해 주고 자연과 가깝게 만드는 제 일에 큰 보람을 느끼고 있습니다.

訳 女性：ソウルの森はソウル市民の休息の空間であり、子どもたちの生態学習場として人気があります。他の森に比べて、どんな特徴がありますか？
男性：ここソウルの森は漢江と隣接していて、以前はトクソム遊園地としてゴルフ場、競馬場、体育公園などとして活用されていた所ですが、ソウル市民に環境に優しい生態公園として生まれ変わることになりました。特にトクソム生態の森は以前、漢江の水が流れていた場所を自然生態公園として造成して、野生動物を観察でき

るようにしたため、子どもたちにも素晴らしい自然の学習場となっています。ソウルのような大都市の子どもたちが自然を学び、思いきり走り回ることができる、うっそうとした森があるということは、とても幸運なことです。<u>私も子どもたちに森を説明してあげて、自然と近づける私の仕事</u>に大きなやりがいを感じています。

訳 男性が誰なのか選びなさい。
①森の解説者　　　　②観光案内員
③歴史の先生　　　　④動物園の関係者

29：正解 ①

なじみのない地名「뚝섬」が何度も出てくるので、戸惑ってしまう問題ですね。しかしTOPIKは周辺の内容から推測できるように作られているので選択肢の文言をヒントに、パニックにならないように気を付けましょう。<u>聞き慣れないワードは固有名詞か、韓国語の発音変化を伴った外来語のケースが多いです。</u>この問題のでは、男性は子どもたちに森を説明してあげて、自然と近づける仕事と最後に言っています。最後まで注意して聞きましょう。

맞- 相～、互いに〈接頭語〉 맞닿다：相接する
숲：林、森、叢林　□생태 학습장：生態学習場
□뚝섬：トゥクソム（地名）　□환경친화적〔環境親和的〕：環境に優しい　□거듭나다：もう一度生まれる、生まれ変わる　□조성：造成　□야생 동물：野生動物
□관찰：観察

訳 聞いた内容と同じものを選びなさい。
①<u>漢江と離れている</u>森で野生動物が育っている。
②ソウル市民のための休息の空間が<u>ずいぶんと不足している</u>のが実情だ。
③自然を学んで体験することができる、環境に優しい公園が造成された。
④ソウルの森は競馬場とゴルフ場など体育公園として<u>作られている</u>。

30：正解 ③

ソウルの森は、自然学習の場で環境に優しい公園として造成されたとあるので③が一致します。他はどれも一致しません。

④は選びそうになりますが、選択肢最後の時制が合わないので最後まで丁寧に読みましょう。①と②も内容と合いません。

□친환경〔親環境〕：環境に優しい、エコロジー

問題〔31-32〕 次を聞いて問いに答えなさい。

여자：요즘 취업이 어렵다고 하는데 왜 입사 후 1년 미만인 사람들의 이직률은 가장 높게 나타나고 있는 걸까요? 다른 회사에 경력직으로 들어가려면 최소 2년 이상 근무 경험이 있어야 하는데 말이에요.
남자：각자의 상황이 다르겠지만 입사한 지 1년도 안 되어 이직을 생각하는 경우는 그동안 취업이 급해서 눈높이를 낮춰 지원을 했다가 막상 다녀 보니 자신과 맞지 않아 그런 게 아닐까 싶어요.
여자：그럴 수 있겠네요. 급한 마음에 어디든 빨리 취직을 하기 위해 적성이나 기타 조건을 따지지 않고 들어갔다가 실망을 하게 되는 거군요.
남자：점점 고학력의 청년 구직자들이 증가하는 현상을 보면 양질의 일자리 공급이 부족한 현재 고용 현실을 반영하고 있는 것 같아 씁쓸하네요.

訳 女性：最近就職が難しいというのに、なぜ入社後1年未満の人々の離職率は最も高く現れているのでしょうか。他社にキャリア職で入るには、少なくとも2年以上勤務経験が必要だというのに。

男性：各自の状況が違うでしょうけど、入社してから1年も経たずに転職を考える場合は、<u>これまで就職を急いで基準を下げて応募して、いざ通ってみたら自分と合わなくてそうなったのではないかと思います。</u>

女性：そうかもしれませんね。焦ってどこでも(いいと)早く就職をするために適性やその他の条件を問わずに入ってみると、失望をすることになるんですね。

男性：ますます高学歴の青年求職者が増加する現象を見ると、<u>質の高い仕事の供給が不足している現在の雇用の現実を反映しているようで、寂しくなりますね。</u>

🔊137 31

訳 男性の主たる考えとして最も当てはまるものを選びなさい。
① 性急に就職することになると、離職の理由となることもある。
② 自身の適性に合わないとしても、<u>いったん就職するのが有利だ。</u>
③ <u>青年求職者</u>は自分の仕事に満足できない場合が多い。
④ <u>別の会社に転職する</u>ためには、2年以上の経歴が必要だ。

31：正解 ①

💡 31番以降は、一気に単語のレベルが上がってきます。ニュース等に触れて漢字語の語彙を増やしていく必要があります。①の選択肢と同様に男性は急いで就職したことが、早期離職につながるのではないかと言っています。급한 마음、빨리と就職を焦った、急いだという内容と選択肢の성급하다を関連付けられるかがポイントです。

⚠ ③は青年求職者全体についての話になってしまっているので不正解です。④はキャリア職転職の条件で、②の内容はありません。

👆 □취업〔就業〕：就職　□입사：入社　□이직률 [이징뉼]：離職率　□눈높이를 낮추다：要求度（目の高さ）を下げる　□지원〔志願〕：応募　□막상：実際に、いざ　□급한〔急-〕 마음에：焦った気持ちで　□적성：適性　□조건을 따지다：条件を基準にする　□점점〔漸漸〕：ますます、いよいよ　□고학력：高学歴　□청년 구직자：青年求職者　□양질：良質　□일자리：働き口　□공급이 부족하다：供給が不足する　□현실：現実　□반영：反映　□쓸쓸하다：寂しい

🔊138 32

訳 男性の態度として、最も当てはまるものを選びなさい。
① 政府の青年を対象にした<u>働き口の対策について分析している。</u>
② 頻発する離職理由に対する<u>女性の意見に反論している。</u>
③ 供給と需要の合わない雇用の現実を気の毒に思っている。
④ 適性と条件だけを基準にする<u>青年求職者の態度を非難している。</u>

32：正解 ③

💡 男性は最後に、現在の雇用の現実を反映しているようで、寂しくなると言っているので③の内容と言い換えが可能です。他はどれも一致しません。

32

第1回模擬試験　聞き取り

問題〔33-34〕 次を聞いて問いに答えなさい。

남자 : 최근 몇 년간 1인 가구의 증가 현상이 눈에 띄게 나타나고 있습니다. 이는 바쁜 현대인의 삶과 개인주의 심화 등으로 인해 홀로 살아가는 사람들이 늘어난 것입니다. 1인 가구에서 노년 독거 가구가 많은 부분을 차지하고 있긴 하지만 학업이나 직장 등의 이유로 가족과 떨어져 살아 가는 젊은 층도 많습니다. 이들은 대부분 집에서 요리를 하기 보다는 외식이나 간편식으로 끼니를 해결하는 경우가 많습니다. 또한 1인 문화, 즉 혼자 즐기는 문화를 형성하고 있는데 이를 반영한 혼밥, 혼술, 혼행이라는 신조어가 생겨났습니다. 혼자 밥을 먹고, 혼자 술을 마시고 혼자 여행을 한다는 의미입니다. 이들을 대상으로 하는 1인 식당, 1인 카페 등도 점차 늘어나는 추세입니다

訳　男性：近年、1人帯の増加現象が目立って現れています。これは、忙しい現代人の生活や個人主義の深化などによって、一人で生きていく人が増えたということです。1人世帯で高齢独居世帯が多くの部分を占めていますが、学業や職場などの理由で家族と離れて暮らす若年層も多いです。彼らはほとんど家で料理をするよりも、外食や手軽な食べ物で食事を解決しているケースも多いです。また、1人の文化、つまり1人で楽しむ文化を形成していますが、これを反映したひとり飯、ひとり酒、ひとり旅という新造語ができました。1人でご飯を食べて、1人で酒を飲んで1人で旅をするという意味です。彼らを対象とする1人食堂、1人カフェなども徐々に増える趨勢です。

33

訳　何に対する内容なのか当てはまるものを選びなさい。
① 1人世帯の食生活の変化
② 老年層独居世帯の増加原因
③ ひとりで楽しむ趣味生活の多様化
④ 1人世帯増加に伴う文化現象

33：正解 ④

💡 どの選択肢も読み上げられた内容を含んでいるので迷いますが、内容全体を要約している④が正解となります。

👆 □1인 가구〔-人 家口〕：1人世帯　□눈에 띄다：目立つ、目につく　□개인주의：個人主義　□심화〔深化〕：深刻化　□노년 독거 가구〔老年 独居 家口〕：高齢独居世帯　□차지하다：占める　□간편식〔簡便食〕：簡単に食べられる食品、インスタント食品　□끼니를 해결하다：食事を解決する、とりあえずおなかを満たす　□신조어：新造語　□대상：対象　□점차〔漸次〕：徐々に　□늘어나다：増える　□추세〔趨勢〕：世の中の流れ、トレンド

34

訳　聞いた内容と同じものを選びなさい。
① 1人で暮らす青年世帯が段々と増加している。
② 1人所帯の大部分は家で料理をして食べる。
③ 気楽にひとりで食事できる食堂を探すのが難しい。
④ 1人世帯の増加現象は、すでに随分と以前から始まっていた。

34：正解 ①

💡 スクリプトの最初で、最近数年間、1人所帯が増加と言っています。内容一致問題は、意外と一文目がポイントになっているケースがあるので、1回で聞き取れなかった場合は、2回目の音声で確認しましょう。

⚠ 正解の④以外は、読み上げられた単語を使って、内容と反対のことを言っています。

問題〔35-36〕 次を聞いて問いに答えなさい。

남자: 이번에 발사된 천리안 위성 2호는 지구와 우주의 기상 관측을 목적으로 2010년에 발사된 1호에 이어 한반도를 포함한 동북아시아 주변의 해양과 대기 환경을 관측을 목적으로 설계된 위성입니다. 천리안은 천 리, 즉 멀리 볼 수 있는 눈이라는 의미를 가지고 있듯이 이 위성에서 촬영된 영상을 바탕으로 해양 쓰레기의 분포나 이동 경로, 적조 현상 등의 다양한 해상 정보를 파악하게 됩니다. 또한 해양에서 발생하는 미세 먼지와 오염 물질 탐지 등의 위성 정보를 제공하게 될 것입니다

訳 男性：今回発射されたチョルリアン〔千里眼〕衛星2号は、地球と宇宙の気象観測を目的として2010年に発射された1号に次いで、韓半島を含む東北アジア周辺の海洋と大気環境観測を目的に設計された衛星です。チョルリアンは千里、つまり遠くまで見える眼という意味を持っているように、この衛星で撮影された映像をもとに海洋ごみの分布や移動経路、赤潮現象などの多様な海上情報を把握することになります。また、海洋で発生する微細粉塵や汚染物質の探知などの衛星情報を提供することになるでしょう。

35
訳 男性が何をしているのか選びなさい。
①海洋で発生する汚染物質の深刻さを把握している。
②気象観測に必要な衛星発射の必要性を強調している。
③観測衛星1号と2号の目的と役割について説明している。
④衛星撮影映像を基に、多くの海洋情報を分析している。

35：正解③

💡 韓国は人工衛星の開発と打ち上げに熱心なため、TOPIK Ⅱでは科学系の問題で宇宙関連の話題が頻出です。この問題で扱っている衛星の名称が천리안（千里眼）ですが、発音変化（流音化）で［철리안］となります。ここでも、なじみのない単語がキーワードとして扱われていて戸惑ってしまいますが、周辺の内容から推測できるように作られているので選択肢の文言をヒントに、落ち着いて聞きましょう。

⚠ スクリプト全体を端的に要約しているのが③ですが、他は少しずつ一致しません。

✏ -에 이어 〜について〈連続〉 -고 있듯이〜ているように〈類似〉

□발사：発射　□위성：衛星　□기상 관측：気象観測　□포함〔包含〕：含む　□주변：周辺　□해양：海洋　□대기 환경：大気環境　□관측：観測　□바탕：根本をなす部分、基礎　□분포：分布　□이동 경로：移動経路　□적조 현상：赤潮現象　□파악：把握　□미세 먼지〔微細ー〕：微細ほこり＝粒子状物質（PM2.5等）　□오염 물질：汚染物質　□제공：提供　□강조：強調　□설명：説明　□분석：分析

📖 ここ数年は韓国で開発した人工衛星 누리호（ヌリ号。누리は「世界」を表す韓国の固有語）に関連した出題が増えています。製造部品から韓国オリジナルの人工衛星です。

36
訳 聞いた内容と同じものを選びなさい。
①今回発射した衛星は、気象状況を把握する役割をする。
②衛星情報を通じて、海洋ごみがどこに移動するのか知ることができる。
③海の環境問題と大気の状況を撮影する衛星が発射される予定だ。
④韓半島の周辺環境を監視するための特別衛星が運用されている。

36：正解 ②

この衛星で海洋ごみの分布や移動経路がわかるので、②で言い換えられます。

①は千里眼1号の内容を出してきている罠の選択肢です。③は文末が未来時制になっていて、④は話されていない内容です。

□해양：海洋　□쓰레기：ごみ　□감시：監視

問題〔37-38〕 次を聞いて問いに答えなさい。

남자 : 박사님, 유럽에 비해 쌀을 주식으로 하는 동아시아인들의 비만이 상대적으로 적다는 연구 결과가 있다고 하는데요. 사실입니까?
여자 : 네, 그렇습니다. 지금은 식생활의 서구화 및 고칼로리 식품의 소비 증가 등으로 큰 차이가 없어졌지만 유럽과 비교하면 전통적으로 한국 등 동아시아인들에게 비만이나 당뇨병이 적었습니다. 이는 오랜 벼농사 덕분에 탄수화물 섭취가 많았기 때문으로 보고 있습니다. 이것이 유전적인 진화로 나타나 비만이나 당뇨의 부작용을 막은 것입니다. 반면에 오랜 목축업으로 우유 섭취량이 많은 유럽인들이 우유를 불편 없이 마실 수 있는 것과 유사합니다. 상대적으로 동양인들은 유당 분해 효소가 없어 우유를 마시면 자주 배탈이 나는 것과 같은 현상이지요.

訳 男性：博士、ヨーロッパに比べて米を主食とする東アジア人の肥満が相対的に少ないという研究結果があるそうです。事実ですか？
女性：はい、そうです。今では食生活の西欧化及び、高カロリー食品の消費増加などで大きな差がなくなっていますが、ヨーロッパと比較すると伝統的に韓国など東アジア人には肥満や糖尿病が少なかったです。これは長い稲作のおかげで炭水化物の摂取が多かったためとみています。これが遺伝的な進化として現れ、肥満や糖尿病の副作用を防いだのです。一方、長い牧畜業で牛乳の摂取量が多いヨーロッパ人が牛乳を不便なく飲むことができることと似ています。相対的に東洋人は乳糖の分解酵素がないので、牛乳を飲むと頻繁に下痢をすることと同じような現象ですよね。

37

訳 女性の主たる考えとして、最も当てはまるものを選びなさい。
①伝統的な食生活が変化して、新しい疾病が生まれる。
②ヨーロッパ人と東洋人の食生活の違いは、長い歴史を持っている。
③口にする食べ物の種類によって、健康を守る方法はそれぞれ違う。
④主食とする食品が遺伝的な進化をしたので、副作用を抑制する。

37：正解 ④

東洋人は米を主食としたことで遺伝的な進化により肥満や糖尿という副作用を抑制したと言い換えができるので④が正解です。

もっともらしい内容なので①や③と迷った方が多いと思いますが、ここでは話されていません。②は内容と一致していますが、女性の主たる考えではありません。

-에 비해　〜に比べて〈比較〉

□유럽：ヨーロッパ　□서구화：西欧化　□쌀을 주식으로 하다：米を主食とする　□식생활：食生活

□비만：肥満　□당뇨：糖尿　□상대적：相対的　□소비：消費　□증가：増加　□전통적：伝統的　□덕분〔德分〕에：〜のおかげで　□탄수화물：炭水化物　□유전적 진화：遺伝的進化　□부작용을 억제하다：副作用を抑制する　□반면：半面　□목축업：牧畜業　□불편〔不便〕없이：体の不具合なく、不自由なく　□유사하다〔類似-〕：似ている　□배탈이 나다：下痢をする（下痢が起こる）　□각기〔各其〕：それぞれ

38

訳 聞いた内容と同じものを選びなさい。
①炭水化物の摂取が多ければ、とても太るようになる。
②ヨーロッパが東洋人に比べて、肥満である場合が多い。
③韓国の稲作は昔ヨーロッパから伝わった。
④牛乳をたくさん飲むと、乳糖分解酵素が生まれない。

38：正解②

男性の冒頭のセリフを言い換えると②と同じ内容になります。

□벼＋농사：米（固有語）＋〔農事〕＝稲作　□유당분해효소：乳糖分解酵素

問題〔39-40〕　次を聞いて問いに答えなさい。

여자：지금까지 가족과 함께 버스를 타고 세계 여행을 하고 오신 경험담을 들었는데요. 그럼 이젠 그 이야기를 책으로 내게 되신 이유와 내용에 대해 소개를 좀 해주시겠습니까?
남자：처음 여행을 떠나게 된 가장 큰 목적이 아이들과 함께 보내는 시간을 만들기 위해서입니다. 그리고 우리가 세계 25개국 160여 곳의 도시를 여행하며 겪었던 이야기들을 많은 분들과 공유하고 싶었습니다. 나라와 지역에 따라 달라지는 문화나 음식 그리고 현지 사람들과의 소통을 통해 알게 되는 것들은 학교에서 배우는 지식과 비교할 수 없이 넓고 깊었습니다. 무언가 새롭게 시작하거나 도전할 때 주저하고 망설이는 분들에게 용기를 드릴 수 있다면 저로서는 큰 보람이라고 생각합니다.

訳 女性：これまで家族と一緒にバスに乗って世界旅行をしてきた経験談を聞きました。では、これからはその物語を本として出されることになった理由と、内容について紹介をしてくださいますか？
男性：最初の旅に出ることになった最大の目的が、子どもたちと一緒に過ごす時間を作るためです。そして、私たちが世界25カ国の160余りの都市を旅行して経験した物語を、多くの方々と共有したいと思いました。国や地域によって異なる文化や食べ物、そして現地の人々とのコミュニケーションを通してわかったことは、学校で学ぶ知識と比較できないほど幅広くて深かったです。何か新しく始めたり挑戦したりするときに、躊躇してためらう方々に勇気を差し上げることができるなら、私としては大きなやりがいだと考えます。

39

訳 この会話の前の内容として、最も当てはまるものを選びなさい。
①両親と子どもが円満にコミュニケーションする方法
②家族とバスで世界一周をした話
③全世界の都市を旅行するときに必要なもの
④世界文化の多様性を共有しなくてはいけない理由

39：正解②

女性が最初に言っている内容と②が一致しますが、他はどれも出てきません。この問題はインタビュアーの最初のセリフに回答が含まれていることが多いので、最初から注意深く聞く必要があります。

-게 되다　~することになる〈動詞の受身〉

□경험담：経験談　□겪다：経験する　□소통〔疎通〕：コミュニケーション　□주저하다：躊躇する、ためらう　□원만하다：円満だ　□다양성：多様性

第1回模擬試験　聞き取り

40

訳　聞いた内容と同じものを選びなさい。
　①家族と一緒にいる時間を作りたくて旅に出た。
　②新しいスタートは、勇気と自信を見いだすことのできる時間だ。
　③旅行を通じて、自身を深く振り返る余裕を持つようになる。
　④世界の多くの都市は、それぞれ違う建築文化を持っている。

40：正解 ①

男性が初めて旅に出た理由が①と一致します。④も迷いますが建築の話は出てきません。もっともらしい内容ですが②と③については話されていません。

-에 따라　～によって
□자신감〔自信感〕：自信　□찾다：見つける、見いだす

問題〔41-42〕　次を聞いて問いに答えなさい。

남자 : 인류는 아주 오래전부터 바람이나 물을 이용하여 일상생활에 필요한 에너지를 만들어 왔습니다. 이러한 에너지들은 이어 등장하는 석유나 석탄 등의 화석 연료로 인해 점점 사라지게 되었지요. 그러나 연료를 만드는 자원이 고갈되어 가고 환경오염 등의 문제를 발생시키면서 이를 대신하게 될 에너지를 찾은 것이 바로 태양열과 태양광입니다. 태양의 열로 직접 물을 데워 난방이나 온수로 쓰거나 전기를 생산하는 것입니다. 물론 햇빛을 이용한 것은 오래 되었지만 매우 적은 양만 사용할 수 있었고 이러한 불편함은 과학 기술의 발전에 힘입어 효율적 사용이 가능해졌습니다. 이러한 태양에너지는 환경오염을 일으키지 않으며 무한 생산이 가능하기 때문에 앞으로 더욱 활성화될 것으로 전망됩니다

訳　男性：人類はとても昔から、風や水を利用して日常生活に必要なエネルギーを生み出してきました。このようなエネルギーは、次いで登場する石油や石炭などの化石燃料によって次第に消え去ることとなりました。しかし、燃料を作る資源が枯渇していき、環境汚染などの問題を発生させながら、これに代わるエネルギーを見つけたのが、まさに太陽熱と太陽光です。太陽の熱で直接水を温めて暖房や温水として使ったり、電気を生産することです。もちろん、日光を利用したものは昔からありますが、ごく少量しか使用できず、このような不便さは科学技術の発展が追い風となり、効率的な使用が可能になりました。このような太陽エネルギーは、環境汚染を引き起こさず、無限に生産が可能なため、今後さらに活性化される展望です。

41

訳　この講演の主となる内容として最も当てはまるものを選びなさい。
　①環境問題を起こさない代替エネルギーの開発が急がれる。
　②科学技術の発展は、人類の生活を効率的に変化させた。
　③日常で必要な電気の需要は、着実に増加するほかなかった。
　④枯渇する心配のない太陽エネルギーは、これから活用度が大きくなるだろう。

41：正解 ④

エネルギー資源の話題は頻出です。ここで聞き取りポイントが화석 연료（化石燃料）の発音変化[화성녈료]です。漢字語なので書いてあれば理解できるのですが、音だけで聞き取るのは難しいです。そのような単語が選択肢に含まれることが多いので、なるべく事前に目を通せるようにしましょう。この問題では、男性はこれまでの化石燃料エネルギー源の変化や枯渇の危惧について述べた後、その心配のない太陽エネルギーの明

るい展望を語っています。
⚠ 太陽エネルギーの開発は始まっているので、①は文末が合いません。②と③については話されていません。
✏ -며 並列 -고 (〜して) の書き言葉
✋ □인류：人類　□일상 생활：日常生活　□에너지：エネルギー　□석유：石油　□석탄：石炭　□화석연료 [화성녈료]：化石燃料　□자원：資源　□고갈：枯渇　□염려〔念慮〕：心配、おそれ、気掛かり　□대신하다〔代身 -〕：代わる　□태양광：太陽光　□태양열：太陽熱　□데우다：温める　□-에 힘입다：〜に力を得る、〜が追い風になる　□효율적：効率的　□무한 생산：無限生産　□더욱：さらに　□활성화：活性化　□전망：展望　□대체 에너지：代替エネルギー　□시급하다〔時急 -〕：(〜が) 急がれる

42

訳 聞いた内容と同じものを選びなさい。
① 水を利用したエネルギーは、量がとても少ないので活用度が落ちる。
② 暖房や温水を作るために、電気の生産を拡大している。
③ 人類が日光をエネルギーとして利用することは、長い歴史を持っている。
④ 化石燃料は環境問題を起こすので、もう使用しない。

42：正解 ③

💡 日光を利用した発電は昔からあると述べているので③が正解です。
⚠ ①と②の内容はなく、④は石油の使用が完全に終わったと言っていないので、一致しません。
✋ □난방：暖房　□햇빛：日光　□일으키다：起こす　□이제：今は、もう

🔊 発音変化 [화석연료] → 合成語によるㄴ挿入 (A)、鼻音化 (B)、流音化 (C)
合成語で、前の単語がパッチムで終わり後ろの単語が야, 여, 요, 유, 이, 애, 예 で始まっている場合ㄴが挿入されます。
화석 연료 → 화석 년료 (A) → 화성 년료 (B) → 화성녈료 (C)

問題〔43-44〕次を聞いて問いに答えなさい。

여자：제가 지금 와 있는 이곳은 전라남도 순천의 시골 마을입니다. 보시는 바와 같이 노랗게 벼가 익어가는 논 위에 500개가 넘는 허수아비가 세워져 있는데요. 원래 허수아비는 새들로부터 벼의 피해를 막기 위해 세워 놓는 것인데 이렇게 색색의 벼를 이용해 만든 다양한 그림을 배경으로 수많은 허수아비들이 그네뛰기, 줄타기 등의 전통 놀이를 표현하고 있습니다. 청명한 가을 하늘과 황금 들판이 어우러져 멋진 풍경을 연출하고 있어 관광객들의 눈길을 사로잡고 있습니다. 주민 대표의 말에 따르면 이 지역의 농업을 활성화하고 자연을 되살릴 수 있는 친환경 농업이 얼마나 중요한지 알리기 위해 이번 허수아비 전시를 기획했다고 합니다. 또한 농경 사회의 전통 풍습을 살리고 주민 화합의 역할을 주도적으로 이끌어 나가는 이런 행사를 계속 이어가겠다고 말했습니다.

訳 女性：私が今来ているここは、全羅南道のスンチョン (順天) の田舎町です。ご覧のように、黄色く稲が実る田んぼの上に500個を超える、かかしが立てられています。もともと、かかしは鳥から稲の被害を防ぐために立てておくのですが、このように、いろんな稲を利用して作られた、多様な絵を背景に、数多くのかかしたちがブランコ遊び、綱渡りなどの伝統遊びを表現しています。澄み渡った秋の空と黄金の畑が調和して素敵な風景を演出しており、観光客の注目をひきつけています。住民代表の話によると、この地域の農業を活性化し、自然を復活させることができる環境にやさしい農業がどれだけ重要かを知らせるために、今回のかかしの展示を企画したそうです。また、農耕社会の伝統風習を生かし、住民和合の役割を主導的に引っ張っていく、このような行事を継続して続けていくとのことでした。

第1回模擬試験 聞き取り

43

(訳) 何に対する内容なのか、当てはまるものを選びなさい。
① 地方ごとに特色のある祭りを開催し、観光客が押し寄せている。
② 多様なかかしの展示を通じて、伝統芸術をよみがえらせている。
③ 地域住民が力を合わせて、伝統風習の継承行事をしている。
④ 黄金で造成した秋の野原の美しい風景を紹介している。

43：正解 ③

💡 農耕社会の伝統風習を生かし、住民和合の役割を持つと住民代表が語った内容と③が一致します。

⚠️ ②がひっかけです。「伝統風習」を「伝統芸能」にすり替えていますので、メモを取りながら注意して聞きましょう。①の内容はなく、④は多くのかかしとその意義に触れていません。

✏️ -는 바와 같이 ～の通りに、～のように〈前述の内容〉

👉 □허수아비：かかし □수많다：数多い、おびただしい □그네뛰기：ブランコに乗る伝統的な遊び □줄타기：綱渡り、軽業 □청명하다〔清明-〕：澄み渡っている □황금：黄金 □들판：野原 □어우러지다：交じり合う □눈길을 사로잡다：視線を集めている □되살리다：よみがえらせる □풍습을 살리다：風習を生かす □주민 화합：住民和合 □주도적：主導的 □이끌어가다：引っ張っていく □특색：特色 □계승：継承

44

(訳) 秋の田んぼの上にかかしをたくさん立てておいた理由として、当てはまるものを選びなさい。
① 鳥たちの攻撃から稲の被害を防止するため
② 観光客がたくさん訪ねてくることができる名所を作るため
③ 新しい農業技術の成果と、結果物を広報するため
④ 生態系を活かす環境に優しい農業の重要性を知らせるため

44：正解 ④

💡 今回のかかしイベント開催理由と合うのは④のみです。②は結果として観光客が増えたというだけで、イベント開催の理由ではありません。

⚠️ ①は、かかしを立てる本来の目的です。③の内容はありません。

👉 □세워 놓다：立てておく 세우다 + 아/어 놓다

問題〔45-46〕 次を聞いて問いに答えなさい。

여자：우리나라의 전통주인 막걸리와 동동주의 차이를 아십니까? 두 가지 모두 양조주에 해당하며 재료도 쌀이나 보리와 같은 곡물로 만듭니다. 양조주란 과일이나 곡물을 발효시켜 만드는 술로 맥주, 와인, 과실주 등이 이에 속합니다. 막걸리는 말 그대로 막 걸러 낸 술이고 동동주는 자연적으로 걸러지게 만들어 막걸리에 비해 투명하며 밥알이나 곡물이 위에 동동 떠 있다고 해서 붙인 이름입니다. 이름에서 알 수 있듯이 만드는 방식이 좀 다르기 때문에 알코올 도수도 막걸리보다 동동주가 더 높습니다. 전통적인 막걸리는 곡물로 만들지만 최근에는 여기에 딸기, 귤과 같은 과일이나 땅콩, 밤 등의 견과류를 첨가해 술을 싫어하는 사람들도 가볍게 마실 수 있도록 그 맛과 종류가 다양해지고 있습니다.

(訳) 女性：韓国の伝統酒であるマッコリとドンドン酒の違いをご存知ですか？ 両方とも醸造酒に該当して、材料も米や大麦などの穀物で作ります。醸造酒とは、果物や穀物を発酵させて作る酒で、ビール、ワイン、果実酒などがこれに属します。マッコリは文字通り、たった今濾した酒で、トンドン酒は自然に濾過されるようにしているので、

マッコリに比べて透明で、米粒や穀物が上にぷかぷかと浮いていると言って、付けた名前です。 名前からわかるように、作り方が少し違うので、アルコール度数もマッコリよりトンドン酒がより高いです。伝統的なマッコリは穀物で作りますが、最近はここにイチゴ、みかんのような果物やピーナッツ、栗などのナッツ類を加え、お酒が嫌いな人も気軽に飲めるようにその味と種類が多様化しています。

45

🔊 158

㉑ 聞いた内容と同じものを選びなさい。
　①トンドン酒はマッコリより澄んでいるので、誰でも飲みやすい。
　②マッコリとドンドン酒は、材料と作り方に違いがある。
　③醸造酒は発酵させて作る酒で、ワインもここに含まれる。
　④マッコリは果物で作るので、トンドン酒よりも度数が強い。

45：正解③

💡 どの選択肢もスクリプトに出てくる単語が使われて紛らわしいので、細かい所まで正確に聞きましょう。マッコリとトンドン酒の比較ですが共通点は穀類を原料にした醸造酒であることと、相違点は濾過の方法の違いで見た目とアルコール度数だと言っています。ワインは醸造酒の仲間として紹介されていますので、③が正解です。

⚠️ ①の内容については話されていません。

✏️ 떠 있다 浮いている〈ㅡ不規則活用〉뜨다 + -아/어

있다〈状態の持続〉 **누구나 마시기가 편하다** 誰でも飲みやすい

👉 □전통주：伝統酒　□양조주：醸造酒　□해당：該当　□곡물：穀物　□발효：発酵　□말 그대로：言葉通りに　□막：たった今　□걸러 내다：濾して出す（거르다：濾す）　□걸러지다：濾される（거르다の受身）　□밥알：米粒　□동동：ぷかぷか　□견과류〔堅果類〕：ナッツ類　□첨가：添加　□도수가 세다：度数が強い

46

🔊 159

㉑ 女性の態度として、当てはまるものを選びなさい。
　①マッコリとトンドン酒の違いを比較している。　②多様な伝統酒の製造方法を比較している。
　③酒を造るために必要な材料を紹介している。　④発酵食品の効能と新しい調理法を提案している。

46：正解①

💡 冒頭から女性はマッコリとトンドン酒の違いについて語っています。それ以外の選択肢の内容はありません。

✏️ -에 속하다 ～に属する〈所属〉

問題〔47-48〕　次を聞いて問いに答えなさい。

🔊 160

여자：인간의 내면을 섬세하게 다룬 영화로 해외의 여러 영화제에서 작품상을 수상하신 이영호 감독님을 모시고 말씀 나누고 있는데요. 올해의 영향력 있는 세계의 인물 100인에 선정되신 소감이 어떠십니까?
남자：전혀 생각하지 못한 일이었기 때문에 처음 그 소식을 들었을 때 좀 당황스러웠습니다. 영화도 제가 늘 해 오던 일이고 하고 싶은 이야기를 충실하게 담아 낸 것뿐인데 전 세계에서 많은 분들이 좋아해 주시니 감사할 따름입니다. 사실 제 영화를 한마디로 표현하자면 불편한 영화라고 할 수 있습니다. 남들이 하지 않는, 하고 싶지 않은 이야기를 파고드는 편이지요. 제가 특히 관심을 가지고 있는 것은 인간 자체에 대한 깊은 성찰과 이해입니다. 그걸 날카롭게 파헤치고 드러내는 과정이 국경과 인종을 초월한 공감대를 얻게 된 것이 아닌가 생각합니다.

40

第1回模擬試験 聞き取り

訳 女性：人間の内面を繊細に扱った映画として、海外のさまざまな映画祭で作品賞を受賞されたイ・ヨンホ監督をお迎えして、お話しています。今年の影響力ある世界の人物100人に選ばれた感想はいかがですか？
男性：まったく考えていなかったことだったので、初めてその知らせを聞いた時、ちょっと当惑気味でした。映画も私がいつもやってきたことで、やりたい話を忠実に盛り込んだだけなのですが、世界中で多くの方々が好きになってくださるなんて、ありがたい限りです。実際に私の映画を一言で表現するなら、落ち着かない映画と言えます。他人がしない、やりたくない話を掘り下げるほうですね。私が特に興味を持っているのは、人間自体に対する深い洞察と理解です。それを鋭く掘り下げて暴いてさらけ出す過程が、国境と人種を超越した共感を得ることになったのではないかと思います。

 47

訳 聞いた内容と同じものを選びなさい。
①男性は映画祭の受賞を、いくらか期待していた。　②男性が作った映画が世界的に認められた。
③観客を落ち着かなくさせる映画は、成功するのが難しい。　④人々が望む内容を映画で作れば、人気がある。

47：正解 ②

💡 冒頭で女性が「海外のさまざまな映画祭で作品賞を受賞なさった」と言っているので②が一致します。③と④は男性の話と反対の内容です。

✏ -(으)ㄹ 따름이다 ～するばかりだ　-(으)ㄴ/는 편이다（どちらかというと）～な方だ

✋ □섬세하다：繊細だ　□다루다：扱う　□수상하다：受賞する　□모시다：お迎えする　□영향력〔影響力〕：影響力　□선정되다：選定される　□소감〔所感〕：感想　□전혀〔全-〕：全然、まったく（〜ない）　□소식〔消息〕：知らせ　□당황스럽다〔唐慌-〕：当惑する、慌てる　□충실하게 담아 내다：忠実に盛り込む　□파고 들다：掘り下げる　□인간 자체：人間自体　□성찰〔省察〕：洞察　□날카롭다：鋭い　□파헤치다：暴く　□드러내다：さらけ出す　□과정：過程　□국경：国境　□인종：人種　□초월：超越　□공감대〔共感帯〕：共感　□얻다：得る　□인정：認定

 48

訳 男性の態度として、当てはまるものを選びなさい。
①自身が映画で表現したかったことを正直に表している。
②映画を作る過程を通じて、観客とのコミュニケーションを重要視している。
③監督と観客が出会ってコミュニケーションする方法を多様に紹介している。
④映画を成功させるための効率的な広報政策を提示している。

48：正解 ①

💡 男性は自分がやりたいことをいつも通りにやっていて受賞したことに驚きながら喜んでいるので①が正解です。他の選択肢の内容は話されていません。

問題〔49-50〕 次を聞いて問いに答えなさい。

남자：지금 보시는 이곳이 바로 비무장지대입니다. 비무장지대란 국제 협약이나 조약으로 인해 군대의 주둔이나 무기 사용이 금지된 곳을 말합니다. 우리나라의 비무장지대는 1953년 한국 전쟁을 끝내기 위해 체결된 휴전 협정에 의해 남북 각각 4km 정도로 설정이 되었습니다. 한민족 분단의 역사를 상징적

으로 보여 주는 곳으로 세계에서 유일하다고 할 수 있습니다. 이곳은 지난 60여 년간 인간의 출입이 통제되었기 때문에 자연의 생태계가 완벽하게 복원되어 있다고 해도 과언이 아닙니다. 화면으로는 잘 보이지 않지만 두루미나 삵 등 멸종 위기의 야생 동물은 물론이고 희귀한 식물들이 다수 자생하고 있어 생태적 가치가 매우 높습니다. 전쟁 이전에 논이나 마을이 있던 곳이 습지나 숲과 같은 자연 생태로 변화한 특징을 가지고 있어 앞으로도 이 지역을 잘 보존해야 할 것입니다

訳 男性：今見ているここがまさに非武装地帯です。非武装地帯とは、国際条約や条約により軍隊の駐屯や武器の使用が禁止された場所をいいます。韓国の非武装地帯は、<u>1953 年に韓国戦争を終わらせるために締結された休戦協定により、南北それぞれ 4km 程度に設定されました。</u> 韓民族分断の歴史を象徴的に見せるところで、<u>世界で唯一</u>といえるでしょう。 ここは<u>過去 60 年間、人間の出入りが統制されていた</u>ため、自然の生態系が完全に復元されているとしても過言ではありません。画面ではよく見えませんが丹頂鶴ややまねこなど、絶滅危機の野生動物はもちろん、珍しい植物が多数自生しており、生態的価値が非常に高いです。<u>戦争以前に田んぼや村があった所</u>が、湿地や森のような自然生態に変化した特徴を持っており、今後もこの地域をよく保存しなければならないでしょう。

49

訳 聞いた内容と同じものを選びなさい。
①世界中に非武装地帯が残っている所は<u>多くない</u>。
②<u>生態公園として復元された後、人々が多く訪れている</u>。
③韓半島の非武装地帯は朝鮮戦争の後に造成された。
④この地域はもともとは<u>山</u>だったが、戦争時にほとんど破壊された。

49：正解 ③

💡 韓国の非武装地帯について、その由来や世界唯一であることと独特の生態系を持っているが人の出入りが制限されていると話していますので、③以外は一致しません。

✏️ -는 / 은 물론이고 ～はもちろんのこと〈追加〉

👆 □비무장지대：非武装地帯 □국제 협약：国際協約 □조약：条約 □군대 주둔：軍隊駐屯 □체결：締結

□휴전 협정：休戦協定 □분단：分断 □역사：歴史 □상징적：象徴的 □통제：統制 □복원：復元 □두루미：鶴 □삵 (살쾡이)：ヤマネコ □멸종 위기〔滅種 危機〕：絶滅危惧 □희귀하다〔稀貴 -〕：希少だ 식물：植物 □다수 자생：多数自生 □논：田んぼ □습지：湿地 □보존：保存

50

訳 男性の態度として、当てはまるものを選びなさい。
①自然環境を<u>復元しなくてはいけない理由</u>を説明している。
②非武装地帯の意味と保存の重要性を強調している。
③<u>絶滅危惧の動植物を守ることのできる方法</u>を提示している。
④戦争と武器使用がもたらした<u>自然破壊現象を批判</u>している。

50：正解 ②

💡 男性は一貫して非武装地帯のことを語っているので②が正解です。男性が最後に非武装地域の生態系保護の話で締めくくっていますが、話の趣旨は環境問題ではないので引きずられないように気を付けましょう。

⚠️ ②以外の選択肢は、すべて環境問題についての内容で作られたひっかけです。

✏️ -고 해도 과언이 아니다 ～といっても過言ではない

👆 □비판하다：批判する

第1回模擬試験　作文問題　解説

問題〔51-52〕　次の文章の㋐と㋑に当てはまる言葉をそれぞれ書きなさい。

51

㉓ 家具を差し上げます

こんにちは。

私は今度卒業して帰国する予定です。

それで、私が使っていた家具を無料で（　㋐　）。

机と椅子、ベッドがあります。

無料シェアは今月末まで（　㋑　）。

必要とされる方は下記の番号に連絡をお願いします。

―韓国大学　経営学科　ピーター（010-1234-5678）―

51：解答例

㋐드리고자 합니다 / 드리려고 합니다 / 드리겠습니다
㋑가능합니다 / 할 수 있습니다

💡まず、タイトルから「家具を差し上げます」と今まで使用していた家具を「無料で譲るつもりである／譲りたい」内容の案内文であることがわかります。また、文章の最後までとても丁寧な文体で書かれていることから、書き手が主語の場合、タイトルと同様に謙譲の表現を使うことが求められています。なお、드리다（差し上げる）は주다（あげる）の謙譲表現となります。し

たがって（㋐）の解答例として、タイトルで使われている드리다（差し上げる）に〈意思表示〉文法 -(으)려고 하다 /-고자 하다（～しようと思う）を適用させています。ていねいな意思表示の -겠습니다（～します）でもいいでしょう。

次に、（㋑）を考えるヒントとして、文章の書き手は帰国を控えた学生なのでシェアできる期間に限りがあることがわかります。したがって이달 말까지（今月末まで）できますと〈可能〉を表す内容が入ります。

52

㉓ 人々が多数飼育している動物である犬と猫は特性がずいぶん違う。犬は主人の行動を気にして主人の愛を受けるために多様な行動をとる。犬がしっぽを振ったりもたれかかるのは主人の（　㋐　）行動だ。反面ネコは主人にまったく気を遣わない。ひとりでいたずらをしたり、昼寝をしながら自分だけの（　㋑　）ことが猫の日常だ。

52：解答例

㋐사랑을 받기 위한 / 관심을 끌기 위한
㋑시간 (공간) 을 즐기는 / 세계를 살아가는

💡この問題文は、ペットとして飼育されている犬と猫の特性の違いが主題です。論理の流れとしては、犬と猫の性質を具体的に 対比・対照 しています。空欄が入っている文章は接続詞を挟んで、犬と猫の特性についてそれぞれ述べています。また、いずれも文末ではなく文中で名詞の前にあることから、名詞を修飾する連体形の文法が求められていることがわかります。よって、

空欄（㋐）は犬の特性について最初に触れた2文目「주인의 행동에 신경을 쓰고 주인의 사랑을 받기 위해」（犬は主人の行動を気にして主人の愛を受けるために）の部分を受けた内容が入ります。空欄（㋐）の直後にある 행동（行動）と自然につなぐために -(으)려고 하다＜意思表示＞（～しようとする＜終止＞）を動詞の現在連体形 -(으)려고 하는にして사랑을 받으려고 하는 행동(愛を受けようとする行動) としています。そして 反面 という接続詞のあとに 対照的な内容 として、猫の特性

43

が고양이는 주인에게 전혀 신경을 쓰지 않는다 (ネコは主人にまったく気を遣わない) と続くことから、最後の文章の主語は猫と考えられます。空欄（ⓒ）の前には 주인이 아니라 자기만의 (自分だけの) というワードがあることから、시간 / 공간을 즐기는 (時間／空間を楽しむ) が入り、「自分だけの時間や空間を楽しむ」ことが猫の日常である、となります。こちらも文法事項として動詞を現在連体形즐기는として、後に続く名詞（こと）を修飾する形式にしています。文中に出ているヒントになるワードを上手に活用することも問題を解くポイントになります。他の言い方で세계를 살아가는（自分だけの世界を生きる）もいいでしょう。

📝 **動詞の現在連体形**（動詞の語幹）＋ 는（名詞）：〜する…

사랑을 받으려고 하 는 행동：愛を受けようとする行動
공간을 즐기는 것：空間を楽しむこと

👉 □전혀 (-지 않다)：まったく（〜ない）

問題 [53] 次は1人世帯の比率と年齢別の比重を調査した結果だ。この内容を200〜300字の文章で書きなさい。ただし、文章のタイトルは書かないでください。

53

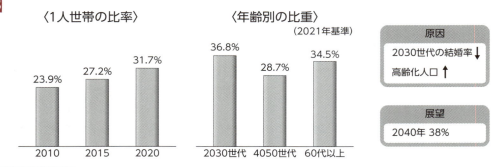

53：解答例

1	인	가구	비율과		연령별		비중을		조사하였다	.
조사	결과	, 1	인	가구	비율은	2010년에		23.9%에
서	2015년에	27.2%,	2020년에는	31.7%로	계속
증가하였다	. 또한	, 2021년	기준으로	1	인	가구	연
령별	비중을	살펴보면	2030	세대가	36.8%,	4050
세대가	28.7%,	60대	이상은	34.5%로	나타났다	.
2030	세대의	1	인	가구	비율이	가장	높게	나타
났으며	60대	이상이	그	뒤를	이었다	. 이와	같이
1	인	가구가	증가한	원인으로는	2030	세대의	결
혼율이	저하함과	고령화	인구의	증가를	들	수
있다	. 이러한	추세로	보면	2040년에는	1	인	가구
비율이	38%에	이를	것으로	전망된다	.

訳 一人暮らし所帯の比率と年齢別の比重を調査した。調査結果，1人暮らしの比率は2010年に23.9%から2015年に27.2%、2020年には31.7%へ引き続き増加した。また2021年基準で一人暮らし所帯の年齢別比重を詳しく見ると、20〜30代世代が36.8%、40〜50代の世代が28.7%、60代以上は34.5%であることがわかった。20代〜30代世代の一人暮らし所帯の比率が最も高く表れており、60代以上がその後を追った。このように一人暮らし所帯が増加した原因としては20代〜30代世代の結婚率が低下したことと高齢化人口

第1回模擬試験 作文

の増加を挙げることができる。このような趨勢から見ると、2040年には一人暮らし所帯の比率が38%に達する見込み（展望）だ。

💡 53番では、問題で提示されたデータの内容を不足なく文章にしていくことがポイントです。この問題では調査期間内の「一人暮らし所帯の比率の変化」と「年齢別の比重を比較」を表すグラフ、調査期間内の変化の原因、今後の展望という4つの要素で構成されています。グラフの数値増減や順位を表す表現を押さえておきましょう。また矢印の上下で示されている内容の文章化（比率の上昇／低下）（人口の増加／減少）、箇条書きを滑らかにつなぐ接続表現投入の練習も必要で

す。できるだけ同じ表現を繰り返さずに、解答例を参考にデータ問題頻出表現を豊かに使いこなせるようになりましょう。

✏ データ表現を豊かに！ □比重を살펴보면：比重を詳しくみると □Nの비중／비율이 가장 높게 나타났다：Nの比重／比率が最も高く表れた □N가／이 그 뒤를 이었다：Nがその後に続いた □이와 같이：このように □-에 이를 것으로 전망된다：〜に至る展望だ □이러한 추세로 보면：このような趨勢でみると

問題〔54〕 次を参考にして600~700字で文章を書きなさい。ただし、問題をそのまま写さないでください。

54

🈑 学校で受ける正規教育を除外して一般人が生活の質を向上させるために自主的に学習することを生涯教育ということができる。このような生涯教育に対する目的と形態について下記の内容を中心に自身の考えを書きなさい。

・生涯教育の目的は何だと思うか？（①）
・生涯教育の種類には何があるか？（②）
・生涯教育が必要な理由は何なのか？（③）

54：解答例

	평	생	교	육	은		가	정	과		학	교	,	사	회	에	서		평	생	에		걸	쳐
이	루	어	져	야		한	다	는		것	을		말	한	다	.	다	시		말	하	면		학
교	를		졸	업	한		후	에	도		배	움	을		계	속	하	기		위	해		자	신
이		주	도	하	여		학	습	을		하	는		것	으	로		학	교		교	육	과
차	별	화	된	다	.	학	교		교	육	과		같	은		정	규		교	육	은		원	하
든		원	하	지		않	든		교	육	을		받	아	야		하	기		때	문	에		의
무		교	육	이	라	고		부	른	다	.	이	러	한		평	생	교	육	의		목	적	은
삶	의		질	을		향	상	시	키	기		위	함	이	며		지	금	의		생	활	에
만	족	스	럽	지		않	다	면		다	른		분	야	를		배	워		새	로	운		도
전	을		시	도	하	기		위	함	이	다	.											
	평	생	교	육	의		형	태	를		살	펴	보	면		대	학	이	나		학	원		등
에	서		운	영	하	는		교	육		기	관	에		직	접		찾	아	가		배	우	는
현	장		수	업	과		장	소	,	시	간	에		구	애	받	지		않	고		온	라	인
으	로		배	우	는		수	업	이		있	다	.	온	라	인		수	업	도		실	시	간
으	로		여	럿	이		함	께		받	는		수	업	과		혼	자	서		시	간	을
선	택	해	서		받	는		수	업	이		있	을		수		있	다	.	분	야	도		운

동	이나	취미	활동과	같이	자신이	좋아하는	것을				
찾아서	배우는	것과	새로운	도전이나	구직	활동				450	
등에	필요한	자기	계발을	위한	것도	있다.					
' 공부는	죽을	때까지	하는	것이다 '	라는	말이				500	
있듯이	배움의	길은	끝이	없다.	학교를	졸업했다					
고	해서	모든	것을	다	배웠다고	할	사람은	없		550	
을	것이다.	우리는	평생	배우고	또	배우는	일을				
계속하며	살아간다고	해도	과언이	아니다.	따라서					600	
평생교육의	필요성은	두말할	필요가	없다.	우리의						
삶은	그	자리에서	정체되어	있는	것이	아니라				650	
늘	새로운	도전의	연속인	것이다.						700	

訳　　生涯教育は家庭、学校、社会で生涯にわたって行わなければならないことをいう。繰り返すと学校を卒業した後でも学び続けるために、自分で主導して学習するものとして学校の教育と差別化される。学校教育などの正規教育は、望んでいなくても、教育を受ける必要があるため義務教育と呼ぶ。①これらの生涯教育の目的は、人生の質を向上させるためであり、今の生活に満足できない場合は、他の分野を学び、新たな挑戦を試みるためだ。

　　生涯教育の形態を見ると大学や塾などから 運営する教育機関へ直接行って学ぶ②現場授業と場所、時間にこだわらずオンラインで学ぶクラスがある。オンライン授業もリアルタイムで多くの人が一緒に受ける授業と一人で時間を選択して受ける授業があるかもしれない。②分野も運動や趣味活動など、自分の好きなものを見つけて学ぶことと新しい挑戦や求職活動などに必要な自己啓発のためのものもある。

　　「勉強は 死ぬまでするのだ」という言葉があるように、学びの道は終わりがない。学校を卒業したとしても、すべてのものを全部学んだとする人は ないだろう。③私たちは生涯学び、また学ぶことを続けて生きていくと言っても過言ではない。したがって、生涯教育の必要性は言うまでもない。私たちの人生はその場で停滞しているのではなく、いつも新しい挑戦の連続なのだ。

💡 テーマは「生涯教育」です。ガイド設問は①生涯教育の目的、②生涯教育の種類、③生涯教育が必要な理由の3つです。それぞれの設問に沿って段落を作り、問いに答えています。解答例の表現を参考にしながら、自分でも書いてみましょう。

✏️ 원하든 원하지 않든 望んでも望まなくても＝望んでいなくても　-를 살펴보면 〜を（注意深く）見てみると　라는 말이 있듯이 という言葉があるように　-다고 해도 과언이 아니다 〜と言っても過言ではない

👆 □평생교육〔平生教育〕：生涯教育　□평생에 걸쳐 이루어져야 하다：生涯にわたって行わなければならない　□다시 말하면：もう一度言うと、繰り返すと　□주도하다：主導する　□차별화：差別化　□정규 교육：正規教育　□삶의 질을 향상시키다：生活の質を向上させる　□새로운 도전을 시도하다：新たな挑戦を試みる　□구애받지 않고：（〜に）こだわらず　□실시간〔実時間〕：リアルタイム　□여럿이 함께 받다：大勢が一緒に受ける、多くの人が一緒に受ける　□구직 활동：求職活動　□자기 계발：自己啓発　□두말할 필요가 없다：言うまでもない　□정체되다：停滞する

第1回模擬試験　読解問題　解説

問題〔1-2〕（　　）に入る最も当てはまるものを選びなさい。

1

訳 後ろから誰かが私の肩を（　　　　　）かばんを落としました。
　　①たたくために　　　　　　②たたいたので
　　③たたくように　　　　　　④たたいたはずみに

1：正解④

ここでは、後節の「かばんを落とした」ことの〈理由〉の接続が空欄に入ります。④ - 는 바람에 は過去の理由でも現在連体形のみを使います。意味も形式も正しい④が正解です。

⚠ ②も〈理由〉を表すので正解のように思われますが、② - 기 때문에 は過去の出来事の理由の場合、치기を過去形の쳤기 때문에 にしないと形式として正しくありません。

✏ -기 위해서 ～するために〈目的〉　-기 때문에〈理由〉～なので、～するので ※後節と時制を合わせる必要あり　-(으)ㄴ 것처럼 ～したように〈比喩〉　-는 바람에 ～のはずみに、～の拍子に〈理由：現在連体形のみ〉※話者の予想外の結果の理由を表す。後節はネガティブな結果のケースが多い

👆 □떨어뜨리다：(高い所から) ～を落とす

2

訳 昨日見た映画が あまりにも面白くなかったので 、ずっと（　　　　　）。
　　①うとうとするだなんて　　　　　　②うとうとすることにしました
　　③うとうとしてばかりでした　　　　④うとうとする予定です

2：正解③

💡 後節の行動の理由 から、「うとうとしてばかりだ」となります。他は文脈と合いません。

✏ -기는요 ～だなんて〈謙遜〉　-기로 하다 ～することにする〈意思決定〉　-(으)ㄹ 예정이다 ～するつもりだ

〈予定〉　-기만 하다 ～するばかりだ〈行動の反復〉※何度も同じ行動を繰り返す

👆 □졸다：うとうとする

問題〔3-4〕下線の部分と意味が最も似たものを選びなさい。

3

訳 この書類は急ぎだから、今日の夕方までに 終えることができるように 急いでください。
　　①終えるでしょうが　　　　　　②終えそうに
　　③終えるといっても　　　　　　④終えることができるように

3：正解④

💡「終えることができるように」となるのは、④の -(으)ㄹ 수 있도록〈可能＋目的〉です。それ以外は最後の「急いでほしい」という希望表現の文末と合いません。

47

✏️ -(으)ㄹ 수 있게 〜できるように〈可能の副詞〉 　　 도 〈伝聞＋逆接〉　-(으)ㄹ 수 있도록 〜できるように
-(으)ㄹ 텐데 〜でしょうが〈推測＋提示〉　-(으)ㄹ 　　〈可能＋目的〉
뻔하게 〜しそうに〈直前〉　-ㄴ/는다고 해도 〜だと言っ 　　👆 □ 서류：書類

4

訳 新製品が<u>出たというので</u>買いに行きましたが、すでにすべて売れて（商品が）ありませんでした。

①出たというので　　　　　　　　　　　②出ようとしていて

③出ていたなら　　　　　　　　　　　　④出ても出なくても

4：正解①

💡 前節の「出たというので」という意味合いになるのは、
①の -다기에〈伝聞＋理由〉です。②と③は実際に買い
に行ったという内容と合いません。新製品は発売され
ているので④は不自然なつながりになります。

✏️ -ㅆ다고 해서 〜というので〈伝聞＋理由〉-다기에 〜

　　というので〈伝聞＋理由〉　-(으)려다가 〜しようとし
ていて〈意図＋中断、変化〉　-더라면 〜だったなら〈過
去に対する後悔〉　-(으)나 마나 〜してもしなくても
〈比較しても無駄〉
👆 □ 신제품：新製品

問題〔5-8〕 次は何に対する文なのか選びなさい。

5

訳 遠くまできれいで鮮やかに美しいあなたの目をお守りします。

①鏡　　　　　　　　②目薬　　　　　　　　③帽子　　　　　　　　④眼鏡

5：正解④

💡 먼 곳（遠い所）まできれいで鮮明に見せてくれるの
は、眼鏡です。

⚠️ ②が目に関係する単語なのでひっかけです。①と③

　　は合いません。
👆 □ 안약：眼薬

6

訳 幸福な瞬間を長く覚えておいてください。家族のすてきな記憶を永遠に！

①博物館　　　　　　　②写真館　　　　　　　③美容室　　　　　　　④映画館

6：正解②

💡 「家族の幸福な記憶」と結びつくのは②の写真館し
かありません。

⚠️ 「すてきな記憶を永遠に」で①博物館に誘導しよう

　　としています。
👆 □ 영원히：永遠に

7

訳 展示場の中ではマスクを着用してください。前の人との観覧距離を維持してください。

①展示の説明　　　　②注意事項　　　　③場所の案内　　　　④使用方法

48

7：正解 ②

💡 展示場でのマスク着用に観覧距離と注意を促す表現なので、②が正解です。

⚠️「～してください」という表現から④使用方法と迷わ せようとしています。

👆 □전시장：展示場 □마스크를 착용하다：マスクを着用する □관람 거리：観覧距離 □유지하다：維持する

8

📖 ベストセラー作家キム・スヨンの話題作
　もうすぐ舞台でお会いになれます。
　　　♠場所：ソウル市民会館
　　　♠日時：5月1日～5月30日
①図書の紹介　　　　②作家の紹介　　　　③公演の案内　　　　④行事の日程

8：正解 ③

💡 ベストセラー作家の作品が舞台化された公演の案内です。

⚠️ 最初の一言で①に誘導しています。④も迷いますが 日程だけでなく場所も書いてあるので不正解です。

👆 □화제작：話題作　□무대：舞台

問題〔9-12〕 次の文章またはグラフの内容と同じものを選びなさい。

9

📖 奨学生　選抜のお知らせ（広告）
　　★選抜対象：2021年度入学予定者
　　★選抜人員：20人
　　★奨学金：2021年1学期の授業料全額
　　★受付期間：2021年1月11日（月）～15日（金）
　　★受付方法：本校ホームページ及び学生課
　　　韓国大学
①オンラインと訪問受付の両方が可能だ。
②1月の1か月間の奨学金を申請することができる。
③奨学生として選抜されれば、1年間の学費を受け取る。
④大学に通っている人だけが申請できる。

9：正解 ①

💡 問題文の最後に、ホームページと学生課で受け付けると書いてあります。

⚠️ 申請期間は2週間なので②は合いません。③は授 業料免除が1年間となっていますが1学期間の授業料免除です。④については記載がありません。

👆 □학생처〔学生処〕：学生課

49

10

📖 通勤時のスマートフォン利用現況 (実態)

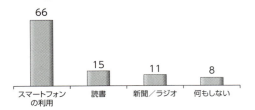
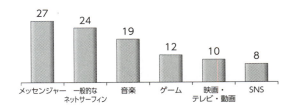

① スマートフォンを利用して音楽を最も多く聞く。
② 通勤時間を活用して読書をする人が最も多い。
③ インターネット検索よりも映画を見たり、ゲームをよりたくさんする。
④ 通勤時にスマートフォンでメッセージを最も多く送る。

10：正解 ④

💡 右のグラフ「通勤時のスマートフォン利用の主たるコンテンツ」で 메신저 (メッセンジャー) が一番多いとわかります。

⚠️ 右のグラフで、スマートフォン利用目的で音楽は3位なので、①は不正解です。左のグラフで、読書よりスマートフォン利用をしている割合が高いことから②も一致しません。③はグラフの文言を言い換えていてわかりづらいですが、右のグラフで2位の「一般的ネットサーフィン」は「インターネット検索」と言い換えが可能です。これは5位の「映画・TV・動画」より多いです。

👆 □메신저：メッセンジャー　□웹서핑：ネットサーフィン　□게임：ゲーム　□동영상：動画

11

📖 コーヒーほど持続的に議論の多い食品も珍しい。 コーヒーのカフェイン が不眠症を引き起こす可能性があるという事実はよく知られている。一方、抗酸化成分もあり、肝臓がんの予防に役立つだけでなく、骨の健康にも良い影響を与えるという研究結果 もある。もちろん、この場合は何も加えていないブラックコーヒーに当てはまり、1日に1、2杯を超えることはよくない。また、誰でも同じ効果を得ることはないので、自分の身体的特性を考慮しなければならないのは当然だ。
① これまで議論が続く食品は、コーヒー以外にも多くある。
② コーヒーのカフェインは、健康に役立つ成分の中の一つだ。
③ 何も入れていないブラックコーヒーを飲むのが、健康にいい。
④ 肝臓や骨の健康のために、できるだけコーヒーをしばしば飲むのがいい。

11：正解 ③

💡 問題文を要約すると、ブラックコーヒーのカフェインは肝臓がんの予防や骨の健康他健康成分が認められるが、不眠症予防のために1日2杯までが望ましいとしています。したがって、③が正解です。

⚠️ 問題文冒頭の「コーヒーほど議論になる食品が珍しい」とは、そのような食品は多くないと解釈できるので①は正反対の内容です。②も紛らわしいですが、選択肢の主語が「コーヒーのカフェイン」で何の制限もないことから、不眠症等のネガティブ側面を含まない意味合いになるため一致しません。また、問題文でコーヒー摂取量を1日1〜2杯に推奨していることから④も不正解です。

✏️ 아니므로 〜ではないので、〜ではないゆえ〈かしこまった否定の理由〉

👆 □커피：コーヒー　□지속적：持続的　□논란〔論難〕이 많다：議論が多い、よく論争になる　□드물다：珍しい

第1回模擬試験 読解

しい　□カフェイン：カフェイン　□불면증：不眠症	□해당하다〔該当 -〕：当てはまる　□ - 잔：〜杯
□유발：誘発　□항산화：抗酸化　□간암〔肝癌〕：肝	□초과하다〔超過 -〕：超える　□효과：効果　□얻다：
臓がん　□예방：予防　□뼈：骨　□아무것도 -지 않	得る　□신체적：身体的　□특성：特性　□고려：考慮
다：何も〜しない　□첨가하다〔添加 -〕：加える	□당연하다：当然だ　□이롭다〔利 -〕：良い、有益だ

12

訳　ペットとして多く飼育する猫は、神秘的な身体的特性を持っている。<u>猫の目は光の明るさに応じて素早く開閉する構造で、人よりも優れた夜間視力を持っているため、夜間に自由に動ける。</u>また、ひげは狭い空間を通過したり、対象との距離を測定する等、感覚器官の役割をする。さらに空気の流れや湿度の変化まで感知するので、前が見えなくても自由に歩き回ることができるのだ。

①猫は暗闇の中で動いたり、自由に活動できる（活動することが自由だ）。
②感覚器官として機能するひげは、<u>対象の重さも感知する</u>ことができる。
③猫が狭い所を通過できるのは、<u>身体の柔軟性のため</u>だ。
④猫の毛は湿度の変化を感じることができるので、<u>天気に非常に敏感だ</u>。

12：正解①

💡 猫の目とひげの持つ身体的特性について詳しく述べた文章です。猫の持つ高い夜間視力について言い換えのできる①が正解となります。

⚠️ 正解以外の選択肢は、前半で問題文に出てきた単語を使って誘導していますが、後半の内容はどれも出てきていません。

✏️ (-는 데) 에 자유롭다 (〜すること) に自由だ、自由に〜できる、〜することに不自由がない

👆 □반려동물〔伴侶動物〕：ペット　□키우다：飼う、育てる　□신비롭다：神秘的だ　□빛：光　□밝기：明

るさ　□열리고 닫히다：開いて閉じる、開閉する
□뛰어나다：優れている　□야간 시력：夜間視力
□움직임：動き　□수염：ひげ　□공간：空間　□통과：通過　□대상：対象　□거리：距離　□측정：測定　□게다가：そのうえ、さらに　□공기의 흐름：空気の流れ　□습도：湿度　□변화：変化　□감지：感知　□돌아다니다：歩き回る　□어둠：暗闇　□무게：重さ　□유연함：柔らかさ、柔軟性　□털：毛
□민감하다：敏感だ

問題〔13-15〕　次を順序に合うように並べ替えたものを選びなさい。

13

訳　(가) <u>相手を 説得 するときは、無条件に自身の意見を強調したり感情的に接近してはならない。</u>
(나) <u>社会生活をしてみると、相手と意見の違いを見せる時がしばしば生じる。</u>
(다) <u>このような時に相手が自身の意見に従わせるようにする技術が 説得 である。</u>
(라) 十分に相手の感情を尊重し、理性を動かそうとする論理的 説得 がなされなければならない。

① (가)—(다)—(나)—(라)　　　② (나)—(다)—(가)—(라)
③ (가)—(라)—(나)—(다)　　　④ (나)—(가)—(다)—(라)

13：正解②

💡 この問題は、社会生活を営む上で必要な 説得 という技術についてキーワードの背景から紹介し、詳しく述べる内容です。選択肢のパターンから、最初の文章は (가) もしくは (나) になります。並べ替え問題の一文目は、背景説明や問題提起など、幅広い内容を含むものが選ばれることが多いです。(가) は冒頭から説得のやり方について述べているのに対し (나) は<u>説得が必要になる背景である社会生活</u>について述べていますので、一文目は (나) になります。したがって、②か④に絞られます。

51

⚠️ 次に２文目を選びますが（다）は「このような時」という指示語からスタートしており、一文目の「相手と意見の違いを見せる時」の内容を受けて、説得というキーワードを紹介しているとスムーズに解釈できます。（가）は、３文目として説得のやり方について述べていると考えるほうが全体の流れがスムーズになりますので、②が正解です。この問題の文脈は次の通りです。（나）導入：説得が必要な背景―（다）展開：説得が必要な状況―

（가）詳細説明1：説得をする際の注意点―（라）詳細説明2：注意点の補足

👆 □상대방〔相対方〕相手 □설득：説得 □무조건：無条件（に） □의견：意見 □강조：強調 □접근：接近、アプローチ □종종：しばしば □기술：技術 □존중：尊重 □이성：理性 □논리적：論理的 □이루어지다：成される、行われる

14

🈁 （가）このように 熱い熱気 に耐え切れずに起こる自動車火災事故は大きな人命被害につながる可能性がある。
（나）外部の気温が30度以上になると、車両内部の温度は最大85度 まで上昇するためだ。
（다）真昼の気温が30度を超える酷暑が続くと、自動車火災事故が頻繁に発生する。
（라）したがって爆発の危険のある物を車に置かないなどの細心の注意が必要である。

① （나）―（가）―（다）―（라）　　　　② （다）―（나）―（가）―（라）
③ （나）―（라）―（다）―（가）　　　　④ （다）―（가）―（나）―（라）

14：正解②

💡 この問題は、暑の真昼に車内温度が上がりすぎることによる、自動車火災事故の注意喚起と防止対策についての文章です。選択肢のパターンから、最初の文章は（나）もしくは（다）になります。並べ替え問題の一文目は、文末に理由等の接続表現のないものを選びます。なぜなら、理由の語尾を取るためには、その前に背景説明や問題提起などがないと不自然だからです。つまり一文目は、酷暑と自動車事故についての導入文となる（다）になります。したがって、正解は②か④のどちらかです。

⚠️ 次に２文目を選びます。④の（가）は「このように熱い熱気に耐え切れずに起こる自動車火災事故」という指示語からスタートしていることから、この直前に同様の内容「熱い熱気」が必要になります。一文目の（다）にも「自動車火災事故」というワードがありますが、も

う一方の選択肢（나）を確認すると（다）の酷暑と自動車事故の両方の内容を受けて、具体的な数字で「気温30度」「車内温度最大85度」とより詳しく「高温による熱気」について述べていることから、二文目にふさわしいことがわかります。よって②が正解です。この問題の文脈は次の通りです。

（다）導入：酷暑による自動車火災について紹介―（나）展開：酷暑による自動車火災事故の起こる具体的理由―（가）詳細説明1：自動車火災事故の危険性の指摘―（라）詳細説明2：自動車火災事故防止対策提案

👆 □뜨거운 열기：熱い熱気 □이기지 못하다：勝てない □화재 사고：火災事故 □인명 피해：人命被害 □외부의 기온：外部の気温 □차량：車両 □폭염〔暴炎〕：酷暑 □폭발 위험：爆発の危険 □차에 두지 않다：車に置かない □세심한 주의：細心の注意

15

🈁 （가）この解例本は世宗が直接ハングルを作った目的を明らかにしている例義（見本と意味）と学者たちが作った解説本である解例で構成されている。
（나）さらに、文字を作った原理とどのように使用するかを説明した解説書も存在する。
（다）訓民正音の解例本がまさにそれであり、ユネスコ世界記録遺産として登録されている。（라）ハングルは誰が、いつ、なぜ作ったのかが明らかに解き明かされている唯一の文字である。

① （가）―（나）―（다）―（라）　　　　② （라）―（가）―（다）―（나）
③ （가）―（다）―（라）―（나）　　　　④ （라）―（나）―（다）―（가）

第1回模擬試験　読解

15：正解 ④

💡 TOPIK Ⅱの定番、韓国の誇りともいえるハングルについての出題です。ハングルが持つ由来、文字の作成者として知られる世宗大王と学者たちの話は有名ですが、ここではハングルの解例本について紹介する問題です。そこまで知名度のない ハングルの解例本 がテーマのため、気持ちが焦ってしまいますが、落ち着いて読めば大丈夫です。ここでも、選択肢のパターンから、最初の文章は (라) もしくは (가) になります。並べ替え問題の一文目を選ぶ際のポイントとして、指示語の入っていないものを選ぶ必要があります。指示語は既出の内容を指し示すので、一文目に来ることはないと考えていいでしょう。指示語の入っていない (라) が最初の文になりますので正解は②か④のどちらかです。

⚠ では、2文目を選びます。②の (가) は「この解例本」という指示語から始まっているので、解例本についての記述の後に来るはずですが、(라) には出てこないので2文目としては不適当です。一方、選択肢 (나) を確認すると(다)で述べられた「ハングルの製作者、政策時期、その理由」を補足する内容で「ハングルの制作目的や解例本」について述べています。これは二文目に適当なので④が正解です。この問題の文脈は次の通りです。(라) 導入：ハングルが持つ歴史的背景を紹介―(나) 詳細説明1：ハングルの歴史的背景の補足説明と解例本の紹介―(다) 詳細説明2：ハングル解例本の補足情報―(가) 詳細説明3：解例本の内容と構成

📖 **訓民正音** 世宗による「例義」、集賢殿の学者達による「解例」、鄭麟趾による「序文」の3部構成。

問題 〔16-18〕　（　　　　）に入る言葉として最も当てはまるものを選びなさい。

16

訳　「行く言葉がきれいでこそ、帰ってくる言葉がきれいだ」という言葉がある。この言葉は他人に良い言葉や行動をしなければ、相手も私に同じ反応を見せるという意味だ。気分の悪い言葉や下品な行動をすれば、それは（　　　　）だろう。良い友人を得たいなら、自分がまず良い友人にならなければならないということは言うまでもない。したがって、他人にもてなしを受けたい場合は、私がまずその人をよくもてなしてあげなければならないのだ。

①取り戻すのが難しいミスをする　　　　②初めに戻らないといけない
③人間関係を回復させることができる　　④そのまま私に再び戻ってくる

16：正解 ④

💡 TOPIK Ⅱで頻出の韓国の有名なことわざで、人間関係は鏡のようなものだから相手に丁寧に接する必要があるという意味を持ちます。ことわざを知っていれば後半を読まなくても解けます。2文目に「良い行いをすればこそ相手が同じ反応を示す」とあり、空欄を含む3文目では「悪い行いを行ったらどうなるのか」を聞いています。前半だけ読むと、相手に良い対応をしたときと悪い対応をしたとき、反応が違うように迷わせるように作られていますが、空欄後を読むと、良い友人を得たければ自分が良い友人になる必要があると、同様の反応が返ってくる内容を選ばないといけないことがわかり

ます。

⚠ ネガティブな内容の①と迷った方も多いかもしれませんが、ミスの話は出ていません。②と③の内容もありません。

✋ □가는 말이 고와야 오는 말이 곱다：売り言葉に買い言葉（発する言葉が美しくてこそ戻ってくる言葉も美しいという意味のことわざ）　□반응을 보이다：反応を見せる　□상스럽다：下品だ、はしたない　□두 말 할 필요가 없다：言うまでもない　□대접을 받다：接待を受ける、もてなされる　□되돌리기 어렵다：取り戻すのが難しい　□회복시키다：回復させる

53

17

🔖 台風の名前を初めて使ったのはオーストラリアの予報官たちだった。彼らは台風に自分が嫌いな政治家の名前をつけたという。その後、2000年からアジア各国で台風への 関心 を高めて（① 警戒心 を強化するために）アジア14カ国で国別に10カ所の名前を提出して、合計140個が順番に使用されている。これをすべて使用した後は、再び一番からスタートするのだが、とりわけ大きな被害をもたらした台風の名前は、合意を経て別の名前に変えたりもする。

① 警戒心 を強化するために
②国家間の親和の目的で
③競争力を向上させるため
④良い言葉を伝える次元で

17：正解①

💡 世界中を駆け巡る台風の名前の名前についての話題です。最初に台風に名前を付けたのはオーストラリアの予報官でしたが、アジア各国からも台風の名前を募集するようになった理由を推測させる問題です。空欄前の 台風に対する関心を高めて」と関連する内容は①しかありません。他の選択肢は台風と関係のない内容です。

👆 □호주〔豪州〕：オーストラリア　□예보관：予報官

□정치인〔政治人〕：政治家　□제출：提出　□차례〔次例〕：順番　□유난히：とりわけ、ひときわ　□큰 피해〔被害〕를 입히다：大きな被害をもたらす　□합의를 거치다：合意を経る　□경계심을 강화하다：警戒心を強化する　□국가간 친화 목적：国家間の親和の目的　□경쟁력을 향상시키다：競争力を向上させる　□차원：次元、レベル

18

🔖 朝に起きることが難しい人たちはアラームをいくつか合わせておいて寝ることがあるが、アラームを切って再び眠りにつくことになれば、一日を（①疲れた状態でスタートしやすい）。また、睡眠から目覚めてすぐに携帯電話を確認する習慣も避けなければならない。目を開けるとすぐに携帯電話を見る行動は、脳と目の疲れを呼び起こすので、すぐに起きて寝具の整理や軽いストレッチをするのが良い。

①疲れた状態でスタートしやすい
②計算間違いをするようになることがある
③携帯電話と共にする
④健康に過ごす方法だ

18：正解①

💡 朝にスムーズに起床できない人がアラームを切って二度寝をすると、どうなるのかを問題文から読み取ります。空欄直後に「また」という追加の接続詞があるので、空欄の内容はその後に続く内容と似た意味合いの語句を選びます。空欄後は起床後にすぐ携帯電話を見ることで「疲れを呼び起こす」と出ているので、①が当てはまります。

⚠ ②と③は問題文の「携帯電話」という単語から誘導するひっかけ選択肢です。④も「疲れ」と関連して健康問題に錯覚させようとしています。

👆 □알람：アラーム　□잠을 청하게 되다：眠りにつく　□뇌와 눈에 피로를 불러일으키게 되다：脳と目の疲れを呼び起こすようになる　□잘못 계산하게 되다：間違って計算するようになる、計算間違いをする

第1回模擬試験 読解

問題〔19-20〕 次を読んで問いに答えなさい。

㊙ プレゼントをもらうというのは、いつも気分のいいことだ。ましてや、自分に必ず必要なものをプレゼントとしてもらえば、もっと感動するだろう。しかし、（①腹よりへそが大きいという）言葉のように、時には内容物よりも包装がより過度な場合もある。プレゼントをより引き立たせるために高価な包装紙に花やリボン等で華麗に装飾するということだ。中身が先なのか、包装が先なのか錯覚してしまうほどの過度の包装より、相手を考える気持ちと真心のこもったプレゼントとして準備するのがいい。

19

㊙（　　）に入る言葉として最も当てはまるものを選びなさい。
　①腹よりへそが大きいという　　　　　　　②同じ値段ならよりよいもの（紅のスカート）という
　③クジラの戦いにエビの背が破れるという　　④言葉で千両の借金を返すという

19：正解①

💡 プレゼントの中身とラッピングの豪華さ、真心との関係についての問題はTOPIKではおなじみです。問題文の冒頭でプレゼントの中身が気に入った場合の感動を述べたあとに逆接の接続詞と空欄で、プレゼントの中身より包装が豪華でアンバランスな話が続くので、「本末転倒」の意味合いを持つ①がぴったりです。面白いことに、「腹とへそ」など直接お金に関連する単語は入っていないのに、経済的な話題で使われることわざです。

頻出なのでぜひとも覚えておきましょう。
⚠ ②と④もお金に関連することわざなので、ひっかけです。③は強者の争いに弱者がとばっちりを受けるという意味なので、問題文と一致しません。
👆 □内容物〔内容物〕：中身　□포장：包装　□과하다〔過-〕：過剰だ、過度だ　□정성〔精誠〕이 담기다：真心が込められた

20

㊙ この文の主題として最も適当なものを選びなさい。
　①美しい包装は贈り物の意味をさらに引き立てる。
　②中身も重要だが、ギフト包装を上手にすることも必要だ。
　③受け手が必ず必要な贈り物を選ぶのは、難しいことだ。
　④プレゼントは、華麗な包装よりも真心のこもった中身がより重要だ。

20：正解④

💡 問題文の最後と④が一致します。
⚠ ①は迷いますが、包装が贈り物そのものを引き立てることはあっても、その意味を引き立てるとは言っていません。それらしく作られていますが②の内容はなく、

過剰包装についての批判的な意見が中心です。③の内容は2文目と混同させるひっかけで書かれていない内容です。

問題〔21-22〕 次を読んで問いに答えなさい。

㊙ 長寿の秘訣で最も多く取り上げられるのが、小食と菜食中心の食習慣だ。実際、昆虫やラットなどのさまざまな動物で食べ物を少なく食べたり、カロリーを制限したときに寿命を延長させる効果があるということが確認された。少なく食べれば血管を若く維持させ、老化を遅らせる効果があるという研究結果もある。血管が若

55

くなると認知症やがんにかかる確率が減るということだ。 しかし 、普段の活動量にかかわらず（③無条件に／とにかく）カロリーを減らしたり少なく食べるのはよくない。自身の身体リズムに合った食習慣を持つことが健康に暮らす秘訣と言える。

21

㊂（　）に入る言葉として最も当てはまるものを選びなさい。

①幸い　　　　　　　　②一体全体
③無条件／とにかく　　④とても（〜ない）

21：正解③

💡小食と菜食中心の食生活を長寿の秘訣としてとりあげて、その具体例（昆虫など）を取り上げ、好ましい研究結果の後に逆接の接続詞で、これらの注意点と秘訣を挙げる流れです。「普段の活動量にかかわらず」と呼応で当てはまるのは③だけで文脈上、注意点としても適切です。他は意味がつながりません。

⚠️④が否定語を伴う副詞なので、ひっかけです。①は内容的に文末にありがたい内容が来るはずなので該当しません。②は文末が疑問形にならないと不自然です。

👆□장수의 비결：長寿の秘訣　□거론되다〔挙論 -〕：取り上げられる、議論される　□소식：少食　□채식 위주〔菜食 為主〕：菜食中心　□식습관：食習慣　□곤충：昆虫　□쥐：ネズミ、ラット　□칼로리를 제한하다：カロリーを制限する　□혈관을 젊게 유지시키다：血管を若く維持させる　□노화를 늦추다：老化を遅らせる　□연구 결과：研究結果　□치매〔痴呆〕：認知症　□암〔癌〕：がん　□걸리다：かかる　□확율 [黃率] 이 줄어들다：確率が減る　□신체〔身体〕리듬에 맞다：身体リズムに合う

22

㊂この文と同じ内容のものを選びなさい。

①寿命の延長に関する研究は、確実に立証されたものがない。
②自分の活動量に合わせて、食習慣を調節することが重要だ。
③少なく食べてたくさん動くことが、健康な生活を作ってくれる。
④菜食中心の食事は、血管を若くして老化を防ぐ。

22：正解②

💡最後の文章が②と言い換えが可能です。

⚠️①は研究結果について述べているので不正解です。いかにもそれらしく作られた③ですが、「たくさん動く」ことについては問題文に出てきていません。④も紛らわしいですが、選択肢の主語が「採食中心」のみで「小食」について触れていない不完全な内容です。

👆□활동량：活動量　□채식 위주 식단〔菜食 為主 食単〕：菜食中心の献立、食事

問題〔23-24〕　次を読んで問いに答えなさい。

㊂　冬は、焼き芋の季節だ。幼い頃父親が仕事の帰り道で買ってきてくれた、紙袋に詰め込まれた温かい焼き芋は、まさに天上の味だった。蒸したりゆでてもおいしいがサツマイモはやはり焼いてこそ本来の味だ。寒い冬に手をふうふうと息を吹きかけて焼き芋の皮をむいて食べると、舌に触れる甘くて柔らかいその味が逸品。今は都心の道端で探すのは難しいが、伝統市場に行けば、まだ大きなブリキ缶を改造して作った焼き芋売りのリヤカーに出会うことができる。自宅で気楽に焼いて食べるより、市場のサツマイモ屋から買って食べるサツマイモがよりおいしく感じられるのは、おそらく幼い頃に戻りたい小さな望みが隠れているのではないか。

第1回模擬試験　読解

23

🔖 下線部に現れた「私」の心境として最も当てはまるものを選びなさい。
　　①恋しい、懐かしい　　　②もどかしい
　　③悔しい　　　　　　　　④感激を覚える

23：正解 ①

💡 最後に主人公は市場で買う焼き芋を通じて「幼いころに戻りたい小さな望み」を感じているので①が正解です。他はどれも当てはまりません。

✏️ **구워야 제맛이다** 焼いてこそ本来の味だ

👆 □군고구마：焼き芋　□사다 주시다：買ってきてくださる　□따끈하다：温かい　□그야말로：それこそ、まさに　□천상의 맛：天上の味　□찌다：蒸す　□삶다：ゆでる　□껍질을 벗기다：皮をむく　□혀에 닿다：舌に触れる　□달달하다：甘い　□일품：逸品　□커다란 양철통〔洋鉄桶〕：ブリキ缶　□개조하다：改造する　□수레：リヤカー、台車　□장수：商人、～売り　□바람：望み、願い　□숨어 있다：隠れている

24

🔖 この文と同じ内容のものを選びなさい。
　　①最近は、サツマイモを焼いて売る場所を見つけるのが難しい。
　　②父は幼い私のために焼き芋をしばしば買ってきた。
　　③サツマイモは栄養豊富で美味しいので、子どもたちが好きだ。
　　④市場で買って食べるサツマイモの味は、昔よりおいしくない。

24：正解 ②

💡 2文目で幼いころに父親が焼き芋を買ってきてくれたエピソードがあったので②が正解です。

⚠️ ①は都心で探すのは難しいと言っていますが、伝統市場では焼き芋売りに会えると言っているので一致しません。③と④の内容はありません。

練習〔25-27〕 次の新聞記事のタイトルを最も適切に説明したものを選びなさい。

25

🔖 全国的に曇って散発的な秋雨、昼間もさわやか
　　①全国的に曇って降り続ける秋雨がやむと寒くなるだろう。
　　②全国的に曇って雨が降り続け、昼間も肌寒くなるだろう。
　　③全国的に曇って時々降る秋雨のため、昼間も寒いだろう。
　　④全国的に曇って時々秋雨が降ることが予想され、昼間も涼しいだろう。

25：正解 ④

💡 この天気予報の記事では、問題文前半の산발적（散発的）→가끔씩（時々）と言い換えできることが求められています。あわせて後半の선선（さわやか、涼しさ）→시원하다（涼しい）に言い換えできている④が正解となります。他の選択肢は文末がすべて「寒い」の表現です。

⚠️ ①と②は雨が降り続けていると言っているので一致しません。

✏️ **-(으)로 인해** ～によって〈理由・原因〉

👆 □산발적 가을비：散発的な秋雨　□선선：さわやか　□그치다：やむ、止まる　□쌀쌀하다：肌寒い、冷え冷えしている　□가끔씩：時々　□시원하다：涼しい

57

26

訳 下火になったキャンプブーム（熱気）、見本市がひっそり

①キャンプの人気が落ちたので、キャンプ見本市にも人があまりなくて閑散としている。

②キャンプブームが熱くなったが、キャンプ見本市を訪ねる人は多くない。

③キャンプの人気が上がるにつれて、キャンプ見本市に人々があふれかえっている。

④落ち込んだキャンプブームを再燃させるため、見本市を開催する予定だ。

26：正解①

💡 前半でキャンプブームが冷めたこと、後半で見本市に人出が見られなくなったことを両方とも言い換えているのが①だけです。

⚠️ ②は前半が合いません。③と④は両方とも問題文と一致しません。

✋ □한물가다：盛りが過ぎる、流行が下火になる　□

캠핑：キャンプ　□열기〔熱気〕：ブーム　□박람회：博覧会、見本市　□썰렁：ひっそり、ひんやり　□인기가 떨어지다：人気が落ちる　□한산하다：閑散としている　□붐비다：混み合っている、混雑している　□시들다：しおれる、(流行が) すたれる　□개최하다：開催する

27

訳 冬季の鳥インフルエンザの再拡散、防疫対策が急がれる

①冬季の鳥インフルエンザの拡散を防ぐため、防疫を急がなければならない。

②（気候が）寒くなり鳥インフルエンザが発生したので、迅速に防疫を完了した。

③冬季の鳥インフルエンザが再び拡散するに伴って、防疫対策が至急であることが実情だ。

④（気候が）寒くなると鳥インフルエンザが拡散する恐れがあるので、防疫が必要だ。

27：正解③

💡 問題文では「鳥インフルエンザが再拡散（したので、これから）防疫対策を急ぐ必要がある」という意味になります。その両方を言い換えているのが③です。

⚠️ ①と④はまだ鳥インフルエンザが拡散していない状況なので不正解です。②は最後で検疫を完了したとしている部分が一致しません。

✋ □동절기〔冬節期〕：冬季　□조류독감〔鳥類毒感〕：鳥インフルエンザウイルス　□재확산：再拡散　□방역대책：防疫対策　□시급하다〔時急 -〕：至急だ、急がれる　□겨울철〔- 節〕：冬季　□방지하다〔防止 -〕：防ぐ　□서두르다：急ぐ　□신속하다：迅速だ　□완료하다：完了する　□실정：実情　□우려：憂慮

問題〔28-31〕（　　　　　）に入る言葉として最も当てはまるものを選びなさい。

28

訳 文化体育観光部は、産業構造の変化や国際的経済危機などで困難を経験している青年文化芸術家たちのために「青年の生活改善案」を拡大すると発表した。この方案を詳しく見てみると、青年雇用及び働き口の増大を通じて、青年たちの（　　　　　）重点を置いている。また地域青年文化活動家、文化関連専攻者が地域文化専門家として成長し発展できるよう支援する計画だと明らかにしている。

①コミュニケーションの空間を提供することに　　②余暇生活を支援する部分に

③住居地域を拡大させることに　　④文化的な生活を向上させることに

第1回模擬試験 読解

28：正解 ④

💡 政府の発表した「青年の生活改善案」を詳しくみると、青年文化芸術家たちの雇用状況と向上させて文化的な生活を向上させることに重きを置いているという内容です。他の選択肢の内容は言及されていません。

✏️ 어려움을 겪다 困難さを経験する／味わう〈品詞の変化〉

👆 □산업 구조：産業構造　□경제 위기：経済危機　□전공자：専攻者　□여가 생활：余暇生活　□주거 지역：住居地域　□문화적 삶：文化的な生活

29

🈁 蒸し暑い夏日に涼しい水柱を噴き出す噴水は、砂漠でオアシスに会ったように涼しくしてくれる。噴水は、閉じ込められた水を排出したり、人工的に水の流れを調整するために作られたもので、古くから庭園を設計することにおいて重要な要素となってきた。主に都市計画の一環として噴水を造成するのが一般的だが、中世ヨーロッパでは権力の象徴として宮殿や別荘を（　　　　　）華やかな彫像を作るなど、できるかぎりおしゃれな噴水を作ることもあった。

①より広く見せるため　　　　　　　②豪華に飾るため
③高く売買するため　　　　　　　　④国民に返してあげるため

29：正解 ②

💡 問題文前半では噴水について説明があり、後半では都市計画の一部だった噴水が時代によっては「権力の象徴」となったとしていること、空欄直後に「華やかな彫像を作る」とあることから②の「豪華に飾る」が入ります。他の選択肢の内容については書かれていません。

👆 □물줄기를 내뿜다：水柱を噴き出す　□분수：噴水　□사막：砂漠　□갇히다：閉じ込められる　□내 보내다：排出する　□인공적：人工的　□조절：調節　□일환：一環　□권력：権力　□상징：象徴　□궁전：宮廷　□별장：別荘　□조각상〔彫刻像〕：彫像　□한껏：できるかぎり、なるべく　□멋을 부리다：しゃれる、めかしこむ　□호화롭다：豪華だ　□사고팔다：売買する

30

🈁 伝染性がとても強い呼吸器ウィルスの拡散を防ぐためには、個々人の衛生管理が何より重要である。特に多くの人が一緒に使う物や施設物を触ったあとには、石鹸とお湯を使って 20秒以上手を洗わなくてはいけない。また外での活動中にはなるべく手で目や鼻、口を触らない方がいい。しかし 無意識に（　　　　　）気を付けていたとしても、外出後に帰宅したときには、まず先に手を洗う習慣を持たなくてはいけない。

①病院に行くことができないので　　②感染予防をすることになるので
③何かを触ることもあるので　　　　④違う人と会うことがあるので

30：正解 ③

💡 伝染性の強いウィルスの拡散防止策の話題です。空欄を含む文章の前に「外での活動中にはなるべく手で目や鼻、口を触らない方がいい。」とありますが、その後に「しかし 無意識に」と続くので、③の「何かを触ることもあるので」が入ると矛盾がありません。

⚠️ ①と②は伝染病拡散予防の話題から、関連の単語でミスリードを誘っています。④についても問題文の中に内容がありません。

✏️ 되도록 なるべく〈目的〉　-(으) 므로 ～することになるので〈かしこまった理由〉

👆 □전염：伝染　□감염：感染　□바이러스：ウイルス　□막다：防ぐ　□개개인：個々人　□위생 관리：衛生管理　□건드리다：触れる、触る　□자신도 모르게：無意識のうちに、無意識に　□귀가〔帰家〕：帰宅

59

31

訳 　<u>新婚旅行中に海に落ちた人を救い出した警察官夫婦の美談</u>が人々に感動を与えている。海辺を散歩していたこの夫婦は、海の上に浮かんでいる黒い物体を発見して、詳しく見ると 20代男性が水に落ちたのだった。水泳に堪能な警察官の夫が水に飛び込んで男性を救助し、看護師の妻は 119に届け出た後、意識を失っている男性に応急措置を進めた。<u>波が高い危険な状況でも、積極的な対処で（　　　　　）この夫婦</u>に、正義の市民賞が授与された。

①自然環境を守り抜いた　　　　　　　②難しい挑戦に成功した
③救助方法を広く知らせた　　　　　　④大切な生命を救い出した

31：正解 ④

💡 TOPIK II で頻出の美談の問題です。冒頭で「<u>新婚旅行中に海に落ちた人を救い出した警察官夫婦の美談</u>」として問題文が始まっています。空欄を含む最後の文章は冒頭の言い換えですので「<u>波が高い危険な状況でも、積極的な対処で（④大切な生命を救い出した）この夫婦</u>」となります。

⚠ ③では問題文の「救助する」を使って迷わせようとしていますが、救助方法を知らせていません。①と②の内容はありません。

✏ **-아 / 어 내다** 〜やりとげる、やり抜く 구해 내다 : 救

い出す

👆 □바다에 빠지다 : 海に落ちる　□미담 : 美談　□바닷가 : 海辺　□산책〔散策〕: 散歩　□떠 있다 : 浮かんでいる　□자세히〔子細 -〕: 詳しく、細かく　□능숙하다〔能熟 -〕: 堪能だ　□뛰어들다 : 飛び込む　□구조하다〔救助 -〕: 救助する　□신고하다〔申告 -〕: 届け出る、通報する　□응급조치 : 応急処置　□상황 : 状況　□외롭다 : 寂しい　□수여되다〔授与 -〕: 授与される、与えられる

問題〔32-34〕　次を読んで文章の内容と同じものを選びなさい。

32

訳 　自然休養林とは、山や森のような場所に休養施設を設置し、国民の休息の空間として提供し、自然教育の場としての役割や、森林所有者の所得向上にも寄与できるように指定した山林、すなわち森を指す言葉である。<u>休養林の効率的な管理と所得増進のために、休養林の管理及び運営者は、入場料又は施設使用料を受け取ることができるようにしている。</u>これは、利用者に多様な体験を提供するためのアクセシビリティを優先するため、一般の山とは違いがある。

①全国の<u>すべての山と森は自然休養林に指定されている。</u>
②国民の教育と休息のために<u>地域ごとに教育の場所が設置された。</u>
③休養林の入場料は、森の所有者に経済的に利益をもたらしてくれる。
④利用客に体験の機会を与えるために、<u>森を無料開放している。</u>

32：正解 ③

💡 内容一致の問題ですので、問題文と言い換えのできる選択肢を探します。
ここでは、前半で自然休養林の定義をしてから、後半で休養林の管理に関わる人には入場料等を受け取ることができると書かれているので③が一致します。

⚠ ①と③については言及されておらず、利用者から料金を受け取るので④は一致しません。

✏ **-(으) ㄹ 수 있도록** 〜できるように <目的>

👆 □휴양림 : 休養林　□설치 : 設置　□국민 : 国民　□제공 : 提供　□자연 교육장 : 自然教育の場　□일컫다 : 指す　□입장료 : 入場料　□접근성〔接近性〕: アクセシビリティ　□지정되다 : 指定される　□경제적 이익 : 経済的な利益　□가져다 주다 : 持ってくる、もたらす　□개방 : 開放

60

第1回模擬試験 読解

33

訳　ビールには炭酸が入っているので、飲み残すと炭酸の量が減るので再び飲んだときに本来の味を感じることができない。このような気の抜けたビールは捨てずに、多様に活用するのが良い。魚や肉を調理するときに入れると、魚の生臭さや肉の臭みも消して、肉質を柔らかくしてくれる。また、シンクやタイルなどの清掃に使用すると、簡単に油汚れを除去することができ、トイレの便器の清掃にも便利だ。残ったビールを便器に注ぎ、10分ほど後に水を流すと特有の臭いや汚れ除去に効果的だ。
① 肉を調理するときに飲み残したビールを入れると、肉がより柔らかくなる。
② 新鮮なビールは味も良いが、トイレの清掃や芳香剤としても便利だ。
③ 炭酸飲料には魚や肉のにおいを消す成分が含まれている。
④ ビールで作られた洗剤は、シンクやタイルの油の除去に優れた効果がある。

33：正解 ①

💡 炭酸が抜けてしまった飲み残しのビールの活用法について、具体的に複数紹介している問題文です。料理の際には肉質を柔らかくする効果があるとしているので、①が言い換え可能です。

⚠️ ②は新鮮なビールの話なので一致しません。③は、紛らわしいですが炭酸の量が減ってしまったビールの再利用法として後半は一致しますが、選択肢の主語「炭酸飲料」が合いません。④もうっかり選んでしまいそうですが、問題文では「飲み残したビールを掃除に使う」内容なので「ビールで作られた洗剤」ではないことから不正解となります。

✋ □맥주〔麦酒〕：ビール　□탄산：炭酸　□김빠지다：気が抜ける□생선〔生鮮〕：魚　□육류〔肉類〕：肉　□비린내：生臭さ　□잡냄새：臭み　□없애다：なくす、消す　□육질：肉質　□손쉽다：簡単だ、たやすい　□기름때를 제거하다：油汚れを除去する　□화장실 변기 청소〔化粧室便器清掃〕：トイレの便器の掃除　□유용하다：有用だ、便利だ　□붓다：注ぐ　□물을 내리다：水を流す　□얼룩：汚れ　□연해지다〔軟 -〕：柔らかくなる　□방향제：芳香剤　□냄새를 잡다：においを消す　□성분：成分　□세제：洗剤　□탁월하다〔卓越 -〕：優れている　□효과：効果

34

訳　最近 20年ぶりに大衆の関心と人気を集め、中年の年齢で再び芸能活動を始めた歌手がいて話題だ。長い空白を終えて復帰して活動する芸能人は時々いるが、この歌手が話題の中心に立つようになったきっかけはちょっと特別だ。以前の音楽に好奇心を持つ青少年たちが彼の若い時代の活動映像に関心を持つようになったことでオンラインで広く拡がるようになり、結局ある放送番組で彼を見つけ出し出演することになった。これをきっかけに彼に大衆の関心が集まることで、結局彼を再び芸能界に呼び込むことになったのだ。
① この歌手は空白期間が長くなり、結局大衆の視野から遠ざかった。
② 芸能界を離れて自分の意志で戻ってくるケースが最近増えた。
③ 大衆によって再び芸能界に戻ってきた歌手が関心を集めている。
④ 青少年は、コンサートよりもオンラインで音楽を聴くことを好む。

34：正解 ③

💡 韓国でブランクのあった歌手が、昔の活動映像に若者が関心を寄せてオンラインで拡散されたことをきっかけに 20年ぶりにカムバックして話題を集めているという内容です。端的に要約できている③が正解です。

⚠️ ①は正反対の内容です。②は歌手が自分の意志で戻ってきたわけでないので一致しません。④についての

内容は書かれていません。

📝 관심이 쏠리다 関心が注がれる、集まる

✋ □20 년 만에：20年ぶりに　□공백〔空白〕을 깨다：ブランクを打ち破る　□복귀하다：復帰する　□호기심：好奇心　□계기〔契機〕：きっかけ　□불러들이다：呼び込む　□자의로〔自意 -〕：自らの意志で

61

問題〔35-38〕 次を読んで 文章の主題 として最も当てはまるものを選びなさい。

35

訳 私たちの体内のすべての器官は、役割は異なるが独立しておらず、互いに緊密に影響を与え合ったり、それぞれの役割を果たす。代表的な感覚器官で、物ごとを見ることができる視覚、匂いを嗅ぐことができる嗅覚、味が分かる味覚などは、単独では完璧な任務を遂行することが難しい。 例えば 、鼻風邪にかかって匂いを嗅ぐことができなくなると食べ物の味を感じることができず、目で見ることができなければ、どんな食べ物なのか分かりにくい。これが鼻をふさいで目を覆った後に玉ねぎを食べると、玉ねぎかりんごか区別ができない理由だ。
① 風邪をひくと、すべての感覚器官がそれぞれの役割を果たせない。
② 目で見られないと、食べ物の味を知らせてくれる味覚が鈍くなる。
③ 感覚器官の中で、嗅覚が最も敏感なので、注意しなければならない。
④ 身体の各器官は互いに密接につながって担っている役割を果たす。

35：正解 ④

💡 ここでは、体内の器官が完全に独立したものではなく、お互いに影響を与え合いながら役割を果たしている事実について、具体例を示しながら詳しく述べています。したがって、④が当てはまります。

⚠ ①風邪をひいても、視覚は機能を失わないので①は不正解です。②もそれらしく作られていますが、視覚が機能しなければ味覚が鈍るとは書いてありません。③についての記述もありません。

🖐 □독립적：独立している　□긴밀하다：緊密だ
□사물〔事物〕：物ごと　□시각：視覚　□후각：嗅覚
□미각：味覚　□단독：単独　□임무를 수행하다：任務を遂行する　□눈을 가리다：目を隠す　□양파：玉ねぎ　□제 역할을 다하다：自分の役割を果たす
□둔해지다〔鈍 -〕：鈍くなる　□밀접하다：密接している　□역할을 맡다：役割を受け持つ

36

訳 「我慢するのが美徳だ」という言葉がある。我慢して忍耐するのが美しい行動という意味だろう。 しかし 、我慢することは常に良いことばかりではない。いつも我慢ばかりする人は自分の意見を言ったり、相手の言葉に反論することに慣れていない。自分の言行により生じる葛藤が恐ろしいのだ。その結果、ますます消極的になって不要な誤解を受ける可能性がある。時には積極的に自己表現をすることも、円満な人間関係を続けることができる一つの方法である。
① 相手の言葉を尊重しようとするなら、反対意見を出さない方が良い。
② 葛藤をもたらすことのある言い争いは、避けることが最善の方法だ。
③ 不要な誤解を避けるためには、最小限の意思表現をする。
④ いつも我慢することだけが、人間関係に役立つわけではない。

36：正解 ④

💡 コミュニケーションの話題もTOPIK Ⅱではおなじみです。ここでは、一般的に美徳、美しい行動として推奨されている「我慢すること」について反対する内容の文章です。逆接の接続詞とともに始まる、2文目の部分否定でそれが主題として書かれています。また最後の文章でも、「我慢」の対極にある「積極的に自己表現をすること」を推奨していることからも、④が全体を要約しています。

⚠ ③は問題文と内容は一致していますが、主題ではありません。①と②は反対の内容です。

✏ 그러나 ○○이 항상 / 언제나 좋은 것만은 아니다 しかし、○○が常にいいとはかぎらない〈部分否定〉※この構文が来ると、文章の主題であることが多い。

🖐 □참다：我慢する　□미덕：美徳　□인내하다〔忍耐 -〕：耐える　□반박하다〔反駁 -〕：反論する　□익숙하다：慣れている　□언행：言行　□갈등이 두렵다：

第1回模擬試験　読解

葛藤が怖い　□오해：誤解　□원만한 인간관계：円満　来-]：来す、もたらす　□언쟁〔言争〕을 피하다：言い
な人間関係　□존중하다：尊重する　□초래하다〔招　争いを避ける　□최소한：最小限

37

🅑　自律走行とは運転者が機器の操作をしなくても、自動車が自ら走行することをいう。簡単に言えば運転者な
しで単独で走る車なのだ。自動車が自分で判断して周辺状況を確認し、障害物を避け、目的地まで最適な経路
を選択して自動で走行する。ドライバーは、ただ他の同乗者と同じように映画を観覧したり、本を読むなどの
自由な行動をしても自動車が目的地に連れて行ってくれる。　しかし　、このような自律走行に関する議論が多
い。安全性やセキュリティなどの問題が絶えず提起されているだけに、これを明確に確立しなければならない
だろう。
①目的地までの最も適切なルートに行こうとすれば、自律走行が望ましい。
②自律走行車の安全性が確保されていないので、疑問が提起されている。
③ドライバーの自由な行動は、自分と同乗者の両方を危険に陥れる可能性がある。
④走行中に障害物が現れることがあるので、必ず周辺状況をよく確認しなければならない。

37：正解②

💡問題文では「自律走行の長所」を詳細に紹介していますが、後半になってから逆接の接続詞を用いて自律運転の是非が問われていることを取り上げ、不安要素をしっかりと取り除くべきだと主張して締めくくっています。したがって、正解は②です。

⚠問題文全体を見たとき、自律運転のメリットや長所を多く述べているので①を選びたくなりますが最後まで読むと主題ではないことがわかります。③と④は、思い込みで選んでしまいがちな内容ですが、問題文と一致しないので気を付けましょう。

✏-는 만큼 ～するだけに、～するほど

👆□자율 주행：自律走行　□스스로：自ら、自ずと
□쉽게 말하면：簡単に言えば　□알아서 - 하다：自ら
判断して～する　□달리다：走る　□장애물：障害物
□최적의 경로：最適な経路　□선택：選択　□그저：
ただ　□동승자：同乗者　□마찬가지로：同じく、同じ
ように　□관람：観覧　□안전성：安全性　□보안〔保
安〕：セキュリティ　□끊임없이 제기되다：絶え間なく
提起される　□명확하다：明確だ　□확립하다：確立
する　□바람직하다：望ましい　□의문：疑問　□위험
에 빠뜨리다：危険に陥れる

38

🅑　高速道路を走ってみると、山を貫いてトンネルを作っておいたところが多い。人間が少し早く行くために、
長い歳月（をかけて）形成されたうっそうとした森を掘り起こし、山を破壊して道路を作ったのだ。その森には、
おそらく数多くの木々と、そこで共生して生きていた数え切れないほど多くの命があっただろう。彼らはある
日突然消えてしまった棲み家に、どれほど慌てたのだろうか。もちろん人間の生活のために家を建てて道を作
り、各種の生活利便施設も必要だ。しかし、人間も自然の一部であるだけに、その自然と一緒に生きようとす
る努力を怠ってはならない。
①過度な都市開発により、深刻な環境汚染が続いている。
②人間の利便性のために自然を破壊する行為は、最小化するべきだ。
③長い時間にわたって作られた自然風光を活用する知恵が必要だ。
④森に住んでいる多くの生命のための保護対策が、用意されなければならない。

63

38：正解②

💡 問題文では、高速道路を具体例に取り上げて人間が生活のための利便さを追及した結果として、自然を破壊して幾多の生命に悪影響を与えていることに自覚を持つべきだと訴えています。よって②が正解となります。それ以外の選択肢の内容は記述がありません。どれももっともらしい内容なので、言い換えできるところを問題文の中から注意深く探しましょう。

✋ □산을 뚫다：山を貫く　□터널：トンネル　□형성되다：形成される　□울창한 숲：うっそうとした森　□파헤치다：掘り起こす　□파괴하다：破壊する　□어

쩌면：おそらく、もしかすると　□공생하다：共生する　□세다：数える　□사라지다：消える　□보금자리：住みか、住まい　□당황하다〔当惑 -〕：慌てる　□각종：各種　□편의시설〔便宜施設〕：利便施設　□게을리하다：怠る、おろそかにする　□과도하다〔過度 -〕：行き過ぎている、過度だ　□심각하다：深刻だ　□환경오염：環境汚染　□자연 풍광：自然風光　□활용하는 지혜：活用する知恵　□보호 대책：保護対策　□마련되다：用意される

問題〔39-41〕 与えられた文章（挿入文）が入る所として最も当てはまるものを選びなさい。

39

訳 人々が最も多く育てるペットである犬は一般的に単独でいるのを嫌い、飼い主と一緒に遊ぶ時間を楽しむ。（㉠）主人が外出して<u>犬が単独で家にいることになる時には</u> 不安症状 を見せたりもする。（㉡）。<u>このような場合を分離不安と呼ぶが</u>、ひどくなると飼い主がいるときも同様の症状を示すようになる。（㉢）症状がひどくなったら、獣医や専門訓練士の諮問を受け、着実な克服訓練を進めるといい。（㉣）

挿入文：排便を失敗したり、泣き続けたり、**または**家の中の物を散らかして破壊する**行動が現れる時** も ある。

①㉠　　②㉡　　③㉢　　④㉣

39：正解②

💡 問題文はペットの犬特有の「飼い主との分離不安」についての紹介→具体例→詳細→対策について書かれています。挿入文は「排便の失敗、泣き続ける、または家の中を散らかしたり破壊する行動が現れる時もある」と、<u>不安症状によるペットの行動が具体的に複数書かれています</u>。挿入文の中間にある接続詞と最後の方の助詞に注目すると、<u>또한〜행동이 나타날 때 도 있다（また〜行動が現れる時もある）</u>という追加表現がありますので、不安症状について初めて述べている直後の②㉡の位置が正解です。この位置であれば、直後の「<u>このような場合を分離不安と呼ぶ</u>」という指示語とも自然につ

ながります。

⚠ ③㉢と迷った方も多いかもしれません。しかしこの位置では、空欄直前にある「<u>似た症状を見せることもある</u>」の部分と対応できません。<u>何と似ているのかわからないので</u>、不正解となります。①と④は文脈的に適合しません。

✋ □배변：排便　□실수：失敗　□어지럽히다：散らかす　□증세〔症勢〕：症状　□분리 불안：分離不安　□자문：諮問　□꾸준하다：着実だ、絶え間ない　□극복：克服　□훈련：訓練

40

訳 流れ星と推定される物体が空から落ちたという目撃談が相次いでいる。（㉠）オレンジ色の火の玉と一緒に緑色の尾が長くついていくのを見たという人がほとんどだった（㉡）流れ星は、流れる星という意味の流星を一般的に呼ぶ言葉だ。（㉢） また 、流れ星が目にすることが珍しい天文現象ではないが、人が多い住宅密集地

第1回模擬試験　読解

域付近に落ちる場合は一般的ではなく、これ（この流れ星）を見た人々が多かったのだとのことだ。（㉣）

挿入文：韓国天文研究院の関係者の言葉によれば、流れ星の大きさが大きいと、火で燃える火の玉のように見えるが、高度が低い場合はよりよく見えるようになるとのことだ。

① ㉠　　② ㉡　　③ ㉢　　④ ㉣

40：正解 ③

💡 流れ星の目撃談→流れ星の詳細な目撃談→流れ星の定義→韓国天文研究院による発表内容の構成を持つ問題文です。挿入文は「韓国天文研究院の関係者の言葉による、今回の流れ星の特色」について書かれています。この問題は、どこからか天文の専門家が伝えている内容なのかを把握することがポイントとなります。③㉢の直後に또한～많았던 것이라고 했다（また～多かったと言った／とのことだ）という追加の接続詞がありますので、専門家の伝えている内容はここに入れないと残りの文章とうまくつながりません。

⚠ ①の位置は流れ星の目撃談とその詳細の流れなので挿入できません。②は流れ星の定義なので、一般論であり専門家の意見ではないのでひっかけの選択肢です。④は文脈的にありえないです。

✏ -에 따르면…고 한다 ～によると…と言う／…らしい／…とのことだ〈伝聞〉

✋ □별똥별：流れ星　□추정되다：推定される　□물체：物体　□목격담：目撃談　□잇따르다：相次ぐ　□주황색〔朱黃色〕：オレンジ色　□불덩어리：火の玉　□초록빛〔草綠 -〕：緑色　□꼬리：尾　□유성：流星　□보기 드물다：珍しい　□천문 현상：天文現象　□부근：付近　□흔하지 않다：一般的ではない

41

📖 映画やドラマで劇の流れが一瞬で逆転されて、状況が完全にひっくり返ることを 反転 という。（㉠）これは見る者にとって、強烈な衝撃と刺激を味わわせる重要な技法である。（㉡）広告でもこの技法を使用することもあるが、例えば、1980年代イギリスで作ったある広告で険悪な姿の若い男が街の老人に向かって威圧的に走っていく。（㉢）。この広告が与える 反転 の意味は、事件を見つめるメディアの視点を見せてくれる。（㉣）状況をどのような視線で見るかによって、まったく異なる結果として現れることがあるからだ。

挿入文：その男はまるで老人を攻撃しているように見えるが、実は 老人の頭の上に落ちる巨大な物体から老人を救おうとする行動だった。

① ㉠　　② ㉡　　③ ㉢　　④ ㉣

41：正解 ③

💡 反転 という表現技法の定義→ 反転 使用の具体例として1980年代の広告を紹介→具体例の詳細描写→具体例の広告が与える意味、新しい視点という流れの問題文です。挿入文は「 反転 の具体例として取り上げられた広告内容の詳細」を描写していて、逆接の接続詞の後に「実は」と反転する内容です。挿入文の冒頭のその男は、広告に出てきた若い男のことだとわかれば、③㉢の位置に入れるのが自然です。

⚠ ①㉠の空欄後の「これ」は「反転」のことなので、ここには挿入できません。②と④の位置では前後の意味が通じなくなります。

✏ -로 하여금 ～にとって〈対象の強調〉 ※類似表現 -에게 -느냐에 따라：～かどうかによって〈条件〉

✋ □역전：逆転　□뒤바뀌다：ひっくり返る　□광고：広告　□기법：技法　□험악하다：険悪だ　□위압적：威圧的　□사건을 바라보다：事件を見つめる　□언론〔言論〕：メディア　□시점：視点　□시선：視線　□사실은〔事實 -〕：実は　□커다랗다：巨大だ　□물체：物体　□구하다：救う

65

問題〔42-43〕 次を読んで問いに答えなさい。

訳 　私たちが住むことになる「新しい家」は、私が一度も行ったことのない見知らぬ町にあった。父は大きな道からひとしきり曲がってからも丘の道をしばらく上がって、半分くらい開いている緑色の鉄の門の前でタクシーを止めた。

　着いたぞ、この家だ。

　父が路地の行き止まりの家を指すと、その手ぶりについて出てくるように、開いている門の奥から、ほっそりして背の高い若い男が出てきた。黒いスーツの上着の中にまた首まで上がってくる黒のセーターを合わせて着た、顔が際立って白く見えるその男は、体を斜めにしながら通り過ぎる途中で少し歩みを止めて、じろじろと私たちを眺めた。彼と目が合うと私は、学生かばんを背負ったウイルと私、デコボコした形の包みを持った父の姿が突然みすぼらしく見えて、恥ずかしくなった。

　彼が通り過ぎると、濃い化粧品の匂いがふっと漂ってきた。

　チッ、男のくせに妓生みたいにチャラチャラして… 大の男が、しゃぶったかゆ茶碗みたいな顔して …

　父がいきなり肩をいからせて、噛みしめた歯の間から低い声でののしった。男も化粧をするのか？私はすっかり驚いて鼻をクンクン鳴らし、すでにあんなにも遠ざかっていく彼を振り返った。

〈出典：「鳥」オ・ジョンヒ（文化と知性社）〉

42

訳 下線部に現れた「私」の心境として最も当てはまるものを選びなさい。

①物珍しい　　　　②不安だ

③幸せだ　　　　　④憂鬱だ

42：正解 ①

💡 見慣れない町の「新しい家」に父親と一緒に引っ越すことになった主人公が、その家から出てきた若くて美しい男性を見て驚いている場面です。父親の言動から、男性が化粧をすることが主人公にとっても身近ではないと推測できます。したがって、化粧をした男性に不思議さと驚きをおぼえていると考えるのが自然です。父親のつぶやき部分はなじみのない表現が続きますが、ここでは、父親がこの美しい男性に欲説を内吐いた（悪口を吐き捨てた）と毒づいている部分を読み取れるかが、ポイントになります。

⚠ ②や③と間違った方もいらっしゃるかもしれません。「見慣れない町の新しい家」や「父の見すぼらしさ」から「不安」と「憂鬱」もあったかもしれませんが、下線部では主人公の注意が美しい男性のみに向かっているので、不正解です。③はまったく合いません。

✏ -(는)듯 〜するように〈推測〉그 손짓에 딸려 나오듯：その手ぶりに従って出てくるように

👆 □낯설다：なじみがない　□한차례：ひとしきり □꺾어 들어가다：曲がる　□한참：しばらく　□막다르다：突き当たっている、行き止まっている　□홀쭉하다：ほっそりしている　□윗도리：上着　□받쳐 입다：合わせて着る　□비껴 지나가다：通り過ぎる　□유심

히：じろじろと　□눈이 마주치다：目が合う　□책가방을 메다：学生かばんを背負う　□울룩불룩한 보따리를 들다：デコボコした形の包みを持つ　□초라하다：みすぼらしい　□훅 끼치다：（匂いが）ふっと漂う

□사내 새끼：男（男性を卑下する表現）　□낯반대기：顔の俗称。낯바대기の方言　□불현듯：突然、いきなり　□어깨를 젖히다：肩をいからせる　□앙다문 입새：噛みしめた歯の間　□나지막이：低めに　□욕설을 내뱉다：ののしる　□킁킁거리다：クンクン鳴らす　□저만치：ある程度離れた所に　□신기하다：物珍しい

📖 **기생오라비** 기생 오라버니の略。直訳は「妓生の兄」。「かよわく、なよなよとして女性のような顔をした男性」を指す。ほかにも「自分では稼がずに女性にお金を稼がせて、そのお金を使う男性」という意味もある。

핥아먹은 죽사발 舌で舐めたかゆ椀のようにつやつやしている様。また、「お粥のように大したことのないものも残さない、徹底したケチ」という意味もある。

呉貞姫（オ・ジョンヒ）の長編小説 2003年に韓国人作家として初の海外文学賞となるドイツのリベラトゥル賞を受賞した。現代の韓国社会を舞台に両親に置き去りにされた少女の心の叫びを描く。

第1回模擬試験　読解

43

🈂 この文章の内容としてわかることを選びなさい。
①新しい家は大通りから離れた丘の上に位置していた。
②お父さんは新しい家から出てきた男を気に入った。
③父親が運転する貨物車に乗って新しい家に移動した。
④新しく暮らす家で、若い男が親切に迎えてくれた。

43：正解①

💡 問題文の冒頭で新しい家の場所について書かれていますので、①が正解です。
⚠ ②父親は若い男性がほっそりとして美しいことを罵っていますので一致しません。③タクシーでやってきたので③は不正解です。④男性は親子をジロジロ見て

いたので親切には迎えていません。
✏ (아버지는) 마음에 들어 하다 (父は) 気に入った〈感情系の形容詞が動詞に変化〉
마음에 들다 (形容詞) →마음에 들어 하다 (動詞)
👆 □화물차：貨物車

問題〔44-45〕　次を読んで問いに答えなさい。

🈂　価格と対比した性能という表現を縮めて、「価性比」という言葉を使う。この言葉は価格に対比して性能がどうかを問うこととして、価性比が良いという言葉は、価格と比較して（　　　　　）意味になる。つまり、中身を考えて合理的な消費を追求するのだ。これと対比された表現で使用する「価心比」は、価格による心理的満足の比率を示す言葉だ。この場合、価格と比較してパフォーマンスがどうなるかは重要ではない。心理的に満足するかできないかが重要なのだ。これまでは価性比を主に選んだとしたら、今は価心比が重要な話題に浮上している。これは生活水準が高くなり、心理的な安定を得てストレスを減らすための支出が増えるという意味を持っている。過度な消費や浪費以外は、別の次元で理解しなければならないだろう。

44

🈂 上の文章の 主題 として、最も当てはまるものを選びなさい。
①消費方式の変化は、生活水準や社会認識とは関係がない。
②ストレスを解消するために過剰な消費支出をすることは正しくない。
③価格と比較して優れた品質を持つ製品が人気を集めるのは当然だ。
④過去の合理的消費より、心理的満足度のための支出が増えている。

44：正解④

💡「これまでは価性比を主に選んだとしたら、今は価心比が重要な話題に浮上している」と消費方式の変化について問題文では詳しく述べていますので④が正解です。
⚠ ①生活水準が高くなったことが価心比重視の消費方式へ変化した要因。②と③については書かれていません。

👆 □대비：対比　□성능：性能　□실속을 따지다：中身を詳しく考える　□합리적 소비：合理的な消費
□추구하다：追求する　□비율：比率　□화두〔話頭〕：話題　□지출：支出　□과소비〔過消費〕：過度な消費
□낭비：浪費　□사회 인식：社会認識　□품질：品質

第1回　第2回　第3回　聞き取り　作文　読解

67

45

訳 （ 　　　 ）に入る言葉として最も当てはまるものを選びなさい。

①性能が優れているという　　　　　②いろんな製品を購入する

③品質が至らないという　　　　　　④心理的に満足したいという

45：正解①

💡 空欄を含む文章の直後に「즉」（つまり）と前述の要約や言い換えの接続詞があります。したがって、この後続文「中身を考えて合理的な消費を追求するのだ」と近い内容を選ぶと①になります。

⚠ ④は「価心比」の内容ですが、空欄部分ではまだ述べられていません。②は記述がなく③は「価性比」がいいという内容と一致しないので不正解です。

✋ □구매〔購買〕：購入　　□품질이 미치다：品質が（水準に）達している

問題〔46-47〕　次を読んで問いに答えなさい。

訳 　オンラインですべてが可能なデジタル時代に新たに浮上した職業が、まさにデジタル葬儀士だ。 これは、インターネット上にあるデジタル情報を顧客の要請で削除してくれる仕事をする職業をいう。広範囲に広がっている可能性のある過去の記録や情報などを消したい人には、非常に切実で緊要に利用されている。デジタル葬儀士の資格を取得するための特別な資格要件はなく、コンピュータの知識を持ってきちょうめんな性格を持っていれば、誰でも挑戦が可能だ。 ただし、顧客に代わって当該サイトに資料の削除を要請するものであるため、要請書の作成などに必要な作文能力が必要である。事実、葬儀士は死者の葬儀に必要なさまざまなことを担当する職業を意味するため、この名称が正しいかについての議論があり、サイバーマネージャーまたはデジタル資産管理士と呼ばれることもある。しかし、デジタル情報を完全に削除してくれることを代弁する適切な名称と考えられ、最も一般的に使われている言葉だ。

46

訳 上段に現れた 筆者の態度 で最も適したものを選びなさい。

①正確な資料をもって、さまざまな職業の世界を分析している。

②大衆的に使用する職業の名称論議について批判している。

③オンライン上の膨大な情報を削除しなくてはいけない理由を説明している。

④デジタル葬儀師の意味と資格要件について詳しく紹介している。

46：正解④

💡 問題文を要約すると、オンライン時代に登場した新しい職業である「デジタル葬儀士」について紹介し、仕事の内容を詳しく紹介したのちに、その職業につくために必要な資質や資格要件を述べて、その名称についてまだいろんな議論があるとしています。よって、④が正解となります。

⚠ ここでは「デジタル葬儀士」についてのみ述べているので①が一致しません。②が紛らわしいですが、ここでは名称論議を批判しているわけではなく適切な名称としています。③については記述がありません。

✋ □광범위하게：広範囲に　　□퍼지다：広がる　　□절실하다：切実だ　　□요긴하다〔要緊 -〕：緊要だ、差し迫って必要だ　　□취득：取得　　□요건：要件　　□지식을 갖추다：知識を備えている　　□꼼꼼하다：几帳面だ　　□도전：挑戦　　□다만：ただし　　□명칭：名称　　□올바르다：正しい　　□자산 관리사：財産管理士　　□대변하다：代弁する　　□여기다：考える　　□대중적〔大衆的〕으로：一般的に

第1回模擬試験 読解

47

㉠ 上の内容と同じものを選びなさい。
　①オンライン上で、誤った情報を上げることに関する議論が多い。
　②職業の名称が正しくなければ、変えてくれる仕事に人気がある。
　③インターネットに広がっている個人情報を、代わりに消す仕事がある。
　④デジタル葬儀士の資格証を取得するための資格要件が厳しい。

47：正解 ③

💡 2文目で、デジタル葬儀士の仕事内容について述べている部分が③の選択肢と一致します。

⚠ ①は後半でデジタル葬儀士に関する名称についての議論が多いことと混乱させるための選択肢です。②で

は、問題文に出ている表現を使っていますがデジタル葬儀士の仕事内容と一致しません。④は、最後の部分が違います。

✋ □까다롭다：厳しい

問題〔48-50〕　次を読んで問いに答えなさい。

㉠　韓国の伝統衣服は歴史的に形態と方式において変化を経て続いてきており、階級の上下や職業の貴賤などを理由に服の形や柄、色相に大きく差をつけた。 しかし 、近代に入って西洋文物の流入と制度、認識の変化に伴い、服飾が徐々に（　　　　　）現代の韓服は以前の厳格な服飾の区分とは完全に変わった。今は主に結婚、名節、祝いの席、祭祀など特別な日の礼服として着る。韓服の趣きは曲線が持つ柔らかさと優雅さにあり、身体を締めつけない緩やかさを持っている。女性の韓服はチマ（スカート）とチョゴリ（上衣）を基本とし、ソクパジ（ペチパンツ）、ソクチマ（ペチコート）を着てポソン（足袋）を履いて、アウターとしてトゥルマギを着る。また男性は、パジ（ズボン）とチョゴリが基本となり、チョッキとマゴジャ（上着）、アウターでトゥルマギを着る。そして洋服のボタンに該当するコルム（結びひも）があるが、男女共通でこのコルムを結んで服を整えることになる。

48

㉠ 上の文章を書いた目的で最も適したものを選びなさい。
　①男女韓服の違いを強調するために
　②伝統韓服の多様性を促進するため
　③服飾文化の歴史的意味を説明するために
　④韓服の歴史的変化と特徴を教えるために

48：正解 ④

💡 今回は韓国の伝統衣装である韓服にスポットが当たっています。この問題は、1～2文目で韓服の歴史的な変化について述べています。3文目は、韓服が現在どのように着用されているかが述べられていて、4文目以降は韓服の持つ特徴と男女の衣装の特徴の違いと共通点について詳細に紹介されています。したがって、④が正解となります。

⚠ ①は4文目以降の内容になりますが、前半部分について言及していません。③が少し正解のような作りですが、特徴にとどまっていて歴史的な意味までは述べてい

ません。②については記述がありません。

✋ □전통 의복：伝統衣服　□형태：形態　□방식：方式　□계급의 상하：階級の上下　□직업의 귀천：職業の貴賤　□색상：色相　□차이〔差異〕를 두다：差をつける　□근대에 들어서다：近代に入る　□서양 문물：西洋文物　□유입：流入　□점차〔漸次〕：徐々に□잔치：祝いの宴　□예복：礼服　□곡선：曲線□부드러움：柔らかさ　□우아함：優雅さ　□몸을 조이다：身体を締めつける　□너그러움：緩やかさ□버선：足袋　□겉옷：外套、羽織りもの　□두루마기：

69

トゥルマギ（伝統衣装の上に羽織る外套）　□조끼：　름을 매다：コルム（結びひも）を結ぶ　□옷을 여미다：
チョッキ　□마고자：マゴジャ（男性用の上着）　□고　服を整える

49

訳（　　　　）に入る言葉で最も適切なものを選びなさい。
①華やかになったので　　　　　　　　　②簡素化されたので
③趣きが消えたので　　　　　　　　　　④価格が高くなったので

49：正解 ②

💡 空欄を含む文章の先頭に逆接の接続詞が入っていることに注目です。つまり、最初の文章と反対の意味合いの語句が空欄に入ります。最初の文章では、「階級の上下や職業の貴賤などを理由に服の形や柄、色相に大きく差をつけた」。とあります。ここから、昔は伝統的な韓服のデザインや色合い等が着る人の立場によって細分化されていたことで、複雑だったと読み取れます。この反対の意味合いを持つ選択肢は（②簡素化されたので）のみで、空欄後の「現代の韓服は以前の厳格な服飾の区分とは完全に変わった」。の部分とも矛盾がありません。

⚠ ③が4文目に出てくる「趣き」というワードでひっかけようとしていますが、空欄部分ではまだ韓服の「趣き」については述べられていません。①は韓服の一般的なイメージ「華やか」で誘導しようとしています。④については内容がありません。

👉 □화려하다〔華麗 -〕：華やかだ

50

訳 上の内容と同じものを選びなさい。
①韓服は男性と女性が着る服飾の種類が異なる。
②昔から特別な日に韓服で着飾る風習があった。
③現代の韓服は、職業によって模様と色に違いを出して着る。
④韓服の特徴は優雅な形で、体にぴったり合うようにするところにある。

50：正解 ①

💡 5文目以降で韓服の男女の服飾の違いについて述べていることから、①の内容が一致します。

⚠ ②がもっとも紛らわしいです。「昔から～風習があった」という選択肢は、「昔からずっとその風習が今も継続している」という意味になります。しかし、問題文では「韓服を特別な日に着るようになったのは（西洋の文物が流入した）現在の話である」と書かれているので、一致しません。③の職業によってデザインの違う韓服を着ていたのは昔の話であり、④は反対の内容なので不正解となります。

👉 □몸에 딱 맞다：体にぴったり合う

TOPIK II

第2回 模試 — 解答・解説

正答一覧

聞き取り

問	答	問	答	問	答
1	3	18	2	35	1
2	4	19	1	36	2
3	1	20	4	37	1
4	1	21	1	38	2
5	2	22	4	39	1
6	4	23	1	40	2
7	2	24	4	41	1
8	4	25	4	42	2
9	3	26	4	43	3
10	3	27	4	44	1
11	3	28	3	45	4
12	1	29	1	46	4
13	1	30	2	47	2
14	3	31	2	48	4
15	4	32	1	49	1
16	3	33	4	50	3
17	2	34	3		

読解

問	答	問	答	問	答
1	4	18	3	35	3
2	1	19	3	36	4
3	3	20	2	37	4
4	1	21	4	38	3
5	2	22	1	39	1
6	4	23	3	40	4
7	1	24	2	41	2
8	2	25	4	42	3
9	4	26	4	43	4
10	4	27	4	44	4
11	4	28	1	45	3
12	4	29	3	46	3
13	2	30	3	47	4
14	1	31	3	48	4
15	4	32	2	49	2
16	1	33	1	50	3
17	2	34	3		

★和訳の中で、問題文中で正解につながる部分には＿＿＿＿、正解以外の選択肢で間違っている部分には～～～を引いています。

第2回模擬試験　聞き取り問題　解説

問題〔1-3〕次を聞いて最も当てはまるイラストもしくはグラフを選びなさい。

1

여자 : 기타를 처음 배우려고 하는데 어떤 기타가 좋을까요?
남자 : 이쪽에 있는 것들이 초보자가 치기에 좋습니다.
여자 : 그럼 한 번 쳐 봐도 될까요?

訳　女性：ギターを初めて習おうと思っているのですが、どんなギターがいいですか？
男性：こちらにあるものが、初心者が弾くのにいいです。
女性：では、一度弾いてみてもいいですか？

① 　② 　③ 　④

1：正解 ③

💡 女性はどんなギターがいいかを男性に尋ねて、男性が「こちらにあるものがいい」と答えていることから、楽器店の中でのお客と店員の会話です。③の男性はショップの店員であることがわかるIDカードを首から下げているので正解となります。

⚠ ①も男性がギターを指さしているので迷いますが、男女が楽器店のショーウィンドーの前で会話をしています。なるべくイラストの細かい違いを把握して音声を聞きましょう。②と④は公園で会話をしているので、合いません。

👉 □초보자〔初歩者〕：初心者

2

남자 : 비가 너무 많이 내리네요.
여자 : 바람이 심해서 우산을 쓰고 있어도 옷이 다 젖어 버렸어요.
남자 : 자, 그럼 빨리 뛰어갑시다.

訳　男性：雨がとても激しく降りますね。
女性：風がひどいので、傘をさしていても服がすべてぬれてしまいました。
男性：じゃあ、それなら急いで走っていきましょう。

① 　② 　③ 　④

2：正解 ④

💡 雨の中で男性が雨の中を走ろうと言っているので④が正解です。

⚠️ ④以外はすべて室内での会話です。②は強く雨が降っている、①は女性が濡れた傘を持っているので会話の前半部分からのひっかけです。最後まで聞き取る必要があります。③はテレビの中で雨が降っているので違います。

📝 -아/어 있어도 ～していても

👉 □젖어 버리다：ぬれてしまう　□뛰어가다：走っていく

3

여자 : 국내여행에 관한 실태 조사 결과 함께 살고 있는 가족과 함께 여행을 떠난다는 응답이 가장 많았고 그 다음이 친구나 연인이며 혼자 여행을 떠나는 경우도 7%가 넘었습니다. 또한 여행 시 교통수단으로는 자가용이 가장 많았고 그 다음이 기차, 비행기, 버스의 순으로 나타났습니다.

🌐 女性：国内旅行に関する実態調査の結果、<u>一緒に暮らしている家族と一緒に旅行するという回答が最も多く、その次が友人や恋人であり、一人旅をする場合も 7% を超えました。 また、旅行時の交通手段としては自家用車が最も多く、その次が列車、飛行機、バスの順</u>で示されました。

①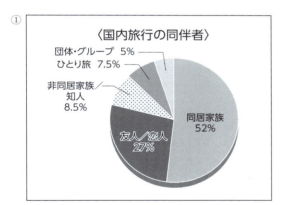

②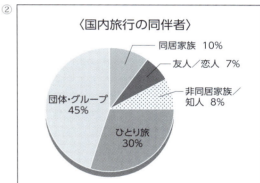

③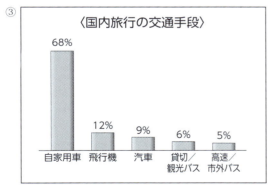

④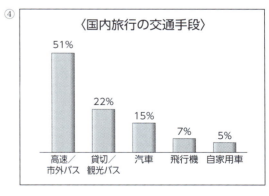

3：正解 ①

💡 一緒に暮らしている家族と旅行に行く人がもっと多いと言っていたので①が正解です。

⚠️ ②はひとり旅が最多としているので、合いません。③は交通手段の2位が飛行機、④はバス移動が最多とのデータのため不正解です。

👉 □자가용〔自家用〕：自家用車

問題〔4-8〕 次を聞いて、次に続く言葉として最も当てはまるものを選びなさい。

4

여자 : 이 모자 색깔이 마음에 안 들어서 바꾸고 싶어요.
남자 : 죄송합니다. 손님. 그 모자는 다 팔려서 다음 주에 상품이 들어오는데요.

訳 女性：この帽子の色が気に入らないので、変えたいです。
男性：申し訳ありません、お客さま。 その帽子はすべて売れて来週に商品が入ってきます。
①では、払い戻しが可能でしょうか？　　②その帽子がよく似合いますね。
③では、来週買いに来ますね。　　　　　④青色なら大丈夫そうです。

4：正解①

女性は帽子の色が気に入らないと言っていますが、現在は交換ができない状況のため払い戻しに切り替えたと考えるのが自然です。

③に「来週」というワードがあるので選びそうになりますが、「買いに来る」と言っているので合いません。②と④は文脈に合いません。

5

남자 : 여행 간다더니 왜 안 갔어요?
여자 : 갑자기 다른 일이 생기는 바람에 못 갔어요.

訳 男性：旅行に行くと言っていたのに、なぜ行かなかったのですか？
女性：突然他の用事ができたせいで、行けませんでした。
①気を付けて行ってらっしゃい。　　　②なんとまぁ、とても残念だったでしょうね。
③一緒に行けなくてすみません。　　　④本当に楽しい思い出ですね。

5：正解②

旅行に行けなかったのは「他の用事が入ったので」と女性が言っているので、それを気遣う内容の②が返答として適切です。

①は送り出しの挨拶です。③も、一緒に行く予定ではなかったので合いません。④は会話の内容とまったく合いません。

📝 **아쉽겠네요** 残念だったでしょうね -겠-〈推測〉
👉 □저런：なんと（感嘆詞） ※意外なことに出会って発する声 조런のソフトな表現

6

여자 : 이곳에서 담배를 피우시면 안 됩니다.
남자 : 아, 죄송해요. 그럼 어디에서 피우면 되나요?

訳 女性：ここでタバコを吸ってはいけません。
男性：ああ、申し訳ありません。 では、どこで吸えばいいですか？
①ご協力してくださって、ありがとうございます。
②喫煙室がわからなくて（見えなくて）そうしたんです。

③換気をすればいいので、大丈夫です。
④（ここから）出ると左側に喫煙室があります。

6：正解 ④

「どこで煙草を吸えばいいか」との質問に女性が喫煙室の場所を指示している④が正解となります。
①も当てはまりそうな気がしますが、男性が喫煙室に移動する前に言うのは不自然です。②は男性のセリフなら合います。③と関連する内容はありません。
□ 환기를 시키다：換気をする

7

남자：이 근처에 세탁소가 있을까요?
여자：길 건너 편의점 옆에 있는데 오늘은 아마 쉬는 날일 거예요

男性：この近くにクリーニング店があるでしょうか？
女性：道の向こうのコンビニの隣にありますが、今日はおそらく休みでしょう。
①行ってきて、教えてあげます。　　②ああ、そうなんですね。ありがとう。
③この服（を）ちょっと預けてもらえますか？　　④私もクリーニング店に行くつもりです。

7：正解 ②

女性はクリーニング店の場所と休みの日を教えてくれているので、男性がお礼を述べている②が自然です。
①の内容は不必要なので合いません。女性はクリーニング店について知っているからです。③の「服を預ける」というフレーズに惑わされますが、男性が女性に服を託すのは不自然です。④は次に来る男性のセリフとしては内容が合いません。

8

여자：한국에 온 지 얼마나 됐어요?
남자：이제 6개월 조금 지났어요.

女性：韓国に来てから、どれくらいたちましたか？
男性：まもなく6か月ちょっとになります。
①ここでは、いい時間を過ごしました。　　②もう韓国へ帰るつもりです。
③初めて来たところなので、なかなかなじめないです。　　④それなのに韓国がとても上手ですね。

8：正解 ④

韓国に来てから6か月という男性の言葉に続く女性のセリフとして④が自然です。
④以外の選択肢は、すべて外国から韓国にやってきた人のセリフと考えられますので、男性の話す内容としては合いません。
-(으)ㄴ 지…되다 〜してから…になる 온 지 얼마나 되다 (来てからどれくらいになる)

問題〔9-12〕 次を聞いて、<u>女性</u>が次に取る行動として最も当てはまるものを選びなさい。

9

🔊 209

남자 : 우리 커피 한 잔 마시면서 좀 쉬었다가 할까요?
여자 : 좋아요. 안 그래도 일 때문에 머리가 아팠는데 잘 됐네요.
남자 : 잠깐만 기다리세요, 내가 커피 사 올게요.
여자 : 그럼 빨리 다녀오세요. 전 간식을 챙겨 놓을게요.

訳 男性：私たち、（一緒に）コーヒーを1杯飲みながら少し休んで、再開しましょうか？
女性：いいですね。 それでなくても仕事のせいで頭が痛かったので、良かったです。
男性：少し待ってください、私がコーヒーを買ってきます。
女性：ではすぐに行ってきてください。 私は間食を準備しておきます。

① 席で休む。　　　　　　　　　　② 外へ出る。
③ 間食を準備する。　　　　　　　④ コーヒーを買いに行く。

9：正解 ③

💡 コーヒーを買ってくるという男性の言葉に、女性は間食を用意しておくと答えていますので③が正解です。女性が次の行動を会話の最後に自分で話すパターンです。

⚠ ①の席で休むのは間食を準備した後になります。④は男性の行動で②については話されていません。
👉 챙기다：準備する

10

🔊 210

여자 : 인터넷으로 예약을 했는데 입장권을 어디에서 받으면 되나요?
남자 : 건너편에 있는 발권기에서 예약 번호를 누르시면 입장권이 나옵니다.
여자 : 감사합니다. 아, 그리고 무료 주차 확인을 받을 수 있을까요?
남자 : 네, 주차권을 주시면 도장을 찍어 드리겠습니다.

訳 女性：インターネットで予約をしたのですが、入場券をどこでもらえばいいですか？
男性：向かい側の発券機で予約番号を押していただくと入場券が出てきます。
女性：ありがとう。 あ、それから無料駐車の確認を受けることができますか？
男性：はい、駐車券をくだされば スタンプを押させていただきます。

① 駐車場へ行く。　　　　　　　　② インターネットで予約をする。
③ 男性に駐車券を渡す。　　　　　④ 発券機で入場券を取る。

10：正解 ③

💡 予約した入場券の発券の方法から会話がスタートしているので、そこに注意が向いてしまいますが、後半で無料駐車の確認のために男性に駐車券を渡す必要があることがわかるので、③が正解です。これも解答のポイントが後半にあるタイプです。

⚠ ②と④が会話の前半で出てきているワードなのでひっかけです。①は出てきていません。
👉 □발권기：発券機　　□도장을 찍다：はんこを押す

76

11

> 남자 : 고기 만드는 게 어려울 것 같아서 저도 할 수 있을지 걱정이에요.
> 여자 : 그렇게 어렵지 않아요. 그럼 재료도 다 준비되었으니까 시작해 볼까요? 먼저 여기 있는 양념을 모두 고기에 넣고 잘 섞어 주셔야 해요.
> 남자 : 양파와 버섯도 같이 넣을까요?
> 여자 : 양파는 고기와 함께 볶으면 되고 버섯은 고기가 약간 익을 때 넣으세요

訳 男性：プルコギを作るのが難しそうなので、私もできるか心配です。
女性：それほど難しくありません。 では材料も全て準備されていますから始めましょうか？ まず ここにあるヤンニョムをすべて肉に入れて、よく混ぜてあげなければなりません。
男性：玉ねぎとキノコも一緒に入れましょうか？
女性：玉ねぎは肉と一緒に炒めればいいですし、キノコは肉が少し焼けた時に入れます。

① 玉ねぎと肉を炒める。　　　　　② 玉ねぎとキノコを準備する。
③ 肉にヤンニョムを入れて混ぜる。　④ 肉が焼けたらキノコを入れる。

11：正解 ③

💡 会話前半で女性が「まず、ここにある肉にヤンニョムを混ぜましょう」と言っているので、③が正解です。ここまで、会話の後半部分が正解へのポイントになる問題でしたので、難しく感じる問題です。後半だけを聞いていると、前半部分で話していた内容を忘れてしまうので、短くてもメモを取りましょう。

⚠ ①と④の内容が会話の最後で話されていたので誘導されてしまう選択肢です。②も前半で話されている内容ですが、材料はもう準備済みですので不正解です。

👉 □불고기：プルコギ　□약념：ヤンニョム（合わせ調味料）　□고기가 익다：肉が焼ける

12

> 여자 : 어, 승강기 점검 중이네요. 사무실이 10층이라 걸어 올라가기 힘든데 1층 로비에서 좀 기다렸다가 올라가야겠어요.
> 남자 : 그럼 천천히 오세요. 저는 급히 처리해야 할 서류가 있어서 먼저 올라 갈게요.
> 여자 : 할 수 없네요. 저도 같이 가요. 계단이 어디에 있어요?
> 남자 : 승강기 뒤쪽으로 가면 있을 거예요.

訳 女性：あら、エレベーターの点検中ですね。 事務所が10階だから歩いて上がるのは大変なので、1階のロビーで少し待ってから上がらなければなりませんね。
男性：では、ゆっくり来てください。 私は急いで処理しなければならない書類があるので、先に上がります。
女性：仕方ないですね。 私も一緒に行きます。 階段はどこにありますか？
男性：エレベーターの後ろに行くと、あるでしょう。

① 階段で上がる。　　　　　② エレベーターに乗って行く。
③ 1階のロビーで待つ。　　　④ 事務室で書類を処理する。

12：正解 ①

💡 会話の後半で、先に上がるという男性の言葉に女性も一緒に行くと言っているので①が正解です。これも会話の後半がポイントになる問題です。

⚠ ②と③は会話前半で女性が話していた内容のため、後半を聞き逃すと誘導されてしまう選択肢です。④は男性が自分の行動として話した内容です。

✏ -았/었다가 ～してから 기다렸다가（待っていてから）

👉 □할 수 없다：仕方ない

問題〔13-16〕 次を聞いて、聞いた内容と同じものを選びなさい。

13

남자 : 처음 뵙겠습니다. 며칠 전에 위층 301호로 이사 온 사람입니다.
여자 : 안녕하세요. 안 그래도 이삿짐 들어가는 걸 보고 궁금했어요.
남자 : 이거 과일인데 좀 드세요. 그리고 저희 집에 강아지가 있어서 조금 시끄러울 수도 있는데 미리 양해 부탁드립니다.
여자 : 괜찮아요. 우리 아이들도 어려서 늘 시끄러운 걸요. 과일 잘 먹을게요.

訳 男性：初めまして。 数日前に上階の 301 号に引っ越してきた者です。
女性：こんにちは。 そうでなくても引っ越しの荷物が入るのを見て気になっていました。
男性：これは果物ですが、どうぞ召し上がってください。 そして私の家に小さな犬がいるので少し騒がしいかもしれませんが、予めご理解ください。
女性：大丈夫です。 私たちの子どもたちも小さいのでいつも騒々しいんです。果物ありがたくいただきます。
①男性は引っ越してきてあまり日にちが経っていない。
②上下階の騒音問題のせいで二人は争っている。
③女性も男性と同じ小さな犬を飼っている。
④男性は女性から引っ越し祝いのプレゼントをもらった。

13：正解 ①

💡 会話の最初に男性が「数日前に引っ越してきた」と話しているので①が正解です。

⚠ ③は女性が犬を飼っていないので合いません。④は引っ越しの挨拶をもらったのは女性なので不正解です。②の内容は話されていません。

✏ 안 그래도 そうでなくても。「相手の言ったことや行動ではなくても」の意味合いで、前後の文章を結ぶ表現。ここでは男性が引っ越しの挨拶に来る前から、女性は上階に引っ越してきた人がいるのを知っていたことがわかります。

□이삿짐：引っ越しの荷物　□궁금하다：気になる、知りたい　□층간 소음〔層間 騒音〕：上下階の騒音　□양해〔諒解〕부탁드립니다：ご理解ください、ご了承ください

📖 集合住宅で暮らすことの多いソウルでは、上下階の騒音問題でのトラブルが増加傾向にあります。

14

남자 : 12호 태풍 장미가 우리나라를 향해 다가오고 있어 해안가 및 어촌 지역의 피해가 예상됩니다. 내일 오후부터 태풍의 영향권에 들게 되는 남부 지방부터 많은 비가 내리겠습니다. 이번 태풍은 강한 바람과 함께 하고 있어 해안가 주민들께서는 특별한 대비가 필요합니다. 선박 등은 단단히 묶어 두시고 바닷가 산책 등은 금지해야 할 것입니다.

訳 男性：12 号台風チャンミが韓国に向かって近づいているので、海岸沿い及び漁村地域の被害が予想されます。 明日の午後から台風の影響圏に入ることになる南部地方から強い雨が降るでしょう。今回の台風は強い風を伴っているので、海岸沿いの住民の皆さまは特別な対策が必要です。船舶などはしっかりと縛っておいて、海辺の散策などは禁止しなければならないでしょう。
①南海岸の漁村地域が台風の被害をひどく受けた。
②台風の影響で全国に雨が強く降っている。
③風を同伴した台風なので、海辺に出かけてはいけない。
④船を固定していなかったので、高波にさらわれてしまった。

14 : 正解 ③

💡 アナウンスの最後で「強風を伴っているので、海辺で散策を禁止するように」と言っていますので③を選ぶが自然です。

⚠️ これから上陸する台風に対する警戒を呼び掛ける内容です。①は文章の最後の時制が過去形なので合いません。②も文末が現在形で雨の降っている地方が違います。④も語尾が過去形なので不正解です。アナウンスの中に出てくる単語に惑わされず、選択肢の時制に気を付けるだけでも、正答率が上がります。また、スクリプト部分と選択肢に言い換え表現が多用されています。それを見抜けるかどうかが、得点の鍵になってきます。

✏️ 피해가 예상되다 被害が予想される

✋ □다가오다：近づいてくる　□해안〔海岸-〕：海辺、海岸沿い　□어촌：漁村　□피해〔被害〕를 입다：被害を被る　□바람과 함께 하다 = 바람을 동반하다〔同伴-〕：風を伴う　□선박〔船舶〕 = 배：船　□묶어 두다：つないでおく = 고정시키다：固定させる　□파도〔波濤〕에 휩쓸리다：波に巻き込まれる

15

여자 : 한낮의 기온이 30도를 넘는 무더위가 계속되고 있어 에너지 사용량이 연일 급증하고 있습니다. 이에 에너지 절약을 위한 전 직원 실천 방안을 알려드립니다. 먼저 사무실 에어컨의 냉방 온도를 26도로 조정해 주시기 바랍니다. 또한 퇴근 시 사용하지 않는 전자 제품의 전원을 끄시고 마지막 근무자는 반드시 사무실 소등을 확인해 주시기 바랍니다.

📖 女性：真昼の気温が30度を超える蒸し暑さが続いているので、エネルギー使用量が連日急増しています。よって省エネのための全社員（が）実践する方案をお知らせします。まず、オフィスエアコンの冷房温度を26度に調整をお願いします。また、退勤時に使用していない電子製品の電源を切って、最後の勤務者は必ずオフィスの消灯を確認してくださいますようお願いします。

①エアコンの冷房温度を下げると、エネルギーを節約することができる。
②普段も使用しない電子製品は、消しておくほうがよい。
③外部気温が26度を超えると、エアコンの使用が増加するようになる。
④最後に退勤する人は、必ずオフィスの明かりを消さないといけない。

15 : 正解 ④

💡 アナウンスの最後に「オフィスの消灯＝明かりを消す」を呼び掛けているので④が正解です。漢字語と固有語の言い換えを問われています。

⚠️ 正解以外の選択肢はどれもスクリプト内の表現を使って、もっともらしい内容で作られています。①はそもそもの内容が矛盾しています。冷房温度を下げると消費電力が上がります。②は冒頭の「普段の」という単語が音声の中にありません。③の26度はエアコンの温度設定として望ましい温度です。数字が複数出てくる際はどちらだけでも、何の数字なのかメモできるように練習しましょう。

✋ □한낮：真昼　□무더위：蒸し暑さ　□연일：連日
□전자 제품：電子製品　□전원〔電源〕을 끄다：電源を切る　□불을 끄다：明かりを消す = 소등：消灯
□에너지 절약〔節約〕：エネルギー節約、省エネ
□평소〔平素〕：普段

16

여자 : 관장님, 이번 전시의 특징에 대해서 간단하게 소개를 해 주시겠습니까?
남자 : 이번 전시는 우리나라의 전통 가옥인 한옥에서 바닥을 구성하고 있는 온돌과 마루를 주제로 하고 있습니다. 한옥의 가장 중요한 특징 중의 하나가 바로 따뜻한 바닥을 만들어 주는 온돌과 여름철 집

안을 시원하게 해 주는 마루입니다. 따뜻함과 시원함이 공존하는 이러한 주거 문화의 재발견을 통해 일상의 공간을 더 깊이 이해할 수 있기를 기대합니다.

訳 女性：館長、今回の展示の特徴について簡単に紹介をしていただけますか？
男性：今回の展示は韓国の伝統家屋であるハノク（韓屋）で、床面を構成しているオンドルとマルをテーマにしています。 ハノクの最も重要な特徴の一つが、暖かい床を作るオンドルと夏の家を涼しくしてくれるマルです。 暖かさと涼しさが共存するこのような住宅文化の再発見を通じて、日常の空間をより深く理解できることを期待しています。
①今回の展示ではハノクのすべてを詳しく見ることができる。
②冬にはマルもオンドルのように温かくすることができる。
③オンドルは部屋を温めてくれるので、冬に特に役立つ。
④暖房と冷房を同時にできてこそ、いい住居文化だ。

16：正解③

温かい床を作ってくれるのがオンドルであると言っているので、③が正解となります。

今回の展示ではハノクの床面にクローズアップした展示のため①は合いません。②マルは夏に家を涼しくしてくれるので違います。④もそれらしいですが、冷暖房の共存について話してはいるものの、同時にできることについては話されていません。

덥히다 暑くする、温める〈使役〉←덥다（暑い）

□한옥〔韓屋〕：ハノク　□바닥：床、床面　□온돌：オンドル（床暖房）　□마루：マル、床　□공존：共存　□주거 문화〔住居 文化〕：住宅文化

ハノクに関する問題は TOPIK では頻出です。その特徴の一つ、床暖房であるオンドルは床下に温水を循環させる韓国の代表的な暖房システムですが韓屋以外でも活用されています。

問題〔17-20〕 次を聞いて、男性の中心となる考えとして最も当てはまるものを選びなさい。

17

여자: 회사를 그만뒀다면서요? 요즘 취업도 어려운데 후회되지 않아요?
남자: 걱정은 되지만 후회는 없어요. 그동안 일이 너무 많아서 자기 계발은커녕 하루하루 정신없이 살았거든요. 이제 여유를 좀 가지고 제가 좋아하는 취미 생활도 즐기면서 새로운 일을 찾아 도전해 보고 싶어요.
여자: 멋지네요. 한 번 뿐인 인생인데 하고 싶은 일을 하면서 사는 게 최고지요. 새로운 도전을 응원할게요.

訳 女性：会社を辞めたんですって？　最近は就職も難しいのに、後悔していませんか？
男性：心配はありますが、後悔はありません。その間、仕事が多すぎて自己啓発どころか１日１日をせわしなく暮らしていたんですよ。これから余裕を少し持って、私の好きな趣味（生活）も楽しみながら新しい仕事を探して、挑戦してみたいです。
女性：素敵ですね。一度だけの人生なので、やりたいことをしながら暮らすのが最高ですよね。新しい挑戦を応援します。
①就職をしたら、後悔せず一生懸命に仕事をしなくてはいけない。
②好きな仕事を楽しみながら、余裕を持って暮らすのが重要だ。
③挑戦をするのは、時間的な余裕を持って準備するのがいい。
④人生は一度だけゆえに、自己啓発に多く投資しなくてはいけない。

17：正解 ②

💡 男性は最後に「余裕を持って楽しみながら暮らしたい」と話しているので②が正解となります。

⚠️ ③が少し迷いますが、「挑戦すること」が男性の考えの中心ではないので不自然な内容です。④は「自己啓発」については少し触れているものの多額の投資については話していません。①は真逆の考えです。

📝 -다면서요？ 〜ですって？ 聞いた内容を相手に確認するめに聞き直す　-은/는커녕　〜どころか、〜はおろか　※分かち書きしないので要注意です
✋ □그만두다：辞める　□취업〔就業〕：就職　□후회：後悔　□이제：これから、今　□도전：挑戦　□응원：応援

18

여자 : 굽이 높은 구두를 많이 신어서 그런지 요즘 발이 너무 아파서 걷기가 힘들어요.
남자 : 굽 높은 신발을 신게 되면 체중이 앞으로 쏠려서 발목이나 다리에 무리가 가기 쉽습니다. 또한 발이 피로하면 신체의 피로감도 높아지기 때문에 1주일에 3회 이상 신는 것은 좋지 않습니다.
여자 : 그렇군요. 이제 굽 높은 신발은 되도록 신지 말아야겠어요.

📖 女性：ヒールの高い靴をたくさん履いているせいか、最近足がひどく痛むので歩くのがつらいです。
男性：ヒールの高い靴を履くと、体重が前方に偏るので足首や足に無理がかかりやすいです。 また、足が疲れると体の疲労感も高まるので、1週間に3回以上履くことは良くありません。
女性：そうなんですね。 もうヒールの高い靴はできるだけ履かないようにしないといけませんね。
①ヒールの高い靴を履いて転ぶと、足首を痛めやすい。
②足は体の健康に影響を与えるので、疲労感を減らさないといけない。
③1週間に3回は楽な靴を履いてこそ、足に負担がかからない。
④体が疲れると、ケガをすることがあるがゆえにヒールの高い靴は避けなければならない。

18：正解 ②

💡 「足が疲れると体の疲労感も高まる」という男性の考えが②の後半である「疲労感を減らさないといけない」と言い換えることが可能です。他の選択肢はすべてもっともらしく作られていますが、男性は話していません。

⚠️ ③がとても紛らわしいですが、③の -어야は後節の必要条件であるため「1週間に3回は楽な靴を履かないと（必ず）足に負担がかかる」という強い意味になります。これは男性の話す「ハイヒールを週に3回以上履くのはよくない」と言い換えができません。①の「転ぶ」という内容は一切出てきていません。④は女性が最後に言った内容からの誘導です。

📝 아/어/해서 그런지 〜するからなのか
✋ □굽：かかと　□체중이 앞으로 쏠리다：体重が前に偏る　□3 회 ＝ 세 번：3回　□되도록：できるだけ　□넘어지다：転ぶ　□발목을 다치다：足首を痛める　□피로감을 줄이다：疲労感を減らす　□피하다〔避 -〕：避ける

19

여자 : 어제 방송을 보니까 남극의 빙하가 점점 줄어들고 있어 걱정이라고 하더라고요. 이대로 가다가는 남극 동물들이 다 사라지는 게 아닐까요?
남자 : 저도 봤어요. 지구 온난화나 기후 변화는 생태계의 파괴는 물론이고 인간의 삶에도 영향을 미치기 때문에 심각한 문제가 아닐 수 없어요.
여자 : 그래도 우리나라는 남극과 멀리 떨어져 있으니까 다행이 아닐까요?
남자 : 그렇지 않아요. 우리나라에도 언제든 닥칠 수 있는 문제이기 때문에 늘 관심을 기울일 필요가 있어요.

訳 女性：昨日放送を見たら、南極の氷河がどんどん減っているので心配だと言っていたんですよ。このまま行くと、南極の動物たちがすべて消え去るではないでしょうか？
男性：私も見ました。地球温暖化や気候変動は、生態系の破壊はもちろん、人間の生活にも影響を及ぼすので、深刻な問題に違いないです。
女性：それでも韓国は南極から離れているから、幸いなのではないでしょうか？
男性：そうではありません。韓国にいつでも迫りくる可能性がある問題なので、常に関心を払う必要があります。
①気象異変による被害は人間にも深刻な影響を及ぼす。
②南極の氷山が溶けてしまうと、動物たちは別の場所に移動をする。
③南極から遠く離れている国は、比較的被害を受けない。
④地球温暖化の問題は、地域的な特性と密接な関係を持っている。

19：正解 ①

💡 男性は「地球温暖化が人間の生活に影響を及ぼすことが深刻だ」と強調して話しているので、正解は①になります。

⚠️ ①は女性が話していた内容からの誘導ですが、動物が移動するという内容はありません。男性は南極から離れている地域も迫りくる問題だと話しているので③も不正解です。④についての内容はありません。

📝 -더라고요 〜なんですよ、〜するんですよ〈感嘆〉

□남극의 빙하〔氷河〕：南極の氷河、氷山　□사라지다：消える、消え去る　□지구 온난화：地球温暖化　□기후 변화〔気候変化〕= 기상 이변〔気象異変〕：気候変動　□다행이다〔多幸-〕：幸いだ　□언제든：いつでも　□닥치다：迫りくる　□관심〔関心〕을 기울이다：関心を傾ける、関心を払う　□지역적 특성〔地域的特性〕：地域的な特性　□밀접한〔密接-〕관계〔関係〕：密接な関係

20

여자 : 등산복이랑 등산화가 왜 이렇게 비싼 건지 이해가 안 돼요. 외출복이나 정장보다 더 비싼 것도 있더라고요. 산에 오를 때 편한 옷과 운동화를 신으면 되지 이렇게 비싼 옷과 신발이 필요할까 싶어요.
남자 : 꼭 비싼 등산복이나 등산화를 신어야 하는 건 아니지만 가볍게 공원 산책하는 것과 등산은 달라요. 등산할 때에는 바위나 돌 등에 미끄러져 다칠 수도 있기 때문에 반드시 바닥이 튼튼한 등산화를 신어야 해요. 또한 산은 온도차가 커서 땀이 잘 배출되고 보온도 되는 기능성 옷을 입는 게 좋고요.

訳 女性：登山服と登山靴が、なぜこんなに高価なのか理解ができません。外出着やスーツよりももっと高価なものもあるなんて。山に登るときに楽な服とスニーカーを履けばいいのに、こんなに高価な服や靴が必要なのかと思います。
男性：必ずしも高価な登山服や登山靴を履かなければならないわけではありませんが、軽く公園を散策するのと登山は違います。登山するときは、岩や石などに滑り、けがをする可能性もあるため、必ず底面が丈夫な登山を履かなければなりません。また、山は温度差が大きいので、汗がよく排出されて保温もできる機能性の（ある）服を着るのがいいです。
①山に登る時は、活動しやすい服装と靴を履かなくてはいけない。
②いろんな機能を備えた登山服と登山靴は、高価にならざるを得ない。
③山で滑った時、安全を守ってくれる保護装備を備えなければいけない。
④登山は安全が重要なので、これに合う服と靴が必要だ。

20：正解 ④

💡 男性は、登山は危険なので丈夫な靴底の登山靴や機能性のある服が必要だと話しています。したがって④が正解です。

⚠ ①が一見それらしいので選びそうになりますが「活動しやすい服」ではなく機能性が重要と話しています。②の登山用品の値段について、男性はこだわっていません。③これも男性の話した「滑る」を使っていますが保護装備（ストック等）については話していません。紛らわしい選択肢です。

📝 꼭 -는 것은 아니다 必ずしも〜というわけではない

〈部分否定〉 -(으)ㄹ 수 밖에 없다 〜するしかない／〜になるほかはない〈唯一〉

✋ □등산복：登山服　□등산화：登山靴　□외출복〔外出服〕：外出着　□정장〔正装〕：スーツ　□바위：岩　□돌：石　□미끄러지다：滑る　□땀이 배출되다：汗が排出される　□보온：保温　□기능성：機能性　□갖추다：備える　□보호 장비：保護装備

💬 韓国は登山がメジャーな趣味活動のため、登山関連用語を押さえておきましょう。

問題〔21-22〕　次を聞いて、問いに答えなさい。

🔊 221

여자 : 아침에 바빠 서두르느라 휴대폰을 잊고 나왔더니 너무 답답하고 불안하네요. 혹시 급한 연락이 와도 못 받게 될까 봐 걱정이에요.
남자 : 혹시 미주 씨도 스마트폰 중독 아니에요? 잠시라도 휴대폰이 없으면 불안한 경우 중독일 가능성이 높다고 하던데요.
여자 : 설마요. 요즘은 휴대폰으로 모든 걸 다 하니까 늘 가지고 있지 않으면 불편하잖아요.
남자 : 오늘 하루라도 잠시 잊어 보도록 해요. 저도 정신 건강에 안 좋은 것 같아서 휴대폰 사용을 줄였더니 눈도 편안하고 시간적 여유도 많아졌어요.

訳 女性：朝に慌ただしく急いでいてスマートフォンを忘れて出たところ、とても苦しくて不安ですね。もし急な連絡が来ても受けられなくなるのではないかと心配です。
男性：もしかしたら、ミジュさんもスマホ中毒じゃないですか？ 短時間でもスマホがなければ不安な場合は、中毒である可能性が高いらしいですよ。
女性：まさか。最近は携帯電話ですべてのことをするので、いつも持っていないと落ち着かないではないですか。
男性：今日一日だけでも、少しの間 忘れてみましょう。私もメンタルヘルスに悪そうだったので、スマホの使用を減らしてみたら、目も快適で時間的な余裕も増えました。

🔊 222

21

訳 男性の中心となる考えとして最も当てはまるものを選びなさい。
①中毒にならないようにするなら、スマホを 少しの間 遠ざけるのがいい。
②スマホで多様なことをできるので、常に持ち歩いている。
③スマホ中毒になると不安の症状が続き、健康状態が悪くなる。
④精神的な安定を取り戻したければ、真っ先にスマホをなくさなければいけない。

21：正解 ①

💡 男性はスマホ中毒の可能性があるなら、少しの間 スマホのことを忘れることが大切だと話していますので正解は①です。

⚠ ②は会話の中のフレーズが使われていますが女性のセリフです。③も紛らわしい内容ですが、会話の中に

出てきているのは精神 健康です。健康だけだと当てはまりません。④はスマホを真っ先になくさなくてはいけないという強すぎる内容になりますので不正解です。

-느라（苦労して）〜しようとして（…になった）主にネガティブな状況につながる〈理由・原因〉

-써더니 〜したところ　-도록 하다 〜するようにする

□바삐 서두르다：慌ただしく急ぐ　□답답하다：息苦しい、もどかしい　□중독：中毒　□설마：まさか
□잠시〔暫時〕：しばらく　□정신 건강：精神の健康、メンタルヘルス　□없애다：なくす

 22

聞いた内容と同じものを選びなさい。
①女性は朝の出勤途中でスマホを<u>なくしてしまった</u>。
②男性は<u>健康状態が悪くて苦労した</u>経験がある。
③女性はスマホ中毒らしい症状があるので、<u>治療が必要だ</u>。
④男性はスマホの使用を減らしてから、時間がたくさんできた。

22：正解 ④

会話の最後で男性が話していた内容と一致するのは④です。

①女性はスマホを忘れただけで、なくしたとは言っていません。③も前半は合っていますが、治療が必要とまでは話されていません。②の内容は話されていません。

-고 나서 〜してから ※前の動作が完了してから次の動作、状態へ移行

□고생하다〔苦生-〕：苦労する

問題〔23-24〕　次を聞いて、問いに答えなさい。

여자 : 날씨가 추워지니까 자동차 유리에 서리가 자주 생겨서 잘 안 없어져요. 잘 닦이지도 않아 바로 운전을 하기도 힘들고요.
남자 : 요즘처럼 낮과 밤의 일교차가 심할 때는 바깥 공기와 실내의 온도차가 크기 때문에 그런 일이 자주 발생해요.
여자 : 안 그래도 바쁜 아침 시간에 곤란할 때가 많은데 어떻게 하면 서리를 빨리 제거할 수 있을까요?
남자 : 그럴 땐 창문을 열어 외부와 차안의 온도차를 줄이든가 에어컨을 켜는 방법이 있어요. 조금 춥더라도 서리 제거를 위해서는 어쩔 수 없지요.

女性：天候が寒くなると、車のガラスに<u>霜が頻繁に降り</u>てきれいに取れません。拭いてもきれいに取れないので、すぐに運転するのも難しいです。
男性：最近のように<u>昼と夜の気温差</u>がひどいときは、外気と室内の温度差が大きいので、そんなことがよく発生します。
女性：ただでさえ忙しい朝の時間に困ることが多いのですが、どうすれば霜をすばやく取り除くことができるのでしょうか？
男性：そんな時は窓を開けて、外部と車内の温度差を減らすなり、エアコンをつける方法があります。少し寒くても霜の除去のためには仕方ないですね。

23

🔖 男性が何をしているのかを選びなさい。
　①車窓の霜をすばやく取る方法を教えてあげている。
　②冬場の安全運転のための運転者の姿勢について説明している。
　③家の外部と室内の温度差を減らす方法を紹介している。
　④忙しい朝の時間をどのように効率的に過ごすことができるか質問している。

23：正解 ①

💡 会話の最後に車についた霜の取り方を具体的に説明していますので①と一致します。

⚠️ ③に引っ掛かりそうになりますが、家の話はしていません。②では冬場の話は合っていますが、他は全部違います。④の内容はなく、男性は質問に答えていますので合いません。

📝 **유리가 잘 닦이다** ガラスがきれいに拭かれる ※ガラスが主語の受け身表現

✋ □ 서리：霜　□ 일교차〔日交差〕：昼と夜の気温差
□ 바깥＝외부：外、外部　□ 실내〔실래〕：室内
□ 곤란하다〔골라나다〕〔困難 -〕：困る　□ 제거하다〔除去 -〕：取り除く　□ 어쩔 수 없다：仕方ない　□ 신속하다：迅速に、素早く　□ 효과적으로 쓰다：効果的に使う

24

🔖 聞いた内容と同じものを選びなさい。
　①運転中は車の窓を少しずつ開けておくことが安全だ。
　②車のエアコンは季節と関係なく、ずっとつけておくことが効果的だ。
　③気温差が激しい季節には、なるべく朝の運転をしないほうがいい。
　④霜は気温が下がって中と外の気温差が大きくなる時に主に発生する。

24：正解 ④

💡 男性の最初のセリフ内容と一致するので④が正解となります。

⚠️ ①が男性の最後のセリフと似ているので誘導されそうになりますが、運転前の話なので合いません。②と③の内容はありません。

✋ □ 약간〔若干〕씩：少しずつ　□ 에어컨을 켜 두다：エアコンをつけておく、つけっぱなしにしておく　□ 커지다：大きくなる

問題〔25-26〕 次を聞いて、問いに選びなさい。

여자: 박사님, 과학 기술로 문화재를 복원하신다고 들었는데 이에 대해 자세히 말씀을 해 주시겠습니까?
남자: 네, 우리 사회의 많은 분야가 과학 기술의 영향을 받고 있습니다. 그 중에서도 과거를 복원하는 일과 과학 기술의 결합은 과거와 미래를 연결하는 중요한 열쇠가 될 것입니다. 이를 위해 여러 가지의 첨단 기법으로 문화재의 원형을 기록, 보존함과 동시에 다양한 활용 가능성을 높이고 있습니다. 또 최근에는 홀로그램과 가상현실 기술로 형태가 남아있지 않은 유물이나 역사상의 인물을 실물처럼 보이게 입체 사진으로 구현하였고 이를 바탕으로 디지털 문화유산 박물관이 건립될 예정입니다.

訳 女性：博士、科学技術で文化財を復元なさっていると聞きましたが、これについて詳しくお話しいただけますか？
男性：はい、（私たちの）社会の多くの分野が科学技術の影響を受けています。その中でも、過去を復元することと科学技術の組み合わせは、過去と未来を繋ぐ重要な鍵となるでしょう。このために、さまざまな先端技術で文化財の原型を記録、保存すると同時に、多様な活用の可能性を高めています。また、最近ではホログラムと仮想現実の技術で、形態が残っていない遺物や歴史上の人物を実物のように見せる立体写真として具現化し、これをもとにデジタル文化遺産博物館が建立される予定です。

25

訳 男性の中心となる考えとして最も当てはまるものを選びなさい。
① 文化財を原形そのまま再現するため科学技術が必要だ。
② 先端科学技術が社会の多様な分野で、活用されなくてはいけない。
③ 仮想現実を通して、過去へ戻れる方法を開発しなくてはいけない。
④ 科学技術が過去を復元し、未来へと踏み出す役割をしている。

25：正解 ④

💡 男性は「過去を復元することと科学技術の組み合わせが過去と未来を繋ぐ」と話していますので④が要約しています。

⚠ 最後の内容と似ているので①が少し迷いますが、ここでは文化財を立体写真として具現化していると話しているので不正解です。②と③の内容は話されていません。

📝 보이다 見せる〈使役〉

☞ □문화재를 복원하다：文化財を復元する　□결합〔結合〕：組み合わせ　□과거와 미래를 연결하다〔連結-〕：過去と未来を繋ぐ　□열쇠：鍵　□첨단 기법〔尖端 技法〕：先端技術　□원형：原型　□홀로그램：ホログラム　□가상현실：仮想現実　□유물：遺物　□입체 사진：立体写真　□구현：具現　□바탕：もと、基　□건립되다：建立される　□되살리다：よみがえらせる、再現する　□미래로 나아가다：未来へ進む、踏み出す

26

訳 聞いた内容と同じものを選びなさい。
① ホログラムの技術で実存する人物の立体写真を作ることができる。
② 科学技術の発展で歴史的な人物を再びよみがえらせている。
③ デジタル文化博物館が建立されて人々の注目を集めている。
④ 今はなくなった文化遺産と建築物を実物のように復元している。

26：正解 ④

💡 男性は最後に「今はすでに形態を残していない遺物や人物を、実物のような立体写真として具現化している」と話しています。よって④が正解です。

⚠ ①が紛らわしいですが、「形態がない＝現存しない」と言い換えできるので当てはまりません。②は人物をよみがえらせてはいないので最後が合いません。③も惜しいですがデジタル博物館はまだ建立されていないので時制に注意が必要です。

☞ □실존 인물〔実存人物〕：実存する人物　□눈길을 끌다：目を引く、注目を集める

問題〔27-28〕　次を聞いて、問いに答えなさい。

여자：자동차 요일제 때문에 차를 두고 나왔더니 불편하네요. 지하철역도 먼 데다가 택시도 잘 안 잡히고요.

第2回模擬試験　聞き取り

> 남자 : 그래도 일주일에 하루 자동차를 세워 놓으면 교통 체증이나 매연 공해, 에너지 등의 환경 문제들이 조금씩 개선된다고 하니 작은 불편 정도는 감수해야 하지 않겠어요?
> 여자 : 나 한 사람 정도 차를 가지고 나온다고 해서 뭐가 그리 달라질까요? 더욱이 급할 때는 어쩔 수 없이 승용차를 이용해야 할 때도 있는데...
> 남자 : 천 리 길도 한 걸음부터라는 말도 있잖아요. 작은 일부터 실천하는 것이 중요해요. 환경 보호는 멀리 있는 게 아니잖아요.

訳 女性：自動車曜日制のせいで車に乗らずに出かけたところ、不便ですね。 地下鉄の駅も遠いのに加えて、タクシーもつかまりません。
男性：それでも 1 週間に 1 日、自動車に乗らないでおけば（止めておけば）、交通渋滞や排気ガスばい煙公害、エネルギーなどの環境問題が少しずつ改善されるらしいので、小さな不便程度は受け入れなくてはならないのではありませんか？
女性：私一人くらい車に乗ってくるからといって、何がそんなに変わるでしょうか？ それに急いでいる時は、やむを得ず乗用車を利用しなければならない時もあるのに…
男性：千里の道も一歩からと言うじゃないですか。 小さな事から実践することが重要です。環境保護は、遠くにあるものではないではありませんか。

🔊 231 **27**

訳 男性の話す意図として最も当てはまるものを選びなさい。
① 環境保護対策の問題点を強調するため
② 自動車運転時の注意事項を教えるため
③ 環境問題の改善が難しい理由を確認するため
④ 自動車曜日制の実践が必要な理由を説明するため。

27：正解 ④

💡 ④の内容が、自動車曜日制の実践が大切だと言っていることと言い換えることができます。
⚠ 男性は一貫して環境問題を意識することの大切さと小さな実践の重要性を語っていますので正解以外の選択肢の内容は一切出てきていません。
👆 □자동차〔自動車〕를 두고 나오다：車を置いて出か

ける = 자동차를 세워 놓다：車を止めておく　□교통 체증〔交通 滞症〕：交通渋滞　□매연 공해〔煤煙 公害〕：ばい煙公害　□불편을 감수하다：不便を受け入れる　□자동차를 가지고 나오다：車に乗ってくる　□천 리 길도 한 걸음부터：千里の道も一歩から

🔊 232 **28**

訳 聞いた内容と同じものを選びなさい。
① 1 週間に 1 回公共交通を利用することは当然だ。
② 自動車を長い間止めておくと、再度動かすことが不便だ。
③ 環境保護は、各個人の小さな行動から始まるものだ。
④ 急ぎの用務がある時は、自動車曜日制を守らなくてもいい。

28：正解 ③

💡 男性は環境保護のためには小さな実践が重要と言っていたので③の内容が自然です。
⚠ ④は女性が話した内容と近いので選びそうになりますが、この制度を守らなくていいとは言っていないので

不正解です。①と③の内容は話されていません。
✏ -아/어/해도 되다 ～しなくてもいい〈許可〉
👆 □대중교통〔大衆 交通〕：公共交通　□당연하다：当然だ

87

問題〔29-30〕 次を聞いて、問いに答えなさい。

> 여자: 오늘은 축구로 세계무대에서 눈부신 활약을 하고 계신 김민호 선수를 모시고 이야기를 나누고 있는데요. 낯선 외국 생활에 잘 적응할 수 있는 비결이 무엇인지 알려 주실 수 있을까요?
> 남자: 처음 외국에 나갔을 때가 17살이었기 때문에 말도 서툴고 낯선 문화와 사람들 모든 것이 벽으로 느껴졌습니다. 그래서 처음에는 혼자 있는 시간이 많았는데 그게 오히려 제게는 도움이 되었습니다. 그 시간 동안 열심히 언어와 문화를 익히며 환경에 적응하기 위한 준비를 했거든요. 또 열린 마음으로 다른 선수들과 교감하려고 노력했고 매사에 적극적으로 다가갔던 것이 비결이라고 할 수 있습니다.

訳 女性：今日はサッカーで、世界の舞台でまぶしい活躍をしていらっしゃるキム・ミンホ選手をお迎えしてお話しています。慣れない外国生活に上手に適応できる秘訣が何なのか教えていただけますか？
男性：初めて外国に出た時が17歳だったので、言葉も不慣れで見知らぬ文化と人々すべてが壁に感じられました。だから最初は一人でいる時間が多かったのですが、それがむしろ私には役に立ちました。<u>その間、熱心に言語と文化を身につけ、環境に適応するための準備をしたんですよ</u>。また、心を開いて（開かれた心で）他の選手と気持ちの交流（交感）をしようと努力しましたし、何事にも積極的に近づいていったのが秘訣といえます。

29

訳 男性が誰なのか選びなさい。
① スポーツ選手　　② スポーツ監督　　③ 海外留学生　　④ 旅行専門家

29：正解 ①

 女性が最初に男性をサッカー選手として紹介していますので正解は①です。この問題はインタビュアーが相手を紹介する言葉を注意して聞いておく必要があります。冒頭から集中が必要です。
⚠ ②は冒頭の「選手」という言葉を聞き逃してしまうと誘導されてしまいます。③と④は後半の海外での苦労話からのひっかけです。

□ 눈부신 활약：まぶしい活躍　□ 낯설다：慣れていない、不慣れだ　□ 적응하다：適応する　□ 비결：秘訣　□ 말이 서툴다：言葉がつたない　□ 벽으로 느끼다：壁を感じる　□ 오히려：むしろ　□ 문화를 익히다：文化を身につける　□ 열린 마음：開かれた心　□ 교감〔交感〕：心の交流、気持ちが通じ合うこと　□ 다가가다：近づいていく

30

訳 聞いた内容と同じものを選びなさい。
① 外国で長く暮らしてみると、自然に適応力を育てることできる。
② 新しい言語と文化を学ぶため、積極的な努力を払った。
③ 若くして外国に出ることになると、見慣れないことに関する恐れが強くなる。
④ 外国で生活すると<u>一人でいる時間が多いので、学習効果も大きくなる</u>。

30：正解 ②

 男性は「慣れない外国生活で一人の時間に言語と文化を身に着けようと努力を払った」と答えているので②が正しいです。そうやって身に着けた内容と積極的に周囲と交流したことが外国生活成功の秘訣としています。
⚠ ④で迷った方も多いかもしれませんが、一人でいる時間が多いことが学習効果が大きくなる理由とは書かれていません。①は努力して身に着けたという内容と矛盾します。③に関しての内容はありません。

-다 보면 〜してみると

□ 노력을 기울이다：努力を傾ける、努力を払う
□ 두려움이 강해지다：恐れが強くなる　□ 효과가 커지다：効果が大きくなる

問題〔31-32〕 次を聞いて、問いに答えなさい。

여자 : 여성들이라면 누구나 한 번쯤 다이어트를 시도해 본 적이 있을 텐데요. 대부분 밥을 안 먹거나 적게 먹는 경우가 많은 것 같아요.
남자 : 밥은 탄수화물 음식이라 살이 잘 찔 거라는 생각 때문이에요. 하지만 다이어트에 도움이 되는 식이섬유 등의 다른 영양소도 들어 있기 때문에 탄수화물이 들어간 음식을 무조건 피하면 건강을 해칠 수도 있어요.
여자 : 그럼 어떻게 해야 건강을 유지하면서 살을 뺄 수 있을까요?
남자 : 탄수화물 자체보다는 당분 섭취를 줄이는 게 필요해요. 설탕이 많이 들어간 빵이나 과자 섭취를 줄이고 쌀밥보다는 잡곡밥과 신선한 채소를 곁들여 규칙적인 식사를 하면서 운동도 함께 하는 것이 좋겠지요.

訳 女性：女性なら誰でも一度くらいダイエットを試したことがあるでしょう。ほとんどがご飯を食べないか、少なく食べる場合が多いようです。
男性：ご飯は炭水化物の食物なので、太りやすいと思うからです。しかし、ダイエットに役立つ食物繊維などの他の栄養素も含まれているため、炭水化物が入った食物を無条件に避けると健康に害を及ぼすことがあります。
女性：それなら、どうすれば健康を維持しながら痩せることができますか？
男性：炭水化物自体よりも糖分の摂取量を減らすことが必要です。砂糖がたくさん入ったパンやお菓子の摂取を減らし、白米よりは雑穀ご飯と新鮮な野菜を添えて規則的な食事をしつつ運動も一緒にするのがよいでしょう。

31

訳 男性の中心となる考えとして最も当てはまるものを選びなさい。
①少なく食べて規則的な運動をしてこそ、健康を守ることができる。
②無条件で炭水化物の摂取を禁止することは健康によくない。
③食物繊維が入っている食べ物をなるべくたくさん食べるのがいい。
④どんな食べ物でも正しく食べてこそ、栄養素をまんべんなく摂取することができる。

31：正解 ②

💡 ダイエットが主題ですが、炭水化物の多く含まれる食物を無条件に避けることは健康に害を及ぼす＝健康に良くないと言い換えができますので②が正解となります。
⚠ ①は最後に男性が話した内容と似ていますが、食事自体を減らすべきとは言っていません。もっともらしい選択肢ですが③と④の内容は話されていません。

🔑 □다이어트를 시도하다〔試図 -〕：ダイエットを試みる＝살을 빼다：痩せる　□탄수화물：炭水化物　□식이섬유〔食餌繊維〕：食物繊維　□영양소：栄養素　□무조건：無条件　□건강을 해치다：健康を害する　□유지하다：維持する　□자체：自体　□당분 섭취：糖分の摂取　□잡곡밥：雑穀ご飯　□가급적〔可及的〕：なるべく、できるだけ　□골고루：まんべんなく

32

訳 男性の態度として最も当てはまるものを選びなさい。
①根拠をもって、自身の意見を主張している。　②具体的な事例を提示して、主題を説明している。
③調査結果をもって、多様な方法を提案している。　④客観的な分析を通して、相手の意見を支持している。

32：正解 ①

💡 白米に入っている「食物繊維などの栄養素」という根拠に言及しながら自身の意見を述べているため①が正解となります。選択肢の前半も後半も両方チェックしましょう。

⚠️ ②は高度なひっかけです。後半で具体的に方法を提示しているものの、ダイエットそのものについて説明して

いるわけではないので不正解です。③は調査データの話がないので合いません。④は相手のダイエット方法の改善策を示しているので不正解です。

✏️ □어떤 -(이) 든 どんな〜でも

👆 □근거：根拠　□사례를 제시하다：事例を提示す

問題〔33-34〕次を聞いて、問いに答えなさい。

🔊 239

남자 : 오늘은 실내 인테리어의 시작이라고 할 수 있는 효과적인 가구 배치법에 대해 알려 드리고자 합니다. 인테리어는 한정된 공간을 효율적으로 사용하면서 자신의 개성과 취향을 반영하는 것이 중요합니다. 어떻게 하면 좁은 공간을 넓게 보이도록 꾸미고 안락한 생활을 할 수 있을까요? 우선 방문과 먼 곳에 높은 가구를 놓고 자연 채광을 위해 창문을 가리는 가구 배치는 피하는 것이 좋습니다. 그리고 가구의 컬러가 통일성이 없으면 더 좁아 보이기 때문에 되도록 비슷한 색상의 가구를 놓는 것이 안정감을 줍니다. 또한 집이 좁다고 벽 주위로 모두 가구를 배치하면 답답하게 느껴집니다. 무엇보다 중요한 것은 너무 많은 가구를 집에 들여놓지 않는 것입니다

🈂 男性：今日は、室内のインテリアの始まりと言える効果的な家具配置法についてお伝えしたいと思います。インテリアは、限られたスペースを効率的に使用しながら、自分の個性と好みを反映することが重要です。どうすれば狭い空間を広く見えるように飾って、快適な生活をすることができるでしょうか？　まず、部屋の入口と遠い場所に背の高い家具を置き、自然採光のために窓を覆う家具の配置を避けるほうがいいです。そして家具のカラーに統一性がなければ、さらに狭く見えるので、できるだけ似た色相の家具を置くことが安定感を与えます。また家が狭いといって、壁の周りにすべての家具を配置すると、息苦しく感じられます。何より重要なのは、あまりにも多くの家具を家に入れないことです

🔊 240

33

🈂 何についての内容なのか当てはまるものを選びなさい。
　①リラックスできて安定感を与えてくれる色の家具を選ぶ要領
　②自然採光のための窓の設計と壁面を飾る方法
　③個性あふれる室内インテリアと家具を購入する要領
　④効率的な空間を作ることのできる家具の配置方法

33：正解 ④

💡 男性は冒頭に主題である「効果的な家具の配置方法」について話すと前置きしていますので④を選びます。「置く」「配置」というワードが講演内容全体に何度も出てきています。

⚠️ 講演内容に出てきた表現を使って選択肢が作られていますが、正解以外の選択肢についてはどれも話され

ていません。

👆 □안락하다〔安楽 -〕= 편안하다〔便安 -〕：気楽だ、心地よい　□꾸미다：飾る、飾り立てる　□통일성이 없다：統一性がない　□답답하다：息苦しい　□들여놓다：入れる、入れておく　□컬러：カラー　□요령：容量

90

34

訳 聞いた内容と同じものを選びなさい。
①家具はドアから高い順に置くといい。
②多様な色合いの家具を個性を持たせて（個性があるように）選択するべきだ。
③部屋の中に日差しがよく入るように家具を置かなくてはいけない。
④壁側に家具を集めて置かないと、部屋が広く見えない。

34：正解 ③

💡 自然採光のために窓を覆う家具は避けるべきと話しているので③が正答となります。자연 채광（自然採光）という単語を聞き取って、選択肢の単語と言い換えができるかがポイントになってきます。

⚠ 正解以外の選択肢の選択肢は講演内の単語が使われているので、選んでしまいそうになりますが、すべて真逆の内容で作られています。

👉 □자연 채광：自然採光 = 햇빛이 잘 들어오다：日差しがよく入ってくる　□가구를 놓다：家具を置く = 배치하다：配置する = 두다：置く

問題〔35-36〕 次を聞いて、問いに答えなさい。

> 남자 : 얼마 전부터 텔레비전이나 개인 영상 채널을 통해 맛있는 음식을 먹는 방송, 즉 먹방이 인기를 끌고 있습니다. 이런 경우 보통은 일반적인 음식 섭취량보다 훨씬 많은 양의 음식을 한꺼번에 먹는 모습을 보여 줌으로써 사람들의 관심과 대리 만족을 느끼게 만듭니다. 그러나 이러한 폭식 방송 시청이 수면 방해와 밀접한 관계가 있다는 조사 결과가 나왔습니다. 이는 자기 전에 흥분 상태가 되어 숙면을 할 수 없다는 것입니다. 또한 우울증이나 불안, 자제력 부족을 느끼게 되기 때문에 지나치게 장시간 시청을 하는 것은 자제하는 것이 좋습니다.

訳 男性：しばらく前からテレビや個人の映像チャンネルを通じて、おいしい食べ物を食べる放送、つまりモッパンが人気を集めています。このような場合、通常は一般的な食物の摂取量よりもはるかに大量の食物を一度に食べる姿を見せてあげることで、人々の関心と代理満足を感じさせます。しかし、このような暴食放送を視聴することが睡眠の妨害と密接な関係があるという調査結果が出ました。これは、寝る前に興奮状態になって熟睡できないということです。また、うつ病や不安、自制力不足を感じるようになるので、過度に長時間の視聴をすることは控えるほうがいいです。

35

訳 男性が何をしているのか選びなさい。
①暴食放送を視聴（すること）の危険性を指摘している。
②食べ物をおいしく食べる方法を提示している。
③睡眠を妨害する多様な要因を分析している。
④うつ病と不安の解消のための資料を推奨（勧誘）している。

35：正解 ①

💡 男性は「暴食放送の視聴が睡眠の妨害と密接な関係にある」と話しているので①が正解です。

⚠ 紛らわしいのは③と④ですが選択肢後半の内容が合いません。②の内容は話されていません。

 즉 すなわち

👉 □개인 영상〔個人 映像〕채널：個人の映像チャンネル　□한꺼번에：一度に　□대리 만족：代理満足　□폭식〔暴食〕：食べ過ぎ、やけ食い　□지나치게：過

度に、度を越して　□수면 방해：睡眠妨害　□흥분 상태：興奮状態　□숙면〔熟眠〕：熟睡　□자제력：自制力　□자제하다〔自制-〕：控える　□권유하다〔勧誘-〕：勧める、誘う

📖 먹방：モッパン。먹는 방송（食べる放送）の略語

36

訳 聞いた内容と同じものを選びなさい。
① 憂うつだったり、不安を感じている人々が放送をたくさん見る。
② 食べる放送をたくさん見ると、堪え性が足りなくなることもある。
③ 放送を見る時、食べ物をたくさん食べると睡眠を妨害する。
④ 主に食欲のない人々が食べる放送を見て代理満足を覚える。

36：正解 ②

💡 暴食放送を視聴することで自制力＝堪え性が不足すると指摘しているので②が正解となります。

⚠ これも悩ましい選択肢の多い問題です。①は前後が逆です。暴食放送をたくさん視聴することで憂鬱や不安を感じるようになると話していますので合いません。③と④も一般的にみるとそうかもしれませんが、ここでは話されていない内容です。

📝 □ - 게 만들다：〜させる＜使役＞
✋ □참을성＝자제력：辛抱強さ＝自制力

問題〔37-38〕　次を聞いて、問いに答えなさい。

남자：음주 운전을 하다가 사고를 내서 아무 상관도 없는 사람이 희생되는 일이 자주 발생을 하는 걸 보니 너무 안타까워요. 예전보다 음주 운전 처벌 기준이 강화되지 않았나요?
여자：네, 그렇습니다. 이젠 무조건 술을 한 잔이라도 마셨다면 절대 운전을 해서는 안 됩니다. 가볍게 맥주 한 잔 정도는 괜찮겠지 하고 운전대를 잡는 사람들이 많은데 이제 단 1잔만으로도 음주 운전 처벌 대상이 됩니다. 혈중 알코올 농도가 0.03%가 넘으면 운전면허 정지가 되는데요, 소주나 맥주 한 잔만 마셔도 해당이 됩니다. 0.08% 이상이면 면허가 취소됩니다. 그러나 단순히 처벌 때문에 음주 운전을 하면 안 되는 것이 아니라 다른 사람에게 피해를 주는 일을 해서는 안 되겠지요.

訳 男性：飲酒運転をして事故を起こし、何の関係もない人が犠牲になることが頻繁に発生するのを見ると、とても残念です。以前より飲酒運転処罰基準が強化されたのではありませんか？
女性：はい、そうです。これからは無条件にお酒を一杯でも飲んだら、絶対運転をしてはいけません。軽くビール一杯くらいは大丈夫だろうと、ハンドルを握る人が多いのですが、これからはたった1杯だけでも、飲酒運転の処罰対象になります。血中アルコール濃度が0.03%を超えたら運転免許停止になりますが、焼酎やビールを一杯だけ飲んでも該当します。0.08％以上なら、免許は取り消されます。しかし、単に処罰のために飲酒運転をしてはいけないのではなく、他の人に被害を与えることをしてはいけないでしょう。

37

訳 女性の中心となる考えとして最も当てはまるものを選びなさい。
① 他人に被害を与える行動をしてはいけないだろう。
② 飲酒運転をしたら、免許が停止もしくは取り消しになる。
③ 酒と関係のない人が犠牲になることは、なくさなければいけない。
④ 飲酒運転の処罰基準が、現在より強化されなくてはいけない。

37：正解 ①

最後に「他人に被害を与えてはいけない」と話していることから、①が正解と考えるのが自然です。

②は内容一致であれば正解なのですが、女性の主たる考えではないので選ばないようにしましょう。③も紛らわしいですが冒頭の男性のセリフからの誘導で「酒と関係ない」とは言っていません。④はすでに処罰が強化されているので不正解です。

술을 한 잔이라도 마셨다면 お酒を一杯でも飲んだら

□음주 운전：飲酒運転　□사고를 내다：事故を起こす　□상관없다〔相関 -〕：関係ない　□희생되다：犠牲になる　□안타깝다：残念だ　□처벌 기준이 강화되다：処罰基準が強化される　□단 한 잔만으로도：たった一杯だけでも　□운전대〔運転 -〕를 잡다：ハンドルを握る　□혈중 알코올 농도：血中アルコール濃度　□해당이 되다：該当する　□피해를 입다：被害を被る

38

聞いた内容と同じものを選びなさい。
① 処罰基準が強化されたら、交通事故が顕著に減ることになる。
② 飲酒運転の事故で犠牲になるケースが頻繁に起きている。
③ 飲酒運転の処罰基準は、運転免許停止より取り消しが厳しい。
④ ソジュ（焼酎）とビールはアルコール度数が違うので、処罰基準も違う。

38：正解 ②

対談の最初に男性が「飲酒運転による事故で犠牲になる場合が頻繁に起こる」と話している部分と②が一致します。

③で悩んだ方も多いと思います。飲酒運転の処罰は停止より取消の方が重いのですが、処罰基準は免許停止の0.03%と数値が低いほうが厳しいという解釈になるので不正解です。④は酒の種類に問わずこれからは1杯でもお酒を飲んだら処罰対象と話しているので合いません。①は対談の内容と真逆の内容です。

□현저히〔顕著 -〕 줄어들다：顕著に減る、目に見えて減る　□운전 면호：運転免許　□정지：停止　□취소：取り消し　□엄격하다〔厳格 -〕：厳しい

問題〔39-40〕　次を聞いて、問いに答えなさい。

여자 : 지금까지 초기의 아파트 형태부터 변화되어 온 모습을 보여 주셨는데요. 이러한 공동 주거 형태가 우리나라만큼 많은 나라가 별로 없다고 들었는데 사실입니까? 그렇다면 그 이유는 무엇일까요?
남자 : 통계청에서 실시하는 국민 주택 총조사에 따르면 아파트가 한국의 주택 형태에서 가장 큰 비중을 차지하고 있는 것이 맞습니다. 이렇게 아파트가 많은 이유는 물론 주택을 지을 수 있는 토지가 부족하고 인구는 많기 때문입니다. 현대사회가 만들어내는 불가피한 도시의 주거 형태라고 할 수 있지요. 그러나 아파트가 처음 지어질 때만 해도 단독주택이나 한옥에 익숙한 국민들의 인식은 매우 부정적이었습니다. 그러다가 다양한 사회적 편의시설을 갖춘 대규모의 아파트들이 건설되면서 점차 사람들이 가장 선호하는 주거 형태가 된 것입니다.

女性：これまで初期のアパートの形態から変化してきた様子を見せてくださいました。このような共同住宅形態が、韓国と同じくらい多い国があまりないと聞いたのですが本当ですか？ そうであれば、その理由は何でしょうか？
男性：統計庁で実施する国民住宅総調査によると、アパートが韓国の住宅形態で最大の比重を占めているということで間違いありません。このようにマンションが多い理由はもちろん、住宅を建てることができる土地が

不足していて人口は多いからです。現代社会が生み出す避けられない都市の住居形態といえるでしょう。しかし、マンションが初めて建てられた当初はまだ、一戸建てや韓屋に慣れた国民の認識は非常に否定的でした。そうしている間に、多様な社会的な利便性の高い施設（便宜施設）を備えた大規模アパートが建設されるにつれて、徐々に人々が最も好む住宅形態になったのです。

🔊249 39

訳 この会話の前の内容として最も当てはまるものを選びなさい。
①アパート構造の変遷の歴史（変遷史）　　②共同住居環境の変化
③マンション価格形成の理由　　　　　　　④共同建築物の形態と種類

39：正解 ①

💡 最初のセリフ「初期のアパートの形態＝構造から、変化した様子＝変遷史」と①に言い換えできます。この問題はインタビュアーの最初にセリフに解答がある確率が高いです。話した表現そのままで選択肢に出ることが多いですが、今回のように言い換えている少し難しいタイプのものもあります。最初の集中力が肝心です。

⚠️ 単語が難しいので混乱された方も多かったのではないでしょうか。②は共同住居の環境の部分が合いません。④も迷いますが共同建築物はアパートと同義語ではありませんし、種類についても話されていないようです。③の価格形成の話も気配がありません。

✏️ ～만큼… ～と同じくらいに…だ　-ㄹ 때만 해도 ～した当初は

🖐 □별로 없다：特にない、あまりない　□통계청：統計庁　□주택 총조사：住宅総調査　□큰 비중〔比重〕을 차지하다：大きな比重（割合）を占める　□주택을 짓다：住宅を建てる　□토지：土地　□불가피하다〔不可避 -〕：避けられない　□편의시설〔便宜施設〕生活の利便性を上げるための施設　□갖추다：備える　□점차〔漸次〕：徐々に、次第に　□선호하다〔選好 -〕：好む　□구조：構造　□변천사〔変遷史〕：変遷の歴史

📕 아파트 ソウルの風景をいうと高層マンション群を連想する方も多いと思います。韓国語のアパートは日本語でいう「マンション」に近く、規模の大きい集合住宅を表しますが、聞取り問題のため混乱を避ける意味でここでは原文のままアパートと訳しています。

🔊250 40

訳 聞いた内容と同じものを選びなさい。
①人々は依然として一戸建て住宅に住むことをより好む。
②初期にはマンションに対する認識がよくなかった。
③多様な種類と形態の建築物が作られている。
④土地が狭くて人口が多い国は、共同住宅がほとんどだ。

40：正解 ②

💡 アパートが初めて建設された時はまだ国民の認識が否定的だったという内容が②と合います。頻出単語　부정적＝좋지 않다の言い換えができるかを問われています。

⚠️ 建設当初は否定的だったものも現在はマンションが最も人気のある住居形態なので①は合いません。④は前半の内容は合っていますが後半の内容は出てきていません。③の内容もありません。

🖐 □여전히〔如前 -〕：依然として、相変わらず　□단독주택〔単独住宅〕：一戸建て　□인식：認識　□땅＝토지：土地

問題〔41-42〕 次を聞いて、問いに答えなさい。

> 남자: 이번에 저희 지역에서 마련한 반려동물 문화센터는 거리에 유기되고 있는 동물들을 구조해 임시 보호하고 각 가구에서 기르고 있는 반려동물을 위한 각종 편의를 제공하기 위한 전용 시설입니다. 한 마디로 말하면 반려동물 가족을 위한 생활 밀착형 편의시설이라고 할 수 있습니다. 이곳에서는 버려지거나 가족을 잃은 동물들을 보호하고 치료하는 역할을 하게 됩니다. 또한 입양을 희망하는 가정은 교육과 상담을 받을 수 있으며 이에 필요한 동물 행동 교정, 응급 치료법과 미용 등을 교육하는 반려견 아카데미도 운영할 예정입니다. 사전 예약을 하시면 목욕에 필요한 욕조와 건조기도 이용할 수 있고 반려동물과 함께 즐거운 시간을 보낼 수 있는 카페 형태의 문화 공간도 준비되어 있습니다.

訳 男性：この度は、私共の地域で設けたペット動物文化センターは、道に遺棄された動物たちを救助して一時保護をし、各家庭で育てているペットのためのいろんな便宜を提供するための専用施設です。一言で言うなら、ペットの家族のための生活密着型で利便性の高い施設といえます。この場所では、捨てられたり家族を失った動物を保護し治療する役割を果たすことになります。また、養子縁組を希望する家庭は教育と相談を受けることができ、これに必要な動物のしつけ、緊急治療法と美容などを教育するペット犬アカデミーも運営する予定です。事前予約をされると沐浴に必要な浴槽や乾燥機も利用できて、ペットと一緒に楽しい時間を過ごせるカフェ型の文化空間も準備されています。

41

訳 この講演の中心となる考えとして最も当てはまるものを選びなさい。
① ペットとその家族が利用できる総合施設ができた。
② ペットを養子縁組する時は、必要な教育を必ず受けなくてはいけない。
③ 動物と一緒に自由に生活することができる便宜をはかった空間が必要だ。
④ 道に捨てられる遺棄された動物の治療保護施設が、あまりにも不足している。

41：正解 ①

💡 ペットを飼う家族のための生活密着型の利便施設の紹介が主題となっていますので正解は①です。

⚠️ 正解以外の選択肢はどれも出てきた表現を使って迷わせています。②は後半の반드시（必ず）というワードに気を付けてください。相談をすることができると語られていますが、教育が必須とは言っていません。③と④の内容は話されていませんので不正解です。

✋ □ 마련하다：準備する、設ける、作る、用意する
□ 유기되다：遺棄される＝버려지다：捨てられる

□ 임시 보호〔臨時保護〕：一時的な保護　□ 한 마디로 말하면：一言で言うなら　□ 입양〔入養〕：養子縁組
□ 행동 교정〔行動 矯正〕：しつけ　□ 응급 치료법：応急 治療法　□ 반려견〔伴侶犬〕：ペット犬

📖 반려동물〔伴侶動物〕ペット。人間の伴侶となる動物を表す表現。애완동물〔愛玩動物〕という言葉も同じ意味で使われていましたが、ペットは人間の玩具ではなく、伴に暮らす家族であるという認識の高まりとともに市民権を得るようになりました。

42

訳 聞いた内容と同じものを選びなさい。
① 住民たちのための文化複合空間が、まもなくオープンする予定だ。
② ここでは遺棄された動物の養子縁組と関連する教育も受けることができる。
③ ペットがいつでも治療を受けられる病院が建設された。
④ ペットのための浴槽とドライヤーは自由に使用できる。

42：正解 ②

💡 養子縁組を希望する家庭は教育と相談を受けることができ、美容等を教育するアカデミーも運営する予定と話していますので②が正解です。

⚠ ①は最後の時制が紛らわしいです。ペット文化センターはすでにオープンしています。④はドライヤーの使用は予約制なので合いません。③の内容は話されていません。

✋ □조만간〔早晩間〕：遅かれ早かれ　□사전 예약：事前予約　□욕조：浴槽　□건조기：乾燥機　□마련하다＝준비하다：準備する

問題〔43-44〕 次を聞いて、問いに答えなさい。

여자：우리나라에서는 서해안 일대의 갯벌과 바다에서 오래전에 침몰했던 고대의 선박과 함께 유물들이 많이 발견되곤 합니다. 특히 해저 유물이 잘 보존된 상태로 발견이 되는데 그 이유는 바로 갯벌 때문입니다. 갯벌의 흙은 입자가 아주 곱기 때문에 공기가 들어갈 틈이 없습니다. 따라서 산소가 없는 환경이 되는 것입니다. 이런 곳에서는 산소를 필요로 하는 미생물들이 서식할 수 없어 오랜 시간이 지나도 유물이 훼손되지 않고 보존이 가능한 것입니다. 이렇게 발견되는 해저 유물은 밖으로 인양되면 공기에 노출되어 바로 부식이 시작되므로 발굴 즉시 신속하게 보존 처리를 해야 합니다. 바닷물에 잠겨 있었기 때문에 우선 염분을 제거하고 표면에 묻은 이물질을 제거하는 것입니다.

訳 女性：韓国では、西海岸一帯の干潟と海でずいぶん前に沈没した古代の船舶とともに遺物が多く発見されています。特に海底の遺物がいい状態で保存された状態で発見されますが、その理由はまさに干潟のためです。干潟の泥は粒子が非常に細かいので空気が入るすき間がありません。したがって、酸素がない環境になるのです。このような所では酸素を必要とする微生物が生息できないので、長い時間がたっても遺物が毀損されず保存が可能なのです。このように発見された海底の遺物は、外に引き揚げられると空気に露出されて、すぐに腐食が始まりますので、発掘して直ちに迅速に保存処理をしなければなりません。海水に浸っていたので、まず塩分を除去し、表面に付着した異物を除去するのです。

43

訳 何についての内容なのか、当てはまるものを選びなさい。
① 海洋生物の種類と生息地の分析
② 船舶の沈没理由と引き上げる方法
③ 海底遺物の発見と保存処理過程
④ 干潟を保存しなくてはいけない理由と必要性

43：正解 ③

💡 海で発見される遺物と保存処理について話しているので③が正解となります。

⚠ すべてそれらしい内容で作られていますが、正解以外の選択肢はどれも話されていません。

✏ -곤하다 ～したりする

✋ □서해안：西海岸　□갯벌：干潟　□침몰：沈没　□유물：遺物　□바로：まさに、すぐに　□흙：土　□입자가 곱다：粒子が細かい　□틈이 없다：すき間がない　□필요로 하다：必要とする　□미생물：微生物　□서식하다〔棲息-〕：生息する　□훼손되다：毀損される　□인양되다〔引揚-〕：引き揚げる　□노출되다：露出される　□부식이 시작되다〔始作-〕：腐食が始まる　□즉시〔即時〕：直ちに　□신속하게：迅速に、素早く　□잠겨 있다：浸っている　□염분을 제거하다〔除去-〕：塩分を取り除く　□해저：海底

96

44

訳 干潟で遺物が保存状態がいい状態で発見される理由として合うものを選びなさい。
①干潟の泥は酸素が遮断されて微生物が生きられないので
②海水の塩分濃度が濃いので遺物の腐敗を防ぐので
③海の深くに沈没した古代船舶が遺物を守ってくれるので
④海洋で生息する微生物が自然に保存を助けるので

44：正解 ①

💡 干潟の泥は粒子が細かいので空気の入る隙間がないと言っているため①です。

⚠ ②塩分濃度ではなく、干潟の泥が酸素を含まないことが腐敗しない理由なので不正解です。③冒頭で遺物が古代船舶の近くで発見されると話していますが、遺物を守るとは言っていません。④酸素のない状況で微生物が生息できないと言っているので合いません。

👉 □산소가 차단되다：酸素が遮断される　□염분 농도가 진하다：塩分濃度が濃い

問題〔45-46〕　次を聞いて、問いに答えなさい。

여자：그동안 미술계에서 주장해 오던 미술품 물납제 도입의 필요성이 다시 대두되고 있습니다. 미술품 물납제란 미술 작품으로 세금을 내는 것으로 프랑스를 비롯해 영국이나 일본 등에서 시행 중인 제도입니다. 기존의 물납 제도는 상속세나 재산세를 납부할 때 현금 대신 법에서 규정한 자산인 부동산이나 주식 채권과 같은 유가증권으로 한정되어 있었습니다. 미술계에서는 이러한 미술품 물납제가 납세의 편의는 물론 가치가 높은 미술품을 국가에서 쉽게 확보할 수 있는 이점이 있다는 주장을 하고 있습니다. 이는 향후 공공전시 등을 통해 국민들의 문화 수준 향상과 아울러 미술 시장의 활성화와 예술가들의 창작 환경 개선 등이 가능하다는 것입니다. 또한 문화 복지의 보편적 실현이라는 관점에서 볼 때 도입을 구체화하는 것이 바람직하다는 의견을 보이고 있습니다.

訳 女性：これまで美術界で主張してきた美術品の物納制導入の必要性が再び台頭しています。美術品の物納制とは、美術作品で税金を払うものとしてフランスをはじめ、イギリスや日本などで施行中の制度です。既存の物納制度は、相続税や財産税を納付する際、現金の代わりに法で規定した資産である不動産や株式債券のような有価証券に限られていました。美術界では、こうした美術品物納制が納税の便宜はもちろん、価値の高い美術品を国家で容易に確保できるという利点があるという主張をしています。これは、今後の公共展示などを通じて国民の文化水準の向上と合わせて美術市場の活性化と芸術家の創作環境の改善などが可能だということです。また、文化福祉の普遍的実現という観点から見る時、導入を具体化することが望ましいという意見を示しています。

45

訳 聞いた内容と同じものを選びなさい。
①現在ほとんどの国で美術品の物納税制度を実施している。
②お金と同様の価値の不動産や美術品で納税をすることができる。
③芸術家たちが自由に作品活動をできるきっかけが用意された。
④高価な美術作品を国家で容易に確保できる方法だ。

45：正解 ④

💡「価値の高い美術品を国家で確保できるという利点がある」と④が言い換えられますね。

⚠ ①一部の国家のみでの施行のため、内容と合いません。②まだ韓国では有価証券のみの納税しか認められていないので不正解です。③もまだ施行されていないので時制が内容と不一致です。

✏ -를/을 비롯해 〜をはじめ

✋ □물납제：物納制　□세금을 내다：税金を払う

□세를 납부하다：税を納付する = 납세하다：納税する
□상속세：相続税　□시행：施行　□법에서 규정하다：法で規定する　□자산：資産　□주식 채권：株式債権
□유가증권：有価証券　□공공전시：公共の展示
□아울러：合わせて　□문화 복지：文化福祉　□보편적 실현：普遍的実現　□관점：観点　□계기〔契機〕가 마련되다：きっかけが用意される　□고가：高価

46

訳 女性の態度として当てはまるものを選びなさい。
①根拠をもって世界各国の納税制度を分析している。
②税金納付の当為性をいろんな資料を通じて主張している。
③停滞している美術市場の活性化法案を提案している。
④美術品納税制の導入を主張している美術界の意見を伝えている。

46：正解 ④

💡 冒頭で述べている内容と④が一致していますので正解となります。試験終了間際で疲れてきたタイミングで聞き慣れない言葉が冒頭から聞こえてくる問題です。気持ちが焦ってしまいますが、なるべく先に選択肢に目を通して、どんなジャンルの話なのかだけでも把握しながら聞けるように練習しましょう。本番の聞取りでは、ここが勝負どころです。

⚠ 正解以外の内容はどれも出てきていません。①は美術品物納制を実施している国として3つの国を挙げただけで分析はしていません。③も少し紛らわしいですが、女性は美術市場の活性化法案ではなく、美術品の物納制度について話しています。

✋ □당위성：当為性　□침체되다〔沈滞-〕：停滞される　□활성화 방안：活性化法案　□의견을 전달하다〔伝達-〕：意見を伝える

問題〔47-48〕 次を聞いて、問いに答えなさい。

여자：감독님께서는 지금까지 주로 사회 고발 영화를 만들어 오셨는데 이번 영화도 이와 비슷한 주제를 담으신 건지 궁금합니다. 곧 개봉을 앞두고 있는 새 영화에 대해 소개를 해 주시겠습니까?
남자：이 영화도 그 주제에서 크게 벗어나지는 않습니다. 애초 제가 감독이 된 계기도 불합리한 사회 구조나 인간들이 가진 내면의 욕망과 같은 것들을 표현하기 위해서였습니다. 이번 영화가 지금까지와 다른 점이 있다면 여성이 주인공이며 사회적 차별을 받는 제도의 모순이나 고정관념을 깨고 통쾌한 승리를 거둔다는 내용입니다. 물론 환경오염 문제, 성차별이나 학력 차별 등 사회적 주제를 다루고 있긴 하지만 어둡고 심각한 분위기가 아니라 재미있고 쾌활하게 이야기를 이끌어 나간다는 것도 기존 작품과는 좀 다른 점입니다. 여러분들의 많은 관심 부탁드립니다.

訳 女性：監督はこれまで主に社会を告発する映画を作ってこられましたが、今回の映画もこれと似たテーマを込められたのか気になります。まもなく公開を控えている新しい映画について紹介していただけますか？
男性：この映画もそのようなテーマからそれほど逸脱してはいません。そもそも私が監督となったきっかけも、不合理な社会構造や人間が持つ内面の欲望のようなものを表現するためでした。今回の映画がこれまでと違う

98

点があるとするなら、女性が主人公であり社会的差別を受ける制度の矛盾や固定観念を打ち破って、痛快な勝利を収めるという内容です。もちろん環境汚染問題、性差別や学歴差別など社会的なテーマを扱ってはいますが、暗く深刻な雰囲気ではなく、面白くて快活にストーリーを引っ張っていくというのも、既存の作品とは少し違う点です。皆さまがたくさん関心を持ってくださるようにお願いいたします。

 47

訳 聞いた内容と同じものを選びなさい
①男性は面白い映画を作るために監督になりたかった。
②男性はいつも男性を主人公にした重いテーマを扱ってきた。
③この映画は、不条理な社会制度を正面から批判して好評を得た。
④男性は今まで作った作品とまったく違う映画を作った。

47：正解 ②

💡 今までと違う点は女性が主人公だと話しているので②が正解となります。

⚠️ ③がひっかけですが、今回作った映画は今までの作品を大きく逸脱していないと言っているので一致しません。男性はすでに映画監督で、作りたい内容も合わないので①は不正解です。③も最後の時制がおかしいです。公開前の映画の紹介です。

✏️ -긴 하다：〜してはいる

👆 □사회 고발：社会告発　□주제〔主題〕를 담다：テーマを込める　□궁금하다：気になる、知りたい

□개봉〔開封〕을 앞두다：公開を控えている　□주제에서 벗어나다：テーマから抜け出る　□애초〔- 初〕：そもそも、当初　□불합리하다：不合理だ　□사회적 차별：社会的処罰　□제도의 모순：制度の矛盾　□고정관을 깨다：固定観念を打ち破る　□통쾌한 승리를 거두다：痛快な勝利を収める　□다루다：扱う　□쾌활하다：快活だ　□이끌어 나가다：引っ張っていく
□기존 작품：既存の作品　□늘：いつも　□부조리한 사회：不条理な社会　□정면 비판：正面から批判する
□호평을 받다：好評を得る

🔊 **48**

訳 男性の態度として当てはまるものを選びなさい。
①女性たちが社会的に差別を受ける状況を批判している。
②制度の矛盾と固定観念を破らなくてはいけない理由を説明している。
③社会告発を扱ういろんな映画を総合的に比較している。
④自身が追及する作品の方向と、新しく作った映画を紹介している。

48：正解 ④

💡 自分が映画で表現しようとしている事柄と新しい映画に対する紹介をしているので正解は④です。

⚠️ これまで男性が映画の中で扱ってきた内容なので①が迷うところですが、このインタビューでの男性の態度としては当てはまりません。②も映画のテーマとして扱っている内容ですが、ここでは不正解です。③はまったく当てはまりません。

👆 □추구하다：追求する

問題〔49-50〕　次を聞いて、問いに答えなさい。

남자：세계 시장에서 경쟁력을 인정받고 있는 우리나라의 제조업 분야가 많지만 그중에서도 현재 화제가 집중되고 있는 부분이 제2의 반도체라는 말을 듣고 있는 2차 전지 배터리입니다. 전 세계적으로 전기차에 대한 관심이 쏠리면서 전기차의 심장이라고도 할 수 있는 배터리도 주목을 받고 있습니다. 그

러나 전기차 시장이 급성장하고 있음에도 불구하고 여전히 동급의 휘발유차에 비해 가격이 상당히 비싼 편인데 이는 차량 가격의 40%에 이르는 배터리 가격 때문입니다. 이에 배터리를 대여할 수 있는 제도를 본격화하여 대여와 관리, 교체까지 일원화한 서비스를 시행해 차량 가격을 대폭 낮추게 될 것입니다. 또한 전력 에너지의 대용량, 고효율 저장 및 운송이 가능해지면서 국내 배터리 업계에서는 연구 개발에 박차를 가하고 있으며 사업 규모도 대폭 늘리고 있는 상황입니다.

訳 男性：世界市場で競争力を認められている韓国の製造業分野が多いが、その中でも現在、話題が集中している部分が第2の半導体と言われている2次電池バッテリーです。世界的に電気自動車に対する関心が集まりつつあり、電気自動車の心臓ともいえるバッテリーも注目をされています。しかし、電気自動車市場が急成長しているにもかかわらず、依然として同クラスのガソリン車に比べて価格がかなり高価ですが、これは車両価格の40%に達するバッテリー価格が理由です。よって、バッテリーをレンタルできる制度を本格化し、レンタルと管理、交換まで一元化したサービスを施行し、車両価格を大幅に下げることになるでしょう。また、電力エネルギーの大容量、高効率な貯蔵及び運送が可能になり、国内バッテリー業界では研究開発に拍車をかけており、事業規模も大幅に大きくしている状況です。

49

訳 聞いた内容と同じものを選びなさい
① 電気自動車が高い理由はバッテリー価格が高いからだ。
② 電力エネルギーは運送料が高いので、価格競争力が落ちる。
③ 電気自動車の市場が爆発的に成長している過程でバッテリーの輸出も増加した。
④ バッテリーを借りて使うようになると、手頃な価格でサービスを受けることができる。

49：正解 ①

車両価格の40%に達するのがバッテリー価格のために効果だと言っている内容から①が正解です。

②も選びそうになりますが、電力エネルギーと車両価格を結び付けた内容は出てきていません。③も同様にバッテリーの輸出増加の話はありません。④も悩みますが、バッテリーのレンタルや交換サービスを行うことで車両価格を下げたという内容なので一致しません。

-(으)ㅁ에도 불구하고 〜にもかかわらず -(으)ㄴ 편이다 〜なほうだ

□ 경쟁력을 인정〔認定〕받다：経済力を認められる
□ 제조업 분야：製造業分野　□ 화제가 집중되다：話題が集中する　□ 반도체：半導体　□ 전지 배터리：電池バッテリー　□ 관심이 쏠리다：関心が注がれる = 주목을 받다：注目を集める　□ 동급〔同級〕：同クラス　□ 휘발유차〔揮発油車〕：ガソリン車　□ 상당히〔相当-〕：かなり　□ -에 이르다：〜に至る、達する　□ 대여하다〔貸与-〕：貸し出す、レンタルする　□ 본격화：本格化　□ 교체〔交替〕：交換　□ 일원화：一元化　□ 고효율 저장：高効率な貯蔵　□ 박차를 가하다：拍車をかける　□ 규모를 늘리다：規模を広げる　□ 대폭：大幅　□ 폭풍 성장〔暴風 成長〕：爆発的な成長　□ 수출：輸出　□ 저렴한〔低廉-〕 서비스：手頃な価格のサービス

50

訳 男性の態度として当てはまるものを選びなさい。
① 代替エネルギー開発のための研究結果を発表している。
② 高価な電気自動車の価格を引き下げるための方法を提案している。
③ 国際競争力を備えた製造業分野の活躍する様を強調している。
④ 世界の半導体市場を占めることができる戦略を提示している。

50：正解③

💡 世界市場で競争力を認められているバッテリー製造業分野を扱った内容のため、③が正解となります。

⚠️ ②で迷う方も多いと思いますが、講演の最後は方法の提案ではなく韓国のバッテリー製造業界の明るい展望を伝えているので不正解です。④は半導体市場の話で主題とかみあっていません。①は研究開発が盛んに

なっているという内容からのひっかけです。

✋ □대체 에너지：代替エネルギー　□가격을 인하하다〔引下-〕：価格を引き下げる　□활약상〔活躍相〕을 강조하다：活躍する様を強調する　□시장을 차지하다：市場を占める

第2回模擬試験　作文問題　解説

問題〔51-52〕　次の文章の㋐と㋑に当てはまる言葉をそれぞれ書きなさい。

51

訳　製品名　公募

職員の皆さま　こんにちは。
わが社でこの度新しく作る洗剤の 名前を （　㋐　）。
健康で美しい肌のために自然の材料で作った洗濯用洗剤です。
いいアイデアをお持ちの方は、広報チームに（　㋑　）。
公募の締め切りは今月末までです。ありがとうございます。

韓国生活環境　広報チーム

51：解答例

㋐지어 주십시오 / 공모합니다
㋑연락주시기 바랍니다 / 연락해 주세요

まず、タイトルからわかる通り「製品名の公募」という目的を持った文章です。
（㋐）は空欄直前に洗剤の 名前を というヒントがあり、文末であることから지어 주십시오 / 공모합니다（付けてください／公募します）という内容が入ります。社内の

職員に広報チームが呼び掛けていることから、丁寧な格式体で書くことが望ましいです。次に、（㋑）の直前には홍보팀으로（広報チームに）がありますので、連絡をお願いする内容が求められていると考えるのが自然です。したがって解答例のように「連絡くださるようお願いします／連絡してください」などの表現が入ります。

52

訳　慣れない場所より慣れている場所で仕事をする方がよりうまくいく。新しい場所では緊張感や恐れを感じやすいので集中がうまく（　㋐　）。したがって、スポーツ選手も重要な競技が行われることになれば、その場所に行ってみたりそこに慣れるよう前もって行って訓練をしたりもする。 このようにすれば 慣れない場所に対する恐れを減らすこともできて競技に対するプレッシャーを（　㋑　）。

52：解答例

㋐안 되는 것이다 / 안 된다
㋑줄일 수 있기 때문이다 / 줄일 수 있다

この問題文は、1文目の慣れた環境の方が人は実力が発揮できるということが主題です。その後は順接の接続詞のみが使われていますので最初に述べた主題を繰り返した後に具体例を挙げながら詳しく説明していく文脈を持っています。空欄（㋐）は2文目の文末にあるので、1文目を言い換える内容、新しい場所では集中がうまくできない、いかないのだという答えになります。집중이 잘 안 된다でも大丈夫ですが、主題の復唱

なので안 되는 것이다と強調の構文を使えるとより点数がアップします。次に空欄（㋑）を含む文章は이렇게 하면（このようにすれば）があります。直前の文章内容、スポーツ選手が慣れない場所で早めにトレーニングして慣れようとしていることが書かれていますので、その効果や理由について書くことが求められています。したがって부담감을（プレッシャーを）줄일 수 있기 때문이다（減らすことができるからだ）という解答になります。

□두려움을 덜다：恐れを減らす　□부담감〔負担感〕을 줄이다：プレッシャーを減らす

問題〔53〕 次は国民1人当たりのコメ消費量についての調査結果だ。この内容を200~300字の文章で書きなさい。ただし、文章のタイトルは書かないでください。

53：解答例

국	민		1	인	당		쌀		소	비	량	을		조	사	한		결	과	를	보	면 ,
20	13	년		67	.2	kg	에	서		20	15	년	에	는		62	.9	kg	,	20	17	년	에
61	.8	kg	,	20	19	년	에	는		59	.2	kg	까	지		꾸	준	히		감	소	했	다	는
것	을		알		수		있	다	.	또	한		1	인	당		하	루		쌀		소	비	량
은		20	16	년		16	9.	6	g	이	던		것	이		20	18	년	에		16	7.	3	g,
20	19	년	에	는		16	2.	1	g	으	로		지	속	적	인		감	소	를		보	였	다.
쌀		소	비	량		감	소	의		이	유	로		첫		번	째	가		식	습	관	의
서	구	화	이	고		대	체		식	품	의		다	양	화	로		보	고		있	다	.	이
러	한		현	상	이		계	속	된	다	면		20	40	년	에	는		연	간		쌀		소
비	량	이		44	.9	kg	까	지		떨	어	질		것	으	로		전	망	된	다	.

訳　国民1人当たりの米の消費量を調査した結果を見ると、2013年 67.2kg から 2015年には 62.9kg、2017年に 61.8kg、2019年には 59.2kg まで継続して減少したことがわかった。また1人当たりの1日の米の消費量は 2016年 169.6 だったのが、2018年に 167.3g、2019年には 162.1g と持続的な減少を見せた。米の消費量減少の理由として、まず食習慣の欧米化（西欧化）で、代替食品の多様化と見ている。このような現象が続くならば、2040年には年間の米消費量が 44.9kg まで落ち込むことが見込まれる。

☝ **統計に関する表現をバリエーション豊かに！**
□ -를/을 조사한 결과를 보면：~を調査した結果を見ると　□ 꾸준히 감소하다：継続して減少する　□ -다는 것을 알 수 있다：~ということがわかる　□ 지속적인 감소：持続的な減少　□ 감소의 이유로는 -로 보다：減少の理由としては~と考えられる

問題〔54〕 次を参考にして600〜700字で文章を書きなさい。ただし、問題をそのまま写さないでください。

54

訳 人間の生活を営んでいくために必要な医薬品や化粧品などの安全性のために動物を対象にする実験が続けられている。このような動物を対象（とした）実験について下記の内容を中心に自身の考えを書きなさい。

・動物実験はなぜすると思うか？
・動物実験に賛成（反対）する理由を書きなさい。
・動物実験を代替する方法として何があるか？

54：解答例

　인간이 살아가는 데에 필요한 의약품이나 미용을 위한 화장품 등의 안전성 여부 확인을 목적으로 불가피하게 동물 실험을 행하고 있다. 물론 인간이 건강한 삶을 영위할뿐더러 아름답게 꾸미기 위해 의약품이나 화장품이 필요한 것은 사실이다.

　그러나 이러기 위해 죄없는 동물들이 희생되고 있다. 의약품이나 화장품 등을 인간의 신체 기관과 유사한 구조를 지닌 동물을 대상으로 실험해 보고 안전성이 확인되면 인간에게도 안전하다고 판단하는 것이다. 예컨대 우리가 흔히 아는 동물 가운데 흰쥐를 대상으로 의약품이나 치료제에 대해 실험하는 것을 종종 보게 되는데 동물 실험에서 수많은 개체가 희생되고 있다. 아무리 인간의 안전을 목적으로 실시한다고 하더라도 무자비하게 동물을 희생시키는 것은 그저 인간의 욕심에 불과하다. 게다가 동물에게도 생존권이 있으며 보호해야 한다는 인식도 확대되고 있다.

　그러므로 이에 따른 대체 실험에 대한 연구도 활발하게 진행되고 있다. 가능하면 동물을 이용하지 않는 것과 동물에게 고통을 주지 않는 것이 우선되어야 한다. 아울러 현재 실험 대상이 되고 있는 동물 수를 대폭 제한하고 고통을 느끼지 않는 생물을 이용하는 방법도 있을 것이다. 결론적으로 인간도 자연의 일부이며 언젠가는 자연으로 돌아가는 존재이므로 자연과 함께 살아가는 지혜를 모아야 할 때라고 생각한다.

訳 ①人間が生きていくのに必要な薬品や美容のための化粧品などが人間に安全なのか確認するためやむを得ず動物実験を行っている。もちろん 人間が健康に暮らすため、また美しい身だしなみのため薬品や化粧品が必要なことは事実だ。

しかし、このために罪のない動物が犠牲になっている。医薬品や化粧品などを人間の身体機関と類似した構造を持つ動物を対象に実験してみて、安全が確認されれば人間にも安全だと判断するのだ。私たちがよく知っている動物の中で白ネズミを対象に医薬品や治療剤を実験することを度々目にする。これ（実験）のために多数の個体が犠牲になっている。②いくら人間の安全のためとはいえ、だからといって無慈悲に動物を犠牲にすることは単なる人間の欲望に過ぎない。また動物にも生存権があるので動物を保護しなくてはいけないという認識も拡大している。

これによる代替実験に対する研究も活発に行われている。可能であれば③動物を使わないことと動物に苦痛を与えないことが優先されなくてはいけない。また現在、実験対象となっている動物の数を大幅に制限して、苦痛を感じない生物を利用する方法もあるだろう。結論的には人間も自然の一部であり、いつかは自然に帰っていく存在であるがゆえに自然と共に生きていく知恵を集めなくてはいけない時期であると考える。

💡 テーマは「動物実験の是非」です。ガイド設問は①生涯教育の目的、②生涯教育の種類、③生涯教育が必要な理由の3つです。それぞれの設問に沿って段落を作り、問いに答えています。解答例の表現を参考にしながら、自分でも書いてみましょう。

✏ 그저 -에 지나지 않는다 ただ～に過ぎない

🖐 □불가피하게：不可避に、やむを得ず　□실험을 행하다：実験を行う　□죄없는 동물이 희생되다：罪のない動物が犠牲になる　□유사한 구조를 지니다：類似した構造を持つ　□흔히 알다：よく知っている　□생종권이 있다：生存権がある　□대체실험：代替実験　□대폭 제한하다：大幅に制限する

第2回模擬試験　読解問題　解説

問題〔1-2〕（　　　　）に入る最も当てはまるものを選びなさい。

1

訳 週末には家族と一緒に、主に 自宅で料理を作って（　　　　）。

①食べる時です　　　　②食べるものです　　　　③食べるだけです　　　　④食べるほうです〈属性〉

1：正解④

💡 주로(主に) という副詞が入ることで、家で料理を作って食べる行動や意思を表現しているので④먹는 편이에요と属性を表す表現が入ります。

⚠️ ②も法則を表すので選びそうになりますが、主語が自分や家族という小さな単位ではなく「人々は」「現代社会では」など大きな主語の文章で使います。他の選択肢では주로と意味が合わなくなるので不正解です。

✏️ -ㄹ 때 ～するとき〈連体形＋名詞〉　-는 법이다 ～するものだ〈法則〉　-(으)ㄹ 뿐이다 ～なだけだ〈限定〉　-는 편이다 ～するほうだ〈属性〉

2

訳 実力が どれだけ（　　　　）人間関係がよくなければ、成功するのは難しい。

①優れていても　　　　　　　　　　　②優れているだけでなく

③優れているからなのか　　　　　　　④優れているどころか

2：正解①

💡 아무리 (どれだけ) という副詞と呼応して、文末のネガティブな内容とも自然につながるのは「～であっても」という仮定表現になりますので、①が正解になります。

⚠️ ③は後節のネガティブな結果と合いません。②と④は아무리 の後に来ると不自然です。

✏️ -아/어/하더라도 ～であっても〈仮定〉　-거니와 ～だけでなく〈追加〉　-아/어서인지 ～だからなのか〈理由の推測〉　-기는커녕 ～などころか〈追加〉　👆 □실력이 뛰어나다：実力が飛びぬけている

問題〔3-4〕下線部と意味が最も似たものを選びなさい。

3

訳 このエアコンは冷房もできる上に、暖房 まで できるので便利です。

①できるかどうか　　　　②できるだけ　　　　③できるだけでなく　　　　④できるくらいに

3：正解③

💡 - 는 데 다가は追加の意味です。分かち書きが必要なので注意しましょう。追加の意味を持つ文法事項は、③ -(으)ㄹ 뿐만 아니라です。他の選択肢では後節の内容とつながりが不自然になります。

✏️ -(으)ㄹ 수 있을지 ～できるかどうか（わからない）

※後節に疑問の内容が来る -(으)ㄹ 수 있을 뿐 ～できるだけで〈限定〉　-(으)ㄹ 뿐만 아니라 ～できるだけでなく〈追加〉　-(으)ㄹ 수 있을 정도로 ～できるくらいに〈程度〉　👆 □냉방：冷房⇔난방：暖房

第2回模擬試験　読解

4

訳 久しぶりに伝統市場に行ってみると、人が本当に多かったです。

①みたら　　　　②みていたら　　　　③みたなら　　　　④みたといって

4：正解①

💡 -아/어 보니까：してみると。発見の意味合いです。似た意味を持つのは① -ㅆ더니で自身が直接経験した内容が後続説の理由となる表現です。②は次の行動が来るので合いません。③と④も後節と合いません。

✏ -ㅆ더니 ～してみたところ〈理由・発見〉　-ㅆ다가 ～して〈完了〉※前節の行動が完了したらすぐ次の動作に移行する　-ㅆ더라면 ～だったなら〈仮定〉　-ㅆ다고 해서 ～といって〈伝聞〉

問題〔5-8〕　次は何についての文なのか選びなさい。

5

訳 美しくて柔らかい髪のキメ

　1週間使うだけでも見違えるようによくなります。

①帽子　　　　②シャンプー　　　　③化粧品　　　　④ドライヤー

5：正解②

💡 柔らかい髪のキメについて書かれているので②が正解です。

⚠ 머리（頭）という単語から①や④に誘導しようとしています。③は아름답다（美しい）という言葉からのひっかけです。

👆 □머릿결：髪のキメ

6

訳 くつろげてリラックスできる座席、

　クリアな大型画面でリアルに感じてみてください！

①デパート　　　　②美術館　　　　③野球場　　　　④映画館

6：正解④

💡「リラックスした座席と大型の画面」から、映画館の広告だとわかります。

⚠ 좌석（座席）という単語で③に誘導しようとしています。

👆 □시원한 대화면〔大画面〕：クリアな大型画面

7

訳 お母さんが作ってくれたあの味の秘訣

　「お母さんの食卓」

　いま書店で出会ってください!!!

①本の紹介　　　　②食堂の広告　　　　③料理の紹介　　　　④公演の案内

7：正解①

💡 서점（書店）という言葉から本の紹介となります。

⚠ ②と③は、엄마（お母さん）、맛（味）、밥（ごはん）という単語からひっかけようとしています。

👆 □밥상〔- 床〕：食卓

107

8

📖 １．投入口にコインを入れてください。
　２．ほしい商品のボタンを押してください。
①商品説明　　　　　②利用方法　　　　　③注意事項　　　　　④選択基準

> **8：正解 ②**
>
> 💡 コインを入れてボタンを押すように言っているので②利用方法の案内と考えるのが自然です。
> ⚠️ ③の注意事項と迷うかもしれません。注意事項は禁止事項が書かれていることが多いです。
> 👆 □버튼을 누르다：ボタンを押す

問題〔9-12〕　次の文章またはグラフの内容と同じものを選びなさい。

9

📖 新年を迎える特別行事
希望にあふれる新年を共に迎える特別な機会
家族と一緒に楽しい時間をお過ごしください！
♠行事の内容：トックッ作り、チェギチャギ（チェギ蹴り）、ユンノリ（韓国式すごろく）など
♠行事の日時：１月１日〜１月 10 日
♠参　加　費：大人５千ウォン、学生（青少年）３千ウォン（未就学児は無料）
♠行事の場所：ハノクマウル ノリマダン
①この行事は１月１日の１日の間、行われる。
②多様な伝統料理を作ってみて、味わうことができる。
③子どもを同伴した家族は、無料で入場が可能だ。
④学校に入学していない子どもは、お金を出さなくてもいい

> **9：正解 ④**
>
> 💡 未就学児は無料と記載があるので④が正解です。
> ⚠️ ③が紛らわしいですが無料になるのは未就学児だけなので不正解です。この行事は 10 日間行われるので①は合いません。作れる料理は１種類のみなので②も不正解です。
> 👆 □동반하다：同伴する　□미취학 아동〔未就学児童〕＝학교에 들어가지 않은 어린이：学校に入っていない子ども
> 📖 **お正月の伝統遊び**　□제기 차기：韓国の伝統遊びのひとつ。小銭を紙で巻いて羽根のような飾りを付けた제기を片足で蹴り上げて回数を競う　□윷놀이：サイコロ代わりの４本の棒である윷を投げて進行する

10

📖 〈各学校と学生数の比較〉

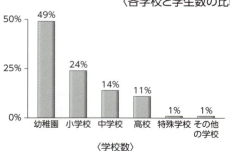

〈学校数〉

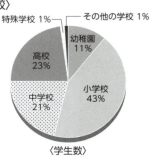

〈学生数〉

①幼稚園の数が全体で最も多く、学生数は中学生が２番目だ。
②学校数は中学より高校がより少ないが、学生数は同じくらいだ。
③学生数は幼稚園が最も少ないが、学生数は特殊学校が最も少ない。
④学校全体では小学校の数が幼稚園の次だが、学生数は最も多い。

10：正解 ④

💡 小学校の数は幼稚園より少ないが、学生数は最多なので④が正解です。

⚠️ ①幼稚園の数が最多なのは合っていますが、中学生

の数は第３位なので不正解です。学校数は中学校の方が多いので②も合いません。③の幼稚園の学生数は幼稚園が最少ではないのでグラフの内容と一致しません。

11

訳 民族の最大の明節である秋夕を控えて、名節の準備に必要な費用を調査した結果、昨年より８％増加したことが分かった。準備品目としては主に肉類や果物などの食品がほとんどを占めているが、購入場所としては一番が大型マート、その次が伝統市場だった。そこで政府は明節の需要が押し寄せる果物と畜産物を中心に、さまざまな価格帯のギフトセットを市中より手頃な価格で構成し、農協や畜協などを通じた販売促進活動を進めている。
①名節準備のための買物は、伝統的な市場が大型マートよりも便利だ。
②果物や肉類は名節の時よりも、通常売れている品目だ。
③昨年より祝日に必要な費用が増加したが、食材の購入費は減った。
④名節に多く求められるアイテムのギフトセットを農協で安く購入できる。

11：正解 ④

💡 政府が明節のギフトセットを手頃な価格で農協や畜協を通じて販売するとしたので正解は④です。싸게 구하다 = 저렴한가격の言い換えができるか問われています。

⚠️ 購入場所の順位が違うので①不正解です。明節に果物と畜産物の需要が押し寄せるので②も合いませ

ん。③についても昨年より食品の費用がアップしているので反対の内容です。

👆 □축협：畜産協同組合　□명절 수요가 몰리다：明節の需要が押し寄せる　□육류：肉類 = 고기 종류：肉の種類

12

訳 私たちの体では必要としないのにおなかが空いていると感じることを偽の空腹という。食事をしてからそんなにたっていないのに、また何か食べたくなったり、特定の食べ物が思い浮かぶのだ。このような場合に何度も食べ物を摂取すると、結局肥満になってさまざまな病気にかかるリスクが高まるしかない。このような偽の空腹は、落ち込んだり、主にストレスを受けたときに感じられる。これを克服するためには、散歩をするだとか音楽を聴くなどの他の行動で気分転換をすれば助けになる。
①ストレスを受けたり落ち込んだりした時に、食べ物を摂取すると役立つ。
②体で必要としなくても空腹を解消してこそ、病気にかからない（空腹を解消しなければ病気になる）。
③偽の空腹も何度も我慢すれば健康に良くないので、少しずつ食べなければならない。
④食事してそんなに（時間が）たっていないのに、またおなかが空くなら散歩に出るのもいい。

12：正解 ④

💡 体が必要としているわけではない偽の空腹感を克服するためには散歩などで気分転換をするといいと最

後に言っていますので④が当てはまります。

⚠️ 正解以外の選択肢は、すべて「食べ物を摂取する

べきだ」という趣旨で作られていますが、偽の空腹感解消策にそのような内容はありません。

✏️ **얼마 안 됐음에도** そんなにたっていないのに

👆 □가짜 배고픔：偽の空腹　□비만：肥満　□각종 질병：各種疾病　□극복：克服

問題〔13-15〕 以下を順に並べたものを選びなさい。

13

📖 (가) つまり人々が<u>預けておいて、下ろしに行っていないお金</u>がとてつもなく多いということだ。

(나) 休眠口座とは、一定の期間に入金または出金がなく使用していない口座のことをいう。

(다) <u>銀行や保険会社の休眠口座の残高（残額）</u>が数千億に達するという。

(라) このように銀行に入れっぱなしにせず、使っていない通帳や銀行口座がないかよく見てみる必要がある。

13：正解 ②

💡 この問題は、「休眠口座」を主題とした文章です。選択肢のパターンから、最初の文章は（나）もしくは（다）になります。並べ替え問題の一文目は、<u>背景説明や問題提起など、幅広い内容を含むものが選ばれることが多いです</u>。（나）は冒頭から「休眠口座」についての説明文になりますが、（다）は休眠口座について紹介している幅広い内容になります。したがって一文目は、<u>（다）</u>になります。つまり、正解は②か④のどちらかです。

⚠️ 次に２文目を選びます。④の選択肢（가）を確認すると1文目の最後の「休眠口座の残高が数千億に達する」と矛盾なくつながるように見えます。しかし3文目となっている（나）がここに入って改めて休眠口座につ

いて説明するのは不自然であることがわかります。一方、②の（나）は1文目の休眠口座の紹介を受けて、その詳しい説明なのでスムーズにつながります。その後の（가）とも矛盾がないので②が正解となります。この問題の文脈は次の通りです。（다）導入：休眠口座について紹介—（나）展開：休眠口座の詳しい説明—（가）詳細説明1；休眠口座残高の多さを言い換えて強調—（라）詳細説明2：休眠口座を持っていないかどうかの注意確認喚起

✏️ **즉** すなわち、つまり

👆 □방치되다〔放置 -〕：放置される

14

📖 (가) 社会人を対象に実施したアンケートの結果、<u>最も多く食べる昼食メニューとしてキムチチゲが１位を占めた</u>。

(나) その次はその日の気分に応じて、速度、量、サービス、天気などだった。

(다) また、ランチメニューを選択する際にまず考慮される事項は味よりも価格であることがわかった。

(라) これ は５年連続同じ結果で不動の１位であり、テンジャンチゲ、ビビンバ、キンパプなどがその後に続いている。

14：正解 ①

💡 この文章は社会人に人気のある昼食メニューの文章です。選択肢のパターンから、最初の文章は（가）もしくは（다）になります。並べ替え問題の1文目は、冒頭に接続表現のないものを選ぶのが鉄則です。つまり<u>1文目は、接続詞のない（가）</u>になります。したがって、正解は①か③のどちらかです。このような問題はラッキーなのですが慎重に2文目を選んでいきましょう。

⚠️ ③は2文目候補の（나）が「その次」からスタートしているものの、1文目のメニューの話ではなくメニュー選択基準のため内容がつながりません。もう一方の①では、二文目候補の（라）は「これは」という指示語からスタートしており、一文目の「アンケートの結果、キムチチゲが1位である」の内容を受けて、「1位」の結果を受ける内容なので迷う余地がありません。（다）

110

第2回模擬試験 読解

は、3文目としてメニュー選択の基準について述べて
いて問題なくつながる①が正解です。この問題の文脈
は次の通りです。(가) 導入：社会人に人気のランチメ
ニューの1位—(라) 展開：2位以下のメニュー補足—

(다) 補足説明1：メニュー選択基準1—(나) 補足説明
2：メニュー選択基準2
👆 □고려되는 사항：考慮される事項

15

🌐 (가) よって、言語学者たちの 共通の意見 は8歳から12歳の間に外国語学習を始めることが望ましいという。
(나) 最近、外国語教育をあまりに早く始めれば、母国語を正しく学ぶことができないという研究結果が出た。
(다) だからといって、遅すぎると 発音が不完全になるので良くないという意見もある。
(라) 結果的に、子どもの発達状況や教育環境に応じて時期を調整することが何よりも重要だろう。

15：正解 ④

💡 これは早期外国語教育の是非が主題の文章です。
選択肢のパターンから、最初の文章は (가) もしくは(나)
になります。先ほどと同様に並べ替え問題の1文目は、
冒頭に接続表現のないものを選びましょう。よって 1文
目は、接続詞のない (나) になります。したがって、正
解は②か④のどちらかになりますので、落ち着いて2
文目を選んでいきましょう。

⚠ 1文目で外国語教育を「あまりに早期に始めると」
と早期習得への懸念を示していますので、2文目はそ
れを受けた内容の文章を探します。②の2文目候補は
(가) ですが、ここでは言語学者の 共通の意見 が述
べられています。共通の意見、とは早期推進派と早期
反対派の共通の意見ということになりますが、ここで

はまだ反対派の意見が述べられていないので、内容が
つながりません。したがって、(다) 早期習得推進派の
意見を2文目に持ってきている④が正解となります。接
続詞だけをみると迷いますが、その後の内容も落ち着
いて検討するのが早道です。この問題の文脈は次の通
りです。(나)問題提起：早期外国語教育への懸念—(다)
対立展開：早期外国語教育への賛成意見—(가) 意見
の集約：両者共通意見の提示—(라) 結論：子どもの
状況によって調節が最重要だ

👆 □공통적인 의견：共通の意見　□제대로 배우지 못
하다：まともに学べない、正しく学ぶことができない
□불완전해지다：不完全になる　□조절하다：調節する

問題〔16-18〕（　　　　）に入る言葉として最も当てはまるものを選びなさい。

16

🌐　よく成功した人々を見ると自信が感じられる。どんな困難があっても「私はできる」という信念を持ってい
るからだ。これがまさに成功を実現するエネルギーになる。また、頭の中で考えたことを行動に移す実践力を
持っている。それは（　　　　）力だ。失敗をしたとしても再び立ち上がって夢を叶えるまで根気強く努力
して前進するのだ。
①夢を現実にする　　　　　　　　　　②素敵な夢を見せる
③新しく変身させる　　　　　　　　　④恐れを乗り越えさせる

16：正解 ①

💡「成功を実現する」は「夢を実現させる」と言い換
えできるので①が正解となります。
⚠ 他の選択肢の内容は出てきていません。
👆 □믿음：信念　□실천력을 지니다：実践力を持って

いる　□끊임없이 노력하다：根気強く努力する　□변
신하다：変身する　□두려움을 이겨내다：恐れに打ち
勝つ、恐れを乗り越える

111

17

作家と読者が会ってさまざまなテーマを持ってコミュニケーションの場を広げる文学週間が今年はオンラインで開かれる。今年のテーマは「文学ともっと近くに」であり、オンライン画像の接続を通じて作家と自由な対話が可能だ。これは、社会的距離を置くことによる（　　　　　　　　）状況で文学が持つ社会的価値について悩み、文学と共に困難な時期を克服しようという意味を込めている。

① 出会いの場を拡大しなければならない　　　　② お互いに離れて過ごすしかない

③ 経済的状況が改善されにくい　　　　　　　④ 人間関係にもっと気を遣わないといけない

17：正解 ②

「社会的距離を置く」は「お互いに離れて過ごす」と同義語になりますので正解は②です。

④は社会的な距離を訳し間違えると選んでしまいます。①は疎通の場 からの誘導の選択肢です。③についての内容は出てきていません。

□소통의 장을 펼치다：コミュニケーションの場を広

げる＝만남의 장을 확대하다：出会いの場を拡大する

□화상 연결〔画像 連結〕：オンライン画像の接続

□사회적 거리 두기：社会的距離を置くこと　□경제적 여건〔経済的 与件〕：経済的状況　□신경〔神経〕을 쓰다：気を遣う

18

コーヒーに入っているカフェインが無条件に悪いわけではない。カフェインに反応する程度は（　　　　　　　　）個人差が大きいためだ。食品安全庁が定めた韓国の国民のカフェインの1日の摂取基準は一般的なコーヒー専門店を基準にすると3杯くらいだ。しかし、1日に食べる他の食べ物にもカフェインが含まれているので、コーヒーの摂取基準は、個人の食習慣や健康状態を考慮しなければならない。

① 所得レベルのレベルによって　　　　　　② 一日の運動量の違いによって

③ 体質や健康状態によって　　　　　　　　④ コーヒーを好む基準によって

18：正解 ③

冒頭でカフェインがすべての人に悪いわけではないと言っていることと、最後に個人の健康状態を考慮する必要があるとあるので③が最も当てはまります。正

解以外の選択肢の内容はありません。

□체질：体質

問題〔19-20〕 以下を読んで質問に答えなさい。

ほとんどの室内で喫煙を禁止する、強力な禁煙政策により喫煙者の立つ瀬が狭まっているが、依然として運転中の喫煙、路上喫煙などで非喫煙者の不満が高い。運転中の喫煙の場合、すべて吸い終わったタバコの吸い殻を車窓から捨てる場合が多く、交通事故や火災につながる危険性もある。（　　　　）禁煙区域外の喫煙行為を防ぐだけの法的根拠がなく、喫煙者もまた私的な空間である車両での喫煙まで禁止することは、個人の自由の侵害だと主張しているため、双方の議論が絶えない。

19

（　　）に入る言葉で最も適切なものを選びなさい。

① だから　　　② そして　　　③ しかし　　　④ それから

112

第2回模擬試験　読解

19：正解 ③

💡 空欄の前後が相反する内容のため逆接の接続詞③が入ります。他は展開や順接の接続詞のため、当てはまりません。

✏️ -(으)ㄹ 만하다 〜するだけの

✋ □설 자리가 좁아지다：立つ瀬が狭まる　□길거리 흡연자：路上喫煙者　□담배꽁초：タバコの吸い殻　□양측〔両側〕의 논란〔論難〕이 끊이지 않다：双方の議論が絶えない

20

📖 上の文章の主題として最も適切なものを選んでください。
①強力な禁煙政策で非喫煙者の被害を防ぐべきだ。
②喫煙者と非喫煙者の間の議論は依然として続いている。
③運転中の喫煙行為は交通事故を起こすことがあるので、禁止しなければならない。
④個人の自由を尊重するために禁煙区域を減らすといい。

20：正解 ②

💡 具体例を挙げながら、喫煙者と非喫煙者の間の議論を主題に書かれた文章です。

⚠️ 正解以外の選択肢はどれもそれぞれの立場の主張であって主題ではありません。①と③は非喫煙者の主張でありまだ法的な根拠となってはいません。④は喫煙者の主張で議論が続いている状態です。内容一致の問題と主題の問題を混同しないように気をつけてください。

✋ □금역 구역을 줄이다：禁煙区域を減らす

問題〔21-22〕　次を読んで問いに答えなさい。

📖　医学の発達と健康への高い関心が平均寿命を大幅に伸ばしているが、何よりも健康に長く生きることが重要だと言える。これを健康寿命と言うのだが、このためには体の筋肉を増やさなければならない。最近の筋力トレーニングが（　　　　　）理由もこのように筋力を鍛えれば、さまざまな疾病を予防し、治癒する効果があるからだ。予想外の事故で入院しても筋肉がしっかりとしていれば退院時期を早めることができるのだ。

21

📖（　　　）に入る言葉で最も適切なものを選びなさい。
①足の甲を切る　　　②胸を打つ　　　③背を向ける　　　④脚光を浴びる

21：正解 ④

💡 空欄の前に筋トレが健康寿命に効果的だという内容があるため、空欄に入る言葉は「人々の注目を集めている」という意味合いの④が正解となります。

⚠️ どの選択肢も身体部位を使った慣用表現なので覚えておく必要があります。①と③はネガティブな表現で②は「感動する」という意味合いなので文脈に合いません。ちなみに①の表現を受け身にした발등을 찍히다は、「裏切られる」の意味で使われます。

✋ □예상치 못한 사고：予想できない事故　□근육이 탄탄하다：筋肉がしっかりしている　□발등을 찍다：他人の状況を悪くする、害を与える

22

📖 上の内容と同じものを選びなさい。
①筋力を高めると、病気になったときでも治療が速くなることがある。
②健康寿命を延ばすための人々の関心と研究が必要だ。

113

③筋力運動を多くしても、突然の交通事故を防ぐことはできない。
④長寿に対する人々の関心のため、副作用も増加している。

22：正解①

💡 文章の最後に出てきている内容と①が言い換えできるので正解となります。

⚠️ 正解以外の選択肢はどれも一般論なので、なんとなく思い込みで選んでしまいそうになりますが、問題

文には出てきていませんのでしっかりと読む必要があります。

✋ □장수：長寿 = 건강하게 오래 살다：健康に長生きする　□부작용：副作用

問題〔23-24〕 次を読んで問いに答えなさい。

訳 今朝もいつも通り、猫2匹の追って追われる追撃戦が始まった。夜行性という猫の特性はどこへやら、夜はおとなしく寝て朝に活発に動くわが家の猫たち。まず、小柄ですばしこい一匹がピアノの上にひょいと飛び乗った。続いて、太って大柄なもう一匹がついて上がったところ、片側に置かれていた陶器の花瓶に触れて、そのままガシャンと音を立てて割れてしまった。瞬間、あちゃ～と思った。昨日捨てようと出しておいたがもったいない気持ちになってそのまま載せておいたのだが、私のささいな欲が結局このような状況にしてしまった。けがをした猫に応急処置をして病院に向かう間じゅう、ずっと私の頭を小突きたかった。

23

訳 下線部に現れた「私」の心情で最も適したものを選びなさい。
①寂しい　　　②悔しい　　　③悔やまれる　　　④苦しい

23：正解③

💡 花瓶を捨てておけば、このように猫がけがをすることもなかっただろうと後悔していることから③が正解となります。

⚠️ 他の選択肢もネガティブ感情を表していますが、前日の自分の行為を責めるニュアンスを含まないので不正解です。

✏️ -는 내내 ～している間じゅう
✋ □쫓고 쫓기는 추격전：追って追われる追撃戦　□날렵하다：すばしこい　□녀석：やつ　□훌쩍 날아오르다：ひょいと飛び上がる　□건드리다：触れる　□와장장 깨지다：ガシャンと割れる　□쥐어박다：小突く

24

訳 上の内容と同じものを選びなさい。
①猫は主に夜だけ活動し、昼間は眠る。
②猫2匹がお互いに追いかけて、怪我をしてしまった。
③大切にしていた陶器を猫が触れて壊した。
④私は体調が悪くて病院に行くついでに猫を連れて行った。

24：正解②

💡 猫の追撃戦の末花瓶が壊れたので正解は②です。
⚠️ ①は一般的な猫の習性ですが、ここでは当てはまりません。③陶器は大事にしていたものではなかったの

で不正解です。④病院に行ったのは猫が怪我をしたからなので合いません。

✏️ -고 말다 ～してしまう

114

第2回模擬試験 読解

練習〔25-27〕 次の新聞記事のタイトルを最もよく説明したものを選びなさい。

25

訳 全国（の空が）晴れて段々と雲、内陸地域　大きな気温差
①全国（の空）が晴れた後、次第に雲が多くなり、内陸地域から寒くなるだろう。
②全国（の空）が晴れて曇り、内陸地域では大雨が降るだろう。
③全国的に雲がかかるが、内陸地域は晴天を見せている。
④全国（の空）が晴れて徐々に雲がかかり、内陸地域は気温差が大きいだろう。

25：正解 ④

💡 新聞記事の見出し問題は前半と後半の両方が言い換えできるか慎重に確認する必要があります。ここでは後半部分の일교차（大きな気温差）を正確に言い換えできる④が正解となります。

👆 □차차〔次次〕：次第に、段々と　□차츰：だんだんと　□구름이 많아지다：雲が多くなる　□흐려지다：曇る　□구름이 끼다：雲がかかる

26

訳 抜きつ抜かれつ　カード会社2位競争、占有率の確保　熾烈
①互いに先頭を占めるために、複数のカード会社が激しく争っている。
②カード会社の2位競争が終わり、市場の占有率が確定した。
③最も多くの会員を確保するためのカード会社の競争がすさまじい。
④カード会社の市場を占めようとする努力が激化し（加熱）、2位争い（競争）が激しい。

26：正解 ④

💡 엎치락뒤치락（抜きつ抜かれつ）で競争が激しいことと、業界の2位争いをしているをしている（結果は出ていない）ことがポイントですので、両方を満たす④が正解です。

⚠ ①と③はトップ争いをしているので不正解です。②は後半で確定したとしている部分が合いません。
👆 □점유율：占有率　□치열：熾烈　□선두를 차지하다：先頭を占める

27

訳 配達ラッシュに秋夕の贈り物まで、包装材のごみの大問題懸念
①秋夕になると配達が押し寄せて、包装業者のごみが激増する。
②配達商品が混み合ったはずみで、包装材のごみ輸送が遅れている。
③秋夕のプレゼントの配達注文が立て込んだせいで、排出されるゴミの量も増えた。
④押し寄せる配達注文と秋夕のプレゼントまで重なって梱包材のごみがあふれる（だろう）。

27：正解 ④

💡 배달 폭주とは配達の依頼が集中して押し寄せるという意味で、包装ごみの増加も懸念されている状態（未確定）です。したがって、④が最も当てはまります。
⚠ ②は包装材のごみを運んでいる内容なので不正解です。①も包装業者の出すごみが増えるという内容が

一致しません。③は後半の時制が過去形なので合っていません。
👆 □폭주〔輻輳〕：ラッシュ　□대란〔大乱〕：大問題
□우려：憂慮　□폭증〔暴増〕：激増　□겹치다：重なる

115

練習〔28-31〕 （　　）に入る言葉で最も適切なものを選びなさい。

28

訳　オンライン映像を通じて情報を得たり、音楽を聴いて広報もする時代になり、会社員 4人のうち 1人は個人映像チャンネルを運営していると調査で明らかにされた。その理由としては、趣味生活や日常の記録のためにと答えたケースが最も多く、その次に（　　　　）副業をすることであった。また、業務経歴に役立てるために、そして本人の広報として（次元で）映像を上げるという答えが後に続いた。

①お金を稼ぐために　　　　　　　　　②再就職するために
③自分をよく知らせるために　　　　　④職場の運営を支援するために

28：正解 ①

💡 空欄の直後に「副業をする」とあるので①が最も当てはまります。

⚠ ③の内容が最後の文章にあるので迷うかもしれませんが空欄と直接関係しないので不正解です。②と④

も業務 경력の도움이 되기 위해（業務経歴に役立てるため）からの誘導ですが意味が違います。

👆 □부업：副業　□차원〔次元〕：〜として　□재취업〔再就業〕：再就職

29

訳　昌徳宮（チャンドククン）は朝鮮の宮殿の中で最も長い期間、王が住んでいた場所だ。特に後苑（フウォン）の場合、王室の庭園の中で最も抜きんでた景色を誇る所でもある。ここには芙蓉池（ブヨンジ）という美しい池の上の方に王が庭園を見下ろして読書を楽しんだ奎章閣（キュジャンガク）が位置している。（　　　　）豊かさを感じられる休憩の場所であり、学業の修練場でもあった昌徳宮の後苑は、王室の庭園文化の特徴をよく示してくれる場所として、その意味が大きい。

①国力を育てるために　　　　　　　　②王権の強化を図って
③ゆったりと余裕を楽しんで　　　　　④権力の偉大さを象徴して

29：正解 ③

💡 空欄の後ろに휴식의 장소（休憩の場所）という言葉があるので③が当てはまります。

⚠ 正解以外の選択肢はどれも王の権力に関する内容ですが、どれも出てきていません。

👆 □거처하다〔居処 -〕：住む　□빼어난 경치〔景致〕를 자랑하다：素晴らしい景色を誇る　□연못：池
□넉넉함：豊かさ　□꾀하다：企む、図る　□상징하다：象徴する

30

訳　イタリアのある古代遺跡で遺物の彫刻を盗んで、悪運が相次ぐという理由で自ら進んで返納する事例が続いた。彼らは誰も持つことができない歴史のかけらを所有したくてレンガの破片やモザイクタイルなどの遺物を盗んだが、それ以来（　　　　）遺物を再び返納することになったと明らかにした。これまで遺物を盗んでいく旅行客によって頭を悩ませたイタリア当局では、返却された文化財を展示する博物館を別に建てたりもした。

①警察の捜査が続いて　　　　　　　　②遺物の価値が落ちて
③いくつかの不運なことが発生して　　④人々に後ろ指差されることが続いて

30：正解 ③

💡 最初文章で악운이 잇따르다（悪運が相次ぐ）という内容が盗品返納の理由と書かれているので③が最も当てはまります。

⚠ ④は「後ろ指をさされた」という内容なので合いません。①と②の内容はありません。

👆 □유물 조각을 훔치다：遺物の彫刻を盗む　□자진

116

반납〔自進 返納〕：自ら進んで返納すること　□벽돌　□넉넉함：豊かさ　□꾀하다：企む、図る　□상징하다：
〔甓 -〕：レンガ　□골머리를 앓다：頭を悩ませた　　　　　　　　　　　　　　　　　　　象徴する
□사람들의 손가락질：人々に後ろ指を指されること

31

🈁　山寺体験は伝統寺院に滞在しながら寺院の生活を体験し、仏教文化と修行の精神を直接経験してみる特別な
時間だ。山寺体験は、2002年ワールドカップが開催されたとき、外国人観光客の爆発的な増加のために不足
していた宿泊施設の代案として始まった。以後は外国人はもちろんのこと、内国人から良い反応を得ながら、
今は全国の寺院で広範囲に運営されている。このような山寺体験は、（　　　　）各地域の代表的な観光商品と
して定着した。

①誰もまねするのが難しい　　　　　　　　②自然の偉大さを感じることができる
③伝統的な仏教文化に触れることができる　④仏教入門の機会にすることができる

31：正解③

💡 山寺体験の意義として「仏教文化と修行の精神を直　　🖐 □전통 사찰〔伝統 寺刹〕：伝統寺院　□머물다：滞
接体験すること」としているので③が当てはまります。　　在する、泊まる　□불교문화：仏教文化　□수행정신：
⚠ 正解以外の選択肢はどれも問題文に書かれていな　　精神の精神　□몸소：自ら　□대안：代案　□광범위
い内容ですが、もっともらしく作られているのでなんと　　하게：広範囲に　□입문의 기회로 삼다：入門の機会に
なく選んでしまわないように気をつけてください。　　　する

練習〔32-34〕　次を読んで文章の内容と同じものを選びなさい。

32

🈁　まだ結婚をしていない30代を対象にアンケート調査を実施した結果、男性の70％が経済的に余裕があれば
結婚を選択すると答えた反面、女性の場合は60％以上が非婚すなわち結婚をしないと明らかにした。この調
査によると、30代の未婚100人中約35％が1人世帯であることが分かった。今後結婚するかどうかについては、
全体の回答者の56％が結婚をしたい」と答え、25％は「したくない」と答えた。性別で見ると、「結婚したくない」
という回答は女性が男性よりも2倍近く高くなった。

①1人世帯の回答者のうち、今後結婚するという回答が最も少なかった。
②非婚を選択するという回答は、男性よりも女性ではるかに高くなっている。
③30代の未婚女性回答者のうち、1人世帯が占める割合が最も高かった。
④男女共に経済的な余裕があれば結婚を選択するという回答がほぼ同じくらいだ。

32：正解②

💡 文章の最後で非婚を選択する女性は男性の2倍なの　　女の回答に差があるので一致しません。
で②が一致します。　　　　　　　　　　　　　　　　🖐 □비혼：非婚、結婚をしないこと　□향후〔向後〕：
⚠ ①は問題文中で結婚したい回答が上回っていること　　今後　□결혼 여부〔結婚 与否〕：結婚するかしないか
から不正解です。③の内容は話されていません④は男　　□훨씬：はるかに

33

🈁　地球の肺と呼ばれるアマゾン熱帯雨林の40％が、木がなく草だけ成長するアフリカの草原のような形に変
わる危機にさらされているという研究結果が出た。熱帯雨林は降雨量に大きな影響を受けるので、雨が降らな

いと森が徐々に減って草原に変わるのだ。専門家たちは、温室(効果)ガスの増加に伴う気温の上昇により、アマゾン地域の降雨量が減少し続けると予想しており、これに対する懸念が深まっている。

①熱帯雨林は雨が降らないと木が成長しにくい。
②気温が高くなるとアマゾン地域に雨が多く降るようになる。
③青い草原を守るために、温室効果ガスの排出を防ぐ必要がある。
④アフリカの草原は、木と草が共存する広範囲な地域だ。

33：正解 ①

💡 熱帯雨林は降雨量に大きな影響を受けるとしているので①が正解です。

⚠️ ③が紛らわしいですがアマゾンの熱帯雨林を守るために温室効果ガスを抑制する必要としています。④は木と共存していないので不正解です。②は反対の内容

です。

👆 □허파：肺　□위기에 놓여 있다：危機にさらされている　□열대우림：熱帯雨林　□초원：草原　□강우량：降雨量　□우려〔憂慮〕가 깊어지다：懸念が深まる

34

訳 「芸術家の転生」という賛辞を耳にするクモの巣が話題だ。最近アメリカのある森で発見されたクモの家がインターネット上で関心を集めている。このクモの巣は、2本の木の葉に丸くて細かくクモの巣が作られているが、驚くべき事実は、人もかかることができるほどの大きさだ。このクモの巣を作ったクモは、複雑な形の巣を作ることで知られている。写真を見た人たちは規模も驚くが完璧な形の美しさに感嘆している。

①このクモの巣は、ある芸術家が作った作品として、自然の形を表現した。
②これまでになかった大規模なクモの巣を見るために人々が集まった。
③木と木の間に丸い形の大きなクモの巣が視線を集めている。
④この大きなクモの巣に人がかかって、困難を経験したことが話題になっている。

34：正解 ③

💡 インターネットで注目を集めているクモの巣は2本の木の間に作られているので③が一致します。

⚠️ ①は冒頭の예술가（芸術家）を人間だと思い込むと誘導されてしまう選択肢です。②も紛らわしいですが、実際に人が集まったわけではないので不正解です。④

は実際に人がクモの巣にかかったわけではないので一致しません。

👆 □환생〔還生〕：転生　□찬사：賛辞　□거미집：クモの巣　□촘촘하다：細かい　□어려움을 겪다：困難を経験する

問題〔35-38〕　次を読んで文章の主題として最も当てはまるものを選びなさい。

35

訳 新聞や放送で扱うニュースは、文字通り新しい知らせを伝えることが目的だ。これにより、読者たちに世界がどのように回っているかを知ることができるようにする。このようなニュースは正確で公正な視点で扱われるべきだ。しかし、政治的な事件の場合、しばしば記事を作成する記者の所属機関がどこなのかによって同じ事件が異なって伝達される場合がある。したがって、記者はどんな場合でも事件を取材し、記事を書く職業人としての本質が何であるか忘れてはならないだろう。

①読者が世の中をわかるために、さまざまな意見を提示しなければならない。
②記者は、自分が所属する機関の立場を代弁することができなければならない。
③ニュースはどちらにも偏らずに、事実を正確に伝えなくてはいけない。
④記者が事件を正しく取材するために、多くの機会を与えなければならない。

第2回模擬試験　読解

35：正解 ③

💡 ニュースは正確で公正な視点から扱い、事件の本日を忘れてはいけないとしていますので③の内容に要約されています。

⚠ ②と迷った方もいるかもしれませんが、反対の内容です。①と④ももっともらしく作られていますが、問題文の中に含まれていない内容です。

✋ □시각〔視角〕：視点　□취재：取材　□본질：本質
□대변하다：代弁する　□어느 한쪽에 치우치다：どちらか片方に偏る

36

訳　急激に変わる時代の流れに合わせて人々の生活様式や習慣も変化しながら、アレルギー性鼻炎の患者も増加している。アレルギー性鼻炎は鼻の粘膜に炎症反応が現れ、繰り返すくしゃみや澄んだ鼻水、目や鼻のかゆみと鼻詰まりなどの症状が発生する疾患だ。原因は主に室内環境となっており、これは過去に比べて室内生活が普遍化し、これによりカーペット、ソファ、ベッドなどハウスダストの中のダニが生息しやすい環境が増えたためと見ている。

①悪い生活習慣はさまざまな疾病を引き起こす原因となっている。
②家の中で発生するほこりは鼻に関連する病気と密接な関連がある。
③繰り返す生活パターンを変化させないと、健康によくない影響を与える。
④室内中心の生活方式の変化により、アレルギー性鼻炎の発症が増えている。

36：正解 ④

💡 生活様式の変化に伴う環境の変化がアレルギー反応の増加の原因と述べているので④で要約できています。

⚠ ①と③も問題文の中身をまとめているように感じますが、悪い生活習慣や繰り返す行動パターンといった個人的な要因については述べられていないので不正解です。②も迷いますが먼지（ほこり）ではなく집먼지 진드기（ハウスダスト）の中のダニがアレルギー反応の原因なので合いません。

✋ □알레르기성 비염：アレルギー性鼻炎　□점막：粘膜　□염증：炎症　□재채기：くしゃみ　□가려움：かゆみ　□질환：疾患　□실내 위주〔室内 為主〕：室内中心

37

訳　野外で就寝と炊事を楽しむキャンプ（人気）が熱を帯びるにつれて、キャンプ場周辺はもちろんのこと、キャンプが禁止された場所で肉を焼いたり食べ物を調理するにおいのため、近くの地域住民が不便を訴えている。さらに、キャンプや炊事を禁止するという垂れ幕がかかっているにもかかわらず、一部のキャンプ族の利己的な行動が人々の眉をひそめさせるのだ。自分の楽しさのために他の人々の不便の程度は軽く無視してしまう形態は消えなければならないだろう。

①地域住民の不便の解消のためにキャンプを禁止させなければならない。
②キャンプは、指定されたキャンプ場でのみ楽しむのが正しい行動だ。
③趣味生活のためにキャンプを選ぶことは利己的な考えだ。
④自分のことだけ考えて他人に被害を与える行動は控えなければならないだろう。

37：正解 ④

💡 禁止されている事項を無視した利己的な考えのキャンプ族を批判する内容なので④が最も当てはまります。

⚠ 正解以外の選択肢は、いずれも問題文の中身を極端にした内容を付け加えて作られています。問題文の中の単語を使っていますが書かれていない内容です。

✏ 눈살을 찌푸리게 만들다 眉をひそめる

✋ □취침：就寝　□취사：炊事　□야영장〔野營場〕：キャンプ場　□불편을 호소하다〔呼訴-〕：不便を訴えている　□더욱이：さらに　□현수막〔懸垂幕〕：垂れ幕　□올바르다：正しい　□이기적이다：利己的だ　□삼가다：控える

119

38

訳　掃除（清掃）が大変で難しいと思う人が多い。しかし、掃除自体が大変なのではなく、<u>誤った掃除習慣が原因だ。</u><u>それはまさに掃除を一度に全部終わらせようとすることだ。</u>生活はずっと続くので、掃除は終わりのないのが当然だ。したがって、掃除は一回限りではなく継続的な作業になる。また、効率的な掃除のために仕事を細分化することも必要だ。洗顔後に洗面台や、皿洗い後にシンクをすぐに拭いて水気を除去すれば、掃除を別にすることはあまりない。　このように<u>掃除は一度にやろうとしないで、その時その時一つずつ処理していくのだ。</u>
①毎日継続的に掃除をすることは、大変で面倒なことだ。
②効率的な清掃のためには、<u>集中的かつ計画的</u>にする必要がある。
③一度に終わらせようとする間違った掃除の習慣を変えると、掃除が簡単になる。
④<u>水で清掃をしてから、</u>水気を完全に除去するのが効果的だ。

38：正解③

💡 この文章を要約すると「掃除はこまめにするのが楽で効率的だ」となりますので③が正解となります。

⚠️ ①は内容一致の問題であれば正解ですが主題ではありません。②は反対の内容です。④の内容はありません。水で清掃した後ではなく、洗顔や皿洗いでシンクを使用した後についた水気を素早く拭くと効率的だと言っています。

📝 **따로 할 일이 별로 없다** 特にやるべきことはあまりない

👆 □잘못되다：間違う、誤る　□일회성〔一回性〕：一回限り　□지속적：持続的　□효율적：効率的　□세분화：細分化　□귀찮다：面倒だ　□한꺼번에：一度に

問題〔39-41〕　与えられた文章が入る場所として、最も当てはまるものを選びなさい。

39

訳　紙の本の市場はますます減っていく一方、電子書籍の市場は毎年大きくなっている。成長速度もまた、途方もなく速い。（　㋠　）しかし、<u>紙の本と比較して電子書籍の価格が手頃な方ではないため、紙の本との違いから価格的な特典が落ちる。</u>（　㋡　）そのため解決策として登場したのが、まさに電子書籍のレンタルサービスだ。（　㋢　）紙の本は実物所有が可能だが、電子書籍は自分が所有したという感じを持ちにくい上に、中古販売が可能な紙の本に比べて電子書籍はそのような概念がない。（　㋣　）このような電子書籍の欠点により、購入よりもレンタルが有利であるという認識が生じたのだ。

挿入文：事実、紙の本であれ電子書籍であれ、<u>どのような形式を使用しても、その中にある内容は同じなので、</u>きちんと読む意思があれば、どんな選択をしても関係ない。
①㋠　　②㋡　　③㋢　　④㋣

39：正解①

💡 問題文本文は、「電子書籍のレンタルサービスが登場」が主題です。
挿入文の内容を要約すると「紙の本と電子書籍の中身に大差はない」となります。これが入るのは、逆接の「　しかし　紙の本と比較して電子書籍の価格的なお得感がない」という文章の前でないと矛盾が生じます。なぜならレンタルは「電子書籍の欠点を補うサービス」として登場したという内容と合わなくなるからです。

⚠️ 正解以外の選択肢㋡以降は、電子書籍の欠点が続くのでどこに入っても意味が通じなくなります。

👆 □가격적 혜택〔価格的 恵澤〕이 떨어지다：価格的な特典が落ちる　□구매〔購買〕：購入　□대여〔貸与〕：レンタル

第2回模擬試験　読解

40

訳　ウイルス拡散の懸念のために顔を合わせることのない非対面を好む時代となっている。（　㉠　）その例として、物品の配達や配送を人が直接せずドローンで代替する場合が多くなった。（　㉡　）消費者がモバイルアプリを使用して注文をすると、ドローンが配達をすることになるのだ。（　㉢　）ドローンで配達が可能な品目は主に食品、その中でおやつ商品や弁当などがある。（　㉣　）　このように　、これからは非対面産業と分野が引き続き発展し、上昇傾向を続ける展望だ。

挿入文：　これ　を通じてドローン資格証取得やドローン関連投資などに人々の関心が集まっている。
①㉠　　②㉡　　③㉢　　④㉣

40：正解④

💡 問題文の主題は、「非対面全盛時代におけるドローンの躍進」です。挿入文の内容を要約すると「ドローンに関心が集まっている現状」となります。挿入文冒頭にある　これ　は、ドローンの役割と需要増加を指す内容が入ると考えると④の位置に入るのが最も自然です。④の直後の指示語の「　このように　今後も非対面分野の発展が見込まれる」という内容とも違和感がありません。

⚠ 正解以外の空欄はすべて直前の文章と密接につな

がっていて、「ドローンへの関心」という内容が入る余地がありません。

👆 □바이러스 확산 우려：ウイルス拡散の懸念　□비대면을 선호하다〔選好 -〕：非対面を好む　□모바일 앱：モバイルアプリ　□드론으로 대신하다〔代身 -〕：ドローンで代替する　□상승세〔上昇勢〕를 이어가다：上昇傾向を続ける　□자격증 취득：資格証取得　□투자：投資

41

訳　都市再生とは、人口の減少や住居環境の老朽などで衰退していく都市を新たに変貌させることをいう。（　㉠　）特に低所得者層が主に居住する地域は、都市管理と改善に対する費用を支払う能力が劣るので、地域再生に困難が伴う。（　㉡　）　これにより　、地域の力量の強化と資源活用を通じて経済的、社会的に活力を吹き込み、環境を改善することに目的がある。（　㉢　）このような政策を施行するにあたって、環境整備だけでなく多様な社会、文化プログラムの導入も一緒になされなければならないだろう。（　㉣　）

挿入文：　これ　に国家的に都市再生開発事業を通じて、劣悪な環境を改善し、経済的活力を付与しようと政策作りに乗り出している。
①㉠　　②㉡　　③㉢　　④㉣

41：正解②

💡 問題文の主題は、「都市再生」で説明、その目的と方法の提案で構成されています。挿入文の内容を要約すると「都市再生開発で劣悪な環境と経済弱者を救おうとしている」となります。挿入文冒頭にある　これ　は、劣悪な環境と経済弱者を表す内容を指すと考えると②の位置が当てはまります。②の直後の指示語の　これにより　力のない地域と経済的支援による環境改善という内容とも一致します。

⚠ ③の空欄直後の이러한 정책（このような政策）が

ひっかけですが文章後半の内容が文化プログラムとなっているので挿入文の内容（経済政策中心）と一致しません。

👆 □도시 재생：都市再生　□주거 환경의 노후：居住環境の老朽　□변모시키다：変貌させる　□저소득층：低所得者層　□어려움이 따르다：困難が伴う　□역량：力量　□활력을 불어 넣다：活力を吹き込む＝부여하다：付与する　□열악하다：劣悪だ　□정책：政策

121

問題〔42-43〕 次を読んで問いに答えなさい。

🔳 　川沿いの道路の内側に教育行政団地のどっしりとした建物が見える。ムルン小学校も見える。外観から貴族学校らしいところもない。しかし周囲の建物と調和を失わないくらいに適度に洗練された現代風の建物だ。広い運動場があって、その中にはいろんな遊具と木々がある。木もこの学校の歴史のようにまだ若い。秋口なので木々はまだ青々としている。その中には銀杏の木もあり桜の木もある。まもなくきれいな紅葉に染まるだろう。

　しかし紅葉に染まり始めるやいなや、この若い木々が、どんなにむごい辱めをうけることになるのか私は知っている。完璧な秩序を唱える校長先生は、木が色づいて毎日毎日落ち葉を落とし始めると環境秩序を乱すとして、子どもたちを木に登らせたり竿を振り回したりして、落ち葉をいっぺんにすっかり落とすようにして、一度で掃き出させた。そのためムルン小学校の校庭の木々は秋も深まる前にある日突然、素っ裸になる。昨年もそうだったし、一昨年もそうだった。

<u>私は便器に座って自分の子どもたちが通う学校の裸にした木々を見るたびに、情緒の不毛地帯を見るような不快感を覚えた。</u>

〈出典：『樂土の子どもたち』パク・ワンソ〉

42

🔳 下線部に現れた「私」の心情で最も適したものを選びなさい。
①慌てている　　　②悔しい　　　③憤怒する　　　④退屈だ

42：正解 ③

💡 学校の裸になった木を見るたびに不快感を覚えているということは怒っていると解釈できるので③が当てはまります。

✏ **-자마자** 〜するやいなや

📖 **朴婉緒（パク・ワンソ）の短編小説** 1970 年代のソウル江南の不動産投資ブームを背景にした人間模様や社会の変化を描いている。

43

🔳 上の内容でわかるものを選びなさい。
①この学校は<u>古い歴史を持っており</u>、建物が古風である。
②学校運動場には<u>古木が多く</u>、周辺の景観とよく合った。
③秋になると紅葉が美しい学校として、<u>人々がたくさん訪れた</u>。
④校長先生は、毎年子どもたちに木の落葉の掃除をさせた。

43：正解 ④

💡 校長先生が毎年子どもたちに落ち葉の掃除をさせたので④が正解となります。

⚠ この学校は歴史も浅く、校庭の木も若いという描写があったので①と②は合いません。③についての内容もありません。

問題〔44-45〕 次を読んで問いに答えなさい。

🔳 　偽記憶症候群とは、人間の記憶が完璧ではなく、いくらでも偽って作り上げられることがあるという理論だ。これはアメリカのある心理学者の実験によって初めて確認されたが、特に幼い頃の記憶のように長い時間が過ぎた記憶であるほど、容易に変わることがあるという。この実験で、約25％の人々は、幼い頃にショッピングモールなどの混雑した場所で迷子になったという偽の記憶を作り出した。古くて曖昧な記憶であるほど作り

上げられやすく、否定的で辛い記憶はより膨らんだりもした。人間は過去を降ろすことができない習性のために重い荷物を背負ったまま辛うじて生きていく場合もあれば、古い記憶から教訓を得て（　　　　）。

現実と想像を区別することは、薄い膜１枚という言葉のように、過去の記憶にしがみつかず新しい未来を作っていくことに、より価値を置く姿勢が必要だろう。

44

🔖 上の文章の主題で、最も適切なものを選びなさい。

①過去の記憶から教訓を得ることができるように努力しなければならない。
②自分が持っている記憶の中で、本物を区別することができなければならない。
③未来の価値は過去から出てくるものなので、よく覚えておくべきだ。
④記憶は歪曲されやすいので、過去から抜け出して未来へ向かわなければならない。

44：正解 ④

💡 人間の記憶の曖昧さとともに、過去の記憶よりも新しい未来を作っていくこと重要視した内容なので④が主題として最もよくまとまった内容です。

⚠️ ①は内容一致であれば正解ですが主題ではないので不正解です。②と③については問題に出てきていません。

✏️ -(으)ㄴ 채 ～したまま

🔤 □증후군：症候群　□조작되다〔造作 -〕：ねつ造される、作り上げられる　□부풀려지다：膨らむ　□짊어지다：背負う　□힘겹게：かろうじて、なんとか　□매달리다：ぶら下がる、しがみつく　□교훈：教訓　□왜곡되다：歪曲される

45

🔖 （　　　）に入る言葉で最も適切なものを選びなさい。

①良い思い出をよみがえらせたりもする。　　②過去に戻ろうとする努力をする。
③より発展した人生を送る人もいる。　　　　④記憶の研究にしがみつく場合もある。

45：正解 ③

💡 空欄を含んだ文章が「Ａもあれば、Ｂもある」という対比された内容を並べる構文です。よって空欄より少し前の「辛うじて生きていく」と対比される内容は③になります。

⚠️ ①で迷った方もいるかもしれませんが、これを選ぶと「辛うじて生きていく」との対比ができません。②と④についての内容は出てきていません。

🔤 □기억을 되살리다：記憶をよみがえらせる

問題〔46-47〕 次を読んで問いに答えなさい。

🔖 雨が降る日や、（普段の）ご飯より特別なメニューが思い出されるとき、韓国人が好んで食べる食べ物の中にスジェビがある。スジェビはコチュジャンやカタクチイワシを入れたスープに、小麦粉の生地を手で少しずつ取り出して、ゆでて食べる代表的な庶民の食べ物だ。特に中年層にスジェビは愛憎が交差する食べ物だ。朝鮮戦争を経験しながら、どうにか食いつなぐことができた食べ物がまさにスジェビだった。食べる物がなくて大変だった時代、空腹をしのぐために食べていた胸の痛い記憶と、その時代に対する懐かしさが同時に込められているのだ。しかし、歴史的にさかのぼればスジェビは庶民の食べ物ではなく、両班の祝膳の宴に上がることもあった高級料理だった。朝鮮時代の食品関連の文献によると、随所にスジェビについての内容を発見することができる。牛肉や羊肉などでスープを取り、グツグツと沸騰したお湯に小麦粉の生地をスプーンで入れて、ゆでて食べる高級食品として描かれている。今のスジェビは特別なメニューとして食べ、過去を思い出す韓国人の魂が込められた食べ物と言っても過言ではないだろう。

123

46

㊟ 上に現れた筆者の態度として、最も適したものを選びなさい。

　①地域的に多様にスジェビを作る方法を紹介している。

　②韓国人の食文化について、さまざまな事例を挙げて説明している。

　③歴史的な記録を通じて、スジェビに対する誤った認識を教えて悟らせている。

　④過去の大変で貧しかった時代に対する辛い記憶を振り返っている。

46：正解 ③

💡 スジェビは韓国の庶民的な食べ物として知られているが、実際は朝鮮時代の文献によると高級な食べ物であったという内容なので③が正解となります。

⚠ スジェビの作り方を説明していますが一般的な内容なので①は合いません。②もスジェビのみついて書いているので不正解です。④も一部の内容と一致していますが、全体として不十分なので正解になりません。

👆 □수제비：韓国式すいとん　□별식：特別なメニュー、ごちそう　□멸치：カタクチイワシ　□반죽：おかゆ　□애증：愛憎　□교차하다〔交差 -〕：交差する、入り混じる　□거슬러 올라가다：さかのぼる　□잔칫상：祝膳の宴　□일깨우다：言い聞かせる、教えて悟らせる　□되돌아보다：振り返る

47

㊟ 上の内容と同じものを選びなさい。

　①スジェビは韓国人が最も多く食べる明節の料理の一つです。

　②スジェビは韓国戦争の後に新たに登場した大衆的な食べ物だ。

　③スジェビは野菜を煮込んだスープに、米粉の生地を入れてゆでて食べる。

　④スジェビはもともと高級料理だったが、徐々に庶民の食べ物に変わった。

47：正解 ④

💡 歴史的な文献からスジェビが高級料理だったが庶民派へとイメージが変わったと書かれているので④が正解です。

⚠ ①の明節で食べる料理との内容はありません。②朝鮮時代からあったことが確認できている料理なので②も不正解です。③小麦粉の生地を使うので合いません。

問題〔48-50〕　次を読んで問いに答えなさい。

㊟ 周辺の環境汚染と乱開発によって消えた希少種の魚たちが最近、川の水の中を泳いでいるのが目撃されたというニュースが報じられた。今回発見された魚たちは、絶滅の危機に瀕した魚種として知られた。これは、汚染された川の水に緑藻がいっぱいで、川の底に溜まったごみのために魚が大量死となり、最悪の水質として記録された川が、再び命が息づく場所に生き残ったことを意味する。開発事業を全面中断し、川を（　　　　　　　）集めて得られた結果だ。川の水の生態系探査を指揮した関係者は、その間川周辺の手当たり次第の開発に伴う汚染などで流れが止まっていた川の水が再び流れ始めるにつれ、発見された稚魚たちは川の帰還を知らせる重要な信号だと言った。また、これらの魚たちは世界中で韓国だけに生息する珍しい種類で、存在自体だけでも大きな価値があるので、よく保存して後の世代に譲り渡すべきだとのことだ。

48

㊟ 上の文章を書く目的として、最も適切なものを選びなさい。。

　①河川の水の水質改善のために行われた研究結果を発表するため

　②生態系破壊の主犯である、緑藻現象をなくす方法を提案するため

124

③世界中に存在する希少種の生物を保存する方法を共有するため
④無分別な開発を中止し、環境を保護しなくてはいけない理由を教えるため

48：正解 ④

💡 乱開発で消えた稀少種の魚が川に戻ったニュースから、次世代に譲り渡すべき環境の保護を訴えているので④の内容で要約できます。

⚠️ ①は問題の中の表現を使っていますが、男性は研究結果を発表しているわけではないので合いません。②も緑藻の話題は出てきますが、それをなくす方法については出てきていません。③この魚は韓国にのみ生息する種のため不正解です。

✅ **살아남았음** 生き残ったこと

👆 □난개발：乱開発 = 무분별한 개발：無分別な開発 = 마구잡이 개발：手あたり次第の開発　□희귀종〔稀貴種〕：希少種　□멸종〔滅種〕위기에 처하다：絶滅の危機に瀕する　□어종：魚種　□녹조가 가득하다：緑藻がいっぱい　□떼죽음을 당하다：集団で死ぬ、大量死となる　□탐사를 지휘하다：探査を指揮する　□귀환：帰還　□주범：主犯

49

🔖（　　　　）に入る言葉として、もっとも適当なものを選びなさい。
①訪れた観光客が
②復活させようとする努力が
③沿って住んでいた住民が
④開発しようとする動きが

49：正解 ②

💡 空欄を含む文章の前から「川が再び生命が息づく場所に戻った」ということがわかるので②が最も当てはまります。

⚠️ ①と③選択肢の内容は問題文の中にありません。④は空欄前の「開発事業を中断して」と矛盾が生じますので不正解です。

50

🔖 上の内容と同じものを選びなさい。
①川を再び生かすために、さまざまな魚を他の場所から連れてきた。
②川の水が完全に汚染され、周辺に住んでいた住民まですべて去ってしまった。
③今回発見された希少種の魚は、他の国で見られない魚種である。
④この魚は川の水質を再び生かすのに大きな役割を果たしている。

50：正解 ③

💡 この魚は韓国でのみ生息する魚種のため④が正解となります。

⚠️ ④が少し迷わせる内容です。この魚が戻ってきたことが水質改善の証明にはなりますが、この魚が水質改善のための役割を果たしているわけではないので不正解です。①と②の内容はありません。

126

TOPIK II

第3回模試 解答・解説

正答一覧

聞き取り

問	答	問	答	問	答
1	1	18	1	35	4
2	3	19	3	36	2
3	2	20	4	37	3
4	4	21	3	38	3
5	3	22	3	39	3
6	2	23	4	40	1
7	1	24	2	41	2
8	3	25	4	42	3
9	2	26	3	43	3
10	1	27	2	44	1
11	2	28	4	45	1
12	3	29	2	46	3
13	3	30	2	47	2
14	2	31	3	48	1
15	3	32	4	49	2
16	3	33	4	50	3
17	4	34	2		

読解

問	答	問	答	問	答
1	2	18	2	35	4
2	1	19	1	36	2
3	4	20	3	37	4
4	3	21	2	38	4
5	4	22	4	39	4
6	3	23	4	40	1
7	2	24	3	41	2
8	1	25	2	42	4
9	3	26	4	43	2
10	3	27	1	44	3
11	4	28	2	45	2
12	4	29	4	46	1
13	2	30	2	47	3
14	1	31	4	48	1
15	3	32	4	49	3
16	2	33	2	50	2
17	2	34	3		

★和訳の中で、問題文中で正解につながる部分には_____、正解以外の選択肢で間違っている部分には＿＿＿＿を引いています。

第3回模擬試験 聞き取り問題 解説

問題〔1-3〕 次を聞いて最も当てはまるイラストもしくはグラフを選びなさい。

1

남자 : 이 빵은 어느 쪽에 놓을까요?
여자 : 손님들이 잘 볼 수 있게 저쪽 식빵 옆에 놓는 것이 좋겠어요.
남자 : 네, 알겠습니다.

訳 男性：このパンはどちらに置きましょうか？
女性：お客さまがよく見えるように、あちらの食パンの横に置くのが良さそうです。
男性：はい、わかりました。

① 　② 　③ 　④

1：正解 ①

💡 男女の会話に손님（お客さん）という単語があることから、お店の中での会話であることがわかります。また、女性が食パンを指さしている①が正解です。
⚠ ④も女性が食パンを指さしているので、ひっかけです。손님を聞き逃すとこちらへと誘導されてしまいます。一度しか読まない問題なので注意深く聞きましょう。②は女性がパンを指さしていない、③は店の外で男子がパンを指さしているので不正解です。

2

여자 : 차가 고장인 것 같아요. 이상한 소리가 계속 나지 않아요?
남자 : 그러네요. 일단 저 앞에 세우고 내가 한번 살펴볼게요.
여자 : 그럼 저기 횡단보도 지나서 세울게요.

訳 女性：車が故障したみたいです。おかしな音がずっと鳴っていませんか？
男性：そうですね。一旦あの前に止めて私が一度調べてみます。
女性：では、あちらの横断歩道を過ぎて止めます。

① 　② 　③ 　④

2：正解 ③

💡 短い会話ですが、車からおかしな音がずっと鳴っているのを男女ともに聞いていることから、二人とも車内にいることがわかります。また、女性の저기 횡단보도 지나서（あの横断歩道を過ぎて）というセリフから二人が横断歩道の手前にいることもわかりますので④が正解です。

⚠️ 正解以外の選択肢はすべて男女が車の外にいるので不正解です。①と④には横断歩道がありません。②は女性が運転していないので最後のセリフと一致しません。

👆 □(차를) 세우다：(車を) 止める　□횡단보도：横断歩道

3

여자: 우리나라 사람들이 온라인으로 쇼핑하는 품목 가운데 음료나 식료품이 25.8%로 가장 많았고 그 다음으로는 가전제품, 생활용품, 옷 등으로 나타났습니다. 또한 온라인 쇼핑 가운데 모바일을 통해 쇼핑을 하는 비중은 절반 정도를 차지하고 있습니다.

🈯 女性：韓国の人々が<u>オンラインでショッピングをする品目のうち、飲み物や食料品が25.8%</u>と最も多く、その次には家電製品、生活用品、服などということが明らかになりました。また、オンラインショッピングの中で<u>モバイルを通じてショッピングをする比重は半数程度</u>を占めています。

①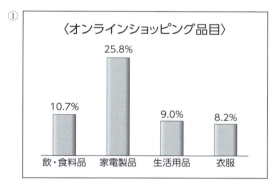

②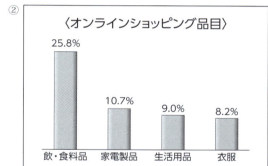

③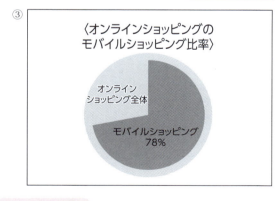

④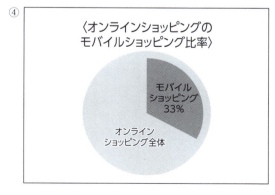

3：正解 ②

💡 女性が話していたショッピングの品目と比率が合うのは②のみです。

⚠️ ①は飲・食料品が10.7%になっています。数字は同じなのに別の品目で選択肢が作られていますので、簡単なメモを取りながら聞くといいでしょう。③と④はモバイルショッピングの比率が半分程度、つまり50%前後ではないので不正解となります。

問題〔4-8〕 次を聞いて、次に続く言葉として最も当てはまるものを選びなさい。

4

여자 : 왜 다리를 잡고 있어요? 어디 아파요?
남자 : 주말에 자전거를 많이 탔더니 다리가 좀 아프네요.

訳 女性：なぜ足をつかんでいるのですか？　どこか痛いんですか
　男性：週末に自転車にたくさん乗ってみたところ、足がちょっと痛いですね。
　①病院に行ってきて連絡します。　　　②楽しい時間を過ごせて良かったです。
　③私も一緒に行くことができるみたいです。　④運動もいいですが、あまり無理しないでください。

4：正解 ④

週末にたくさん自転車に乗ったせいだと言っている男性への女性の返答なので、運動をほどほどにするように促す内容になると考えるのが自然です。よって④が正解です。

①は男性のセリフであれば自然です。足が痛いという男性に　女性がよかったというのはおかしいので②も不正解です。③は推測の時制ですが、もう過ぎた話とかみ合わない返答です。

-ㅆ더니 〜してみたところ ※一人称の直接的な経験が後節の原因

5

남자 : 새로 이사한 집은 어때요?
여자 : 집도 조용하고 무엇보다 회사와 가까워서 좋아요.

訳 男性：新しく引っ越した家はどうですか？
　女性：家も静かで何よりも、会社と近いのでいいです。
　①引っ越しの準備を手伝ってくだされば嬉しいです。
　②引っ越したら必ず招待してください。
　③ここしばらく、遠くまで通勤するのが大変でしたね。
　④昨日引っ越し祝いの集まりに来てくれてありがとう。

5：正解 ③

무엇보다：何よりも。最上級の副詞の次に「会社と家が近くていい」と女性が喜んでいるので、男性の返答はそれまでの遠距離通勤へのねぎらいの内容になります。

正解以外の選択肢はすべて引っ越し関連の内容になっていますので、誘導されないように気を付けてください。①と②は、まだ引っ越しをしていない状態です。④の집들이 모임の話はありません。

-느라 고생하다 〜しようとして大変な思いをする
집들이 모임：引っ越し祝いの集まり

6

여자 : 이 영화 정말 보고 싶었는데 오늘 모두 매진이네요.
남자 : 미리 예매를 하고 올 걸 그랬어요.

訳 女性：この映画本当に見たかったのですが、今日は全部売り切れですね。
男性：あらかじめ予約をしておけばよかったです。
①30分後に映画が始まるでしょう。　　②次に見ればいいので、食事しに行きましょう。
③先に入っているから、早く来てください。　④では私が予約しておくので、心配しないでください。

6：正解②

男性が予約しておけばよかったと後悔しているので、次の機会に見ればいいと女性が慰めている会話になります。

①と③は予約ができている際の会話となりますので合いません。④も少し迷うかもしれませんが、男性は心配ではなく後悔している場面なので不自然です。

-(으)ㄹ 걸 그랬다 ～しておけばよかった〈後悔〉

7

남자：이번 휴가에 뭐 할 거예요?
여자：부산에 가서 친구도 만나고 여행도 하려고요.

訳 男性：今度の休暇に何をするつもりですか？
女性：釜山に行って、友達にも会って旅行もするつもりです。
①久しぶりにいい時間を過ごしてきてください。
②釜山には初めて来てみたのですが、素敵ですね。
③休暇を過ごしてきたら、仕事がたまりました。
④今度の旅行は、少し遠くに行ってみようかと考えています。

7：正解①

友人にも会って旅行もするつもりだという女性の言葉に対する男性のリアクションなので、明るく送り出す①がぴったりです。

②は旅先で女性が話す内容であれば自然です。③は休暇が終わった状況ですので合いません。④は女性が続けて話す内容であれば違和感がありません。どの選択肢も会話に出た単語を使っていますが、耳に残った単語に振り回されないように選ぶ必要があります。

□일이 밀리다：仕事がたまる

8

여자：휴대폰을 바꿔야 하는데 어떤 걸로 할지 고민이야.
남자：난 지난주에 바꿨는데 이거 어때? 멋있지 않아?

訳 女性：携帯電話を変えないといけないんだけど、どんなものにしようか悩んでるの。
男性：私は先週変えたんだけど、これどう？　かっこよくない？
①たくさん比較して見てから買ったのに、気に入らないの。
②価格がもっと上がる前に早く買う方がいいよ。
③あなたは買ってあまりたってもいないのに、また変えたの？
④出てからあまりたっていない製品なんだけど、割引してくれるって。

131

8：正解 ③

💡 先週、すでに携帯電話を変えたという男性のセリフへの女性の対応を問われているので、また変えたのかという③が適当です。

⚠️ 女性は携帯電話をどれにしようか悩んでいる状況

なので、男性の対応としてなら②や④は当てはまります。①はどちらにも当てはまりません。

✏️ □ -(으)ㄴ 지 얼마 되지 않다 ～してから、いくらも（日にちが）たっていない／～してから日が浅い

問題〔9-12〕 女性が次に取る行動として最も当てはまるものを選びなさい。

9

🔊 309

여자：현관문이 안 열리는데 왜 이런지 모르겠어요.
남자：비밀번호를 잘못 누른 거 아니에요?
여자：번호는 맞는데 안 열려요. 열쇠도 없으니 큰일이네요.
남자：건전지가 다 돼서 그런 것 같아요. 일단 관리사무소에 연락해 보세요.

📖 女性：玄関のドアが開かないんですけど、なぜそうなのか分かりません。
男性：暗証番号を間違って押したのではないですか？
女性：番号は合っているのですが、開きません。鍵もないので大変ですね。
男性：電池がなくなってそうなったみたいです。一旦、管理事務所に連絡してみてください。

①鍵の修理工を呼ぶ。　　　　　　　　②管理事務所に電話する。
③新しい乾電池を買いに行く。　　　　④暗証番号をもう一度押す。

9：正解 ②

この問題は、男性が女性に次の行動を促すパターンと女性が次に自分が何をするか言うパターンがあります。会話文に出てくる単語を使って、巧みに混乱させる選択肢が用意されているので、メモを取りながら聞きましょう。

💡 女性が手を尽くしても玄関ドアが開かなくて困っている場面で、男性が最後に管理事務所に連絡するように言っているので②が適切です。

⚠️ 女性は暗証番号を間えていないと言っているので④は不正解です。①と③の内容はありません。

✏️ □비밀번호〔秘密番号〕를 잘못 누르다：暗証番号を間違って押す　□큰일이다〔큰니리다〕：大変だ　□건전지〔乾電池〕가 다 되다：電池がなくなる　□열쇠 수리공：鍵の修理工

10

여자：오늘 친구들이 몇 시에 오기로 했어요?
남자：이따 6시쯤 도착할 거예요.
여자：그럼 욕실 청소를 좀 해야겠네요. 그리고 식탁에 꽃을 놓으면 좋겠어요.
남자：그럴까요? 내가 집 근처 꽃집에 가서 얼른 사 올게요.

📖 女性：今日、友達は何時に来ることになっているんですか？
男性：後で、6時頃に到着するでしょう。
女性：それなら、浴室の掃除をちょっとしないといけませんね。そして食卓に花を置いたらよさそうです。
男性：そうですか？　私が家の近くの花屋に行って、すぐに買ってきます。

①浴室の掃除をする。　　　　　　　　②出かけて花を買ってくる。
③食卓に花瓶を置く。　　　　　　　　④友達を迎えに行く。

132

10：正解①

💡 女性の友人が訪ねてくるので、男性と一緒に準備をしている場面です。女性が浴室の掃除をしないといけないと言っているので①が正解です。

⚠️ ②は男性がこれから取る行動です。③は男性の提案ですが女性の次の行動ではありません。④の内容は話されていません。

✋ □얼른：すぐに　□마중을 나가다：迎えに行く

11

🔊 311

여자：선생님, 케이크가 좀 탄 것 같은데 어떻게 해야 할까요?
남자：오븐 온도가 너무 높았던 것 같네요. 다시 구워야 할 것 같아요.
여자：반죽이 남았으니까 곧 다시 해 볼게요.
남자：지금은 시간이 없으니까 나중에 다시 굽기로 하고 일단 여기에 생크림을 발라 주세요. 그리고 이 과일들을 예쁘게 올려놓으면 됩니다.

訳 女性：先生、ケーキが少し焦げたみたいなんですが、どうすべきですか？
男性：オーブンの温度が高すぎたみたいですね。もう一度焼かないといけないみたいです。
女性：生地が残っているので、すぐもう一度やってみます。
男性：今は時間がないので、後でもう一度焼くことにして、一旦ここに生クリームを塗ってください。そしてこの果物たちをきれいに載せてくれればいいです。

①ケーキの生地をもう一度作る。　　②ケーキに生クリームを塗る。
③ケーキの上に果物を置く。　　　　④オーブンにケーキの生地を入れる。

11：正解②

💡 調理実習の時間に女性のケーキが少し焦げてまったので次の手順を確認したとこ、男性が生クリームを塗るように言っていますので正解は②になります。

⚠️ 男性の最後のセリフに引きずられると③を選んでしまいますので注意しましょう。①と④の内容は話されていません。

✋ □케이크가 타다：ケーキが焦げる　□굽다：焼く。구워야 하다で「焼かないといけない」　□생크림을 바르다：生クリームを塗る

12

312

남자：김 대리님, 내일 고객 설명회 준비는 다 되고 있나요?
여자：네, 고객님들께 초대장 발송했고요. 설명회장에 필요한 다과와 음료는 내일 아침에 배송될 예정이니까 일찍 나와서 준비하면 됩니다.
남자：그럼 나는 내일 사용할 행사 안내장 출력을 해 놓고 갈 테니까 먼저 들어가세요. 오늘 고생 많았어요.
여자：네, 회의록 작성하던 것만 끝내고 퇴근하겠습니다.

訳 男性：キム代理、明日の顧客の説明会の準備は全部できていますか？
女性：はい、お客さまたちに招待状を発送しました。説明会場に必要な茶菓子と飲み物は、明日の朝に配送される予定なので、早く来て準備すれば大丈夫です。
男性：それでは、私は明日使用する行事の案内状のプリントアウトをしておいて行きますので、先に帰宅してください。今日はたいへんお疲れさまでした。

女性：はい、会議録を作りかけているものだけ終えて退勤します。
① 先に退勤をする。　　　　　　　　　② 案内状のプリントアウトをする。
③ 会議録の仕上げをする。　　　　　　④ 茶菓子と飲み物の準備をする。

12：正解 ③

💡 オフィスで明日の説明会の準備をしている場面です。女性は最後に作りかけの会議録を終えてから退勤するとしていますので③が正解となります。

⚠️ ①と②は男性のセリフにありましたが、女性の次の行動ではないので最後まで注意して聞く必要があります。④は女性の明日の行動予定なので合いません。

👆 □다과〔茶菓〕：茶菓子　□출력〔出力〕을 해 놓고 가다：プリントアウトをしておいて行く　□먼저 들어가다：先に帰る　□회의록：会議録

問題〔13-16〕　次を聞いて、聞いた内容と同じものを選びなさい。

13

남자：친구가 이사를 해서 화분을 선물하려고 하는데 뭐가 좋을까요?
여자：이게 공기도 깨끗하게 해 주는 식물이라 이사 선물로 아주 좋습니다.
남자：물은 어떻게 주면 되나요?
여자：이건 물을 자주 줄 필요 없어요. 지금 충분히 물을 뿌려 드릴 테니까 1주일 정도 있다가 위의 흙이 마를 때 조금씩 주면 됩니다.

訳　男性：友人が引っ越しをしたので、鉢植えをプレゼントしようと思うのですが、何がいいでしょうか。
女性：これが空気もきれいにしてくれる植物なので、引っ越しのプレゼントとしてとてもいいです。
男性：水はどのようにやればいいですか？
女性：これは水をしょっちゅうやる必要がありません。今十分に水をあげておきますので、1週間ほど経ってから上の土が乾いた時に少しずつやれば大丈夫です。
① 引越しの贈り物として、植木鉢が人気を集めている。　② 女性は空気浄化植物をプレゼントされた。
③ 男性は友人の贈り物として、鉢植えを選んでいる。　　④ この鉢植えは、水をあげる必要のない植物である。

13：正解 ③

💡 会話の冒頭で男性は友人の引っ越し祝いを探していると話しているので成果は③となります。

⚠️ ①は女性が最初のセリフで引っ越しプレゼントにいい植物を紹介していることから選びそうになりますが、植木鉢がプレゼントに人気だという内容はありません。④も一見正解に見えますが、この植物は水をしょっちゅうやらなくていい植物であって、水をやらなくていいわけではありません。②の内容は話されていません。

14

남자：다음은 영화 소식입니다. 한국 최초로 비행기 조종사가 된 한 여성의 일대기를 담은 영화가 곧 개봉될 예정입니다. 새처럼 하늘을 높이 날고 싶었던 한 소녀가 고난과 시련을 극복하고 한국 최초의 여성 비행사가 되기까지의 열정적인 삶과 사랑을 다룬 영화입니다.

訳　男性：次は映画のお知らせです。韓国で初めて飛行機のパイロットになった一人の女性の一代記を込めた映画がまもなく開封される予定です。鳥のように空を高く飛びたかった一人の少女が苦難と、試練を克服して韓国最初の女性パイロットになるまでの情熱的な人生と愛を扱った映画です。

①女性パイロットの人生を扱った映画が大きな呼応を得ている。
②最初の女性飛行士は、幼い時の夢を結局成し遂げた。
③この映画は少女と鳥が人間的に交感をする内容である。
④映画の主人公は、実際の人物で現在飛行機の操縦をしている。

14：正解 ②

💡 これから封切られる映画の紹介で、鳥のように空を高く飛びたかった一人の少女が苦難と、試練を克服して女性パイロットとしての夢をかなえたとしていますので②が正解となります。

⚠ ①は現在進行形で時制が合いません。③と④の内容は話されていません。

✋ □한 여성의 일대기：一人の女性の一代記　□조종하다：操縦する

15

여자 : 내일 날씨를 말씀드리겠습니다. 전국이 대체로 맑은 가운데 아침 기온은 대부분 지역에서 5도 이하를 기록하며 낮과 밤의 일교차가 더욱 커지겠습니다. 특히 중부 내륙 지방과 강원 영동 지방은 기온이 영하로 떨어지는 곳도 있겠습니다. 또한 몇 주째 건조한 날씨가 계속되고 있어 산불 위험이 높으므로 주의가 필요합니다. 내일 밤 늦게부터 오전까지 안개가 끼는 곳도 있겠으니 차량 운행에 유의하시기 바랍니다.

📝 女性：明日の天気をお伝えします。全国（の空）が概ね晴れた中、朝の気温はほとんど地域で5度以下を記録し、昼と夜の寒暖差（日較差）がさらに大きくなります。特に中部内陸地方と江原（道）嶺東地方は気温が零下に下がるところもあります。また、数週間乾燥した天気が続いており、山火事の危険が高いので注意が必要です。明日の夜遅くから午前まで霧がかかるところもありますので、車の運行にご注意ください。

①天気が非常に乾燥して山火事が発生している。
②今夜から全国（の空）が寒い天気が続く予定だ。
③一部地域では気温が零下に下がり、寒くなるだろう。
④霧がかかるところが多いので、車両の運行に苦労している。

15：正解 ③

💡 天気予報のアナウンスで、中部内陸地方と江原（道）嶺東地方は気温が零下に下がるところもあるとしていることから③が正解となります。

⚠ 最後に山火事に注意としていますがまだ発生していないので①は不正解です。冒頭で全国的に晴れているとしていますが、全国的に気温が下がるとは言っていません。④も問題では霧で車両の運行に注意を呼び掛けている内容のため、自制が合いません。

✋ □몇 주째 계속되다：数週間続く　□어려움을 겪다：苦労する、困難な目に遭う　□산불 위험이 높다：山火事の危険が高い　□유의하다〔留意 -〕：注意する

16

남자 : 청소년기의 건강을 책임지고 계신 영양사 선생님들의 모임인 학교급식 연구회 회장님을 모시고 말씀 나누겠습니다. 소개 좀 부탁드립니다.

여자 : 저희 연구회는 학교 급식용 메뉴 개발 및 급식 표준화를 위해 노력하고 있습니다. 학생들의 영양은 높이고 건강에 좋지 않은 소금과 설탕 섭취를 줄이기 위해 과일과 채소를 장시간 끓여 자연의 단맛을 지닌 맛간장을 만들어 각 학교에 보급하고 있고요. 토마토, 단호박, 바나나, 고구마 등을 사용한 저염 김치와 자연식 건강 반찬도 계속 개발하고 있습니다.

🈎 男性：青少年期の健康に責任を持っていらっしゃる栄養士先生たちの集まりである、学校給食研究会の会長をお迎えし、お話を伺います。紹介をよろしくお願いいたします。
女性：私たちの研究会は、学校給食用メニューの開発及び、給食の標準化に取り組んでいます。学生たちの栄養は高めて、健康に良くない塩と砂糖の摂取量を減らすために、果物と野菜を長時間煮込んで、自然の甘さを持つだししょうゆを作り、各学校に普及しています。トマト、カボチャ、バナナ、サツマイモなどを使用した低塩キムチや自然食健康おかずも開発を続けています。
①塩と砂糖に代わる代替食材を作っている。
②学校給食を作るキッチン調理師たちが、料理の会を作った。
③果物や野菜を利用して、自然の味を出したさまざまなメニューを開発中だ。
④学校と家庭で利用可能なメニューの標準化のために、努力している。

16：正解③

💡 学校給食研究会の会長の講演です。女性は果物と野菜を長時間煮込んで、自然の甘さを持つだししょうゆを作り、低塩キムチや自然食健康おかずも開発もしていると話しています。よって③が正解です。

⚠️ ①は代替できる食材を作っているのではなく、摂取量を減らすためのだししょうゆを作ったとしているので合いません。②は栄養士の先生の集まりなので不正解です。④はメニューの標準化としていますが、問題では学校給食の標準化に取り組んでいるので一致しません。どれもそれらしい作りになっているので、選択肢の細かい部分も検証して読みましょう。

✋ □장시간 끓이다：長時間煮込む　□자연의 단맛을 지니다：自然の甘さを持つ　□맛간장：だししょうゆ　□저염 김치：低塩キムチ

問題〔17-20〕　次を聞いて、男性の中心となる考えとして最も当てはまるものを選びなさい。

17

남자：왜 아까부터 거울 앞에서 웃고 있어요?
여자：제 표정이 차가워 보인다는 말을 들었어요. 그래서 웃는 얼굴 연습을 하고 있는데 잘 안 돼요.
남자：억지로 웃는다고 표정이 좋아지는 건 아니에요. 마음을 열고 진심으로 상대방을 대하려는 노력을 해 보세요. 그럼 저절로 웃는 얼굴이 될 거예요.

🈎 男性：なぜさっきから鏡の前で笑っているのですか？
女性：私の表情が冷たいようだと言われました。だから笑顔の練習をしているのにうまくいきません。
男性：無理やり笑うと表情が良くなるわけではありません。心を開いて、真心で相手に接する努力をしてみてください。そうすると自然と笑顔になります。
①笑う表情を頻繁に作ると、本当の笑顔になる。
②相手を見てたくさん笑ってこそ、良い関係を結ぶことができる。
③冷静な印象を与えれば、円満な人間関係を続けることが難しい。
④表情は練習で良くなるのではなく、心を込めなければならない。

17：正解④

💡 笑顔の練習をしている女性に、男性は心を開いて真心で相手に接する努力をしてみるように話しているので④が正解となります。正解以外の選択肢は、どれもまったく話されていません。

✋ □억지로：無理やり　□저절로：自然と　□원만한 인간관계：円満な人間関係　□진심을 담다：真心を込める

第3回模擬試験 聞き取り

18

남자 : 요즘 젊은 부모들을 보면 자녀를 위한다는 생각에 너무 자유롭게 놔두는 경향이 있어요. 식당 같은 사람 많은 곳에서 아이들이 시끄럽게 뛰어 다녀도 그냥 보고만 있더군요.
여자 : 보통 한 자녀 가족이 많으니까 귀하게 생각할 수밖에 없는 것 같아요.
남자 : 자식이 소중할수록 남에게 피해를 주는 행동을 내버려 두는 건 더욱 안 되지요. 잘못된 행동은 바로잡아 주는 것이 부모의 역할이라고 생각해요.

訳 男性：最近、若い親たちを見れば子どものためだという考えで、余りに自由にさせておく傾向があります。食堂のような人が多い場所で、子どもたちが騒々しく走り回ってもただ見ているだけなんですよ。
女性：普通は一人っ子家族が多いから、大事だとしか思えないみたいです。
男性：子どもが大切であるほど、他人に被害を与える行動を放っておくのは一層いけないことです。<u>間違った行動は、正してあげるのが親の役割だと思います。</u>
①子どもが間違えれば、正さなければならないのが親がやることだ。
②子どもたちは拘束せずに自由にしてやれば、健康に育つ。
③若い親であるほど、<u>子どもたちをよく育てようと努力する傾向がある。</u>
④幼い子どもたちは気づかないうちに、他人に被害を与える行動をする。

18：正解 ①

最近の子育ての風潮について、男性は子どもの間違った行動を正すのは親の役割だと言っていますので①が正解となります。

男性は若い親が子どもを放任することに異議を唱えているので③は反対の内容です。②と④は一般論が会話の中に出てきていません。

-(으)ㄹ 수 밖에 없다：〜するほかない〈唯一〉

□자유롭게 놔두다：自由にさせておく　□귀하게〔貴-〕생각하다：大事に思う　□잘못되다：間違っている

19

여자 : 친구가 무동력 국내 일주 여행을 한다는데 무동력 여행이 뭐예요?
남자 : 동력 즉 전기나 석유 등으로 원동기를 돌려 움직이는 것을 최소화하는 여행을 말해요. 예를 들면 바람으로 움직이는 요트나 사람이 직접 움직이는 자전거, 스키, 썰매 등이 대표적인 무동력 이동 수단이라고 할 수 있어요.
여자 : 오, 그럼 자연 환경을 보호하는 데에도 도움이 되겠네요.
남자 : 그렇죠. 대기 오염의 주범인 매연을 줄이고 지구를 지키는 일이기도 해요.

訳 女性：友達が無動力国内一周旅行をしているのですが、無動力旅行とは何ですか？
男性：動力すなわち電気や石油などで原動機を回して動くことを最小限にする旅行を言います。例えば、風で動くヨットや人が直接動かす自転車、スキー、そりなどが代表的な無動力移動手段といえます。
女性：ああ、それは自然環境を保護するのにも役立ちそうですね。
男性：そうなんです。<u>大気汚染の主犯である煤煙を減らし、地球を守る事でもあります。</u>
①最大限移動を減らして、一箇所で過ごす旅行が望ましい。
②人が楽に動くことができる交通手段が、より多く生じなければならない。
③動力を最小化することが自然を保護し、環境を守る事である。
④自動車の煤煙による<u>大気汚染を減らしてこそ、地球を守る</u>ことができる。

137

19：正解 ③

💡「無動力旅行」というエコな旅行についての会話です。男性はこの「無動力旅行」が大気汚染を減らして地球環境保護につながると話していますので③が正解です。

⚠️ ④も少し迷いますが、男性は大気汚染を減らすことが地球を守ることの必須条件とは言っていないので内容が一致しません。①と②については、まったく会話の中に出てきていません。

✏️ -는 데에도 도움이 되다 ～するのにも役立つ

✋ □썰매：そり　□오염의 주범：汚染の主犯　□매연을 줄이다：ばい煙を減らす

20

여자: 박사님께서는 해양 동물 중 특히 돌고래를 연구하고 계신 것으로 알고 있는데요. 돌고래가 가진 특징에 대해 말씀해 주시겠습니까?

남자: 돌고래는 아주 강인하고 아름다운 해양 동물입니다. 많이 들어보셨겠지만 돌고래는 인간 다음으로 복잡하고 큰 두뇌를 가지고 있습니다. 정확한 측정 결과는 없지만 상당한 지능을 갖추고 있다고 알려져 있지요. 그 예로 다른 동물들의 행동을 따라 한다든가 동료 돌고래에게 전달하기도 합니다. 또한 몸에 상처가 나도 감염이나 흉터 없이 빠르게 완쾌되는 엄청난 치유력을 가지고 있습니다. 한마디로 다양한 매력을 가진 동물이라고 할 수 있지요.

📝 女性：博士は海洋動物の中で特にイルカを研究していると聞いています。イルカが持つ特徴について教えてくださいますか？

男性：イルカは非常に強靭で美しい海洋動物です。よく耳にされたことがあるでしょうが、イルカは人間の次に複雑で大きな頭脳を持っています。正確な測定結果はありませんが、かなりの知能を備えていると知られていますよね。その例として、他の動物の行動をまねするだとか、仲間のイルカに伝えたりもします。また、体に傷ができても感染や傷跡なくすばやく全快する膨大な治癒力を持っています。一言でいろんな魅力を持つ動物と言えますよね。

① 人間ほど複雑で大きな脳と知能を持つクジラがいる。
② イルカはよく真似をして、人間の言葉を聞くこともある。
③ 海に住む海洋動物は、けがをしても傷跡が生じない。
④ イルカは大きな頭脳や治癒力など、多様な能力を持っている。

20：正解 ④

💡 海洋生物を研究する男性は、イルカは人間の次に複雑で大きな頭脳を持っていて怪我をしても傷跡が残らないくらいの治癒力を持っているとしていますので④が正解です。

⚠️ ③が紛らわしいですが、男性はイルカに傷ができないとは言っていません。①と②の内容は話されていません。

✏️ -ㄴ/는다든가 ～するだとか

✋ □돌고래：クジラ　□강인하다：強靭だ　□두뇌：頭脳　□동료[동뇨]：同僚、仲間　□상처가 나다：傷ができる、けがする　□감염：感染　□흉터：傷跡　□완쾌되다〔完快-〕：全快する

問題〔21-22〕 次を聞いて、問いに答えなさい。

여자: 집 근처 카페랑 식당이 문을 닫는대요. 분위기도 좋고 맛도 좋아서 손님도 많았는데 건물주가 갑자기 나가라고 했다니 말도 안 돼요.

남자: 정말 문제예요. 특히 문화 예술계에서 심한데 가난한 예술가나 작가들이 모여 독특하고 예술적인 공동체 문화를 조성해서 그곳이 유명해지면 거대 자본이나 건물주들이 들어와 아예 그 자리를 차지해 버리는 거죠.
여자: 어떻게 그럴 수가 있어요? 그 지역을 살려 놓았더니 나가라는 거잖아요.
남자: 그래서 문화적, 지역적 가치를 높이는 데에 참여한 사람들의 공적이나 권리를 보호해 줄 수 있는 제도 등이 조속히 마련되어야 해요.

訳 女性：家の近くのカフェランレストランが休業だそうです。雰囲気も良く、味も良くてお客も多かったのですが、建物の持ち主が突然出て行けと言ったらしくて、あまりにひどいです。
男性：本当に問題です。特に文化芸術界でひどいのですが、貧しい芸術家や作家たちが集まって独特で芸術的な共同体文化を造成して、そこが有名になれば巨大資本や建物の持ち主が入ってきて、全面的にその場を占有してしまうのです。
女性：どうすればいいですか？　その地域を助けたら、出て行けということではないですか。
男性：それで、文化的地域的な価値を高めることに参与した人々の功績や権利を保護してくれる制度などが早急に用意されなければなりません。

21

訳 男性の中心となる考えとして最も当てはまるものを選びなさい。
①芸術家たちの作品活動に対する支援を惜しんではいけない。
②建物の持ち主と賃借人の両方を保護できる制度が必要である。
③地域の価値を高めるために努力した人々を保護しなければならない。
④各地の芸術家たちが地域共同体文化を主導するほうがいい。

21：正解③

男性は最後に　文化的地域的な価値を高めることに参与した人々の功績や権利を保護しなくてはいけないと述べているので③が正解です。他の選択肢の内容はありません。

-대요= -다고 해요　～だそうです〈間接話法・伝聞〉

□건물주〔建物主〕：建物の持ち主　□말도 안 되다：話にならない、とてもひどい　□공동체 문화를 조성하다：共同体文化を造成する　□거대 자본：巨大資本　□아예：はなから ※否定を伴う　□자리를 차지하다：場を占有する　□참여하다〔参与-〕：参加する
□공적이나 권리를 보호하다：功績や権利を保護する
□제도가 조속히 마련되다：制度が早急に用意される
□지원을 아끼지 않다：支援を惜しまない　□임차인：賃借人⇔임대인：賃貸人

22

訳 聞いた内容と同じものを選びなさい。
①芸術家が集まって共同で作品活動をする場合が多い。
②雰囲気やサービスが良いところは、多くのお客が訪れるものだ。
③売上高の高い店を占有しようとする建物の持ち主や資本主がいる。
④地域社会を生かすための芸術家たちの努力を支援している。

22：正解③

独特で芸術的な共同体文化を造成して、そこが有名になれば突然建物や資本の所有者が現れてその店を占有するという内容がありますので③が一致します。

⚠ 紛らわしい選択肢が多いですが、丁寧に読んでいきます。共同で作品活動をするわけではないので①は違います。②も単なる雰囲気やサービスの良い店の話

ではないので合いません。④は正反対の内容です。　　　✋ □자본주 : 資本主

✏️ □ -기 마련이다 ～するものだ

〔問題〔23-24〕〕　次を聞いて、問いに答えなさい。

🔊 324

남자 : 예전에는 이름을 바꾸는 것이 복잡하고 시간도 많이 걸렸는데 이젠 조건이 완화되어 인터넷으로
도 개명 신청이 가능해졌어요.
여자 : 정말요? 그럼 이제 쉽게 이름을 바꿀 수 있는 거예요?
남자 : 네, 개명 사유 조건에 맞으면 그렇게 어렵지 않아요. 물론 범죄 사실을 덮으려는 의도가 있거나
빚이 많을 경우에는 안 되고요.
여자 : 오, 저도 이름이 마음에 안 들었지만 바꾸기 어렵다고 생각하고 그냥 포기했었거든요. 이제라도
다시 생각을 해 봐야겠어요

📖 男性：以前は名前を変更するのが複雑で時間もかかりましたが、もう条件が緩和され、インターネットでも改
名申請が可能になりました。
女性：本当ですか？　それでは、簡単に名前を変更できますか？
男性：はい、改名事由の条件に合うなら、それほど難しくありません。もちろん、犯罪事実を隠そうとする意
図があったり、借金が多い場合にはできません。
女性：ああ、私も名前が気に入らなかったですけど、変えるのが難しいと思って、そのままあきらめたんです。
今からでも、また考えてみなければなりません。

🔊 325 **23**

📖 男性が何をしているのかを選びなさい。
　①改名申請の複雑な手続きを批判している。　　　②名前を変えることができない場合を説明している。
　③犯罪事実を覆おうとする試みを非難している。　　④新たに改正された改名申請について、紹介している。

23：正解 ④

💡 男性は改名する手続きが簡略化したことを紹介して
います。したがって、正解は③になりますが、この問
題は男性の発言全体を上手に要約できている内容を選
ばなくてはいけません。

⚠️ ①は簡単な手続きで改名できると言っているので合
いません。②の内容も男性の発言の一部ですが、発言
の全体を表せていないので、不正解です。③も改名で

きないケースとして話していますが非難しているわけで
はありません。
✋ □조건이 완화되다 : 条件が緩和される　□개명 신
청 : 改名申請　□사유 조건에 맞다 : 事由の条件に合う
□범죄 사실을 덮다 : 犯罪事実を隠す　□빚이 많다 :
借金が多い　□이제라도 : 今からでも

🔊 326 **24**

📖 聞いた内容と同じものを選びなさい。
　①今後、改名の申請はインターネットでのみ可能である。
　②以前より名前を変えることが、とても容易になった。
　③いったん定められた名前を改名するには、手続きが厳しい。
　④借金を返すまいと、こっそり改名される場合が多くなった。

140

第3回模擬試験 聞き取り

24：正解 ②

💡 冒頭で男性が改名の条件が緩和されたと話していますので②が正解です。

⚠️ ①は助詞に注意してください。インターネットのみの申請とは言っていないので不正解です。③は正反対の内容です。④の内容はありません

✋ □수월하다：たやすい、容易だ　□절차가 까다롭다：手続きが厳しい

問題〔25-26〕　次を聞いて、問いに選びなさい。

🔊 327

여자 : 원장님, 서울에서 부산까지 20분 안에 도착할 수 있는 초고속 열차가 개발되고 있다고 들었습니다. 그렇다면 비행기보다 빠른 거 아닌가요?

남자 : 네, 그렇습니다. 우리 철도기술연구원에서 초고속 열차를 축소해 만든 시험 장치를 통해 시속 1,000km 이상의 주행 속도를 확인했습니다. 비록 축소형 주행 시험이지만 속도를 확인했다는 것에서 의미가 큽니다. 보통 국제선 항공기의 비행 속도가 시속 800~1,000km라는 것을 생각하면 지상에서 비행기보다 빠른 이동이 가능해지는 것입니다. 진공과 유사한 상태에서 공중에 뜬 채로 공기 저항을 최소화하여 달리기 때문에 꿈의 운송 수단에 불립니다. 조만간 상상이 현실로 다가올 것입니다.

📝 女性：院長、ソウルから釜山まで 20 分以内に到着できる超高速列車が開発されていると聞きました。では、飛行機より速いのではないでしょうか？

男性：はい、はい。私たちの鉄道技術研究院で超高速列車を縮小して作られた試験装置により、時速 1,000km 以上の走行速度を確認しました。たとえ縮小型走行試験ですが、速度を確認したことから意味が大きいです。通常、国際線航空機の飛行速度が時速 800 ～ 1,000km であることを考えると、<u>地上で飛行機より速い移動が可能になるのです</u>。真空に似た状態で空中に浮かんだまま空気抵抗を最小化して走るので、夢の輸送手段と呼ばれています。近いうちに想像が現実に近づくでしょう。

🔊 328

25

📝 男性の中心となる考えとして最も当てはまるものを選びなさい。

①地上鉄道も国際線航空機と<u>同じ速度にならなければならない</u>。

②今後の輸送手段は、<u>地上より空中移動が多くなるだろう</u>。

③想像が現実でなされるのは、<u>思ったより容易なことではない</u>。

④飛行機より速い列車の誕生で、夢が実現する時代が来る。

25：正解 ④

💡 鉄道技術研究院の院長が、地上で飛行機より速い移動が可能になると熱弁していますので④が正解となります。

⚠️ ③は最後の発言と正反対の内容です。空中移動よりも列車の移動が速くなると男性は話していますが①と②の内容はありません。

✋ □초고속 열차：超高速列車　□축소해 만들다：縮小して作る　□시험 장치：試験装置　□비록(-지만)：たとえ～でも　□진공과 유사하다〔類似-〕：真空に似ている　□조만간〔早晩間〕：近いうちに　□상상이 현실로 다가오다：想像が現実へ近づく　□상상이 현실에서 이루어지다：想像が現実でかなう

141

26

訳 聞いた内容と同じものを選びなさい。
①実際の列車を利用して、超高速走行試験に成功した。
②列車が空を飛ぶようになる、夢の輸送手段が開発された。
③空気の妨害を受けなくなると、速度をさらに高めることができる。
④国際線飛行機と類似した形態の新しい列車が作られた。

26：正解③

真空で空気抵抗を最小限に抑えて走ることが超高速で走れる理由としているので③が正解となります。

①がひっかけです。実際の列車ではなく縮小して作った試験装置による試験が成功したという内容です。②と④の内容はありません。

問題〔27-28〕 次を聞いて、問いに答えなさい。

여자 : 어제 일이 있어서 지방에 다녀왔는데 터널 안으로 진입했다가 깜짝 놀랐지 뭐예요? 음악을 들으면서 운전하고 있는데 갑자기 음악이 끊어지더니 밖에서 교통사고가 났다는 방송이 크게 들리는 거예요.
남자 : 아, 주의해서 운전하라는 안내 방송을 들었군요. 터널 안에서 긴급 상황이 발생하면 음악 송출을 막고 재난 경보 방송을 하는 장치예요.
여자 : 그렇게 사고 안내를 해 주니까 아무래도 조심 운전을 하게 되더라고요.
남자 : 터널에서 사고가 났는데 뒤에서 모르고 진입했다가 2차 사고를 당하는 경우를 방지하는 거지요. 전국 고속도로 2백 미터 이상의 터널에서 실시하고 있는데 이로 인해 실제로 교통사고 발생이 많이 줄었다고 해요.

訳 女性：昨日仕事があって地方に行ってきたのにトンネルの中に進入して、どんなにびっくりしたかわかりません。音楽を聴きながら運転していますが、突然音楽が途切れると、外で交通事故が発生したという放送が大きく聞こえたんですよ。
男性：ああ、注意して運転するようにという案内放送を聞いたんですね。トンネル内で緊急事態が発生した場合、音楽の送出を止めて災害警報放送をする装置です。
女性：そんな事故案内をしてくれるから、いつのまにか気をつけて運転するようになったんですよ。
男性：トンネルで事故が起きたのに、後ろから知らずに入ってから二次的な事故に遭うことを防止するものです。全国の高速道の路200メートル以上のトンネルで実施していますが、これにより実際に交通事故の発生がずいぶん減ったそうです。

27

訳 男性の話す意図として最も当てはまるものを選びなさい。
①運転中の音楽聴取の脅威を警告するため
②トンネルで警報放送をする理由を知らせるため
③トンネル内の交通事故発生がなぜ多いかを調べるため
④交通事故を事前に防ぐことができる方法を説明するため

27：正解②

💡 トンネル内で緊急事態が発生した場合、音楽の送出を止めて災害警報放送をする装置について男性が説明していますので②が正解となります。他の選択肢の内容はどれもまったく話されていません。

✏ -지 뭐예요？ とても〜だったんですよ

✋ □터널：トンネル　□음악 송출을 막다：音楽の送出を止める　□재난 경보 방송：災害警報放送　□아무래도 -게 되다：どうしても〜するようになる　□２차 사고：二次的な事故 = 이어지는 사고：相次ぐ事故
□방치하다：放置する

28

訳 聞いた内容と同じものを選びなさい。
①車がトンネル内に入ると、音楽放送を聞くことができない。
②高速道路のトンネルでは、常に案内放送を行っている。
③全国のすべての道路で、災害時の避難訓練を施行している。
④事故発生の有無を知らせれば、連続する事故を防ぐことができる。

28：正解④

💡 警報放送の実施で二次的な事故に遭うことを防止できると言っていますので④が正解です。

⚠ ①は「高速道路のトンネル」と書かれていないのですべてのトンネル」という解釈になってしまいます。またトンネル内の非常事態のみ音楽が流れなくなるので一致しません。②は「常に」案内放送を行っているわけではないので不正解です。③の内容はまったく話されていません。

✋ □재난시 대피〔待避〕훈련：災害時の避難訓練
□사고 발생 여부〔与否〕를 알리다：事故発生の有無を知らせる

問題〔29-30〕　次を聞いて、問いに答えなさい。

여자: 아시아 최대의 영화 축제인 부산국제영화제가 올해로 25회를 맞았는데요.
이번에 영화제 총감독을 맡으신 중견 연기자 이민재 님을 모시고 영화
제의 이모저모를 알아보도록 하겠습니다. 안녕하세요.
남자: 네, 안녕하세요. 여러분의 성원에 힘입어 부산국제영화제가 벌써 스물다섯 번째를 맞게 되었습니다. 올해는 여러 가지 사회적 상황으로 인해 규모를 대폭 축소 개최하게 되어 영화인의 한 사람으로 무척 아쉽게 생각합니다. 물론 야외 행사나 영화인들의 친교 활동을 위한 모임 등도 취소되었고 이에 따라 해외 영화 관계자 초청도 없으며 오직 영화 상영에 집중할 계획입니다. 영화제 선정 작품의 상영도 한 장소에서만 진행되며 나머지 모든 부대 행사는 온라인으로 진행됩니다.

訳 女性：アジア最大の映画祭である釜山国際映画祭が今年で25回を迎えました。今回映画祭総監督を務めた中堅演技者イ・ミンジェ様を迎え、映画祭のあれこれをお聞きしましょう。こんにちは。
男性：はい、こんにちは。皆さんの声援に支えられ、釜山国際映画祭がすでに25回目を迎えました。今年はさまざまな社会的状況により規模を大幅に縮小開催することになり、映画人の一人としてとても残念に思います。もちろん、野外イベントや映画人たちの親交活動のための会などもキャンセルになり、これに伴い海外映画関係者の招待もなく、ただ映画上映に集中する計画です。映画祭選定作品の上映も一箇所でのみ行われ、残りのすべての付帯イベントはオンラインで行われます。

🔊 29

訳 男性が誰なのか選びなさい。
①映画監督　　②映画俳優　　③映画会社代表　　④映画評論家

29：正解 ②

💡 映画祭で司会の女性が男性を中堅の演技者と紹介しているので②が正解となります。他の選択肢もすべて映画関係なので、最初を聞き逃さないようにしましょう。

✋ □중견 연기자：中堅演技者　□성원에 힘입다：声援に支えられる　□관계자 초청〔招請〕：関係者の招待　□오직：ただ　□부대 행사〔付帯行事〕：付帯イベント

🔊 30

訳 聞いた内容と同じものを選びなさい。
①男は映画祭に参加できなくなって、残念がっている。
②映画祭の行事は、観客なしにオンラインで開かれる予定である。
③この映画祭は25年越しに初めて国際的行事に拡大された。
④野外イベントはキャンセルされ、室内の集まりは一か所でのみ行われる。

30：正解 ②

💡 最後に付帯するイベントはオンラインで行われると話しているので②が正解です。
⚠️ 男性は映画祭の規模縮小を残念がっていますので①は一致しません。釜山国際映画祭が25回目を迎えたので③も合いません。④が迷いますが一箇所でのみ行われる作品の上映が室内かどうかは話されていませんので、残念ながら不正解となります。

問題〔31-32〕 次を聞いて、問いに答えなさい。

여자：수도를 지방으로 이전하는 건 상당히 비효율적인 일이라고 생각해요. 이미 모든 제반 시설이 집중되어 있고 대부분의 주요 경제 활동이 일어나고 있는데 수도를 옮긴다고 해서 지방으로 분산이 될까요?
남자：그렇지 않아요. 우리나라는 세계에서도 손꼽힐 만큼 심각한 수도권 집중 현상을 보이고 있어요. 집값도 지방과 너무 차이가 나고요. 따라서 행정 수도를 지방으로 이전한다는 건 지역의 균형 발전에 매우 바람직한 방법이 될 수 있어요.
여자：그런다고 오를 대로 오른 수도권 집값이 떨어질 수 있을까요?
남자：단지 수도를 이전한다고 집값 하락이 된다는 것은 아니지만 경제 분산과 지역 발전에는 분명한 효과를 거둘 수 있다고 생각합니다.

訳 女性：首都を地方に移転するのはかなり非効率的なことだと思います。すでにすべての諸施設が集中しており、大部分の主要経済活動が行われているが、首都を移すといっても地方へ分散するのでしょうか。
男性：そうではありません。韓国は世界でも指折りで数えられるほど深刻な首都圏集中現象を見せています。住宅価格も地方とあまりに違いがあります。したがって、行政首都を地方に移転することは、地域のバランスの発展に非常に望ましい方法になりえます。
女性：だからといって、上がるだけ上がった首都圏の住宅価格が下がることがあるでしょうか？
男性：ただ単に首都を移転するといって、家賃下落になるというわけではありませんが、経済分散と地域発展には明らかな効果をもたらすことができると思います。

144

第3回模擬試験 聞き取り

31

訳 男性の中心となる考えとして最も当てはまるものを選びなさい。
①経済発展は首都のある地域に集中するほかない。
②首都圏の集中発展による地域差別を克服するのは難しい。
③首都を地方に移すと、地域もまんべんなく発展を図ることができる。
④行政首都の移転は、不動産問題を解決できる方法である。

31：正解③

首都移転をテーマにした対談です。男性は最後に経済分散と地域発展には明らかな効果をもたらすとしていますので、正解は③です。

どの選択肢も対談に出てきた表現を使っていますが、①は首都移転に反対する女性の考えです。④が紛らわしいですが、男性は不動産問題については話していません。②の内容はありません。

□비효율적이다：非効率だ　□제반 시설〔諸般 施設〕이 집중되다：諸施設が集中する　□세계에서도 손꼽힐 만큼：世界でも指折りで数えられるほど　□행정수도：行政首都　□지방으로 이전하다：地方に移転する　□오를 대로 오르다：上がるだけ上がる　□집값이 떨어지다：住宅価格が下がる＝집값이 하락하다：住宅価格が下落する　□단지 -다고 -지만：ただ単に～する：いって～だが　□효과를 거두다：効果をもたらす　□골고루：まんべんなく　□발전을 꾀하다：発展を図る

32

訳 男性の態度として最も当てはまるものを選びなさい。
①具体的な事例を提示し、主題を説明している。
②研究結果をもって、自分の意見を主張している。
③客観的な資料を通じて、効率的な対策を提案している。
④根拠を挙げて、相手の意見を柔らかい口調で反駁している。

32：正解④

男性は首都圏集中現象という根拠を持って、女性の意見に反論しています。他の選択肢はどれも合いません。

□반박하다〔反駁 -〕：反論する

問題〔33-34〕　次を聞いて、問いに答えなさい。

남자: 사계절이 뚜렷한 우리나라는 계절에 따라 달라지는 제철 음식이 아주 다양합니다. 제철 음식이란 그 계절, 바로 그때에 알맞은 음식을 말하는데 주로 농산물이나 수산물이 이에 해당합니다. 제철에 먹는 음식은 맛과 영양가가 뛰어나 면역력도 높이고 건강도 챙길 수 있으니 일석이조라고 할 수 있습니다. 요즘은 실내 재배가 잘 되고 있기 때문에 채소나 과일을 계절에 상관없이 아무 때나 먹을 수 있으니 제철이 따로 있을까 싶겠지만 자연의 햇빛과 바람에 의해 익어가는 제철 과일은 그 맛과 영양에 있어서 실내 재배하는 것과는 비교가 되지 않습니다. 또한 양식으로 기르는 수산물에 비해 자연에서 수확하는 수산물도 마찬가지이므로 제철 음식 많이 드시고 건강을 잘 챙기시기 바랍니다.

訳 男性：四季がはっきりとした韓国は、季節によって変わる旬の食べ物が非常に多様です。旬の食べ物とはその季節、まさにその時に適した食べ物をいいますが、主に農産物や水産物がこれに該当します。旬に食べる食べ物は味と栄養価に優れ、免疫力も高め、健康も整えることができるので一石二鳥といえます。最近は室内栽培

145

がよくできるので、野菜や果物を季節に関係なくいつでも食べることができるため、特に旬があるのかと思うかもしれませんが自然の日光と風によって熟す季節の果物は、その味と栄養において室内栽培するとは比較になりません。また、養殖で育てる水産物に比べて、自然で収穫する水産物も同様ですので、旬の食べ物をたくさん召し上がって健康をしっかり整えてください。

33

訳 何についての内容なのか当てはまるものを選びなさい。
① 人工栽培と自然収穫の違いの比較
② 季節によって変わる食品の味と栄養
③ 自然栽培される旬の果物と水産物の種類
④ 旬の食べ物の長所と必ず取り入れて食べなければならない理由

> **33：正解 ④**
>
> 💡 旬の食べ物はおいしくて体にいいので一石二鳥だと進めている講演内容のため④が正解です。
>
> ⚠ ②は内容一致であれば正解ですが、全体を要約できていないのでここでは不正解です。人工栽培と自然災害は比較にならないとしているので①は合いません。③の内容はありません。
>
> ✋ □제철 음식〔飲食〕: 旬の食べ物　□이에 해당하다: これに該当する　□일석이조: 一石二鳥　□실내재배: 室内栽培　□양식으로 기르다: 養殖で育てる　□자연 수확: 自然で収穫　□건강을 챙기다: 健康を整える

34

訳 聞いた内容と同じものを選びなさい。
① 農産物は自然栽培でも人工栽培でも特に違いはない。
② 季節の変化によって、自然食材の味と栄養も変わる。
③ 健康を守るためには、新鮮な食べ物をたくさん食べなければならない。
④ 四季栽培が可能であっても、特別な食材は入手しにくい。

> **34：正解 ②**
>
> 💡 旬の食べものとは、季節によって違うので、②が一致します。
>
> ⚠ ①は正反対の内容で③と④の内容はありません。
>
> ✋ □별 다른 차이〔差異〕가 없다: 特に違いはない ⇔ 비교가 되지 않다: 比較にならない

問題〔35-36〕 次を聞いて、問いに答えなさい。

남자: 여러분은 혹시 식사를 과하게 했을 때 기분이 나빠진 적이 있으십니까? 바쁘게 살아가는 현대인들은 직장과 학업, 육아 등으로 많은 피로가 쌓이게 됩니다. 이러한 피로를 회복하기 위해서는 음식 섭취를 통해 에너지를 얻는 것이 가장 좋은 방법입니다. 그러나 음식물이 아닌 먹는 행동 자체가 에너지에 영향을 줄 때가 있습니다. 그것은 신체가 쉬지 않고 많은 음식을 소화하기 때문에 에너지를 과다 사용하여 신체는 물론, 정신적으로도 피로감이 들게 되는 것입니다. 이런 상황을 피하려면 하루 종일적은 양의 식사를 자주 하는 것이 좋습니다. 이렇게 하면 몸에 주기적으로 영양을 공급함과 동시에 과식 때문에 생기는 체중 증가도 막을 수 있습니다.

🈁 男性：皆さんは食事を過剰に取ったときに気分が悪くなったことがありますか？ 忙しく生きていく現代人たちは職場や学業、子育てなどで多くの疲労が重なることになります。このような疲労を回復するためには、食物摂取を通じてエネルギーを得ることが最善の方法です。しかし、食べ物ではなく食べる行動自体がエネルギーに影響を与えることがあります。それは体が休むことなく多くの食べ物を消化するので、エネルギーを過多に使用し体はもちろん、精神的にも疲労を感じるようになるのです。このような状況を避けるには、一日中少量の食事を頻繁にお勧めします。これにより、体に周期的に栄養を供給すると同時に過食のために生じる体重増加も防ぐことができます。

35

🈁 男性が何をしているのか選びなさい。
① エネルギー過剰使用の危険性について警告している。
② 体重増加を防止できる方法を紹介している。
③ 栄養の不均衡を正してくれる食事法を説明している。
④ 過食によって起こる疲労感と予防法を知らせている。

35：正解 ④

💡 要約すると過食は消化にエネルギーを大量に消費するので疲労感が増してしまうことから、1日に複数回少量の食事を勧めていて、それが体重増加も防ぐとしています。よって④が正解です。

⚠ ②は最後の部分と一致しますが話の内容を包括できていないので不正解です。①も消化によるエネルギーの過剰使用に注意を促してはいますが、発言内容の一部に過ぎないので正解ではありません。③の内容はありません。

✋ □ 식사를 과하게 하다：食事を過度にする = 과식하다：過食する □ 에너지를 과다〔過多〕사용하다：エネルギーを過剰使用する □ 피로감이 들다 = 피로감이 오다：疲労を感じる □ 주기적으로：周期的に □ 영양을 공급하다：栄養を供給する □ 위험성을 경고하다：危険性を警告する □ 불균형을 잡아 주다：不均衡を正す

36

🈁 聞いた内容と同じものを選びなさい。
① 食べる行動がエネルギー消費が多いので、よく食べる方が良い。
② 複数回に分けて小食することが健康を守る方法である。
③ エネルギー使用を減らせば、身体的、精神的疲労感を解消することができる。
④ 現代人は疲労がたくさん重なるため、おいしい食べ物を食べなければならない。

36：正解 ②

💡 最後に男性は1日に小食を頻繁に行うことを勧めているので②が一致します。

⚠ ①の前半は合っていますが後半が矛盾した内容です。③と④の内容はありません。

問題〔37-38〕 次を聞いて、問いに答えなさい。

남자: 초.중.고교 학생들이 아예 휴대폰을 가지고 등교하지 못하게 하는 학교도 있다는데 이건 좀 심한 것 아닐까요? 급할 때 부모와 연락이 필요할 경우도 있는데 말이에요.
여자: 특히 초등학생이나 중학생들의 경우 수업 시간에도 휴대폰을 손에서 놓지 못하고 있어서 학습에

147

> 방해가 된다는 얘기는 들었어요. 어른도 휴대폰 없으면 불안해하는 경우가 많은데 아이들이라고 다르겠어요? 하지만 휴대폰 소지 자체를 금지하는 것은 지나치다고 생각해요. 학생들의 의견을 수렴하여 수업 시간에 휴대폰을 사용하면 벌을 준다거나 하는 규칙을 만들어 아이들이 스스로 자제할 수 있게 도와주는 것이 학교나 어른들이 해야 할 일이 아닐까 싶어요.

訳 男性：小・中・高校の生徒たちが一切携帯電話を持って登校できないようにする学校もありますが、これはちょっとひどいのではないでしょうか？ 急いで両親と連絡が必要な場合もあるではないですか。
女性：特に小学生や中学生の場合、授業時間にも携帯電話を手放せず、学習に邪魔になるという話は聞きました。大人も携帯電話がなければ不安になる場合が多いのに子どもたちだからといって、違うでしょうか？ しかし、携帯電話の所持自体を禁止するのは行き過ぎだと思います。学生たちの意見を取りまとめて（収斂して）授業時に携帯電話を使うと罰を与えるなどのルールを作って、子どもたちが自ら自制できるようにサポートするのが学校や大人たちがしなければならないことではないかと思います。

37

訳 女性の中心となる考えとして最も当てはまるものを選びなさい。
① 家庭や学校で正しい携帯電話の使い方を教えなければならない。
② 非常時にのみ携帯電話を使用できる規則を定める方が良い。
③ 学生たち自ら携帯電話の使用を節制できるようにしなければならない。
④ 携帯電話の使用過多によって、学習に邪魔になることはあってはならない。

37：正解 ③

子どもの携帯電話持ち込み禁止を決めた学校の規則に対する対談です。女性は子どもたちが自ら自制できるようにサポートするのが学校や大人たちの務めだと最後に述べているので③が正解となります。正解以外の選択肢の内容は、それも携帯電話をめぐる一般論で巧みに作られていますが、どれもスクリプト部分では話されていません。なんとなく思い込みで選んでしまわないように選択肢を読み、二度目の音声で曖昧な点を確認しましょう。

-는데 말이에요 〜するじゃないですか〈強調〉
□ 의견을 수렴하다〔收斂 -〕：意見を取りまとめる
□ 스스로 자제하다：自ら自制する　□ 급할 때：急いでいるとき ＝ 비상시：非常時　□ 올바르다：正しい

38

訳 聞いた内容と同じものを選びなさい。
① 学校の授業時間に通話をすることは禁止している。
② 学生は無条件に学校に携帯電話を持って行ってはならない。
③ 携帯電話のせいで勉強に集中できない学生が多い。
④ 携帯電話がなければ不安症状を示すのは当然のことだ。

38：正解 ③

特に小中学生が授業時間に携帯電話を手放せず学習の妨げになっていると言っていますので③が正解です。
② も正解のように見えますが、무조건（無条件に）という副詞があることで問題文の内容と一致しません。この選択肢の内容は すべての学生が学校に携帯電話を持っていくことが禁じられている という解釈になります。問題文では아예（一切）という副詞を使って誘導しようとしていますが、一部の学校の事例について対談しています。④は大人が不安症状を見せる場合が多いと言っていますが、当然とは言っていません。① については話されていません。

148

第3回模擬試験 聞き取り

問題〔39-40〕 次を聞いて、問いに答えなさい。

348

여자 : 지난해에 문을 연 서울식물원이 서울 시민들의 휴식처로 인기를 끌고 있는데요. 서울식물원의 특징이나 자랑 거리가 있다면 소개해 주세요.
남자 : 서울식물원은 축구장 70개 크기의 규모에 식물원과 공원을 결합한 형태로 도시의 생태 감수성을 높이기 위해 세계 12개 도시의 식물과 식물 문화를 소개하고 있습니다. 또한 야생 식물의 서식지를 확대하고 희귀 품종 개발 등 식물 육성과 보존의 역할은 물론이고 시민들에게 도시 정원 문화를 알려 주는 평생 교육 기관의 역할도 수행하고 있습니다. 잠시 후에 사진을 보며 자세히 말씀을 드리겠지만 식물문화센터 진입부에 이번에 새로 설치된 엘리베이터는 식물 세포 구조를 형상화한 아름답고 독특한 디자인으로 우리 식물원의 새로운 볼거리가 될 것으로 기대하고 있습니다.

訳 女性：昨年オープンしたソウル植物園がソウル市民の休憩所として人気を集めています。ソウル植物園の特徴や自慢の種があれば、ご紹介ください。
男性：ソウル植物園は、サッカー場70個の規模の植物園と公園を組み合わせた形態で、都市の生態感受性を高めるために、世界12の都市の植物と植物文化を紹介しています。また、野生植物の生息地を拡大し、希少品種の開発など植物育成と保存の役割だけでなく、市民に都市の庭園文化を伝える生涯教育機関の役割も果たしています。少し後で写真を見て詳しくお話ししますが、植物文化センターの入口（侵入部）に今回新しく設置されたエレベーターは、植物細胞の構造を形象化した美しくユニークなデザインで、私たちの植物園の新しい見どころになると期待しています。

39
349

訳 この会話の後に続く内容として最も当てはまるものを選びなさい。
①野生の珍しい植物の保護育成と生息地
②都市庭園文化を学ぶことができる方法
③新しく作られた特別なエレベーターの紹介
④植物園で見られるユニークな世界の植物

39：正解③

聞取り39番の問題は「この対話の前の内容」を問うものが多いですが、ここでは対談の後に続く内容が問われています。時々セオリーを外れた出題もありますので、本番でも要点に下線を引くなどして慎重に確認するクセをつけましょう。ソウル植物園の目玉となる内容について詳しく説明してから、最後に男性はこれから紹介するエレベーターの特徴について述べています。したがって③が正解です。他はどれも当てはまりません。

-거리 名詞や連体形についてその表現の種、中心を表す接尾語。자랑거리：自慢の種、볼거리：見どころ
□서식지〔棲息地〕를 확대하다：生息地を拡大する
□희귀〔稀貴〕품종 개발：希少品種の開発 □식물 육성：植物育成 □평생〔平生〕교육 기관：生涯教育機関 □역할을 수행하다〔遂行-〕：役割を果たす □진입부〔侵入部〕：入口 □세포 구조를 형상화하다：細胞の構造を形象化する

40
350

訳 聞いた内容と同じものを選びなさい。
①世界の植物を一箇所で見ることができる公園が作られた。
②野生でしか会えない希少種の動物や植物が住んでいる。
③ここではさまざまな植物を育てる方法を学ぶことができる。
④植物文化センターは独特で美しいデザインで視線を集めている。

40：正解 ①

💡 世界 12 の都市の植物が見られるとしているので①の内容と一致します。

⚠️ 他の選択肢はどれもスクリプトに出た単語を使っていますので、細かい部分も慎重に検討します。②は動物を含んでいるので不正解です。④は入口のエレベーターのデザインが独特としているので一致しません。③の内容はありません。

✋ □시선을 끌고 있다：視線を集めている

問題〔41-42〕 次を聞いて、問いに答えなさい。

남자 : 우리나라 속담 가운데 친구 따라 강남 간다는 말이 있습니다. 이는 뚜렷한 자기 주관이 없이 다른 사람들의 선택을 따라하는 것을 의미합니다. 이 말은 동조 현상 또는 편승 효과와도 유사한 의미를 지니고 있는데요. 이러한 현상은 소비에 있어서 유행을 만드는 요인이 되기도 합니다. 많은 사람이 선택을 하는 것은 그럴만한 이유가 있다고 믿는 것이지요. 바로 다수에 속함으로써 소외감을 줄이고 안정감을 느끼고 싶어 하는 안전 욕구가 이러한 편승 효과를 만들어 내는 것입니다. 지도자를 뽑는 선거에서도 투표 참여를 권장하기 위해 이러한 방법을 활용하기도 합니다. 이는 다수의 무리나 집단에서 혼자 뒤처지거나 동떨어지지 않기 위해 다른 이들을 따라가려는 인간의 심리를 이용하는 것입니다.

📖 男性：韓国のことわざの中で、友達に従って江南に行くという言葉があります。これは、明確な自分の主観なしに他の人の選択に従うことを意味します。この言葉は同調現象や便乗効果とも同様の意味を持っています。このような現象は消費において流行を作る要因にもなります。多くの人が選択をするのは、そのような理由があると信じることですよね。まさに多数に属することで、疎外感を減らし、安定感を感じたい安全欲求がこのような便乗効果を生み出すのです。リーダーを選ぶ選挙でも、投票参加を奨励するためにこれらの方法を活用することもあります。これは多数の群れや集団で、単独で遅れたり離れたりしないように、他の人々についていこうとする人間の心理を利用することです。

41

📖 この講演の中心となる考えとして最も当てはまるものを選びなさい。
① 多数の選択に従うことが、安定感を感じられる方法である。
② 疎外されないようにする人間の同調心理が、多様に活用されている。
③ 多くの人々が同じ選択をすることは、望ましいことではない。
④ 他人と同じになるよりも、確実な自己主観を持たなければならない。

41：正解 ②

💡 人間心理に関する講演です。自分以外の他者についていくことで安心したいという人間心理を利用して消費のトレンドや選挙活動にも利用されているという主題ですので、②が最も当てはまります。

⚠️ ①は内容一致としては正解ですが、全体を包括できていません。③と④の内容はありません。

✋ □주관：主観　□동조현상：同調現象　□편승 효과：便乗効果　□유사한〔類似 -〕의미를 지니다：似通った意味を持つ　□다수에 속하다：多数に属する　□소외감을 줄이다：疎外感を減らす　□지도자〔指導者〕를 뽑다：リーダーを選ぶ　□선거：選挙　□투표 참여〔投票 参与〕를 권장하다〔勧奨 -〕：投票参加を奨励する　□다수의 무리：多数の群れ　□혼자 뒤처지다：一人取り残される＝동떨어지다：かけ離れる＝뒤지다：遅れを取る

第3回模擬試験 聞き取り

42

🗣 聞いた内容と同じものを選びなさい。
①江南に行こうとするなら、親しい友人と行く方がいい。
②流行に後れないようにするなら、積極的な選択をしなくてはならない。
③選挙で人間心理を利用する方法を使ったりもする。
④自身が属している集団で、違う意見を出すのは容易なことではない。

42：正解 ③

💡 選挙で人間心理を利用すると言っているので③の内容が一致します。
⚠️ ①は冒頭に引用されていることわざですが、解釈が間違っています。②と④の内容は問題にはない一般論です。

問題〔43-44〕 次を聞いて、問いに答えなさい。

> 여자 : 이 지역은 수도권과 가까운 데다 생산 공장들이 밀집하고 있어 화물차 등의 대형 차량 통행도 많은 곳입니다. 그러나 마을이 끝나는 곳에서 조금만 더 들어가면 시야가 탁 트여 지평선이 한눈에 들어오는 광활한 땅이 나옵니다. 이곳은 원래 주택과 농지로 개발될 예정이었으나 공룡알 화석이 발견되면서 지역 전체가 천연기념물로 지정되어 개발의 위협에서 벗어나게 되었습니다. 이후 지속적인 조사와 발굴을 통해 지금까지 30여 개의 둥지와 200여 개의 공룡알 화석이 발견되었습니다. 이는 주변의 생태 변화를 관찰하던 환경 운동가에 의해 알려지게 되었는데 이를 계기로 이 일대가 공룡 서식지였음을 뒷받침하게 된 것입니다. 이전까지는 중국과 몽골 등지에서 이러한 화석이 발견된 적은 있지만 이곳처럼 대량으로 발견된 것은 매우 희귀한 경우라고 할 수 있습니다.

🗣 女性：この地域は首都圏に近いうえ生産工場が密集していて、トラック（貨物車）などの大型車両通行も多い場所です。しかし、町の終わりからもう少し入ると、視野がぱっと開けて、地平線が一目で入ってくる広大な土地が出てきます。ここはもともと住宅や農地で開発される予定でしたが、恐竜の卵の化石が発見され、地域全体が天然記念物に指定され、開発の脅威から抜け出すことになりました。その後、継続的な調査と発掘を通じて、これまでに30以上の巣と200以上の恐竜の卵の化石が発見されました。これは周囲の生態変化を観察していた環境運動家によって知られるようになりましたが、これをきっかけにこの一帯が恐竜の棲息地であることを裏付けることになったのです。以前までは中国やモンゴルなどでこれらの化石が発見されたことはありますが、この場所のように大量に発見されたのは非常に珍しくて貴重なケースと言えます。

43

🗣 何についての内容なのか当てはまるものを選びなさい。
①首都圏の宅地と農家開発増大の必要性
②絶滅危惧動植物の保護育成の理由と意義
③恐竜生息地発見と生態保存地域の関連性
④持続的な調査と発掘による生態系破壊告発

43：正解 ③

💡 恐竜の卵の化石が発見された地域についてのドキュメンタリーです。生態変化を観察していた環境運動家によって発見されたことで地域全体が天然記念物に指定され、開発の脅威から抜け出すことになったので③が一致します。
⚠️ ④で迷うかもしれませんが、生態系破壊の告発は

ありません。①はもともと開発予定地だったという内容はありますが必要性については話されていません。②の内容はありません。

📝 **서식지였음** 生息地だったこと。用言の名詞化、過去ニュアンス

👉 □화물차〔貨物車〕：トラック　□시야가 탁 트이다：視野がぱっと開ける　□광활한 땅：広大な土地　□공룡알：恐竜の卵　□화석：化石　□천연기념물로 지정되다：天然記念物に指定される　□개발의 위험에서 벗어나다：開発の脅威から抜け出す　□발굴：発掘　□둥지：巣　□뒷받침하다：裏付ける　□멸종 위기〔滅種 危機〕：絶滅危惧

44

訳 この場所が開発の脅威から抜け出した理由として合うものを選びなさい。
①恐竜の卵の化石が発見され、天然記念物に指定されたため
②周辺に生産工場が多すぎて、車両通行が多すぎるため
③首都圏に近いところで、パノラマの地平線を見ることができるので
④自然生態系を守ろうとする環境運動家の反対がひどかったため

44：正解 ①

💡 恐竜の卵の化石が発見され、地域全体が天然記念物に指定されたことが理由とされていますので①がその理由です。

⚠ ②と③の内容はスクリプト部分にありますが、開発を免れた理由ではありません。④の内容はありません。

問題〔45-46〕　次を聞いて、問いに答えなさい。

🔊 여자 : 전통 시장을 활성화시키기 위해 도입한 대형 마트 의무 휴일제가 과연 효과가 있느냐에 대한 논란이 여전합니다. 소비자들이 주차장이나 기타 편의시설을 잘 갖춘 대형 마트를 선호하고 있어 전통 시장 및 지역 상권의 매출이 감소한다는 지적이 많았는데요. 이에 대형 마트를 의무적으로 쉬게 하는 규제를 실시한 것입니다. 그러나 이 규제 실시 이후에도 전통 시장이나 지역 상권이 살아나지 못하고 있는 실정입니다. 오히려 대형 마트가 쉬는 날은 그 주변의 상가마저 매출이 감소하고 있어 역효과가 나고 있다는 비판도 적지 않습니다. 또한 소비자의 선택권을 침해하고 쇼핑의 기회를 강제로 빼앗고 있다는 의견도 있습니다. 따라서 시설 보수나 서비스 개선 등을 통해 전통 시장을 기피하는 근본적인 문제점부터 해결하려는 노력이 우선되어야 할 것입니다.

訳 女性：伝統市場を活性化させるために導入した大型マート義務休日制が、果たして効果があるかについての議論が相次いでいます。消費者が駐車場やその他の設備を整えた大型マートを好んでおり、伝統市場及び地域商圏の売上が減少するという指摘が多かったです。したがって大型マートを義務的に休ませる規制を行ったのです。<u>しかし、この規制実施後にも伝統市場や地域商圏が生き残れない実情です。むしろ大型マートが休む日は、その周辺の商店街までも売上が減少していて、逆効果が出ているという批判も少なくありません</u>。また、消費者の選択権を侵害してショッピングの機会を強制的に奪っているという意見もあります。よって、<u>施設の保守やサービスの改善などを通じて、伝統市場を忌避する根本的な問題点から解決しようとする努力が優先される</u>べきでしょう。

45

訳 聞いた内容と同じものを選びなさい。
①地域商圏を生かすために実施した規制政策が効果がない。
②大型マートと伝統市場が協力して（手を取って）販促活動をしている。

152

③伝統市場が最新施設と駐車場を備えて、再び営業を始めた。
④大型マートが休む日は、市場や周辺商店街に人が集まる。

45：正解 ①

💡 経済問題に関する講演です。大型マートと伝統市場や地域商圏の共存のために始めた政策の効果がなかったこととその改善策について語っているので①が正解です。

⚠ ③は伝統市場の改善策として挙げられている内容ですがまだ実現できていないので不正解です。④は正反対の内容の内容です。②の内容はありません。

📝 과연 효과가 있느냐에 대한 논란 果たして効果があるのかという議論〈疑問文の引用〉　□과연：果たして（〜なのか）※文末は疑問形　□주변 상가마저 매출이 감소하다：周辺の商店までも売り上げが減少する※否定的な内容が後節に来る〈追加と包含〉

✋ □논란〔論乱〕이 여전하다〔如前 -〕：議論が相次いでいる　□규제를 실시하다：規制を実施する　□실정：実情　□오히려：むしろ　□역효과가 나다：逆効果が出る　□선택권을 침해하다：選択権を侵害する　□시설 보수：施設補修　□전통시장을 기피하다〔忌避 -〕：伝統市場を嫌う　□근본적인 문제점：根本的な問題点　□손을 잡다：手を握る　□판촉 활동：販促活動

46

訳 女性の態度として当てはまるものを選びなさい。
①地域商圏を破壊する大型マートの横暴を告発していた。
②大型マートだけを好む消費者の偏向性を懸念している。
③商圏回復のための伝統市場活性化案を提案している。
④消費者の選択権を保護するためのさまざまな方法を説明している。

46：正解 ③

💡 大型マートの強制的な休業の経済効果がなかったことから、弱者である伝統市場の改善策を具体的に述べていますので③が最も一致します。

⚠ ②は女性の発言の一部と一致しますが全体の趣旨ではありません。①と④の内容はありません。

✋ □지역 상권을 파괴하다：地域商圏を破壊する　□횡포를 고발하다：横暴を告発する　□소비자들의 편향성을 우려하다：消費者たちの偏向性を懸念する

問題〔47-48〕　次を聞いて、問いに答えなさい。

여자：이번에 모습을 공개한 잠수함의 규모가 정말 엄청난데요. 국내에서 독자적으로 설계하고 건조되었다고 하던데 자세히 소개를 해 주시겠습니까?
남자：네, 이 잠수함은 순수 국내 기술로 개발된 한국군의 두 번째 3천 톤급 중형 잠수함으로 탑승 인원만 50명이 넘습니다. 특히 초기 설계 단계에서부터 잠수함의 두뇌 역할을 하는 핵심 장비인 전투 체계와 음파 탐지기를 비롯해 다수의 국내 개발 장비 등을 탑재하고 있습니다. 또한 구형 잠수함과 달리 공기 시스템을 갖추고 있어 수면 위로 떠오르지 않고 최대 몇 주 이상 장기간 수중에서 작전을 펼칠 수 있고 먼 거리를 빠르게 이동이 가능한 최첨단 잠수함입니다. 이로써 우리 해군의 잠수함 작전 범위가 넓어지게 될 것으로 기대하고 있습니다.

訳 女性：今回姿を公開した潜水艦の規模が本当にすごいです。国内で独自に設計して建造したと言っていましたが、詳しく紹介していただけますか？
男性：はい、この潜水艦は純粋な国内技術で開発された韓国軍の2番目の3千トン級の中型潜水艦で、搭乗人数だけでも50人を超えます。特に初期設計段階から潜水艦の頭脳として機能する核心装備である戦闘体系や

音波探知機をはじめ、多数の国内開発装備などを搭載しています。また、旧型潜水艦とは異なり、空気システムを備えているので、水面上に浮かばずに、最大数週間以上の長期間水中で作戦を繰り広げることができて、遠い距離を素早く移動できる最先端の潜水艦です。これにより、我が海軍の潜水艦作戦の範囲が広がると期待しています。

47

訳 聞いた内容と同じものを選びなさい
① この潜水艦は国内技術で作られた最初の中型潜水艦である。
② 以前の潜水艦は空気システムが満足に装備されていなかった。
③ 水の上に浮かぶ必要がない先端の潜水艦が開発予定だ。
④ 数百人が搭乗できる最先端施設の旅客船が公開された。

47：正解②

韓国軍が２番目に開発した中型で最新式の潜水艦についてのインタビューです。この두 번째 ２番目という単語と以前の潜水艦との比較の部分を聞き取ることがポイントになってきます。新しい潜水艦は旧型と異なり、長期間水中にいられるとしているので②が正解となります。

⚠ ①は最初の中型潜水艦としているので一致しません。③は語尾が未来形なので合いません。④は潜水艦の話ではないので不正解です。

□ 잠수함：潜水艦　□ 핵심 장비：核心装備　□ 장비를 탑재하다：装備を搭載する　□ 구형：旧型　□ 제대로 갖춰지지 않다：まともにに装備されていない
□ 여객선：旅客船

48

訳 男性の態度として当てはまるものを選びなさい。
① 新しくお披露目する潜水艦の特徴を説明している。
② 最先端装備を備えた潜水艦の必要性を強調している。
③ 水中で繰り広げられる海軍の作戦技術を誇っている。
④ 国内で初めて開発した船舶建造技術を発表している。

48：正解①

男性は最新の潜水艦の搭乗できる人員数、設備等を詳しく説明していますので①が正解です。他の選択肢の内容はありません。

□ 새로 선보이다：新たにお披露目する　□ 선박 건조 기술：船舶建造技術

問題〔49-50〕 次を聞いて、問いに答えなさい。

남자：오늘은 직장인을 괴롭히는 탈진 증후군에 대해 말씀드리고자 합니다. 탈진 증후군이란 한 가지 일에만 몰두하던 사람이 누적된 피로와 스트레스에 의해 무기력증이나 자기혐오, 직무 거부 등에 빠지는 증상을 말합니다. 일 속에만 파묻혀 지내다가 갑자기 모든 의욕이 소진되고 신체적으로도 움직이기 힘든 상황에 빠지게 되는 것이죠. 주로 근면 성실하고 우수한 사람일수록 힘든 일을 피하거나 마다하지 않기 때문에 이러한 탈진 증상에 빠지기 쉽습니다. 실제로 직장인들을 대상으로 조사한 결과 하루 중 자신의 열정이 모두 사라지는 것을 느끼는 때가 퇴근길이라고 답한 사람이 가장 많았습니다. 이러한 증상을 겪는 이유로는 일이 너무 많아서, 매일 반복되는 일에 지쳐서, 인간관계가 힘들어서, 현재 상황이 나아질 것 같지 않아서 등의 순으로 나타났습니다.

第3回模擬試験　聞き取り

訳 男性：今日は会社員を悩ませる燃え尽き（脱盡）症候群について申し上げたいと思います。燃え尽き症候群とは、1つの事だけに没頭していた人が累積した疲労やストレスによって、無気力症や自己嫌悪、職務拒否などに陥る症状をいいます。仕事の中だけに埋もれて過ごすと、突然すべての意欲が使い果たされ（消盡）、身体的にも動きにくい状況に陥ることになるのです。主に勤勉で誠実で優秀な人ほど、難しいことを避けたり嫌がらないので、このような燃え尽き症状に陥りやすくなります。実際に会社員を対象に調査した結果、一日のうちに自分の情熱がすべて消えるのを感じる時が、退勤の帰り道だと答えた人が最も多かったです。このような症状を経験する理由としては、仕事が多すぎて、毎日繰り返される仕事に疲れて、人間関係が大変で、現在の状況が良くなりそうにないのでなどの順で表れました。

🔊 364

49

訳 聞いた内容と同じものを選びなさい
①会社の通勤時に意欲が使い果たされるという答えが一番多かった。
②誠実に仕事をする人ほど、無気力症に陥る脅威が高い。
③適性に合わない事をするようになれば、情熱が消えるしかない。
④難しい人間関係にぶつかった時、精神的ストレスをたくさん受ける。

49：正解 ②

💡 まじめで誠実な人ほど燃え尽き症候群になりやすいという講演ですので②が正解となります。

⚠ ①は出勤時も含まれるので当てはまりません。③と④の内容はありません。

✋ □탈진〔脱盡〕증후군：燃え尽き症候群
□일에 몰두하다：仕事に没頭する＝일에 파묻혀 있다：仕事に埋もれている　□누적된 피로：累積した疲労
□자기혐오：自己嫌悪　□직무 거부：職務拒否　□의욕이 소진되다〔消盡-〕：意欲が使い果たされる　□근면 성실하다：勤勉で誠実だ　□마다하다：嫌がる
□적성에 맞지 않다：適性に合わない　□어려운 인간관계에 부딪히다：難しい人間関係にぶつかる

🔊 365

50

訳 男性の態度として当てはまるものを選びなさい。
①繰り返される日常生活から抜け出す方法を提案している。
②人生の意欲が使い果たされてはならないことを強調している。
③会社員が燃え尽き症状を経験する理由を説明している。
④職場生活の疲労を解消する方法について紹介している。

50：正解 ③

💡 まじめな会社員ほど陥りやすい、燃え尽き症候群になる理由を列挙していますので③が当てはまります。

他の選択肢の内容はありません。

155

第3回模擬試験　作文問題　解説

問題〔51-52〕　次の文章の㋐と㋑に当てはまる言葉をそれぞれ書きなさい。

51

訳　場所移転の案内

こんにちは。
私どもの食堂を訪ねてくださる顧客の皆さまに心より感謝を申し上げます。
来月からより良い施設とサービスでお応えするために道路の向かい側に食堂を（　㋐　）。またこの場所では今月末までのみ（　㋑　）。
これからも皆さまのたくさんの関心と声援をお願いします。ありがとうございます。

ハンガン食堂

51：解答例

㋐이전하게 되었습니다 / 이전할 예정입니다 / 이전합니다 / 옮깁니다
㋑영업을 합니다 / 문을 엽니다

💡 タイトルを見ると移転の案内であることが一目瞭然です。顧客に店側が知らせていることから、丁寧な格式体で書くことが望ましいです。（㋐）の解答内容としては、タイトルから転用した内容で問題ありません。タイトルの文言をそのまま使ってもいいですし、解説例のように「移転することになりました／移転する予定です／移転します／移ります」など、同じ意味で別の表現を書ける場合はそちらを書きましょう。ただしスペルに自信もある場合のみにしましょう。次に、（㋑）を考えるヒントとして、ここでは 이달 말까지（ここでは、今月末まで）と場所と期限を表す表現が空欄直前にあるので、「営業をします／店を開けます」など食堂を営業するという内容が入ります。

52

訳　一般的に夜にコーヒーを飲むと眠くならないという人たちが多い。これはコーヒーに入っているカフェインの成分のためであると知られている。 しかし 、どの程度のカフェインが眠りを妨害するのか確実に規定することは難しい。コーヒーをたった一杯だけ飲んだだけでも眠気が（　㋐　）いるかと思えば、何杯飲んでも何の問題もなく（眠りを）（　㋑　）いるからだ。

52：解答例

㋐안 오는 사람이
㋑잘 자는 사람도

💡 この問題の主題は、カフェインが睡眠に及ぼす影響が個々人によって違うということです。그러나（しかし）の後からはカフェインの影響を受けやすい人（㋐）と受けにくい人（㋑）を対比する内容が求められています。したがって空欄（㋐）は 잠이 안 오는 사람（眠気が来ない、眠くならない人）という内容が入って、（㋑）は 잠을 잘 자는 사람（よく眠る人）という答えになります。

📝 -는가 하면 ～するかと思えば（後半に相反する内容が来る）

👆 韓国語の 잠（眠り）という言葉は、日本語と使い方が異なるので確認しておきましょう。□잠이 오다：眠くなる　□잠을 자다：眠る

問題〔53〕 次は成人と小中高校生を対象とした年間読書率の実態を調査した結果だ。この内容を200~300字の文章で書きなさい。ただし、文章のタイトルは書かないでください。

53：解答例

	성	인	과		초	중	고		학	생	을		대	상	으	로		연	간		독	서	율	
실	태	를		조	사	한		결	과	에	서		종	이	책	의		경	우		성	인	은	
20	19	년		52	.1	%	에	서		20	23	년	에	는		32	.3	%	로		감	소	했	으
나		학	생	은		90	.7	%	에	서		93	.1	%	로		증	가	했	다	는		것	을
알		수		있	다	.	반	면	,	전	자	책	은		성	인	이		16	.5	%	에	서	
19	.4	%	로	,	학	생	이		37	.2	%	에	서		51	.9	%	로		성	인	과		학
생		모	두		증	가	하	였	다	.		또	한		성	인	의		종	이	책		독	서	를
방	해	하	는		요	인	으	로	는		첫		번	째	가		시	간	이		없	어	서	이
고		그		다	음	이		다	른		매	체	의		이	용	이	라	고		응	답	하	였
다	.		이	러	한		현	상	이		이	어	진	다	면		앞	으	로		출	판	에	서	도
종	이	책	은		계	속		줄	어	들	며		전	자	책	은		늘	어	날		것	으	로	
전	망	된	다	.																				

訳 成人と小中高校生を対象に年間読書率の実態を調査した結果で紙の本場合、成人は2019年、52.1％から2023年には32.3％に減少したが、学生は90.7％から93.1％に増加したことがわかる。反面、電子書籍は成人が16.5％から19.4％に、学生は37.2％から51.9％に成人と学生ともに増加している。また、成人の紙の本の読書を妨害する要因としては、第一に時間がなくてで、その次が別のメディアの利用だと答えた。このような現象が続くならば、これから出版では紙の本は引き続き減って電子書籍は増えるとの見通しだ。

統計に関する表現を豊かに！
□감소했으나：減少したが　□반면：反面　□-와/과　모두：〜と〜どちらも　□이러한 현상이 이어진다면：このような現象が続くならば

問題〔54〕 次を参考にして600~700字で文章を書きなさい。ただし、問題をそのまま写さないでください。

54

訳 スピード違反（過速）や信号無視を予防するための監視カメラはドローンだけでなく市民の安全と犯罪予防のために市街のあちこちに設定されている。しかしプライバシー（私生活）侵害の議論もある、このような監視カメラ設置ついて下記の内容を中心に自身の考えを書きなさい。

・監視カメラを設置する目的は何か？
・プライバシー（私生活）侵害の議論はなぜあると考えるか？
・監視カメラ設置に対する長所と短所を書きなさい。

54：解答例

　도로를 포함한 대부분의 거리에 설치되어 있는 감시 카메라는 시민의 안전을 지키고 과속이나 신호를 위반하는 것을 예방하는 데에 그 목적이 있다. 만약 이러한 감시 카메라가 없다면 도로를 달리는 차량은 신호를 무시하고 엄청난 속도로 달릴 게 뻔하다. 또한 인적이 드문 골목길이나 술집이 모여 있는 유흥가 등에도 감시 카메라가 없다면 각종 범죄의 온상이 될 수도 있다. 그렇게 된다면 교통사고는 물론이고 도시 전체가 무법천지가 될지도 모른다.

　그러나 너무나 많은 카메라로 인해 어느 곳도 자유로운 곳이 없기 때문에 사생활 침해의 논란을 부르는 것도 사실이다. 어디에서나 나를 감시하는 카메라가 있다고 생각하면 두려운 마음까지 든다. 따라서 감시 카메라 설치의 문제는 양날의 칼이 될 수 있다.

　감시 카메라의 장점을 꼽자면 함부로 신호나 법규를 위반할 수 없게 되니 자연스럽게 교통질서를 지키게 되고 범죄를 예방할 수 있으니 치안을 유지할 수 있게 되는 것이다. 이에 반해 단점이 있다면 도시 구석구석 일상생활을 유지함에 있어서 감시하는 눈이 있으니 사생활이 보호되지 않는다는 것이다. 세상에는 필요악이라는 말이 있다. 이는 없는 것이 바람직한 일이지만 조직의 운영이나 사회생활에서 어쩔 수 없이 필요한 것을 의미한다. 장점과 단점이 분명한 감시 카메라도 우리에게 마지못해 받아들일 수 밖에

없	는		필	요	악	이	라	고		할		수		있	을		것	이	다	.	

訳 道路を含むほとんどの通りに設置されている監視カメラは、市民の安全を守ってスピード違反や信号を無視（違反）することを予防することにおいて、その目的がある。もしもこのような監視カメラがなかったなら、道路を走る車両は信号を無視してとてつもないスピードで走ることが目に見えている。また人通りの少ない路地裏や酒場が集まっている歓楽街（遊興街）などでも、監視カメラがなければいろんな犯罪の温床になりうる。そうなれば交通事故だけでなく都市全体が無法地帯（無法天地）となるかもしれない。

しかしあまりにも多くのカメラによって、どこにも自由な場所がないのでプライバシー（私生活）侵害の議論を招くことも事実だ。どこにでも自分を監視するカメラがあると考えると恐怖心まで覚える。よって監視カメラ設置の問題は諸刃の剣となりうる。

監視カメラの長所をあげるなら、むやみに信号や法規を違反することができなくなるので自然に交通秩序を守るようになって、犯罪予防をできるので治安維持ができるようになるのだ。これに反して短所があるなら、都市の隅々で日常生活を維持することにあたって監視する目があることから、プライバシーが保護されないということだ。世の中には必要悪という言葉がある。これはないことが望ましいことだが組織の運営や社会生活で 仕方なく必要なことをいう。長所と短所が明らかな監視カメラも、私たちに否応なく受け入れるしかない、必要悪といえるだろう。

54：解答例

💡 テーマは「監視カメラ設置」です。ガイド設問は①監視カメラ設置の目的、②監視カメラ設置がプライバシー侵害につながるという論議の理由、③監視カメラ設置に関する長短所の3つです。それぞれの設問に沿って段落を作り、問いに答えています。解答例の表現を参考にしながら、自分でも書いてみましょう。

✏️ **예방하는 데에** 防するにおいて **-게 뻔하다** 〜することが目に見えている

👆 □과속〔過速〕：スピード違反　□신호를 위반하다〔違反 -〕：信号を無視する　□인적〔人跡〕이 드물다：人通りが少ない　□골목길：路地裏　□유흥가〔遊興街〕：歓楽街　□범죄의 온상이 될 수 있다：犯罪の温床になりうる　□도시 전체가 무법천지〔無法天地〕가 되다：都市全体が無法地帯となる　□사생활 침해〔私生活 侵害〕：プライバシーの侵害　□두려운 마음까지 들다：恐怖心まで覚える　□양날의 칼이 될 수 있다：諸刃の剣となりうる　□장점〔長点〕을 꼽다：長所をあげる　□함부로：むやみに　□법규를 위반하다：法規を違反する　□교통질서를 지키다：交通秩序を守る　□치안을 유지하다：治安を維持する　□구석구석：隅々　□필요악：必要悪　□어쩔 수 없이：仕方なく　□분명하다：明らかだ

第３回模擬試験　読解問題　解説

問題〔1-2〕（　　　　）に入る最も当てはまるものを選びなさい。

1

訳 1. 空がすっかり曇ったのを見ると、今すぐにでも 大雨が（　　　　）。
①降っている　　　　②降りそうだ＜推測・未来＞　　　　③降ることとなった　　　　④降ったことがない

1：正解②

💡 前節が後節の判断の根拠となる表現で、空欄の直前に 近い未来を表す表現 があることから、空欄には②の推測表現が入ります。他の選択肢はどれも自制が合いません。

📝 -(으)ㄴ 걸 보니 〜したのを見ると、〜した様子から〈推測の根拠〉　-고 있다 〜している〈現在進行形〉

-(으)ㄹ 듯하다 〜するみたいだ〈推測・未来〉　-게 되었다 〜することとなる〈受身・過去〉　-(으)ㄴ 적이 없다 〜したことがない〈経験・過去〉

👆 □비가 쏟아지다：雨が降り注ぐ、激しく降る、大雨が降る

2

訳 今回の洪水で人命被害 も （　　　　）経済的損失 も 相当なものです。
①大きいうえに　　　　②大きかっただけで　　　　③大きくはあったが　　　　④大きいことはないので

2：正解①

💡 文中に、助詞も（〜も）が2回登場していることから、前後の文章は類似した内容になります。後半の文末と自然につなげるために空欄は①の追加表現が適切です。

⚠ 他の選択肢はどれも、文末の経済的損失も相当大きいという内容と合わなくなります。

📝 -(으)ㄴ 데다가 〜なうえに〈追加〉　-기만 했지 〜だっただけで〈限定〉　-기는 해도 〜ではあったが〈限定〉　-(으)ㄹ 수는 없기에 〜なこと（可能性）はないので〈可能性〉

👆 □인명 피해가 크다：人命被害が大きい　□경제적 손실이 상당하다：経済的な損失が相当（な大きさ）だ

問題〔3-4〕下線部と意味が最も似たものを選びなさい。

3

訳 家の値段が上がったのでマイホーム 購入 は言うまでもなく、賃貸の家を 探すのも難しいです 。
①購入すると言って　　　　②購入するとしても　　　　③購入するのだから　　　　④購入はおろか

3：正解④

💡 困難さで比較すると［マイホーム購入＞賃貸の家を探す］なので、問題文と同じように前節のほうが困難で後半に楽な内容を取る構文を選ぶ必要があります。よって④が当てはまります。

📝 -는/은 고사하고 〜は言うまでもなく、〜はおろか　-ㄴ/는답시고 〜と言って ※後続説の理由や原因を表

し、ネガティブな結果を伴う表現　-(으)ㄹ지언정 〜だとしても ※ネガティブな内容に接続することが多い　-느니만큼 〜なのだから（〜しなくてはいけない）※前節の期待に後節で応える必要　-기는커녕 〜するどころか ※後節のほうがはるかに易しい内容が来て、それでも成立しないという文章で使う

160

4

訳 人が多い所で転んだので、恥ずかしくて仕方がなかったです。

①恥ずかしくなかったです　　　　②恥ずかしいからです

③恥ずかしくてたまらなかったです　④恥ずかしいはずがなかったです

4：正解③

💡 似た意味の慣用句を選ぶ問題です。下線部부끄럽기 짝이 없다（恥ずかしくて仕方がない）と意味で合致するのは③のみです。どちらも感情の単語と組み合わせてその程度が甚だしいことを表す場面でよく使われます。

✏ -기 짝이 없다 〜で仕方がない、並ぶものが（この上）ない ※짝は「対、一組、ペア」を表すが、ここでは「同

レベルで並ぶもの」という意味　-기 그지없다 〜でたまらない ※그지없다は끝이 없다（終わり、果てがない）から派生した表現

👆 □ -지 않다：〜ではない〈否定〉　□ -기 때문이다：〜だからだ〈理由〉　□ -(으)ㄹ 리가 없다：〜のはずがない〈推測〉

問題〔5-8〕 次は何についての文なのか選びなさい。

5

訳 先端科学で出会う幻想的カラーの世界！

大型の画面で新しい世界を見てください。

①眼鏡　　　　②鏡　　　　③化粧品　　　　④テレビ

5：正解④

💡 選択肢の中で大型の画面を持つのは④のテレビだけです。

👆 □첨단 과학〔尖端 科学〕：先端科学　□환상적：幻想的

6

訳 数百輪の菊の花があなたを待っています。

童話の中のお話がいっぱいの秋を一緒に楽しみましょう！

①美術館　　　　②花屋　　　　③遊園地　　　　④伝統市場

6：正解③

💡 たくさんの花と童話の中のお話を一緒に楽しめる③遊園地の広告です。

⚠ 他の選択肢では、花と童話の両方を満たすことはできないので不正解です。

7

訳 食べて、見て、楽しんで

南道の格別な味を感じ、自然の胸に（抱かれましょう）！

（1泊2日：10万ウォン / 2泊3日：15万ウォン）

①食堂の広告　　　②旅行商品　　　③料理の紹介　　　④公演の案内

7：正解②

💡 「1泊2日」など旅行にしか使われない内容があるため、②が正解です。

⚠ 別味という言葉から①食堂や③料理に誘導しようと

しています。④であれば開始日時等の案内が必要ですので合いません。

👆 □남도：南道。一般的に京畿道以南の3つの道を

161

指す　□별미〔別味〕：格別な味、珍味、ごちそう

8

📝
・環境にやさしい材料だけで作ります。
・緑茶が含まれていて皮膚に刺激がありません。
・家族全員でお使いになれます。
①商品説明　　②注意事項　　③利用案内　　④選択基準

8：正解①

💡 商品の特徴を説明しているので①最も当てはまります。禁止事項や使い方の案内、どのように選ぶのかという内容はありませんので他の選択肢は不正解です。

👆 □함유되다〔含有-〕：含まれる　□피부〔皮膚〕에 자극이 없다：肌に刺激がない

問題〔9-12〕 次の文章またはグラフの内容と同じものを選びなさい。

9

📝 演劇『おじいさんと一緒にダンスを』
♠期間：12月1日～12月31日（月曜日は公演なし）
♠時間：平日午後7時／土日　午後3時、6時
♠場所：大学路　小劇場
♠入場料：一般　15,000／大学生及び青少年　10,000（学生証確認）
♠その他問合せ：333-1234（前売りはインターネットのみ可能）
①この公演は休むことなく12月の1か月間続く。
②平日と週末すべて1日2回公演観覧が可能である。
③大学生や青少年は学生証があれば割引となる。
④電話で気になる点を聞いたり、チケット予約もできる。

9：正解③

💡 大学生及び青少年は学生証を確認すると割引になると記載されていますので③が正解です。

⚠ 月曜は公演がないので①は合いません。また平日は1日2回公演ではないので②も不正解です。前売りはインターネットのみなので④も一致しません。

👆 □휴무〔休務〕：休業　□문의〔問議〕=궁금한 점을 물어보다：気になる点を尋ねる

10

📝 〈農村の世帯と高齢人口の比率〉

農村の世帯数
1,042 (2017)　1,002 (2018)　987 (2019)

農家の高齢者人口(%)
41 (2017)　44 (2018)　49 (2019)

①農村の世帯数は増加していたが、高齢者は段々減少している。

②農村忌避現象により、農業に従事する人々はますます減っている。

③農村の人口は段々減っている反面、高齢人口比率は増えている。

④農業を営む世帯はますます減っているが、高齢者の農村流入は増加している。

10：正解 ③

💡 左のグラフから農村の世帯数が減少しており、右のグラフから農村の高齢化が進行していることがわかるので③が正解です。

⚠ ①高齢者は年々増加しているので①は合いません。②農村忌避現象と高齢者の農村への流入についてはこ

れらの資料から読み取れませんので②と④も不正解となります。

👆 □기피：忌避　□농업에 종사하다：農業に従事する＝농사를 짓다：農業を営む

11

📖 統計庁で発表した今年の国民生活時間調査結果によると、最も気持ちの良い行動1位は食事することと明らかになった。次に、良い人との出会い、放送視聴の順であり、4位と5位は、平日の場合は退勤、おやつや飲み物の摂取、週末の場合は睡眠とおやつの飲み物の摂取と答えた。生活時間とは、1日24時間を使用内容に応じて割った時間で、睡眠や食事などの必須時間と仕事や学習、家事労働などの義務の時間、そして個人の自由な時間である余暇時間などをいう。

①生活時間の中でテレビを見るのが良いという答えが2番目に高い。

②平日と週末ともにおやつを食べる時間が良いという回答が同一に表れた。

③必須時間は職場で業務を遂行したり、学校で勉強をする時間である。

④日中行動する内容に応じて、使用する時間を分けたものが生活時間である。

11：正解 ④

💡 最後の文章で1日24時間を内容に分けて時間を分けたものとしているので④が合致します。

⚠ ①の放送を見る時間は3番目に高いので一致しま

せん。週末と平日の順位は違うので②も不正解です。③業務や仕事は義務の時間のため一致しません。

👆 □ -로/으로 나타나다：～と明らかになる

12

📖 子どもたちは家庭と社会で持続的な世話と関心を傾けるべきだ。特に、共働きの両親の子どもたちは、両親が仕事をしている間、子どもの世話をする人が必要だ。よって 住民たち自ら 地域の子どもたちの世話をして指導する子どもケアセンターが新たにオープンして好評を得ている。住民センターや図書館の公共施設を利用して、放課後のケアが必要な小学生を対象に登下校管理や読書、宿題指導などのプログラムを提供している。

①親が子どもたちを気楽に世話して仕事をすることができる場所ができた。

②学校から帰ってきた子どもたちを指導し、世話をしてくれるところが大変不足している。

③地域当局で設けた子どもケアセンターが住民に歓迎されている。

④このケアセンターは地域住民が共同で使用する施設を活用している。

12：正解 ④

💡 最後の文章で住民センターや図書館等の公共施設を利用するとしているので④の内容と合います。

⚠ ①と③はこの子どもケアセンターの担い手が違うので不正解です。②も一致してそうに見えますが、問題

文の中にはありません。2文目からのひっかけ誘導です。

👆 □돌봄：世話　□맞벌이：共働き　□지역 당국：地域当局（市役所等政府関連の機関）

問題〔13-15〕 以下を順に並べたものを選びなさい。

13

訳 (가) パスタの食感を生かしたラーメン、スープのないラーメンなど、ラーメン業界の多彩で新しい試みは消費者たちに選択の楽しさを与えてくれている。

(나) これによってラーメン会社たちは多様な種類のラーメンを競争的に売り出している。

(다) ここに一人暮らしの急増とキャンプブームを追い風に簡便食を好む消費者がずっと増加しているのでラーメン市場は毎年拡大している。

(라) 韓国は人口対比ラーメンの消費量が世界1位を占めるほど、国民のラーメン愛 は深いといえる。

13：正解②

これは韓国人とラーメン愛からなるラーメン市場競争の文章です。並べ替え問題の最初の文は、背景説明や問題提起など、幅広い内容を含むものが選ばれることが多いです。選択肢のパターンから、最初の文章は (가) もしくは(라)になります。この2文を比較すると、(가) は具体的な事例を挙げながら、ラーメン業界の奮闘ぶりを細かく伝えているのに対し、(라)は韓国民のラーメン愛の深さを広く語り始める内容ですので、1文目は (라) が適切です。したがって、正解は②か④のどちらかになります。

1文目で「韓国民(消費者・生産者の両方)の深いラーメン愛」について書かれているので、2文目はそれを受けた内容の文章を探します。②の2文目候補は (다)ですが、ここ という指示語で 国民のラーメン愛 を

受けて、ラーメン市場の拡大へと話が展開していることから、その後の文章も矛盾なくつながるので正解となります。一方、④は話の主体が国民全体からラーメン会社へと一気に小さくなっているので、2文目としては不自然です。(나) の これに従い が示す内容は「ラーメン市場の拡大によって」です。指示語の内容の読み取りが難しい問題でした。この問題の文脈は次の通りです。(라) 導入：韓国人のラーメンに対する愛情の深さ—(나) 展開：国民のラーメン愛と生活様式の変化が市場を拡大—(가) 詳細説明：ラーメン会社の具体的戦略—(다) 結論：ラーメン会社の激しい競争

□식감을 살리다：食感を生かす　□국물：スープ
□다채롭고 새로운 시도：多彩で新しい試み □즐거움을
안겨주다：楽しさを与える

14

訳 (가) また、外出時に孤独に残されたペットの活動状態と時間なども確認することができる。

(나) 忙しい生活の中でペットをきちんと管理することができない人々に必要なモバイルプログラムが開発された。

(다) このプログラム はペットの生活習慣を基盤として健康状態を分析して知らせてくれる。

(라) これを通じて家族構成員がペットを安全に養育できるように助けを受けられるようになった。

14：正解①

この文章はペットを管理することのできるモバイルプログラムについての内容です。選択肢のパターンから、最初の文章は (나) もしくは (다) になります。並べ替え問題の1文目は、冒頭に指示語のないものを選ぶのが基本です。したがって1文目は、指示語のない (나) になります。つまり、正解は①か②のどちらかになりますので焦らずに2文目を選びます。

①の2文目候補の (다) が「このプログラム」から始まっていて、これが1文目の忙しくてもペットを管理

できるモバイルプログラムの話の具体的な機能の内容に無理なくつながります。一方の②では、2文目候補の (가) は또한 (また) という接続詞がありますので、この前の文章には具体的にプログラムが何をしてくれるのかを示す内容がないと不自然です。しかし1文目にはアプリの大まかな紹介に留まっているので内容が合いません。(가) が、3文目としてアプリの機能の追加情報としていることからも①が正解です。この問題の文脈は次の通りです。(나) 導入：ペットを管理するのに

164

必要なプログラムの紹介—(다)詳細説明1：ペットの健康状態を分析—(가)詳細説明2：ペットの活動状態の時間の確認—(라)まとめ：プログラムについて再度紹介

🖐 □양육하다：養育する　□홀로 남겨지다：独りで残される

15

📝 (가)　簡単に言うと、ふつう個人や同好人によって後援と制作が行われるすべての映画を表す言葉だ。
(나)　よって独立という言葉は、資本からの独立を意味するのだ。
(다)　これは利益が優先である一般産業映画とは違い、創造家の意図が優先であり上映時間や主題と形式、制作方式などで一般映画と差別化される。
(라)　既存の商業資本に依存せずに、自由に創作される映画を独立映画という。

15：正解 ③

💡 日本ではインディーズ映画とも呼ばれている、既存の資本に依存せずに自由に創作される独立映画が主題です。選択肢のパターンから、最初の文章は(가)もしくは(라)になります。(가)を見ると冒頭に言い換えの表現があることから、最初の文章とは考えにくいです。また、1文目は、導入になることが多いので幅白い内容を扱ったものを選ぶ必要があります。よって最初の文は(라)になります。したがって、正解は③か④のどちらかになります。

⚠ 次に2文目を選びます。1文目では独立映画の定義をしていますので、2文目はそれを受けた内容の文章を探します。③の2文目候補は(가)ですが、この文章は独立映画の言い換えの内容と解釈できますので、最後までスムーズに続きます。一方④の(나)は、一見すると最初の文章から無理なくつながるように感じま

す。しかし3文目候補の(다)の冒頭の이것(これ)は「独立映画」と対応する指示語なので、この並び順だと矛盾が生じ、(가)が最後だと意味がつながらなくなります。よって、③が正解となります。2文目で迷ったときは3文目以降のつながりも無理がないか確認してください。この問題の文脈は次の通りです。(라)導入：独立映画の定義—(가)展開：独立映画の意味を言い換えて強調—(다)詳細説明：独立映画の持つ特性の説明—(나)まとめ：資本や商業主義から独立した表現方法であることを再度強調

🖐 □쉽게 말하면：簡単に言うと　□후원：後援
□제작이 행해지다：制作が行われる　□일컫다：表す、称する　□이익：利益　□-와/과 달리：〜とは違って
□창작자〔創作者〕：創作家　□차별화되다：差別化される　□의존하다：依存する

問題〔16-18〕　（　　　　）に入る言葉として最も当てはまるものを選びなさい。

16

📝　世界で唯一に作った人と日時そして目的が明確に明らかになった文字でもある。国民が難しい漢字ではなく、簡単な文字を（　　　　）世宗大王が主導して集賢殿の学者たちが作ったのだ。現在は4文字がなくなって24文字しか使われていないので、より簡単に学んで書くことができる。

①作って使えるように
②学んで習熟できるように
③誰でも発明できるように
④確認できるようにするために

16：正解 ②

💡 世宗大王の主導でハングルが作られた経緯や理由を書いた内容です。空欄前後に難しい、簡単と難易度に関する表現があることと文章の最後で文字の習得に関する内容があることから②が最も当てはまります。

📖 集賢殿　世宗大王が宮中に設置した学問研究機関

165

17

訳 精神科医は人の考えや感情を把握して調べる職業だ。それでいつも他人の感情をよく調べるために多くの努力を傾ける。しかし、このような精神科医たちが実際に（　　　）場合がある。そうなると、結局患者の感情状態に振り回されたり、自らの壁に遮られて一人で苦しむ状況が発生することもある。

①自身が病気にかかることになる　　　　　②自身の感情をケアすることができない
③他人に被害を与えることになる　　　　　④他人の悩みを上手に聞いてあげることができない

17：正解②

空欄を含む文章がユ러나（しかし）と逆接の接続詞から始まっているので、その前の文章「他人の感情を理解しようと努力する」と対照的な内容が入ります。よって自身の感情をケアすることができない②が当てはまります。

⚠ ④も当てはまりそうな気がしますが、精神科医は他人の悩み相談ではなく人の考えや感情を調べる仕事なので不正解です。①と③の内容はありません。

👆 □정작：実際に、いざ　□벽에 가로막히다：壁に遮られて　□괴로워하다：苦しむ　□휘둘리게 되다：振り回される　□고민을 듣다：悩みを聞く

18

訳 二十四節気は、太陽が動く角度や位置によって、1年を15日間隔で分けて季節を区別したカレンダーと見なすことができる。二十四節気の日付は毎年陽暦ではほぼ似ているが、旧暦では少しずつ変わる。春、夏、秋、冬の四季は、それぞれ立春、立夏、立秋、立冬の四節気から始まる。したがって、二十四節気は（　　　）である。

①天気予報の基準になる　　　　　②季節の案内者の役割をする
③気象情報をあらかじめ知らせてくれる　　　　　④毎年異なるように決めるしかない

18：正解②

空欄を含む文章に順接の接続詞があるので、直前の文章の　四季は四節気から始まるという内容を受けることのできる「季節の案内者」を含む②が正解となります。

⚠ 二十四節気は陰暦では毎年違うので④がひっかけです。①と③の内容はありません。

👆 □양력：陽暦　□음력：陰暦

問題〔19-20〕 以下を読んで質問に答えなさい。

訳 若い層の結婚忌避と出産率の減少及び都市の人口集中による社会的現象により、農村地域の学校が段々と消えている。都市を好んで農村を離れる人口が増えるにつれて、学生数が減っているため、これ以上学校を運営が難しい苦境に至っているのだ。このような学校の廃校は地域商圏にも影響を及ぼしており（　　　）言葉のように地域住民の地域社会活動まで萎縮させ、結局地域の荒廃化をもたらすことになる。農村のある関係者は、村で子どもの泣き声が途絶えて久しいとため息をついたりもした。

19

訳 （　　　）に入る言葉で最も適切なものを選びなさい。

①弱り目に祟り目という　　　　　②後悔先に立たずという
③用事を要領よく片付ける　　　　　④雨降って地固まるという

19：正解 ①

💡 空欄の前後には、学校の廃校によっておこる地域へのネガティブな影響が重なる内容が書かれていることから、①のつらさが重なる意味のことわざが最も当てはまります。他はどれも空欄の後の内容と整合性が取れません。

✏️ **-에 따른** 〜による　**-(으)ㄴ 지 오래 되었다** 〜してからすいぶんたった

👆 □엎친 데 덮친다：転んだところに覆いかぶさる
□소 잃고 외양간 고친다：牛を失ってから牛舎を直す
□떡 본 김에 제사 지낸다：餅を見たついでに法事をする
□비 온 뒤에 땅이 굳어진다：雨降って地固まる　□폐교：廃校　□위축시키다：萎縮させる　□지역의 황폐화：地域の荒廃化

20

訳 上の文章の主題として最も適切なものを選びなさい。
①都市に集まる人口を農村地域に拡散させなければならない。
②学生数が減少すれば、新しい教育方法を導入することができる。
③学校が閉鎖すれば、地域社会にも大きな被害を与えることになる。
④農村発展のために、住民の社会活動の機会を広げなければならない。

20：正解 ③

💡 農村地帯での学校閉鎖が、地域にさまざまな悪影響を及ぼすという内容から③が正解です。正解以外の選択肢の内容はどれも出てきていません。もっともら

しく作られていますが、まずは内容が一致しているもので主題としてまとまった内容を選びましょう。

問題〔21-22〕　次を読んで問いに答えなさい。

訳　最近オーディオブックを聞く人が次第に増えている。紙の本のポジションを電子書籍がかなりの部分取って代わるかと思ったら（　　　　）また別の本の形が登場し、もう本は読んで見ることから聞く時代が来たのだ。聞くだけでいい便利さに、老眼で字を読むことに不便さを感じていた老年層はもちろん、小中高生や若い層でもオーディオブックの活用が増えている。これは一般的な本の形態から離れて、背景音楽やドラマのような形態など多様なメディアとの結合が可能だからだ。

21

訳（　　　　）に入る言葉で最も適切なものを選びなさい。
①そのまま　　　　②いつの間にか　　　　③依然として　　　　④わざと

21：正解 ②

💡 書籍をめぐる変化が主題の文章です。空欄の入った文章でも、紙→電子書籍→オーディオブックと変化が目まぐるしいとしていますので②が最も当てはまります。
⚠️ ①と③は似た意味で変化がないことを表す副詞なので正反対の内容になります。④は文脈に合いません。

✏️ **-기만 하면되다** 〜しさえすればいい、〜するだけでいい

👆 □노안：老眼　□벗어나다：抜け出す、離れる
□어느새：いつの間にか　□일부러：わざと

167

22

🔤 上の内容と同じものを選びなさい。
①高齢者はまだ紙の本を好んでいる。
②紙の本のポジションを電子書籍にすべて明け渡すほかなかった。
③多様な媒体の活用で、電子書籍はさらに発展するだろう。
④さまざまなメディアと結合した新しい形態の本が登場した。

22：正解④

💡 文章の最後で　オーディオブックは多様なメディアとの結合が可能になったとしているので④が正解です、
⚠ ③が少し迷うかもしれませんが、多様なメディアの活用ではなく、結合がオーディオブックの特徴なので

一致していません。②も紛らわしいですが모두(すべて)という内容が合いません。要注意の副詞です。①ももっともらしいですが、問題にありません。

問題〔23-24〕 次を読んで問いに答えなさい。

🔤 　夏休みになると母の手を握って訪ねて行った、母の実家の家庭菜園にはキュウリ、唐辛子、ナスなどが鈴なりに実っていた。私はその実を一つずつ取る楽しさに時間がたつのを忘れて、菜園で遊んだものだった。その中でも私が一番好きだったのは、他ならないトウモロコシだった。おばあちゃんは、トウモロコシが好きな私のために庭の片側に位置する大きな釜に大ぶりなトウモロコシを皮ごと入れてゆでた。トウモロコシ（を）蒸す香ばしい香りが家中いっぱいになると、私は庭の前の縁台の床に横になったり起き上がったりを繰り返し、トウモロコシを待った。そんな時はいつも、おばあちゃんが大事に飼っている子犬のペックのやつも尾を振って、私の周りをぐるぐる回った。今でも鮮明に浮かび上がる、母方のおばあちゃん家の風景は、生きている間ずっと私を大らかに包んでくれる最高の宝物に違いない。

23

🔤 下線部に現れた「私」の心情で最も適したものを選びなさい。
①残念だ　　　　　②ばかばかしい　　　③悔しい　　　　④平穏だ

23：正解④

💡 おばあちゃんの家での思い出が自分を大らかに包んでくれるということは、心が平穏と考えられますので④が当てはまります。他はどれも当てはまりません。
✏ 시간 가는 줄 모르다 時間がたつのもわからない、忘れる　-이/가 아닐 수 없다 〜でないはずがない、〜に違いない〈二重否定〉
👆 □외갓집：母親の実家　□텃밭：家庭菜園　□주렁

주렁 열리다：鈴なりに実る　□다름 아닌：他ならない、他でもない　□옥수수：トウモロコシ　□커다랗다：とても大きい　□가마솥：釜　□큼지막하다：かなり大きい　□고소하다：香ばしい　□평상 마루：縁台の床 □어김없이：きまって、間違いなく　□정성〔精誠〕으로 거두다：大事に世話をする　□녀석：やつ　□넉넉하다：ゆったりしている　□감싸다：包む　□보물：宝物

24

🔤 上の内容と同じものを選びなさい。
①母方のおばあちゃんは、私に市場でトウモロコシを買ってくれた。
②私はおばあちゃんの家の犬を怖がって、近くに行かなかった。
③ おばあちゃんの菜園には、さまざまな野菜がよく育った。
④私は菜園の隣にある遊び場で遊ぶのが好きだった。

第3回模擬試験 読解

24：正解 ③

💡 おばあちゃんの菜園には野菜が鈴なりだったという内容がありますので、③が正解となります。他の選択肢はどれも問題文の内容の一部を使っていますが、ど

れも一致しません。

👆 □장터：市場 □놀이터：遊び場

問題〔25-27〕 次の新聞記事のタイトルを最もよく説明したものを選びなさい。

25

🈯 雲の量が多くそよそよ、週末は晴れて1日の寒暖差が大きい
　①雲が徐々に晴れて、週末には一日中晴れて涼しくなるだろう。
　②雲が多く涼しくて、週末は晴れるが、昼と夜の気温差が大きいだろう。
　③雲が次第に多くなって肌寒くなり、週末は晴天を見せるだろう。
　④雲がかかって雨が降り、週末には晴れるが、昼間の気温が下がるだろう。

25：正解 ②

💡 前半のポイント선선하다（暑くも寒くもなく涼しい）と、後半のポイント일교차가 크다（1日の寒暖差が激しい）の両方を満たしているのは②だけです。正解以外の選択肢はどれも後半部分を置き換えることができて

いません。

👆 □구름이 걷히다：雲が晴れる　□쌀쌀하다：肌寒い
□구름이 끼다：雲がかかる

26

🈯 キムジャンシーズンを控えた大型マート、塩漬け白菜の事前予約販売に突入
　①キムジャンの季節が迫ってきて、大型マートでは白菜を漬けて売っている。
　②キムジャンをする人が多くなり、大型マートではキムチを予約販売している。
　③キムチを漬ける人々のために、大型マートで白菜キムチを大量販売中だ。
　④キムジャンの時期が近づいて、大型マートで塩漬け白菜を前もって予約販売に入った。

26：正解 ④

💡 一冬分のキムチを漬ける韓国の秋の風物詩であるキムジャンが迫ってきたので、大型マートで塩漬け白菜の事前予約を始めたという内容のため④が正解です。

⚠️ 他の選択肢も前半はすべて合っていますが①は現在進行形なので不正解です。②は惜しいですが予約販

売しているのはキムチの材料なので合いません。③は売っているものが違いますし、予約でもないので不正解です。

👆 □김장：キムジャン、キムチの漬け込み　□앞두다：控える　□절임 배추：塩漬けの白菜　□미리 あらかじめ

27

🈯 オンライン授業の長期化、青少年の身体のアンバランスが懸念
　①オンライン授業が長くなり、青少年たちの身体的不均衡が心配だ。
　②オンライン授業が長くなり、青少年たちの学業不均衡に対する心配が大きい。
　③オンライン授業は学業時間が長くなるため、青少年の不満が多い。
　④オンラインにする授業が長くなり、青少年の学業能力が落ちている。

169

27：正解 ①

💡 前半はオンライン授業が長期にわたることで（運動不足となり）、後半は青少年の身体の発達にアンバランスが生じないか今後を心配する内容ですので①が正解です。

⚠️ ②は後半の不均衡の内容が一致しません。③は前半も後半も問題文と合いません。④も後半の内容がまったく合いません。

👆 □장기화：長期化　□신체 불균형〔身体 不均衡〕：身体的不均衡　□우려〔憂慮〕：懸念　□걱정：心配

問題〔28-31〕（　　）に入る言葉で最も適切なものを選びなさい。

28

📖　65歳以上の高齢運転者による交通事故が増加し、今後の夜間や高速道路の運転を禁止する条件付き運転免許制度の導入が推進される。条件付運転免許制度は、高齢運転者の運転能力が低下しなかったという前提のもと、上記のような条件を付けて運転を許可する制度である。警察庁では、この制度導入のために高齢運転者の視力や（　　　）随時適性検査を行うことになる。

①年齢を正確に測定する　　　　　　　②運動神経などを把握する
③感情状態を知らせる　　　　　　　　④運転能力を向上させることができる

28：正解 ②

💡 高齢者による交通事故を防止するための制度が主題です。空欄を含む文章では、この制度導入のために行う検査で必要な「運転能力」が当てはまります。運転能力と運動神経は言い換えることができますので②が最も当てはまります。

⚠️ ①と③では測定する項目が合いません。検査で能力向上はできないので④も不正解です。

👆 □조건부：条件付き　□전제하에〔前提下 -〕：前提のもと　□조건을 달다：条件を付ける　□운전을 허용하다〔許容 -〕：運転を許可する　□측정하다：測定する

29

📖　毎朝モーニングコーヒーを入れて、その香りをかいで一日を気持ちよく始めていた人が突然コーヒーの香りをかげなくなったら、ウイルス感染による嗅覚機能の喪失を疑ってみなければならない。また、ニンニクも嗅覚機能を確認することができる良い材料になる。必ずしも食材だけが可能なわけではないが、匂いをかいでも体に悪くないものを使用しなければならない。芳香剤や漂白剤のように香りは強くても（　　　　）場合は避けた方がいい。

①食品の味を高める　　　　　　　　　②健康との関係がない
③（睡眠を）よく眠らせてくれる　　　④健康に害を与えることができる

29：正解 ④

💡 ウィルスに感染して嗅覚を失ったかどうか、匂いをかいでも体に害のないものを使うべきという注意点について書かれています。空欄の前にある芳香剤や漂白剤は健康に害があるので④が当てはまります。

⚠️ ②がひっかけですが、文末に避ける事が好ましい（避けた方がいい）があるので、内容が合わなくなります。選択肢は最後まできちんと読みましょう。

✏️ **꼭 식재료만 가능한 것은 아니다** 必ずしも食材だけが可能なわけではない〈部分否定〉

👆 □커피를 내리다：コーヒーを入れる　□향을 맡다：香りをかぐ　□후각 기능 상실〔嗅覚 機能 喪失〕：嗅覚機能の喪失　□해롭다：有害だ＝해를 주다：害を与える　□방향제：芳香剤　□표백제：漂白剤　□맛을 돋우다：味を高める

第3回模擬試験 読解

30

訳　高齢者に主に現れるアルツハイマーすなわち認知症は、脳の神経細胞が徐々に損傷して障害が生じる病気である。高齢者人口の中でかなり多くの人々がこの病気に苦しんでおり、これらの認知症は進行性で、記憶力だけでなく（　　　　）行動の制約をもたらし、悪化すると日常的な仕事や時間と空間を判断すること、言語とコミュニケーション技術、思考力が著しく低下する。認知症の原因は多様であるが、年齢に関係なく過度の喫煙か飲酒によって発症する場合もある。

①他の人に移すかもしれないので　　　　　　　②身体のバランス感覚まで衰退するので

③飲食物の摂取も不可能になりながら　　　　　④すべての体臓器が機能を停止するようになり

30：正解 ②

💡 アルツハイマー型認知症についての詳細な説明です。空欄を含む文は認知症の症状について書かれています。空欄後は判断やコミュニケーション能力などバランス感覚が必要なことができなくなると書かれていますので②が正解です。他の選択肢の内容はありません。

✏ -나/이나 ～だが〈逆接〉

👆 □치매〔痴呆〕：認知症　　□신경세포：神経細胞　　□파괴되다：破壊される　　□제약을 가져오게 되다：制約をもたらす　　□현저히〔顕著 -〕떨어지다：著しく低下する　　□감각이 쇠퇴하다：感覚が衰退する　　□다른 사람에게 옮기다：他の人に移す

31

訳　文珠蘭（ムンジュラン）は水仙花科に属する植物で、暖かい海辺の砂丘で主に自生する。葉が長く、真ん中からは下に丸く下がり、花は白が多く、合弁の形で咲くが、6枚の細い花びらで構成されている。また、香りが良く（　　　　）周辺に全体的にほのかに柔らかい花の香りが広く広がる。韓国では唯一、済州島のトッキソムで育っており、ここを天然記念物に指定して保護している。

①家の中に植木鉢を置くと　　　　　　　　　　②人が花を折ると

③この花を売る花屋には　　　　　　　　　　　④花が満開の季節なら

31：正解 ④

💡 日本語では　ハマユウとも呼ばれる文珠蘭の花の紹介と詳細説明です。なじみのない固有名が多く出る問題は戸惑いますが花そのものを知らなくても、この文章の内容だけで解けますので落ち着いて読みます。空欄後は周辺にこの花の良い香りが漂っているとあるので④の満開の季節と考えるのが自然です。

⚠ 問題文でムンジュランは済州島の一部にのみ自生して、天然記念物として保護しているとあります。よって他の選択肢の内容はどれも適切ではなく問題文にもありません。

👆 □통꽃：合弁花類　　□온통：すべて、一面　　□은은하고 부드럽다：ほのかで柔らかい　　□향기가 퍼지다：香りが広がる　　□꽃이 만발하다〔満発 -〕：花が満開だ

問題〔32-34〕　次を読んで文章の内容と同じものを選びなさい。

32

訳　韓国でも人気の高い外国の有名掃除機製造会社で調査した結果、韓国人が全世界で掃除を最も頻繁に行うと発表した。この調査によると、韓国人の60％が毎日1回以上掃除をすることが分かった。また、回答者のうち43％は家の中に家具や物が多すぎて掃除が難しいと答え、清掃のためにこれらの家具や物をたくさん動かすとした。このような結果に対して会社関係者は「韓国人は誰よりも勤勉で忙しく暮らすが、清潔さも非常に重要だと考えている」と話した。

171

①毎日何度も掃除をする人が60％以上を占める。

②半分以上の人々が家が狭く清掃が難しいと考える。

③アジアで初めて韓国人が清掃を多くすることが分かった。

④韓国の人々は清掃をするとき、家の中の物を頻繁に移す方だ。

32：正解④

💡 外国の掃除機メーカーの調査で、韓国人が世界一こまめに掃除をし、物を動かしてまできれいにするきれい好きであるという内容です。毎日掃除をする韓国人の43％が家具を動かすと答えているので④が一致しています。

⚠ 毎日1回以上掃除する人が60％なので①は合いません。② 43％は半分以上でないので不正解です。③の内容はありません。

🖐 □부지런하다：勤勉だ　□절반〔折半〕：半分

33

訳 化粧品を必要な量だけ減らして買える店舗ができ、消費者の反応を得ている。この店ではシャンプーやリンスなど15製品の中で消費者が希望する製品の内容物を好きなだけ環境にやさしい容器に入れる形で購入が可能だ。容器も殺菌処理してリサイクルが可能なため、完成品に比べて相対的に価格が安いうえ、環境保護にもなる一石二鳥の効果を得ることができる。これは化粧品業界の販売方式と製品形態においても新しい変化をもたらすと期待している。

①この店では、すべての化粧品を必要な分だけ買うことができる。

②化粧品の容器も使うことができ、ゴミ排出も減らすことができる。

③希望の化粧品を少しずつ購入できる店舗が多くなっている。

④一部のみ売る化粧品の場合、包装や容器の衛生に問題がある。

33：正解②

💡 一部の化粧品を必要な量だけリサイクル容器に詰め替えて購入することができる店舗ができ無駄がないだけなく環境にもいいという話題です。よって②の内容が一致します。

⚠ ①は紛らわしいですが、すべての化粧品を詰め替えられるわけではないので一致しません。③も合っていそうですが、店舗ができたという内容なので増えたわ

けではありません。④は容器を殺菌処理するとあるので不正解です。

🖐 □호응〔呼応〕：反応　□원하는 만큼：好きなだけ □용기에 담다：容器に入れる　□구매가 가능하다：購買が可能だ　□살균 처리：殺菌処理　□재활용〔再活用〕：リサイクル　□완제품〔完製品〕：完成品　□위생에 문제가 있다：衛生に問題がある

34

訳 昨年結婚した夫婦10組のうち、1組が国際結婚であることが明らかになり、このような多文化家庭は2015年以降持続的な増加傾向を見せている。多文化結婚のパターンとしては、妻が外国人の場合が全体の70％に達している。結婚年齢では男性が36.8歳、女性が28.4歳で年齢差は夫が年上の夫婦が78.5％だった。しかし、国際結婚が増加していることとは別に、これらの家庭で生まれた子どもの数はむしろ減少している。少子化の全体的な社会のムードが同一につながっているのだ。

①国際結婚の増加により多文化家庭人口も増えている。

②夫と妻の年齢がほとんど同じか、年齢差が大きくない。

③多文化結婚で女性が外国人である場合が男性よりはるかに多い。

④外国人と結婚する家庭が段々と増えており、全体結婚の30％に達する。

172

第3回模擬試験 読解

34：正解 ③

💡 男女の年齢差のある国際結婚が増加していて国際結婚は妻が外国人である場合が70%とあるので③が正解となります。

⚠ ①は悩みますが、国際結婚は増加しているものの多文化家庭で生まれる子どもが減少傾向なので多文化家庭の人口が増えているわけではないことから不正解です。②はまったく一致しません。④は70%という数字からの引き算誘導です。冒頭で国際結婚は全体の10%であるとありますので一致しません。

👆 □-과/와는 별개로：〜とは別に　□자녀〔子女〕：息子と娘、子ども　□오히려：むしろ　□동일하게 이어지다：同一につながる　□인구가 늘어나다：人口が増える　□-에 이르다：〜に達する

問題〔35-38〕 次を読んで文章の主題として最も当てはまるものを選びなさい。

35

㉘ 早起きして夜明けの運動をして週末に山を登ることが、怠惰な人には容易ではないことだ。このように規則的に運動をするということは、それだけ勤勉でなければならないのだ。しかし、無条件に運動をがんばるからといって、必ずしもいいことばかりではない。時と場所、運動量をよく見つめ直すことがより重要である。特に天気が急に寒くなると、脳血管疾患だけでなく、身体の負傷の危険も高まることになる。気温が下がると筋肉や関節の柔軟性が落ち、とかく転んだりケガをしやすいからだ。

①毎日規則的に運動をしてこそ、勤勉な生活習慣を持つことができる。
②筋肉や関節は傷つきやすいので、転ばないように常に注意しなければならない。
③寒い天候には怪我の危険のため、室内で軽く動くのが良い。
④自分の身体条件や健康状態に合わせて、運動量を調節することが優先である。

35：正解 ④

💡 運動をがんばることの注意点を述べた文章です。冒頭は勤勉さと運動をがんばることの関連性を述べ、3文目の逆接の接続詞 しかし から運動を頑張りすぎることへの警鐘を鳴らしています。よって④が主題となります。

⚠ ①はそれらしい内容ですが、規則的な運動が勤勉な生活習慣の条件ではなく問題文の主題でもありません。②も合っていそうですが늘（常に）という副詞があるので一致しません。③の後半の内容はありません。

✏ 무조건 -다고 해서 -는 것은 아니다 無条件に〜するからといって…するものではない

👆 □게으른 사람：怠惰な人　□혈관 질환：血管疾患　□관절 유연성이 딸어지다：関節の柔軟性が落ちる　□자칫 -기 쉽다：とかく〜しやすい

36

㉘ これから数年後には、完全自律走行車が商用化される予定だ。完全自律走行車とは4段階をいい、これは運転者が搭乗はするが、緊急事態を除いては直接運転する必要がない水準を意味する。自律走行段階は0から5まで6段階に分けられ、4段階以上であれば完全な指揮走行に該当する。このため、全国の高速道路と国道に、地律走行に必要な諸般の施設が設置され、それに伴う制度改善も完了することになる。

①6段階まで完全な自律走行車が完成して発売された。
②自ら動く自律走行車が、近いうちに道路を走る予定だ。
③すでにすべての道路に自律走行のための施設と制度が設けられている。
④緊急状況でも、自ら判断して処理する自動車が開発された。

173

36：正解 ②

💡 これから数年後に完全自律走行車が商用化される（未来）ことに関連する内容が主題です。

⚠️ ①と③はすでに商用化されている内容なので時制が合いません。④もまだ開発されていない内容なので一致しません。

👆 □자율 주행차：自律走行車　□상용화：商用化

□탑승：搭乗　□비상 상황〔非常 状況〕을 제외하다〔除外 -〕：緊急事態を除く　□제반 시설：諸般の施設　□출시되다〔出市 -〕：発売される　□조만간〔早晚間〕：近いうちに　□이미：すでに　□알아서 판단하다：自ら判断する

37

訳　朝鮮時代後期の代表的実学者チョン・ヤギョンは、文章を書くとき、他の誰かが読んで傷を受けたり、嘲笑されないように二度、三度考えて書かなければならないと息子に何度も言った。このようなチョン・ヤギョンの呼びかけは、今の私たちの時代にさらに必要な格言となった。インターネットにむやみやたらに上げる虚偽の事実や、悪口のコメントによって極端な選択をする被害者も発生するほど、その害悪が非常に大きい。これに対する代案として出てきたのが自分の実名をかけて文章を書くインターネット実名制だ。もちろん賛否両論が強くはあるが、文を書くときに何度も考えなければならないのは当然のことだ。

①インターネットに文を載せるときは、自分の名前を明確に示さなければならない。
②嘲笑を受けたり傷を受けないようにするには、文章を書かない方が良い。
③実名で文章を書くと、他の人が分かりやすく不便な面がある。
④たくさん考えて慎重に文章を書いてこそ、他人に被害を与えない。

37：正解 ④

💡 歴史上の人物の格言が主題の問題です。これもこの人物を知らなくても解けるように作られているので落ち着いて解いてください。冒頭と最後で繰り返されているように、文章を書く時は読み手を傷つけることのないように何度も考えなくてはいけないとしているので④が主題を言い換えています。

⚠️ ①はインターネット実名制のことですが主題ではありません。②は読み手の立場であり問題文の主題とまったく合いません。③の内容もありません。

✏️ 해야 함　しなくてはいけないこと。用言の名詞化
👆 □조롱〔嘲弄〕을 당하다〔当 -〕：嘲笑される　□당

부하다〔当付 -〕：呼び掛ける、頼む、何度も言う　□마구잡이로：むやみやたらに、無分別に　□허위 사실：虚偽の事実　□악성〔悪性〕댓글：悪質な書き込み　□격언：格言　□해악이 크다：害悪が大きい　□인터넷 실명제：インターネット実名制　□찬반양론〔賛反両論〕이 거세다：賛否両論が激しい　□분명하게〔分明 -〕나타내다：明確に示す

📖 정약용（チョン・ヤギョン）朝鮮時代後期の代表的実学者。実学を体系化して集大成化したと評価されている。

38

訳　ほとんどの人がアパートを好む理由が住むのに便利だというメリットもあるが、一戸建て住宅や、（戸建ての）多世帯住宅に比べて、売買が容易になるためだ。後で売るとき、なるべく損をしたくないという認識も作用するのだ。しかし、家は人が住んでいる場所であり、市場で売っているものではない。したがって、家は投資の対象ではなく居住の対象になるべきだ。小さな土地でも自分に合った形の家を建てて長く快適に暮らせるところ、こんなところこそ真の家といえるのではないだろうか。

①自分に合った家を自分で建てて生きることが、幸せな人生だ。
②私が住みやすい家が、他の人には不快感を与えることがある。
③売りたいときに損することなく、早く売れる家に投資しなければならない。
④家は売買するものではなく、人が生涯生きている場所でなければならない。

174

38：正解 ④

💡 家を投資の対象としてではなく、人生を過ごす場所とみなすことが大切だという考えが主題なので④が最も当てはまります。

⚠ ①は幸せな人生の定義をしている文章ですが、問題文は家の定義が主題なので合いません。②と③の内容はありません。

✏ A 이지 B는 / 은 아니다 A であってもBでない

✋ □다가구 주택〔多家口 住宅〕：多世帯住宅　□수월하다：たやすい　□손해〔損害〕를 보다：損をする

問題〔39-41〕 与えられた文章が入る場所として、最も当てはまるものを選びなさい。

39

📖 長い時間瞑想を教えてきたある教師が、これまでの数々の観察を通じて成功した人々から現れる共通の習慣を見出したと明らかにした。（　㋐　）これによると、自身の分野で大きな成功を収めた人物は、通常午後8時や9時くらいに眠り、夜明けの4時から5時に起きると言った。（　㋑　）つまり、早く寝て早く起きるという習慣を持っているということだ。（　㋒　）もちろん、このような習慣を持ってこそ成功するという科学的証拠はないが、研究の結果、睡眠を充分にとってこそ生産性が高まり、学問的成果にも重要な影響を及ぼすという事実は確認されている。（　㋓　）

挿入文：したがって、就寝時間と起床時間が通常の人々とわずか2時間程度の差を見せているが、この小さな違いの結果は大きく変わりうるのだ。

39：正解 ④

💡 問題文は、数々の観察を通じて早寝早起きの習慣が成功者の共通点であるとしています。しかし最後の文章で就寝や起床時間そのものについては科学的根拠はないと否定し、睡眠を充分にとること（約8時間の眠れている計算）で生産性が高まって成果に影響を及ぼす研究結果について紹介しています。この最後の文章の内容はそのまま挿入文と言い換えができま

すので、④の位置に入るのが自然です。

⚠ 正解以外の選択肢を含む文章は、すべて早寝早起きの就寝と起床の時刻についての内容なので挿入文を入れると意味が通じなくなります。

✏ -(으)ㄴ 바 있다 ～したことがある

✋ □명상：瞑想　□잠들다：眠る

40

📖 最近、高層ビルの火災現場で苦労する消防士のために有名な自動車会社で展示場を休憩所に提供したエピソードが知られて感動を与えている。（　㋐　）また火災を鎮圧して消防士が撤退した後、ここの職員たちは率先し事故現場で飛んできた残骸を取り除き、周辺整理を助けた。（　㋑　）現場にいた消防士たちは、適当な休憩スペースがなく、道端で待機しなければならなかったが、おかげで寒さを避けることができたと感謝を伝えた。（　㋒　）今回の火災は建物全体が火炎に包まれるほどすさまじくて、建物の損傷は大きかったか消防士の活躍で人命被害は発生しなかった。（　㋓　）

挿入文：この会社ではただ休むことができる場所だけでなく、食事やおやつなどの必要物品まで無料で提供して火魔と戦う消防士たちを励ましたりもした。

175

40：正解 ①

💡 有名な自動車会社で火災時に消防士に休憩場所を提供したという一文から始まっている問題文です。この冒頭部分が挿入文の内容とぴったり合いますので①が正解となります。

👍 □사연〔事緣〕：エピソード　□솔선수범：率先垂範。人の先に立って進んで行動することで模範を示すこと　□마땅하다：ふさわしい、適当だ　□화마：火魔。火災を悪魔に例えていう言葉

41

訳　毎年9月4日はテコンドーの日と決まっている。（　⑤　）この日はテコンドーのオリンピック正式種目採択を記念するために、2006年世界テコンドー連盟で決めた法的な記念日だ。（　⑥　）テコンドーの振興および公園の造成に関わる法律第7条1項には、テコンドーに対する国民の関心を高め、テコンドーの普及を図るためにテコンドーの日を定めると明示されている。（　⑥　）この法令により国家や地方自治団体及びテコンドー団体等はテコンドーの日にテコンドー競技や関連セミナー、テコンドー有功者褒賞などの行事を進めることができる。（　⑥　）

挿入文：これ は、1994年9月4日フランスパリで開かれた国際オリンピック委員会総会でオリンピック正式種目採択が決定されたためだ。

41：正解 ②

💡 「テコンドーの日」がいつなのか、制定された目的や経緯を紹介した後、詳しく説明を加えた文章です。挿入文の これ は内容はテコンドーの日を決めた目的と理由を説明しているので2文目と言い換えが可能ため、②に入ります。

⚠ ①の直後にある「この日」は1文目の「テコンドーの日」のことなので当てはまりません。③と④は法令についての詳細説明なので挿入すると意味がつながらなくなります。

👍 □채택：採択　□보급：普及　□명시되어 있다：明示されている

問題〔42-43〕　次を読んで問いに答えなさい。

訳　母が嫁入り道具として持ち込んだという等身大の鏡は、この部屋で唯一完全無傷で立派な品物だった。目に見えて、また見えないうちにみすぼらしくなっていく私たちの中で鏡は、母が毎日磨いていたこともあるが、日増しに新たに輝きながら片隅に居座っていた。この異物感のため、私たちの目には実際よりもはるかに大きく見えたのかもしれない。鏡の中にはいつだって、狭い部屋の中がいっぱいに映っていた。ままごと遊びをしているときも、だるそうに目をぱちぱちさせながら目覚めるときも、けんかをするときも、ご飯をかきこんでいるときも、ふと目を上げると部屋の片隅にどしりと立っている鏡が、後ろ姿までもはっきりと丸々映し出すものだから、私たちは鏡の中ではたと顔を合わせる見慣れない自分に敬遠ときまり悪さを感じて、さっと脇によけたり他人の顔のようにぼんやりと見つめたりしたものだった。鏡は傾け具合によって私たちの姿を小さくも大きくも、長くも短くも自由自在に映し出した。姉と私は母がいないとなると、うんうん言いながら鏡を移動させて、その前で口を大きく開けて歌を歌ったり、演劇ごっこをした。雨が降って外に出られないとなると演劇ごっこをしたが、内容はいつも同じだった。

<出典：オ・ジョンヒ『幼年の庭』文学と知性社>

42

🔵 下線部に現れた「私」の心情で最も適したものを選びなさい。

①恥ずかしい   ②満足だ   ③失望した   ④不思議だ

42：正解 ④

💡 鏡の中に映る自分の姿が見慣れないことから、下線部全体での行動は不思議さを感じていることがわかりますので④が正解です。

⚠ 鏡の中の見慣れない自分に決まりの悪い照れくささも感じてはいますが①や③の感情とは違います。主人公は鏡そのものが気に入っているので②でも合いそう

な気がしますが下線部の心情とは合いません。

✋ □허겁지겁 밥을 먹다：あたふたとごはんを食べる、かきこむ

📖 **呉貞姫（オ・ジョンヒ）の短編小説** 著者がモデルとされる少女の目を通して父親不在の環境で逞しく暮らす家族の姿などが描かれている。

43

🔵 上の内容でわかるものを選びなさい。

①鏡は私たちの家で最も大きくて高価なものだ。
②姉と私は鏡で遊ぶのが好きだった。
③鏡は母が子どもたちのために買ってくれた贈り物だった。
④母は家にいるとき、常に鏡の前に座っていた。

43：正解 ②

💡 問題文の最後に母の留守中に鏡で遊んだ描写がありますので②が正解となります。

⚠ ①が迷いどころですが鏡が立派だったと書いてはあるものの値段については書かれていません。鏡は母の

嫁入り道具だったので③は合いません。常に鏡の前に座っていたのではなく母は毎日鏡を磨いていたので④も不正解です。

問題〔44-45〕 次を読んで問いに答えなさい。

🔵 　人間が健康な生活を営むための医薬品や化粧品、食品などの安全性確保を目的とする動物対象実験が広く行われている。動物の生存権や虐待に対する問題がずっと提起されているが、現実的には避けられない選択という名分で行われているのも事実だ。これに 2000 年 4 月には欧州連合で化粧品安全性検査のための動物実験を全面禁止する指針を採択し（　　　　）代替実験研究が活発に行われている。この試みは次の目標を持っている。第一に、できるだけ動物に苦しみを与えないこと。第二に、便利であるという名分として動物を使用しないこと。第三に、可能な範囲で他の方法で置き換えること、などだ。代替方法として活用しているのが、動物の培養細胞の使用、実験対象の動物の大幅な減少、苦痛を感じない生物の利用、コンピュータの使用などがある。

44

🔵 上の文章の主題で、最も適切なものを選びなさい。

①人間が安全に生きるための避けられない選択があるかもしれない。
②動物を虐待して犠牲にする動物実験は絶対に行ってはならない。
③動物実験を控え、他の方法を探そうとする努力が続いている。
④動物を利用した薬品や化粧品等の使用を全面禁止しなければならない。

44：正解 ③

💡 この問題の主題は「動物実験の代替実験の研究」です。動物実験をめぐる現状紹介、動物を対象とした実験の全面禁止のための研究について後半で具体的に詳しく説明する構造です。

⚠️ ①は冒頭で現状として動物実験が行われている現状に触れた内容と一致するので正解に見えますが主題ではないので不正解です。②は問題文の内容より強い意味合いのワード　絶対　絶対　禁止しなくてはいけないがあるので合いません。④は動物実験を全面 禁止（全面禁止）を目標にはしているものの、そうすべきとは書かれていないので正解ではありません。

👆 □삶을 영위하다〔営為 -〕：生活を営む　□학대：虐待　□꾸준히 제기되다：絶え間なく提起される　□행해지다：行われる　□지침을 채택하다：指針を採択する　□대체하다〔代替 -〕：置き換える　□자제하다〔自制 -〕：控える　□배양 세포：培養細胞　□전면 금지하다：全面禁止する

45

📝（　　）に入る言葉で最も適切なものを選びなさい。
①動物と共存できる　　　　　　②動物を対象としない
③共に生きる社会を志向する　　④人間の生存権を維持するため

45：正解 ②

💡 空欄直後の代替 実験（代替実験）とは、動物ではない別のもので行うという意味を持つ言葉なので②が最も当てはまります。①と③は動物の共存について書かれていますが、そのような内容はありません。④は正反対の内容になります。

👆 □동물과 공존하다：動物と共存する　□지향하다：志向する

問題〔46-47〕　次を読んで問いに答えなさい。

📝　　不治の病として知られるがんは、現代医学の目覚ましい発展にもかかわらず、依然として原因やその起源が明確に明らかにされていない。現在、発症原因と推定しているのは各種の発がん物質や放射線、持続的な刺激と損傷、遺伝的要因、ウイルスによるものほどである。がん発生の80％以上が直接的または間接的に環境要因と関連しており、これは自動車の煤煙、タバコの煙、さまざまな化学工業で生産される薬品（化工薬品）などがこれに属する。また、イギリスで初めて煙突清掃夫にがんが発生したことをきっかけに化学的、機械的刺激ががんの原因になりうるという発表もあった。ウイルスによるものとしては、肝臓がんがB型肝炎ウイルスによって発生しうることが証明されたことがある。遺伝的要因の場合には、ナポレオン一家がすべてがんで死亡したという事実と、一卵性双子が同じがんにかかる確率が高いという点から、がんの原因と認められている。しかし、実質的に遺伝するがんは極めてまれであるというのが医学界の一般的な意見でもある。

46

📝 上に現れた筆者の態度として、最も適したものを選びなさい。
①がんの発生原因と認められる要素を詳しく説明している。
②遺伝的な要素が、がんを発生させることができることを証明している。
③不治の病の治療法を明らかにできない現代医学を批判している。
④環境汚染がもたらす可能性のある各種疾患の脅威を警告している。

第3回模擬試験 読解

46：正解 ①

💡 男性はがんの発生要素が明確に明らかになっていないと前置きをしてから、がんの発生要素と思われる事柄について詳しく説明しています。

⚠️ ②が迷うかもしれませんが、遺伝的要素は親族と同じがんにかかる確率が高いとしており、がんそのものを発生させるのはウィルスが原因のケースがあるとしているので、不正解です。男性は現代医学を批判していないので③は合いません。また、不治の病であるがんの発生要因と思われることだけを述べているので③

も当てはまりません。

✋ □원인으로 추정하다：原因と推定する　□발암물질：発がん物質　□자동차 매연〔自動車 煤煙〕：自動車のばい煙　□화공 약품〔化工 薬品〕：さまざまな化学工業で生産される薬品　□굴뚝 청소부〔清掃夫〕：煙突清掃夫　□간암〔肝癌〕：肝臓がん　□간염：肝炎　□극히〔極 -〕드물다：極めてまれだ　□경고하다：警告する

47

📝 上の内容と同じものを選びなさい。
　①環境要因はがん発症の原因として認められていない。
　②遺伝によるがんの発症は、まだはっきりと明らかになったことがない。
　③職業の特性によって不治病の原因を提供する場合がある。
　④医学の持続的な発展で、すべての病気の原因が明らかになっている。

47：正解 ③

💡 イギリスで煙突掃除夫の職業ががんの原因になったことが明らかになったことから③が正解となります。

⚠️ ①は正反対の内容です。②は少し迷いますが遺伝によるがんの発症は近い親族が同じがんにかかる可能性の高いことから、認められていますので不正解です。

冒頭でまだがんの原因等について明確に明らかになっていないとされていますので合いません。

✋ □원인을 제공하다：原因を提供する　□원인이 드러나다：原因が明らかになる

問題〔48-50〕　次を読んで問いに答えなさい。

📝　大韓民国の首都であり、世界的にも指折りの国際都市ソウルは歴史的伝統を丸ごと抱いており、都市規模、人口、発展像で全世界のどの都市にも引けを取っていない。このようなソウルの地理的特徴を挙げるなら断然都心にそびえ立つ山といっても過言ではない。さらに、大統領執務室と官邸が位置する大統領府と朝鮮時代王の正宮でもあった景福宮の背景となる北岳山（プガクサン）は、その景観が非常に優れている。しかし、この山は 1968 年から 一般人の出入りが制限 されていた。国家安全保障を脅かす体裁の悪い事件が起きて以来、このような事態を防止し（　　　）趣旨で防いだのだ。このように 52 年間出入りが禁止された北岳山の一部が開放され、市民の自由な行き来が可能になった。これでソウルの城郭と周辺道の登山コースが完成し、ここに入ると、長い間人々の足が踏み入れられることがなかっただけに城郭を囲むうっそうとした森と木々が茂っていて、大都市の真ん中にいるという事実さえ忘れることになる。

48

📝 上の文章を書く目的として、最も適切なものを選びなさい。
　①ソウルの地理的特徴となる山を紹介するため　　　　②人の出入りを防いだ登山路の開放を促すため
　③自然保護と文化遺産保存の象徴性を強調するため　　④一国の首都が備えるべき諸条件を説明するため

179

48：正解 ①

💡 ソウルの地理的な特徴である山について述べているので①が正解です。他の選択肢で後半の内容はどれも出てきていません。

✏️ -(이) 자 〜であり、かつ

👆 □손꼽히다：指折りだ　□전통〔伝統〕을 고스란히 품다：伝統をまるごと抱える　□뒤지지 않다：引けを取らない　□단연：断然　□우뚝 솟아있다：そびえ立つ　□더욱이：さらに　□대통령 집무실：大統領執務室　□관저：官邸　□청와대：青瓦台　□정궁：正宮

□북악산：北岳山　□안보〔安保〕를 위협하다〔威嚇 -〕：安全保障を脅かす　□불미스럽다〔不美 -〕：みっともない、体裁が悪い　□방지하다：防止する　□취지：趣旨　□이로써：これで　□성곽：城郭　□둘레길：周辺道　□발길이 닿다：足を踏み入れる　□울창한 숲：うっそうとした森　□나무가 우거지다：木が生い茂る　□개방을 촉구하다〔促求 -〕：開放を促す　□상징성：象徴性　□제반：諸般

49

訳（　　　　）に入る言葉として、もっとも適当なものを選びなさい。

①人を監視しようとする
②森林資源を観察しようとする
③文化遺産を保存しようとする
④都市機能を回復しようとする

49：正解 ③

💡 北岳山には政治・国防の役割を持つ青瓦台と、歴史文化遺産である景福宮が近かったのでその保存のために人の侵入を制限したと解釈できますので③が正解となります。他の選択肢の内容はまったく述べられていません。

50

訳 上の内容と同じものを選びなさい。

①世界的に有名な都市はほとんど山に囲まれている。
②ソウルは国際都市になるために必要な条件を整えている。
③長い間塞がっていた城郭道がすべて開放され、出入りが可能になった。
④宮周辺の山は、昔から一般人が自由に出入りできなかった。

50：正解 ②

💡 1文目の後半で、ソウルは人口や規模、発展像などが国際都市として引けを取らないと述べていますので②が当てはまります。

⚠️ ③が誘導されそうになりますが、解放された遊歩道は一部であって全部ではありません。選択肢に書かれている副詞は慎重に検討する必要があります。④も一見合っていそうなのですが一般人が出入りできなくなったのは 52 年前です。問題文の中に出てくる朝鮮時代ほど昔ではないので不正解です。①についてはソウルの特徴であって世界のほとんどの都市に当てはまる内容ではありません。

✏️ 막다 防ぐ、塞ぐ ※受け身は막히다（塞がれる、詰まる）

👆 □발길이 닿다 = 자유롭게 드나들다：自由に出入りする

180

試験に出る重要語句

試験の直前に見直しておきたい、覚えて準備しておきたい要注意の語句を集めました。チェックしましょう。

①模試で使われていた語句の復習

●第1回模試より

【聞き取り】

균형이 맞다	バランスが取れる
적극적인 협조	積極的な協力
보람	やりがい
진심	真心、本気
진정성	真心、誠意
목돈	まとまったお金
마땅하다	適当だ、ふさわしい
자제하다	自制する
섭취	摂取
친환경적	環境にやさしい
거듭나다	もう一度生まれる、生まれ変わる
위성	衛星
기상 관측	気象観測
대기 환경	大気の環境
발효	発酵
걸러지다	濾される
성찰	省察、洞察
파헤치다	暴く
멸종 위기	絶滅危機
희귀하다	希少だ

【読解】

웹서핑	ネットサーフィン
논란	議論、論争
항산화	抗酸化
차량	車両
폭염	酷暑
해례본	解例本
되돌리기 어렵다	取り戻すのが難しい
합의를 거치다	合意を経る
치매	認知症
능숙하다	堪能だ
일컫다	指す、表す
한산하다	閑散としている
낯설다	なじみがない
욕설을 내뱉다	悪口を吐き捨てる、罵る

실속을 따지다	中身にこだわる
합리적 소비	合理的な消費
요긴하다	緊要（必須で重要）だ
까다롭다	煩雑だ
계급의 상하	階級の上下
직업의 귀천	職業の貴賤

●第2回模試より

【聞き取り】

한국어	日本語
어촌	漁村
주거 문화	住居文化
설마	まさか
일교차	昼と夜の寒暖差
실존 인물	実存する人物
적응하다	適応する
비결	秘訣
열린 마음	開かれた心、オープンマインド
식이섬유	食物繊維
가급적	なるべく
편찬사	変遷史
서식하다	生息する
훼손되다	毀損される
노출되다	露出される、さらされる
해저	海底
계기가 마련되다	きっかけが用意される
제도의 모순	制度の矛盾
쾌활하다	快活だ
대여하다	貸し出す、レンタルする
대체 에너지	代替エネルギー

【読解】

머리결	髪のきめ
축협	畜産協同組合
육류	肉類
믿음	信念
실천력을 지니다	実践力を持っている
소통의 장을 펼치다	コミュニケーションの場を広げる
경제적 여건	経済的な状況
엎치락 뒤치락	抜きつ抜かれつ
부업	副業
자진 반납	自ら進んで返納すること

181

비혼	非婚
결혼 여부	結婚するかしないか
허파	肺
시각	視覚、視点
삼가다	控える
도시 재생	都市再生
증후군	症候群
난개발	乱開発
무분별한 개발	無分別な開発
떼죽음을 당하다	大量死となる

● 第3回模試より

【聞き取り】

회의록	会議録
조종하다	操縦する
몇 주째 계속되다	数週間続く
오염의 주범	汚染の主犯
매연을 줄이다	ばい煙を減らす
강인하다	強靭だ
수월하다	たやすい、容易だ
조만간	近いうちに
중견 연기자	中堅の役者
제반 시설이 집중되다	諸施設が集中する
발전을 꾀하다	発展を図る
제철 음식	旬の食べ物
의견을 수렴하다	意見を収斂する、取りまとめる
뒤처지다	取り残される
둥지	巣
역효과가 나다	逆効果が出る
잠수함	潜水艦
새로 선보이다	新しくお披露目する
선박 건조 기술	船舶建造技術
누적된 피로	累積した疲労
근면 성실하다	勤勉で誠実だ
마다하다	嫌がる

【読解】

첨단 과학	先端科学
별미	格別な味、ごちそう
문의	問い合わせ
지역 당국	地域当局（市役所等の政府機関）
황폐화	荒廃化
평상 마루	縁台の床
넉넉하다	ゆったりしている
구름이 걷히다	雲が晴れる
절임 배추	塩漬けの白菜
맛을 돋우다	味を高める
현저히 떨어지다	著しく低下する
자칫 (-기 쉽다)	とかく（〜しやすい）

조롱을 당하다	嘲笑される
찬반양론이 거세다	賛否両論が激しい
솔선수범	率先垂範
삶을 영위하다	生活を営む
불미스럽다	みっともない
성곽	城郭

②よく使われることわざ・慣用句

티끌 모아 태산	塵も積もれば山となる
가는 말이 고와야 오는 말이 곱다	行く言葉がきれいでこそ、相手の言葉もきれいだ（人の振り見てわが振り直せ）
배보다 배꼽이 크다	腹よりへそが大きい（主客転倒）
같은 값이면 다홍치마	同じ条件なら、より良いもの（紅色のスカート）を選択しようとする心理
고래 싸움에 새우 등 터진다	鯨のけんかでエビの背が弾ける（強者の争いで弱者がとばっちりを受ける）
말 한마디로 천 냥 빚을 갚는다	一言で千両の借金を返す（言葉は重要で影響力を持っている）
한물가다	勢いが衰える
발등을 찍다	他人の状況を悪くする、害を与える
가슴을 치다	胸を打つ
등을 돌리다	背をそむける
각광을 받다	脚光を浴びる
엎친 데 덮친다	倒れたところに覆いかぶさる（泣きっ面に蜂／つらいことが重なる様）
소 잃고 외양간 고친다	牛を失って牛小屋を直す（後悔先に立たず）
떡 본 김에 제사 지낸다	餅を見たついでに法事をする（行き掛けの駄賃）
비 온 뒤에 땅이 굳는다/굳어진다	雨降って地固まる
마음에 들다	気に入る
시작이 반이다	始めてしまえば半分終わったようなものだ
수박 겉 핥기	スイカの皮を舐める（物事の表面だけを見て決めつけること）
앞뒤를 재다	前後をわきまえる（慎重に判断する）
백지장도 맞들면 낫다	白紙一枚も支え合って持てば楽だ（協力の重要性）
친구 따라 강남 간다	友達について江南に行く（周囲に流されて行動する様）
발길이 닿다	（人々が）往来する

③選択肢で使われやすい語句

●心情などを表す表現

그립다	懐かしい
답답하다	もどかしい、苦しい
속상하다	気に障る
감격스럽다	感激する
신기하다	物珍しい、不思議だ
불안하다	不安だ
행복하다	幸福だ
우울하다	憂鬱だ
서운하다	残念だ、物足りない、名残惜しい
억울하다	(他責感情) 悔しい、憤懣やるかたない
후회하다	後悔する
당황하다	慌てる、戸惑う
분노하다	憤怒する
지루하다	退屈だ
아쉽다	惜しい、残念だ
우습다	おかしい、こっけいだ
평온하다	平穏だ
부끄럽다	恥ずかしい
만족하다	満足する
실망하다	失望する

●態度や行為などを表す表現

우려하다	憂慮する、心配する
강조하다	強調する
확인하다	確認する
설명하다	説明する
주장하다	主張する
제안하다	提案する
지지하다	支持する
지적하다	指摘する
제시하다	提示する
분석하다	分析する
권유하다	勧める
비판하다	批判する
비교하다	比較する
전달하다	伝える
소개하다	紹介する
일깨우다	諭す
되돌아보다	振り返る
반박하다	反駁する、反論する
충고하다	忠告する
역설하다	力説する
인정하다	認める

④作文問題（53番－図表データ問題）の頻出表現

●数値の増減

N が増加した	N가/이 증가하였다/증가했다
N が増えた	N가/이 늘어났다
N が上昇した	N가/이 상승하였다/상승했다
N が〜に至った	N가/이 -에 이르렀다
N が減少した	N가/이 감소하였다/감소했다
N が減った	N가/이 줄어들었다
N が下落した	N가/이 하락하였다/하락했다
N は〜に過ぎなかった	N가/이 -에 불과했다/지나지 않았다

●変化のペース

継続的に	지속적으로
緩やかに	꾸준히
急激に	급격으로
大幅に	대폭으로
小幅に	소폭으로

●順位

〈最高位〉

最も多かった	가장 많았다
最も高く表れた	가장 높게 나타났다
1位に選ばれた	1위로 꼽혔다

〈2位以下〉

N がその後に続いた	N 가/이 그 뒤를 이었다
N 位に留まった	N 위에 그쳤다

●接続表現

〈追加〉

また	또한
加えて	아울러
さらに	게다가

〈対比〉

反面	반면 (에)
これとは違って	이와 달리

● 著者紹介 ●

問題作成 Visang Education

韓国の教育・出版の大手。小・中・高校向けの教科書制作や学習塾を通じたオンライン教育を中心に、韓国語教材の海外展開にも積極的。TOPIKの模擬試験も、韓国の多数の大学で採用されている。

解説 吉川寿子（よしかわひさこ）

関西大学卒業。韓国語教室「よしかわ語学院」主宰。TOPIK指導に定評があり、合格者実績多数。韓国語教員養成課程（世宗学堂・慶熙大学共催）修了。放送大学大学院修士課程修了。大阪学院大学非常勤講師。共著書に『韓国語能力試験TOPIK II 作文対策講座』（白水社）。第3回TOPIKフォーラム（韓国教育財団主催）にて「TOPIK II 作文特別講座」担当。

本文DTP	平田文普
カバーデザイン	斉藤啓（ブッダプロダクションズ）
翻訳協力・校正	カン・バンファ　ユ・チュンミ
編集協力	河井佳

本書へのご意見・ご感想は下記URLまでお寄せください。
https://www.jresearch.co.jp/contact/

韓国語能力試験 TOPIK II 中・上級 完全模試3回分

令和7年（2025年）　5月10日　初版第1刷発行

著　者 Visang Education（問題作成）
　　　　吉川寿子（解説）
発行人 福田富与
発行所 有限会社 Jリサーチ出版
　　　　〒166-0002　東京都杉並区高円寺北2-29-14-705
電　話 03(6808)8801（代）　FAX 03(5364)5310
編集部 03(6808)8806
　　　　https://www.jresearch.co.jp
印刷所 株式会社シナノ パブリッシング プレス

ISBN 978-4-86392-640-0
禁無断転載。なお、乱丁、落丁はお取り替えいたします。

© 2025 Visang Education, Hisako Yoshikawa All rights reserved. Printed in Japan

韓国語能力試験
TOPIKⅡ 中・上級
完全模試 3回分
Visang Education / 吉川寿子

第1～3回　問題
第1～3回　答案用紙

Ｊリサーチ出版

答案用紙（マークシート）の内容

◎TOPIKⅡでは、聞き取りと読解はマークシート方式、筆記は記述式で答案を作成します。巻末に、各回4ページ（聞き取り1・読解1・筆記2）の答案用紙があります。答案用紙に書かれている内容（マークシート方式の例）は、次のとおりです。

❶ 韓国語能力試験
❷ 聞き取り、読解
❸ 受験番号
❹ ※欠席確認欄
　　欠席者の英字姓名および
　　受験番号を記したのちに表記
❺ ※答案用紙の表記方法
　　（Marking examples）
❻ 正しい例（Correct）
❼ 正しくない例（Incorrect）
❽ ※上記の事項を守らずに発生する不利益は受験者にあります。
❾ ※監督官確認　本人および受験番号の表記が正確であるか確認　（印）
❿ 番号
⓫ 解答欄

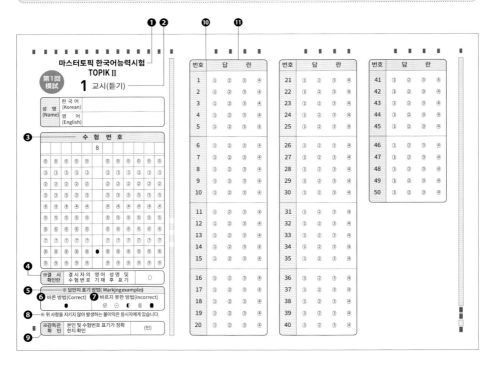

● 実際の試験では、マークシートは試験当日に会場で配布されるサインペンを使って塗りつぶします。答案の修正には修正テープを用いるので、5ミリ幅の修正テープを必ず持参してください。

➡ 筆記の作文問題の答案作成については、本冊子裏表紙の内側のページをご覧ください。

제1회 한국어능력시험

The 1st Test of Proficiency in Korean

TOPIK II

1교시 　**듣기, 쓰기**
(Listening, Writing)

수험번호(Registration No.)	
이름 (Name)	한국어(Korean)	
	영　어(English)	

第1回模試

유 의 사 항
Information

○ 시험 시작 지시가 있을 때까지 문제를 풀지 마십시오.
Do not open the booklet until you are allowed to start.

○ 수험번호와 이름을 정확하게 적어 주십시오.
Write your name and registration number on the answer sheet.

○ 답안지를 구기거나 훼손하지 마십시오.
Do not fold the answer sheet; keep it clean.

○ 답안지의 이름, 수험번호 및 정답의 기입은 배부된 펜을 사용하여 주십시오.
Use the given pen only.

○ 정답은 답안지에 정확하게 표시하여 주십시오.

Mark your answer accurately and clearly on the answer sheet.

making example ① ● ③ ④

○ 문제를 읽을 때에는 소리가 나지 않도록 하십시오.
Keep quiet while answering the questions.

○ 질문이 있을 때에는 손을 들고 감독관이 올 때까지 기다려 주십시오.
When you have any questions, please raise your hand.

TOPIK II 듣기 (1번~50번)

※ [1~3] 다음을 듣고 가장 알맞은 그림 또는 그래프를 고르십시오. (각 2점)

1.

2.

3.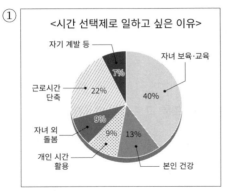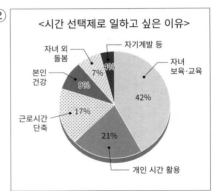

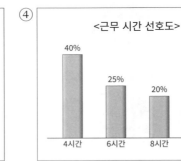

※ [4~8] 다음을 듣고 이어질 수 있는 말로 가장 알맞은 것을 고르십시오. (각 2점)

4. ① 카드로 계산할게요.
   ② 이틀 동안 있을 거예요.
   ③ 오늘은 빈방이 없습니다.
   ④ 바다가 보이는 방으로 주세요.

5. ① 어제 파티는 재미있었어요?
   ② 다른 일이 없으면 꼭 오세요.
   ③ 여기 음식들이 모두 맛있어요.
   ④ 미안해요. 저녁에 약속이 있어요.

6. ① 이곳에서 기다리시면 됩니다.
   ② 사진이 잘 나와서 다행이에요.
   ③ 그럼 조금 후에 다시 올게요.
   ④ 오래 기다리게 해서 미안합니다.

한국어능력시험 _ 1교시(듣기, 쓰기)

7. ① 저도 지금 나가려고요.
　 ② 집에 가서 쉬어야겠어요.
　 ③ 걱정했는데 정말 잘 됐네요.
　 ④ 분실물 센터에 연락해 보세요.

8. ① 벌써 끝내다니 대단하네.
　 ② 빨리 서두르는 게 좋을 거야.
　 ③ 내일부터 해 볼까 생각중이야.
　 ④ 넌 성실하니까 다 잘 될 거야.

※[9~12] 다음을 듣고 여자가 이어서 할 행동으로 가장 알맞은 것을 고르십시오. (각 2점)

9. ① 집으로 돌아간다.　　　　　② 쇼핑을 하러 간다.
　 ③ 다시 안경을 고른다.　　　　④ 안경을 찾으러 간다.

10. ① 약을 먹는다.　　　　　　　② 병원에 간다.
　 ③ 물을 사러 간다.　　　　　　④ 뒤에서 기다린다.

11. ① 헌옷을 버리러 간다.　　　　② 가방을 찾으러 간다.
　 ③ 안 입는 옷을 찾는다.　　　　④ 가방 사진을 계속 찍는다.

12. ① 세탁기를 고치러 간다.　　　② 세탁기 상태를 확인한다.
　 ③ 세탁기에 빨래를 넣는다.　　④ 고객센터에 다시 전화한다.

3

第1回 한국어능력시험 _ 1교시(듣기, 쓰기)

※ [13~16] 다음을 듣고 들은 내용과 같은 것을 고르십시오. (각 2점)

13. ① 오늘 오전에 건물 계단 청소를 실시한다.
    ② 오전과 오후로 나누어 청소를 할 예정이다.
    ③ 계단에 있는 자전거는 그대로 두어도 상관없다.
    ④ 계단 청소에 걸리는 시간은 약 두 시간 정도이다.

14. ① 식품에 보존 처리를 하는 것은 좋지 않다.
    ② 비누는 조금씩 만들어 쓰는 것이 바람직하다.
    ③ 천연 비누는 상하지 않아 오래 사용할 수 있다.
    ④ 비누와 먹는 음식은 같이 만들어 쓰는 것이 좋다.

15. ① 연휴가 시작되는 오늘 저녁부터 차가 많이 몰릴 것이다.
    ② 명절에 집으로 가려는 사람들로 인해 대중교통이 복잡하다.
    ③ 명절 연휴에는 고속도로와 국도 모두 교통 정체가 일어난다.
    ④ 차량이 한꺼번에 몰리는 시간대를 피해서 출발하는 것이 좋다.

16. ① 면을 끓는 물에 넣고 오래 두어야 기름기가 사라진다.
    ② 라면을 기름에 튀겨서 요리하면 맛있는 면을 즐길 수 있다.
    ③ 물이 끓으면 스프를 먼저 넣고 면을 넣어야 국물이 깔끔해진다.
    ④ 라면을 끓이고 난 후 새 물을 더 추가해서 끓이는 것이 맛있다.

Jリサーチ出版

韓国語能力試験
TOPIK Ⅱ 中・上級 完全模試3回分

著者
吉川寿子
Visang Education

定価3080円
(本体2800円＋税10%)

注文数

ISBN978-4-86392-640-0
C0087 ¥2800E

売上カード

発行所名	書名・著者名
Jリサーチ出版	韓国語能力試験 TOPIK II 中・上級 完全模試3回分 Visang Education／吉川寿子

ISBN978-4-86392-640-0 C0087 ¥2800E

定価3080円
(本体2800円＋税10%)

한국어능력시험 _ 1교시(듣기, 쓰기)

※[17~20] 다음을 듣고 남자의 중심 생각으로 가장 알맞은 것을 고르십시오. (각 2점)

17. ① 빗길 사고를 예방하려면 걷는 속도를 줄이는 것이 좋다.
    ② 겨울철 땅이 얼었을 때 골절 사고가 가장 많이 일어난다.
    ③ 횡단보도에서 천천히 걸으면 사고를 당할 위험성이 있다.
    ④ 비가 내려도 넘어지지 않으려면 우산을 들지 않아야 한다.

18. ① 재능이 있으면 분야에 상관없이 도전할 수 있다.
    ② 봉사활동을 하려는 진정성과 적극적인 태도가 중요하다.
    ③ 벽화 그리기는 보람을 가장 크게 느낄 수 있는 활동이다.
    ④ 남들이 하기 싫어하는 일을 하려면 도전 정신이 필요하다.

19. ① 무조건 돈을 쓰지 않아야 목돈을 마련할 수 있다.
    ② 외식을 하거나 야식 배달 등은 큰 지출이 아니다.
    ③ 저축을 하려면 불필요한 지출을 하지 말아야 한다.
    ④ 돈이 없어 저축을 할 수 없다는 말은 거짓이 아니다.

20. ① 농사에 필요한 다양한 농기구가 한국에서만 생산된다.
    ② 사용이 편리한 물건은 어디에서든 인정을 받기 마련이다.
    ③ 서양에 없는 기구들을 많이 만들어야 인기를 얻을 수 있다.
    ④ 한국의 농기구가 전 세계로 대량 수출되어 호평을 받고 있다.

第1回 한국어능력시험 _ 1교시(듣기, 쓰기)

※ [21~22] 다음을 듣고 물음에 답하십시오. (각 2점)

21. 남자의 중심 생각으로 가장 알맞은 것을 고르십시오.

　① 부모님 선물은 잘 고민해서 골라야 실패하지 않는다.

　② 마음을 표현하려면 비싸더라도 선물을 종종 해야 한다.

　③ 값비싼 선물보다 안부를 자주 전하는 게 진정한 효도이다.

　④ 부모님께 효도하려면 먼저 자랑스러운 사람이 되는 것이다.

22. 들은 내용과 같은 것을 고르십시오.

　① 여자는 부모님께 비싼 선물을 해 드렸다.

　② 여자는 부모님과 함께 고향에서 살고 있다.

　③ 여자의 부모님은 자식 자랑하는 걸 좋아하신다.

　④ 남에게 보여 주기 위한 선물은 의미 없는 일이다.

※ [23~24] 다음을 듣고 물음에 답하십시오. (각 2점)

23. 남자가 무엇을 하고 있는지 고르십시오.

　① 반려견으로부터 받은 피해 상황을 전달하고 있다.

　② 운동할 때 지켜야 할 주의 사항을 역설하고 있다.

　③ 반려견과 산책 시 목줄의 필요성을 강조하고 있다.

　④ 공공장소에서의 예절과 규칙에 대해 설명하고 있다.

24. 들은 내용과 같은 것을 고르십시오.

　① 집안에서도 반려견의 안전사고가 많이 일어나고 있다.

　② 주인이 옆에 있으면 반려견이 다른 곳으로 가지 않는다.

　③ 반려견이 밖에 나오면 집에서와 다르게 행동할 수 있다.

　④ 반려견을 위해 자유롭게 뛰어놀 수 있는 장소가 필요하다.

한국어능력시험 _ 1교시(듣기, 쓰기)

※ [25~26] 다음을 듣고 물음에 답하십시오. (각 2점)

25. 남자의 중심 생각으로 가장 알맞은 것을 고르십시오.

　① 고속도로에도 신호등을 설치해야 교통 체증을 줄일 수 있다.

　② 일반적인 교통 규칙만 잘 지켜도 정체 현상을 감소시킬 수 있다.

　③ 원인을 알 수 없는 교통 정체 현상이 운전자에게 공포감을 준다.

　④ 운전 중 휴대폰 사용이나 음식을 먹는 행동이 교통사고를 유발한다.

26. 들은 내용과 같은 것을 고르십시오.

　① 갑자기 차선이 줄어들면 교통 정체가 생기게 된다.

　② 아무 이유 없이 차가 막히는 현상은 유령 때문이다.

　③ 앞에서 속도를 줄이면 뒤의 차들이 달리기 시작한다.

　④ 차간 거리를 넓히는 것이 교통사고를 줄이는 방법이다.

※ [27~28] 다음을 듣고 물음에 답하십시오. (각 2점)

27. 남자가 말하는 의도로 알맞은 것을 고르십시오.

　① 달구경에 알맞은 최적의 장소를 추천하기 위해

　② 궁궐의 아름다운 전통 건축물을 소개하기 위해

　③ 궁중 문화의 특별함과 우수함을 강조하기 위해

　④ 달빛 기행 신청이 어려운 이유를 확인하기 위해

28. 들은 내용과 같은 것을 고르십시오.

　① 궁중 문화 축제는 신청하지 않아도 입장이 가능하다.

　② 누구에게나 무료로 개방된 장소에서 달을 볼 수 있다.

　③ 이번에 새롭게 달빛 탐방 구역 추가로 구경거리가 늘었다.

　④ 창덕궁에서는 매일 궁중 문화 체험의 기회를 만날 수 있다.

第1回 한국어능력시험 _ 1교시(듣기, 쓰기)

※ [29~30] 다음을 듣고 물음에 답하십시오. (각 2점)

29. 남자가 누구인지 고르십시오.

① 숲 해설가　　　　　　　　② 관광 안내원
③ 역사 선생님　　　　　　　④ 동물원 관계자

30. 들은 내용과 같은 것을 고르십시오.

① 한강과 떨어져 있는 숲에 야생 동물이 자라고 있다.
② 서울 시민을 위한 휴식 공간이 상당히 부족한 실정이다.
③ 자연을 배우고 체험할 수 있는 친환경 공원이 조성되었다.
④ 서울숲은 경마장과 골프장 등 체육공원으로 이루어져 있다.

※ [31~32] 다음을 듣고 물음에 답하십시오. (각 2점)

31. 남자의 중심 생각으로 가장 알맞은 것을 고르십시오.

① 성급하게 취직을 하게 되면 이직의 사유가 될 수도 있다.
② 자신의 적성에 안 맞더라도 일단 취업을 하는 게 유리하다.
③ 청년 구직자들은 자신의 일에 만족하지 못하는 경우가 많다.
④ 다른 회사로 이직을 하기 위해서는 2년 이상 경력이 필요하다.

32. 남자의 태도로 가장 알맞은 것을 고르십시오.

① 정부의 청년 대상 일자리 대책에 대해 분석하고 있다.
② 잦은 이직의 이유에 대한 여자의 의견을 반박하고 있다.
③ 공급과 수요가 맞지 않는 고용 현실을 안타까워하고 있다.
④ 적성과 조건만 따지는 청년 구직자들의 태도를 비판하고 있다.

한국어능력시험 _ 1교시(듣기, 쓰기)

※ [33~34] 다음을 듣고 물음에 답하십시오. (각 2점)

33. 무엇에 대한 내용인지 알맞은 것을 고르십시오.

① 1인 가구의 식생활 변화
② 노년층 독거 가구의 증가 원인
③ 혼자 즐기는 취미 생활의 다양화
④ 1인 가구 증가에 따른 문화 현상

34. 들은 내용과 같은 것을 고르십시오.

① 혼자 사는 청년 세대가 점점 증가하고 있다.
② 1인 가구의 대부분은 집에서 요리를 해 먹는다.
③ 편하게 혼자 식사할 수 있는 식당을 찾기 어렵다.
④ 1인 가구의 증가 현상은 이미 오래전부터 시작되었다.

※ [35~36] 다음을 듣고 물음에 답하십시오. (각 2점)

35. 남자가 무엇을 하고 있는지 고르십시오.

① 해양에서 발생되는 오염 물질의 심각성을 파악하고 있다.
② 기상 관측에 필요한 위성 발사의 필요성을 강조하고 있다.
③ 관측 위성 1호와 2호의 목적과 역할에 대해 설명하고 있다.
④ 위성 촬영 영상을 바탕으로 많은 해양 정보를 분석하고 있다.

36. 들은 내용과 같은 것을 고르십시오.

① 이번에 발사된 위성은 기상 상황을 관측하는 역할을 한다.
② 위성 정보를 통해 해양 쓰레기가 어디로 이동하는지 알 수 있다.
③ 바다의 환경 문제와 대기 상황을 촬영하는 위성이 발사될 예정이다.
④ 한반도의 주변 환경을 감시하기 위한 특별한 위성이 운영되고 있다.

第1回 한국어능력시험 _ 1교시(듣기, 쓰기)

※ [37~38] 다음을 듣고 물음에 답하십시오. (각 2점)

37. 여자의 중심 생각으로 가장 알맞은 것을 고르십시오.

① 전통적인 식생활이 변화하면서 새로운 질병들이 생겨난다.

② 유럽인과 동양인의 식습관 차이는 오랜 역사를 가지고 있다.

③ 먹는 음식의 종류에 따라 건강을 지키는 방법이 각기 다르다.

④ 주식으로 하는 식품이 유전적 진화를 하게 되어 부작용을 억제한다.

38. 들은 내용과 같은 것을 고르십시오.

① 탄수화물 섭취가 많으면 살이 많이 찌게 된다.

② 유럽 사람이 동양인에 비해 비만인 경우가 많다.

③ 한국의 벼농사는 오래전 유럽으로부터 전해졌다.

④ 우유를 많이 마시면 유당 분해 효소가 생기지 않는다.

※ [39~40] 다음을 듣고 물음에 답하십시오. (각 2점)

39. 이 대화 전의 내용으로 가장 알맞은 것을 고르십시오.

① 부모와 자녀가 원만하게 소통하는 방법

② 가족과 버스로 세계 일주를 했던 이야기

③ 전 세계의 도시를 여행할 때 필요한 것들

④ 세계 문화의 다양성을 공유해야 하는 이유

40. 들은 내용과 같은 것을 고르십시오.

① 가족과 함께 있는 시간을 만들고 싶어서 여행을 떠났다.

② 새로운 시작은 용기와 자신감을 찾을 수 있는 시간이다.

③ 여행을 통해 자신을 깊이 돌아보는 여유를 가지게 된다.

④ 세계의 많은 도시들은 각기 다른 건축 문화를 가지고 있다.

한국어능력시험 _ 1교시(듣기, 쓰기)

※ [41~42] 다음을 듣고 물음에 답하십시오. (각 2점)

41. 이 강연의 중심 내용으로 가장 알맞은 것을 고르십시오.

① 환경 문제를 일으키지 않는 대체 에너지 개발이 시급하다.

② 과학 기술의 발전은 인류의 생활을 효율적으로 변화시켰다.

③ 일상에서 필요한 전기의 수요는 꾸준히 증가할 수밖에 없다.

④ 고갈 염려가 없는 태양에너지는 앞으로 활용도가 커질 것이다.

42. 들은 내용과 같은 것을 고르십시오.

① 물을 이용한 에너지는 양이 너무 적어 활용도가 떨어진다.

② 난방이나 온수를 만들기 위해 전기 생산을 확대하고 있다.

③ 인류가 햇빛을 에너지로 사용한 것은 오랜 역사를 가지고 있다.

④ 화석 연료는 환경 문제를 일으키기 때문에 이제 사용하지 않는다.

※ [43~44] 다음을 듣고 물음에 답하십시오. (각 2점)

43. 무엇에 대한 내용인지 알맞은 것을 고르십시오.

① 지방마다 특색이 있는 축제를 개최해 관광객들이 몰리고 있다.

② 다양한 허수아비의 전시를 통해 전통 예술을 되살리고 있다.

③ 지역 주민들이 힘을 합쳐 전통 풍습의 계승 행사를 하고 있다.

④ 황금으로 조성한 가을 들판의 아름다운 풍경을 소개하고 있다.

44. 가을 논 위에 허수아비를 많이 세워놓은 이유로 맞는 것을 고르십시오.

① 새들의 공격으로부터 벼의 피해를 방지하기 위해

② 관광객들이 많이 찾을 수 있는 명소를 만들기 위해

③ 새로운 농업 기술의 성과와 결과물을 홍보하기 위해

④ 생태계를 살리는 친환경 농업의 중요성을 알리기 위해

第1回 한국어능력시험 _ 1교시(듣기, 쓰기)

※ [45~46] 다음을 듣고 물음에 답하십시오. (각 2점)

45. 들은 내용과 같은 것을 고르십시오.

    ① 동동주는 막걸리보다 맑아서 누구나 마시기가 편하다.
    ② 막걸리와 동동주는 재료와 만드는 방법에서 차이가 있다.
    ③ 양조주는 발효시켜 만드는 술로 와인도 여기에 포함된다.
    ④ 막걸리는 과일로 만들기 때문에 동동주보다 도수가 세다.

46. 여자의 태도로 알맞은 것을 고르십시오.

    ① 막걸리와 동동주의 차이를 비교하고 있다.
    ② 다양한 전통주의 제조 방법을 설명하고 있다.
    ③ 술을 만들기 위해 필요한 재료를 소개하고 있다.
    ④ 발효 음식의 효능과 새로운 조리법을 제안하고 있다.

※ [47~48] 다음을 듣고 물음에 답하십시오. (각 2점)

47. 들은 내용과 같은 것을 고르십시오.

    ① 남자는 영화제 수상을 어느 정도 기대하고 있었다.
    ② 남자가 만든 영화가 전 세계적으로 인정을 받았다.
    ③ 관객들을 불편하게 만드는 영화는 성공하기 어렵다.
    ④ 사람들이 원하는 내용을 영화로 만들면 인기가 있다.

48. 남자의 태도로 알맞은 것을 고르십시오.

    ① 자신이 영화로 표현하고자 했던 것들을 솔직하게 드러내고 있다.
    ② 영화를 만드는 과정을 통해 관객과의 소통을 중요시하고 있다.
    ③ 감독과 관객이 만나 소통하는 방법을 다양하게 소개하고 있다.
    ④ 영화를 성공시키기 위한 효율적인 홍보 정책을 제시하고 있다.

한국어능력시험 _ 1교시(듣기, 쓰기)

※ [49~50] 다음을 듣고 물음에 답하십시오. (각 2점)

49. 들은 내용과 같은 것을 고르십시오.

① 전 세계에 비무장지대가 남아 있는 곳은 많지 않다.

② 생태 공원으로 복원된 이후 사람들이 많이 찾고 있다.

③ 한반도의 비무장지대는 한국 전쟁 이후 조성되었다.

④ 이 지역은 원래 산이었으나 전쟁 때 대부분 파괴되었다.

50. 남자의 태도로 알맞은 것을 고르십시오.

① 자연환경을 복원시켜야 하는 이유를 설명하고 있다.

② 비무장지대의 의미와 보존의 중요성을 강조하고 있다.

③ 멸종 위기의 동식물을 지킬 수 있는 방법을 제시하고 있다.

④ 전쟁과 무기 사용이 가져온 자연 파괴 현상을 비판하고 있다.

第1回 한국어능력시험 _ 1교시(듣기, 쓰기)

TOPIK II 쓰기 (51번~54번)

※ [51~52] 다음 글의 ㉠과 ㉡에 알맞은 말을 각각 쓰시오. (각 10점)

51.

가구를 드립니다

안녕하세요.
저는 이번에 졸업을 하고 귀국할 예정입니다.
그래서 제가 쓰던 가구를 무료로 (㉠   ).
책상과 의자, 침대가 있습니다.
무료 나눔은 이달 말까지 (㉡   ).
필요하신 분은 아래 번호로 연락 주시기 바랍니다.

– 한국대학교 경영학과 피터(010–1234–5678) –

52.

　　사람들이 많이 기르는 동물인 개와 고양이는 특성이 매우 다르다. 개는 주인의 행동에 신경을 쓰고 주인의 사랑을 받기 위해 다양한 행동을 한다. 개가 꼬리를 흔들거나 매달리는 것은 주인의 (㉠   ) 행동이다. 반면에 고양이는 주인에게 전혀 신경을 쓰지 않는다. 혼자서 장난을 치거나 낮잠을 자면서 자기만의 (㉡   ) 것이 고양이의 일상이다.

53. 다음은 1인 가구 비율과 연령별 비중을 조사한 결과이다. 이 내용을 200~300자의 글로 쓰시오. 단, 글의 제목은 쓰지 마시오. (30점)

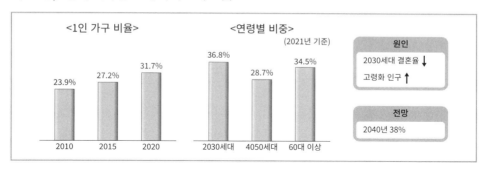

54. 다음을 참고하여 600~700자로 글을 쓰시오. 단, 문제를 그대로 옮겨 쓰지 마시오. (50점)

> 학교에서 받는 정규 교육을 제외하고 일반인들이 삶의 질을 향상시키기 위해 자기 주도적으로 학습을 하는 것을 평생교육이라고 말할 수 있다. 이러한 평생교육에 관한 목적과 형태에 관하여 아래의 내용을 중심으로 자신의 생각을 쓰시오.

- 평생교육의 목적이 무엇이라고 생각하는가?
- 평생교육의 종류는 무엇이 있는가?
- 평생교육이 필요한 이유는 무엇인가?

※ 원고지 쓰기의 예

	우	리	는		기	분	이		좋	으	면		밝	은		표	정	을	
짓	는	다	.		그	리	고		기	분	이		좋	지		않	으	면	표

제1교시 듣기, 쓰기 시험이 끝났습니다. 제2교시는 읽기 시험입니다.

제1회 한국어능력시험

The 1st Test of Proficiency in Korean

TOPIK II

2교시

읽기
(Reading)

수험번호(Registration No.)		
이름 (Name)	한국어(Korean)	
	영 어(English)	

유 의 사 항
Information

○ 시험 시작 지시가 있을 때까지 문제를 풀지 마십시오.
Do not open the booklet until you are allowed to start.

○ 수험번호와 이름을 정확하게 적어 주십시오.
Write your name and registration number on the answer sheet.

○ 답안지를 구기거나 훼손하지 마십시오.
Do not fold the answer sheet; keep it clean.

○ 답안지의 이름, 수험번호 및 정답의 기입은 배부된 펜을 사용하여 주십시오.
Use the given pen only.

○ 정답은 답안지에 정확하게 표시하여 주십시오.

Mark your answer accurately and clearly on the answer sheet.

making example   ① ● ③ ④

○ 문제를 읽을 때에는 소리가 나지 않도록 하십시오.
Keep quiet while answering the questions.

○ 질문이 있을 때에는 손을 들고 감독관이 올 때까지 기다려 주십시오.
When you have any questions, please raise your hand.

TOPIK II 읽기 (1번~50번)

※ [1~2] (   )에 들어갈 가장 알맞은 것을 고르십시오. (각 2점)

1. 뒤에서 누군가 내 어깨를 (   ) 가방을 떨어뜨렸어요.
   ① 치기 위해서
   ② 치기 때문에
   ③ 치는 것처럼
   ④ 치는 바람에

2. 어제 본 영화가 너무 재미없어서 계속 (   ).
   ① 졸기는요
   ② 졸기로 했어요
   ③ 졸기만 했어요
   ④ 졸 예정이에요

※ [3~4] 밑줄 친 부분과 의미가 가장 비슷한 것을 고르십시오. (각 2점)

3. 이 서류는 급하니까 오늘 저녁까지 <u>끝낼 수 있게</u> 서둘러 주세요.
   ① 끝낼 텐데
   ② 끝낼 뻔하게
   ③ 끝낸다고 해도
   ④ 끝낼 수 있도록

4. 신제품이 <u>나왔다고 해서</u> 사러 갔는데 벌써 다 팔리고 없었어요.
   ① 나왔다기에
   ② 나오려다가
   ③ 나왔더라면
   ④ 나오나 마나

第1回 한국어능력시험 _ 2교시(읽기)

※ [5~8] 다음은 무엇에 대한 글인지 고르십시오. (각 2점)

5.

> 먼 곳까지 깨끗하고 선명하게
> 당신의 아름다운 눈을 지켜 드립니다.

① 거울　　　　② 안약　　　　③ 모자　　　　④ 안경

6.

> 행복한 순간을 오래 기억하세요.
> 우리 가족의 멋진 추억을 영원히!

① 박물관　　　　② 사진관　　　　③ 미용실　　　　④ 영화관

7.

> 전시장 안에서는 마스크를 착용해 주십시오.
> 앞 사람과의 관람 거리를 유지해 주십시오.

① 전시 설명　　　　② 주의 사항　　　　③ 장소 안내　　　　④ 사용 방법

8.

> 베스트셀러 작가 김수연의 화제작
> 이제 무대에서 만나실 수 있습니다.
> ♠장소: 서울시민회관
> ♠일시: 5월 1일~5월 30일

① 도서 소개　　　　② 작가 소개　　　　③ 공연 안내　　　　④ 행사 일정

※ [9~12] 다음 글 또는 그래프의 내용과 같은 것을 고르십시오. (각 2점)

9.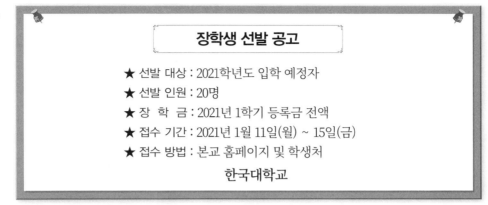

① 온라인과 방문 접수 모두 가능하다.
② 1월 한 달 동안 장학금을 신청할 수 있다.
③ 장학생으로 선발되면 1년간 학비를 받는다.
④ 대학에 다니고 있는 사람만 신청할 수 있다.

10.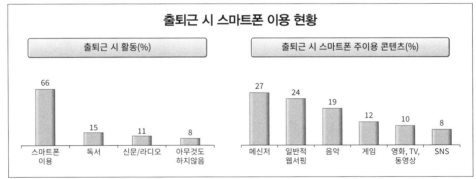

① 스마트폰을 이용해 음악을 가장 많이 듣는다.
② 통근 시간을 활용하여 독서를 하는 사람이 가장 많다.
③ 인터넷 검색보다 영화를 보거나 게임을 더 많이 한다.
④ 출퇴근 시간에 스마트폰으로 메시지를 가장 많이 보낸다.

第1回 한국어능력시험 _ 2교시(읽기)

11.

커피만큼 지속적으로 논란이 많은 식품도 드물다. 커피의 카페인이 불면증을 유발할 수 있다는 사실은 잘 알려져 있다. 반면에 항산화 성분도 있어 간암 예방에 도움이 될 뿐만 아니라 뼈 건강에도 좋은 영향을 준다는 연구 결과도 있다. 물론 이 경우는 아무것도 첨가하지 않은 블랙커피에 해당하며 하루에 1, 2잔을 초과하는 것은 좋지 않다. 또한 누구에게나 같은 효과를 얻는 것은 아니므로 자신의 신체적 특성을 고려해야 하는 것은 당연하다.

① 지금까지 논란이 계속되는 식품은 커피 외에도 많이 있다.
② 커피의 카페인은 건강에 도움을 주는 성분 중의 하나이다.
③ 아무것도 넣지 않은 블랙커피를 마시는 것이 건강에 이롭다.
④ 간이나 뼈 건강을 위해 되도록 커피를 자주 마시는 것이 좋다.

12.

반려동물로 많이 키우는 고양이는 신비로운 신체적 특성을 가지고 있다. 고양이의 눈은 빛의 밝기에 따라 빠르게 열리고 닫히는 구조이며 사람보다 뛰어난 야간 시력을 가지고 있기 때문에 야간의 움직임에 자유롭다. 또한 수염은 좁은 공간을 통과하거나 대상과의 거리를 측정하는 등 감각 기관의 역할을 한다. 게다가 공기의 흐름이나 습도의 변화까지 감지하기 때문에 앞이 보이지 않더라도 자유롭게 돌아다닐 수 있는 것이다.

① 고양이는 어둠 속에서 움직이거나 활동하는 데에 자유롭다.
② 감각 기관 역할을 하는 수염은 대상의 무게도 감지할 수 있다.
③ 고양이가 좁은 곳을 지날 수 있는 것은 신체의 유연함 때문이다.
④ 고양이의 털은 습도 변화를 느낄 수 있어 날씨에 매우 민감하다.

4

한국어능력시험 _ 2교시(읽기)

※ [13~15] 다음을 순서에 맞게 배열한 것을 고르십시오. (각 2점)

13.

> (가) 상대방을 설득할 때는 무조건 내 의견을 강조하거나 감정적으로 접근해서는 안 된다.
> (나) 사회생활을 하다가 보면 상대방과 의견 차이를 보일 때가 종종 생긴다.
> (다) 이럴 때 상대방이 나의 의견에 따라오도록 하는 기술이 설득이다.
> (라) 충분히 상대의 감정을 존중하고 이성을 움직이려는 논리적 설득이 이루어져야 한다.

① (가) - (다) - (나) - (라)   ② (나) - (다) - (가) - (라)
③ (가) - (라) - (나) - (다)   ④ (나) - (가) - (다) - (라)

14.

> (가) 이렇게 뜨거운 열기를 이기지 못하고 일어나는 자동차 화재 사고는 큰 인명 피해로 이어질 수 있다.
> (나) 외부의 기온이 30도 이상이 되면 차량 내부의 온도는 최대 85도까지 올라가기 때문이다.
> (다) 한낮의 기온이 30도를 넘는 폭염이 계속되면 자동차 화재 사고가 자주 발생한다.
> (라) 따라서 폭발 위험이 있는 물건을 차에 두지 않는 등의 세심한 주의가 필요하다.

① (나) - (가) - (다) - (라)   ② (다) - (나) - (가) - (라)
③ (나) - (라) - (다) - (가)   ④ (다) - (가) - (나) - (라)

15.

> (가) 이 해례본은 세종이 직접 한글을 만든 목적을 밝히고 있는 예의와 학자들이 만든 해설본인 해례로 구성되어 있다.
> (나) 더욱이 문자를 만든 원리와 어떻게 사용하는지를 설명한 해설서도 존재한다.
> (다) 훈민정음 해례본이 바로 그것이며 유네스코 세계기록유산으로 등록되어 있다.
> (라) 한글은 누가, 언제, 왜 만들었는지가 분명하게 밝혀져 있는 유일한 문자이다.

① (가) - (나) - (다) - (라)   ② (라) - (가) - (다) - (나)
③ (가) - (다) - (라) - (나)   ④ (라) - (나) - (다) - (가)

5

第1回模試

※[16~18] ( )에 들어갈 말로 가장 알맞은 것을 고르십시오. (각 2점)

16.

'가는 말이 고와야 오는 말이 곱다'는 말이 있다. 이 말은 다른 사람에게 좋은 말이나 행동을 해야 상대방도 내게 같은 반응을 보인다는 의미이다. 기분 나쁜 말이나 상스러운 행동을 하면 그것은 (　　　　　　　　　　　　　　) 것이다. 좋은 친구를 얻고 싶다면 자신이 먼저 좋은 친구가 되어야 한다는 것은 두말할 필요가 없다. 따라서 남에게 대접을 받고 싶다면 내가 먼저 그 사람을 잘 대접해 주어야 하는 것이다.

① 되돌리기 어려운 실수를 하는　　　② 처음으로 다시 돌아가야 하는
③ 인간관계를 회복시킬 수 있는　　　④ 그대로 나에게 다시 돌아오는

17.

태풍의 이름을 처음 사용한 것은 호주의 예보관들이었다. 그들은 태풍에 자신이 싫어하는 정치인의 이름을 붙였다고 한다. 그 후 2000년부터 아시아 각국에서 태풍에 대한 관심을 높이고 (　　　　　　　　　　　) 아시아 14개국에서 국가별로 10개씩의 이름을 제출하여 총 140개가 차례로 사용되고 있다. 이것을 다 사용하고 나면 다시 1번부터 시작을 하는데 유난히 큰 피해를 입힌 태풍의 이름은 합의를 거쳐 다른 이름으로 바꾸기도 한다.

① 경계심을 강화하기 위해　　　② 국가 간 친화의 목적으로
③ 경쟁력을 향상시키기 위해　　　④ 좋은 말을 전하는 차원에서

18.

아침에 일어나기 어려운 사람들은 알람을 여러 개 맞춰 놓고 자는 경우가 있는데 알람을 끄고 다시 잠을 청하게 되면 하루를 (　　　　　　　　　　　). 또한 잠에서 깨어 바로 휴대폰을 확인하는 습관도 피해야 한다. 눈을 뜨자마자 휴대폰을 보는 행동은 뇌와 눈의 피로를 불러일으키게 되므로 바로 일어나 침구 정리나 가벼운 스트레칭을 하는 것이 좋다.

① 피곤하게 시작하기 쉽다　　　② 잘못 계산하게 될 수 있다
③ 휴대폰과 함께하는 것이다　　　④ 건강하게 지내는 방법이다

※ [19~20] 다음을 읽고 물음에 답하십시오. (각 2점)

선물을 받는다는 것은 언제나 기분 좋은 일이다. 더욱이 자신에게 꼭 필요한 물건을 선물로 받으면 더 감동일 것이다. 그러나 (   ) 말처럼 때로는 내용물보다 포장이 더 과한 경우도 있다. 선물을 돋보이게 하기 위해 값비싼 포장지에 꽃이나 리본 등으로 화려하게 장식을 하는 것이다. 내용물이 먼저인지 포장이 먼저인지 착각이 들 정도의 과한 포장보다 상대방을 생각하는 마음과 정성이 담긴 선물로 준비하는 것이 좋다.

19. (   )에 들어갈 말로 가장 알맞은 것을 고르십시오.

　① 배보다 배꼽이 더 크다는

　② 같은 값이면 다홍치마라는

　③ 고래 싸움에 새우등 터진다는

　④ 말 한마디로 천 냥 빚을 갚는다는

20. 윗글의 주제로 가장 알맞은 것을 고르십시오.

　① 아름다운 포장은 선물의 의미를 더욱 돋보이게 만든다.

　② 내용물도 중요하지만 선물 포장을 잘 하는 것도 필요하다.

　③ 받는 사람이 꼭 필요한 선물을 고르는 일은 어려운 일이다.

　④ 선물은 화려한 포장보다 정성이 담긴 내용물이 더 중요하다.

※ **[21~22]** 다음을 읽고 물음에 답하십시오. (각 2점)

> 장수의 비결로 가장 많이 거론되는 것이 소식과 채식 위주의 식습관이다. 실제 곤충이나 쥐 등의 다양한 동물에서 음식을 적게 먹거나 칼로리를 제한했을 때 수명을 연장시키는 효과가 있다는 것이 확인되었다. 적게 먹으면 혈관을 젊게 유지시켜 노화를 늦추는 효과가 있다는 연구 결과도 있다. 혈관이 젊어지면 치매나 암에 걸릴 확률이 줄어든다는 것이다. 그러나 평소의 활동량과 상관없이 (   ) 칼로리를 줄인다거나 적게 먹는 것은 좋지 않다. 자신의 신체 리듬에 맞는 식습관을 갖는 것이 건강하게 사는 비결이라고 할 수 있다.

21. (   )에 들어갈 말로 가장 알맞은 것을 고르십시오.

① 다행히   ② 도대체

③ 무조건   ④ 도무지

22. 윗글의 내용과 같은 것을 고르십시오.

① 수명 연장에 대한 연구는 확실하게 입증된 것이 없다.

② 자신의 활동량에 맞게 식습관을 조절하는 것이 중요하다.

③ 적게 먹고 많이 움직이는 것이 건강한 삶을 만들어 준다.

④ 채식 위주 식단은 혈관을 젊게 만들어 노화를 막아 준다.

한국어능력시험 _ 2교시(읽기)

※[23~24] 다음을 읽고 물음에 답하십시오. (각 2점)

겨울은 군고구마의 계절이다. 어렸을 적 아버지가 퇴근길에 사다 주시던 종이 봉지에 담긴 따끈한 군고구마는 그야말로 천상의 맛이었다. 찌거나 삶아도 맛있지만 고구마는 역시 구워야 제맛이다. 추운 겨울에 손을 호호 불며 군고구마의 껍질을 벗겨서 먹으면 혀에 닿는 달달하고 부드러운 그 맛이 일품이다. 지금은 도심의 거리에서 찾아보기 힘들지만 전통시장에 가면 아직도 커다란 양철통을 개조해서 만든 군고구마 수레를 만날 수 있다. 집에서 편하게 구워 먹는 것보다 시장의 군고구마 장수에게 사 먹는 고구마가 더 맛있게 느껴지는 건 아마도 어린 시절로 돌아가고픈 작은 바람이 숨어 있는 건 아닐까.

23. 밑줄 친 부분에 나타난 '나'의 심정으로 가장 알맞은 것을 고르십시오.

① 그립다   ② 답답하다
③ 속상하다   ④ 감격스럽다

24. 윗글의 내용과 같은 것을 고르십시오.

① 최근에는 고구마를 구워서 파는 곳을 찾기가 어렵다.
② 아버지는 어린 나를 위해 군고구마를 종종 사 오셨다.
③ 고구마는 영양이 풍부하고 맛있어서 아이들이 좋아한다.
④ 시장에서 사 먹는 군고구마의 맛은 예전보다 맛이 없다.

9

第1回模試

第1回 한국어능력시험 _ 2교시(읽기)

※ **[25~27]** 다음 신문 기사의 제목을 가장 잘 설명한 것을 고르십시오. (각 2점)

25.

| 전국 흐리고 산발적 가을비, 낮에도 선선 |

① 전국이 흐리고 계속 내리는 가을비가 그치면 추워질 것이다.
② 전국이 흐리고 계속 비가 내려 낮에도 날씨가 쌀쌀할 것이다.
③ 전국이 흐리고 가끔씩 내리는 가을비로 인해 낮에도 추울 것이다.
④ 전국이 흐리고 가끔씩 가을비가 내리겠으며 낮에도 시원할 것이다.

26.

| 한물간 캠핑 열기, 박람회 썰렁 |

① 캠핑의 인기가 떨어져서 캠핑 박람회에도 사람이 별로 없어 한산하다.
② 캠핑의 열기가 뜨거워졌지만 캠핑 박람회를 찾는 사람들은 많지 않다.
③ 캠핑의 인기가 계속 올라가면서 캠핑 박람회에 사람들이 붐비고 있다.
④ 시들었던 캠핑 열기를 다시 되돌리기 위해 박람회를 개최할 예정이다.

27.

| 동절기 조류 독감 재확산, 방역 대책 시급 |

① 겨울철 조류 독감 확산을 방지하기 위해 방역을 서둘러야 한다.
② 날씨가 추워지면서 조류 독감이 발생해 신속하게 방역을 완료했다.
③ 겨울철 조류 독감이 다시 확산되면서 방역 대책이 시급한 실정이다.
④ 날씨가 추워지면 조류 독감이 확산될 우려가 있어 방역이 필요하다.

※[28~31] ( )에 들어갈 말로 가장 알맞은 것을 고르십시오. (각 2점)

28.

> 문화체육관광부는 산업 구조의 변화와 국제적 경제 위기 등으로 어려움을 겪고 있는 청년 문화 예술인들을 위해 '청년의 삶 개선 방안'을 확대한다고 발표했다. 이 방안을 살펴보면 청년 고용 및 일자리 증대를 통해 청년들의 ( ) 중점을 두고 있다. 또한 지역 청년 문화 활동가, 문화 관련 전공자들이 지역 문화 전문가로서 성장하고 발전할 수 있도록 지원할 계획이라고 밝히고 있다.

① 소통 공간을 제공하는 데에　　　　② 여가 생활을 지원하는 부분에
③ 주거 지역을 확대시키는 것에　　　④ 문화적 삶을 향상시키는 데에

29.

> 무더운 여름날 시원한 물줄기를 내뿜는 분수는 사막에서 오아시스를 만난 것처럼 시원하게 해 준다. 분수는 갇혀 있는 물을 내 보내거나 인공적으로 물의 흐름을 조절하기 위해 만든 것으로 예로부터 정원을 설계하는 데에 있어 중요한 요소가 되어왔다. 주로 도시 계획의 일환으로 분수를 조성하는 것이 일반적이지만 중세 유럽에서는 권력의 상징으로 궁전이나 별장을 ( ) 화려한 조각상을 만드는 등 한껏 멋을 부려 분수를 만들기도 했다.

① 더 넓게 보이기 위해　　　　　　② 호화롭게 꾸미기 위해
③ 비싸게 사고팔기 위해　　　　　　④ 국민에게 돌려주기 위해

30.

전염성이 매우 강한 호흡기 감염 바이러스의 확산을 막기 위해서는 개개인의 위생 관리가 무엇보다 중요하다. 특히 많은 사람들이 함께 사용하는 물건이나 시설물을 만진 뒤에는 비누와 따뜻한 물을 이용해 20초 이상 손을 씻어야 한다. 또한 외부 활동 중에는 되도록 손으로 눈이나 코, 입을 건드리지 않는 것이 좋다. 그러나 자신도 모르게 (   ) 조심을 했다 해도 외출 후 귀가했을 때에는 가장 먼저 손을 씻는 습관을 가져야 한다.

① 병원에 갈 수 없으므로   ② 감염 예방을 하게 되므로
③ 무엇인가 만질 수 있으므로   ④ 다른 사람과 만날 수 있으므로

31.

신혼여행 중에 바다에 빠진 사람을 구해 낸 경찰관 부부의 미담이 사람들에게 감동을 안겨 주고 있다. 바닷가를 산책하던 이 부부는 바다 위에 떠 있는 검은색 물체를 발견했고 자세히 보니 20대 남성이 물에 빠진 것이었다. 수영에 능숙한 경찰관 남편이 물에 뛰어들어 남성을 구조했고 간호사인 아내는 119에 신고를 한 뒤 의식을 잃는 남성에게 응급조치를 진행했다. 파도가 높은 위험한 상황에서도 적극적인 대처로 (   ) 이 부부에게 의로운 시민상이 수여되었다.

① 자연 환경을 지켜 낸
② 어려운 도전에 성공한
③ 구조 방법을 널리 알린
④ 소중한 생명을 구해 낸

한국어능력시험 _ 2교시(읽기)

※[32~34] 다음을 읽고 글의 내용과 같은 것을 고르십시오. (각 2점)

32.

> 자연 휴양림이란 산이나 숲과 같은 곳에 휴양 시설을 설치하여 국민의 휴식 공간으로 제공하고 자연 교육장으로서의 역할과 산림 소유자의 소득 향상에도 기여할 수 있도록 지정한 산림을 일컫는 말이다. 휴양림의 효율적인 관리와 소득 증진을 위해 휴양림의 관리 및 운영자는 입장료 또는 시설 사용료를 받을 수 있도록 하고 있다. 이는 이용객들에게 다양한 체험을 제공하기 위한 접근성을 우선으로 하기 때문에 일반 산이나 숲과 차이가 있다.

① 전국의 모든 산과 숲은 자연 휴양림으로 지정되어 있다.

② 국민의 교육과 휴식을 위해 지역마다 교육 장소가 설치되었다.

③ 휴양림 입장료는 숲의 주인에게 경제적으로 이익을 가져다준다.

④ 이용객들에게 체험의 기회를 주기 위해 숲을 무료 개방하고 있다.

33.

> 맥주에는 탄산이 들어 있기 때문에 마시다 남기면 탄산의 양이 줄어들어서 다시 마셨을 때 본래의 맛을 느낄 수 없다. 이러한 김빠진 맥주는 버리지 말고 다양하게 활용하는 것이 좋다. 생선이나 육류를 요리할 때 넣으면 생선의 비린내나 고기의 잡냄새도 없애고 육질을 부드럽게 만들어 준다. 또한 싱크대나 타일 등의 청소에 사용하면 손쉽게 기름때를 제거할 수 있으며 화장실 변기 청소에도 유용하다. 남은 맥주를 변기에 붓고 10분 정도 후에 물을 내리면 특유의 냄새나 얼룩 제거에 효과적이다.

① 고기를 요리할 때 먹다 남은 맥주를 넣으면 고기가 더 연해진다.

② 신선한 맥주는 맛도 좋지만 화장실 청소나 방향제로도 유용하다.

③ 탄산음료에는 생선이나 고기의 냄새를 잡아 주는 성분이 들어 있다.

④ 맥주로 만든 세제는 싱크대나 타일의 기름때 제거에 탁월한 효과가 있다.

34.

   최근 20년 만에 대중들의 관심과 인기를 끌면서 중년의 나이에 다시 연예 활동을 시작한 가수가 있어 화제이다. 오랜 공백을 깨고 복귀하여 활동하는 연예인들은 종종 있지만 이 가수가 화제의 중심에 서게 된 계기는 좀 특별하다. 예전의 음악에 호기심이 있는 청소년들이 그의 젊은 시절 활동 영상에 관심을 갖게 되면서 온라인으로 널리 퍼지게 되었고 결국 한 방송 프로그램에서 그를 찾아내 출연하게 되었다. 이를 계기로 그에게 대중의 관심이 쏠리면서 결국 그를 다시 연예계로 불러들이게 된 것이다.

① 이 가수는 공백 기간이 길어져 결국 대중들의 시야에서 멀어졌다.

② 연예계를 떠났다가 자의로 다시 복귀하는 경우가 최근에 많아졌다.

③ 대중들에 의해 다시 연예계로 돌아온 한 가수가 관심을 끌고 있다.

④ 청소년들은 콘서트보다 온라인을 통해 음악을 듣는 것을 더 선호한다.

※[35~38] 다음을 읽고 글의 주제로 가장 알맞은 것을 고르십시오. (각 2점)

35.

   우리의 신체에 있는 모든 기관은 역할이 다르지만 독립적이지 않고 서로 긴밀하게 영향을 주고받으며 각자의 역할을 한다. 대표적인 감각 기관으로, 사물을 볼 수 있는 시각, 냄새를 맡을 수 있는 후각, 맛을 알 수 있는 미각 등은 단독으로는 완벽한 임무를 수행하기 어렵다. 예를 들어 코감기에 걸려 냄새를 맡지 못하게 되면 음식 맛을 느끼기 어렵고 눈으로 볼 수 없다면 어떤 음식인지 알기 어렵다. 이것이 코를 막고 눈을 가린 다음에 양파를 먹으면 양파인지 사과인지 구분을 못하는 이유이다.

① 감기에 걸리면 모든 감각 기관이 제 역할을 다하지 못한다.

② 눈으로 보지 못하면 음식 맛을 알게 해 주는 미각이 둔해진다.

③ 감각 기관 가운데 후각이 가장 민감하기 때문에 주의해야 한다.

④ 신체의 각 기관들은 서로 밀접하게 연결되어 맡은 역할을 수행한다.

36.
　　'참는 게 미덕이다'라는 말이 있다. 참고 인내하는 것이 아름다운 행동이라는 의미일 것이다. 그러나 참는 것이 항상 좋은 것만은 아니다. 늘 참기만 하는 사람은 자신의 의견을 말하거나 상대방의 말에 반박하는 것에 익숙하지 않다. 자신의 언행으로 인해 생기는 갈등이 두려운 것이다. 그 결과 점점 소극적이 되고 불필요한 오해를 받을 수도 있다. 때로는 적극적으로 자기표현을 하는 것도 원만한 인간관계를 이어갈 수 있는 하나의 방법이다.

① 상대방의 말을 존중하려면 반대 의견을 내지 않는 것이 좋다.
② 갈등을 초래할 수 있는 언쟁은 피하는 것이 최선의 방법이다.
③ 불필요한 오해를 피하기 위해서는 최소한의 의사 표현을 한다.
④ 언제나 참기만 하는 것이 인간관계에 도움을 주는 것은 아니다.

37.
　　자율 주행이란 운전자가 기기 조작을 하지 않아도 자동차 스스로 주행을 하는 것을 말한다. 쉽게 말하면 운전자 없이 혼자 달리는 자동차인 것이다. 자동차가 알아서 주변 상황을 확인해 장애물을 피하고 목적지까지 최적의 경로를 선택하여 자동으로 주행한다. 운전자는 그저 다른 동승자와 마찬가지로 영화를 관람하거나 책을 읽는 등의 자유로운 행동을 해도 자동차가 목적지로 데려다 준다. 그러나 이런 자율 주행에 대한 논란이 많다. 안전성이나 보안 등의 문제가 끊임없이 제기되고 있는 만큼 이를 명확하게 확립해야 할 것이다.

① 목적지까지 가장 적합한 경로로 가려면 자율 주행이 바람직하다.
② 자율 주행 자동차의 안전성이 확보되지 않아 의문이 제기되고 있다.
③ 운전자의 자유로운 행동은 자신과 동승자 모두 위험에 빠뜨릴 수도 있다.
④ 주행 중에 장애물이 나타날 수 있어 반드시 주변 상황을 잘 확인해야 한다.

38.

　　고속도로를 달리다 보면 산을 뚫고 터널을 만들어 놓은 곳이 많다. 인간이 조금 빨리 가기 위해 오랜 세월 형성된 울창한 숲을 파헤치고 산을 파괴하여 도로를 만든 것이다. 그 숲에는 어쩌면 수많은 나무들과 그곳에 공생하며 살아가고 있던 셀 수 없이 많은 생명들이 있었을 것이다. 그들은 어느 날 갑자기 사라져 버린 보금자리에 얼마나 당황했을까. 물론 인간의 삶을 위해 집을 짓고 길을 만들고 각종 편의 시설도 필요하다. 그러나 인간도 자연의 일부인 만큼 그 자연과 함께 살아가려는 노력을 게을리 해서는 안 된다.

① 과도한 도시 개발로 인해 심각한 환경오염이 이어지고 있다.

② 인간의 편리함을 위해 자연을 파괴하는 행위는 최소화해야 한다.

③ 오랜 시간에 걸쳐 만들어진 자연 풍광을 활용하는 지혜가 필요하다.

④ 숲에 살고 있는 수많은 생명들을 위한 보호 대책이 마련되어야 한다.

※ **[39~41]** 주어진 문장이 들어갈 곳으로 가장 알맞은 것을 고르십시오. (각 2점)

39.

　　사람들이 가장 많이 키우는 반려동물인 개는 일반적으로 혼자 있는 것을 싫어하고 주인과 함께 노는 시간을 즐긴다. (　㉠　) 주인이 나가고 개가 혼자 집안에 있게 될 때에는 불안 증세를 보이기도 한다. (　㉡　) 이러한 경우를 분리 불안이라고 하는데 심해지면 주인이 있을 때도 비슷한 증세를 보이게 된다. (　㉢　) 이렇게 증세가 심해지면 수의사나 전문 훈련사의 자문을 받아 꾸준한 극복 훈련을 진행하는 것이 좋다. (　㉣　)

――――――〈보 기〉――――――

　　배변을 실수한다거나 계속 울기도 하고 또는 집 안의 물건을 어지럽히고 파괴하는 행동이 나타날 때도 있다.

① ㉠　　　　　② ㉡　　　　　③ ㉢　　　　　④ ㉣

40.

별똥별로 추정되는 물체가 하늘에서 떨어졌다는 목격담이 잇따르고 있다. (㉠) 주황색 불덩어리와 함께 초록빛 꼬리가 길게 따라가는 것을 봤다는 이들이 대부분이었다. (㉡) 별똥별은 흐르는 별이라는 의미의 유성을 일반적으로 부르는 말이다. (㉢) 또한 별똥별이 보기 드문 천문 현상은 아니지만 사람이 많은 주거 밀집 지역 부근으로 떨어지는 경우는 흔하지 않아 이를 본 사람들이 많았던 것이라고 했다. (㉣)

─────────〈보 기〉─────────

한국천문연구원의 관계자의 말에 따르면 별똥별의 크기가 크면 불에 타는 화구처럼 보이는데 고도가 낮을 경우 더 잘 보이게 된다고 말했다.

① ㉠   ② ㉡   ③ ㉢   ④ ㉣

41.

영화나 드라마에서 극의 흐름이 한순간에 역전되어 상황이 완전히 뒤바뀌는 것을 반전이라고 한다. (㉠) 이는 보는 이로 하여금 강렬한 충격과 자극을 맛보게 하는 중요한 기법이다. (㉡) 광고에서도 이 기법을 사용하기도 하는데 예를 들면 1980년대 영국에서 만든 한 광고에서 험악한 모습의 젊은 남자가 거리의 노인을 향해 위압적으로 달려간다. (㉢) 이 광고가 주는 반전의 의미는 사건을 바라보는 언론의 시점을 보여 준다. (㉣) 상황을 어떠한 시선으로 보느냐에 따라 완전히 다른 결과로 나타날 수 있기 때문이다.

─────────〈보 기〉─────────

그 남자는 마치 노인을 공격하는 것처럼 보이지만 사실은 노인의 머리 위로 떨어지는 커다란 물체로부터 노인을 구하려는 행동이었다.

① ㉠   ② ㉡   ③ ㉢   ④ ㉣

第1回 한국어능력시험 _ 2교시(읽기)

※ [42~43] 다음을 읽고 물음에 답하십시오. (각 2점)

> 우리가 살게 될 '새집'은 내가 한 번도 가 본 적이 없는 낯선 동네에 있었다. 아버지는 큰길에서 한차례 꺾어 들어가고도 언덕길을 한참 올라가 반쯤 열린 초록색 철대문 앞에서 택시를 세웠다.
> 다 왔다, 이 집이야.
> 아버지가 골목의 막다른 집을 가리키자 그 손짓에 딸려 나오듯 열린 대문 안쪽으로부터 홀쭉하게 키가 큰 젊은 남자가 나왔다. 검은 양복 윗도리 안에 역시 목까지 올라오는 검정 스웨터를 받쳐 입은, 얼굴이 유난히 하얘 보이는 그 남자는 비껴 지나치다가 잠깐 걸음을 멈추고 유심히 우리를 바라보았다. 그와 눈이 마주치자 나는 책가방을 멘 우일이와 나, 울룩불룩한 보따리를 든 아버지의 모습이 갑자기 초라해 보이며 부끄러워졌다.
> 그가 지나치자 짙은 화장품 냄새가 훅 끼쳤다.
> 쳇, 기생오라비같이...... 사내 새끼가 핧아먹은 죽사발 같은 낯반대기하곤......
> 아버지가 불현듯 어깨를 한껏 젖히며 앙다문 잇새로 나지막이 욕설을 내뱉었다. 남자도 화장을 하나? 나는 깜짝 놀라 코를 킁킁거리며 벌써 저만치 멀어져가는 그를 뒤돌아보았다.

<출처 : 새, 오정희, 문학과지성사>

42. 밑줄 친 부분에 나타난 '나'의 심정으로 가장 알맞은 것을 고르십시오.

① 신기하다   ② 불안하다

③ 행복하다   ④ 우울하다

43. 윗글의 내용으로 알 수 있는 것을 고르십시오.

① 새집은 큰길에서 떨어진 언덕 위에 위치해 있었다.

② 아버지는 새집에서 나온 남자를 마음에 들어 하셨다.

③ 아버지가 운전하는 화물차를 타고 새집으로 이동했다.

④ 새로 살게 될 집에서 젊은 남자가 친절히 맞아 주었다.

한국어능력시험 _ 2교시(읽기)

※ [44~45] 다음을 읽고 물음에 답하십시오. (각 2점)

가격 대비 성능이라는 표현을 줄여 '가성비'라는 말을 사용한다. 이 말은 가격에 대비해 성능이 어떤가를 따지는 것으로 가성비가 좋다는 말은 가격과 비교해서 (   ) 의미가 된다. 즉, 실속을 따져 합리적 소비를 추구하는 것이다. 이와 대비된 표현으로 사용하는 '가심비'는 가격에 따른 심리적 만족의 비율을 나타내는 말이다. 이 경우에는 가격과 대비하여 성능이 어떤가는 중요하지 않다. 심리적으로 만족을 하느냐 못 하느냐가 중요한 것이다. 지금까지는 가성비를 주로 따졌다면 이제는 가심비가 중요한 화두로 떠오르고 있다. 이는 생활 수준이 높아지면서 심리적인 안정을 얻고 스트레스를 줄이기 위한 지출이 늘어난다는 의미를 가지고 있다. 과소비나 낭비와는 또 다른 차원으로 이해해야 할 것이다.

44. 윗글의 주제로 가장 알맞은 것을 고르십시오.

① 소비 방식의 변화는 생활 수준이나 사회 인식과는 관계가 없다.

② 스트레스를 해소하기 위해 과소비 지출을 하는 것은 옳지 않다.

③ 가격과 대비하여 우수한 품질을 가진 제품이 인기를 끌기 마련이다.

④ 과거의 합리적 소비보다 심리적 만족도를 위한 지출이 늘어나고 있다.

45. (   )에 들어갈 말로 가장 알맞은 것을 고르십시오.

① 성능이 뛰어나다는

② 여러 제품을 구매하는

③ 품질이 미치지 못한다는

④ 심리적으로 만족하고 싶다는

第1回 한국어능력시험 _ 2교시(읽기)

※ [46~47] 다음을 읽고 물음에 답하십시오. (각 2점)

온라인으로 모든 것이 가능한 디지털 시대에 새롭게 떠오른 직업이 바로 디지털 장의사이다. 이는 인터넷상에 있는 디지털 정보를 고객의 요청으로 삭제해 주는 일을 하는 직업을 말한다. 광범위하게 퍼져 있을 수 있는 과거의 기록이나 정보 등을 지우고 싶은 사람들에게는 매우 절실하고 요긴하게 이용되고 있다. 디지털 장의사 자격증을 취득하기 위한 특별한 자격 요건은 없으며 컴퓨터 지식을 갖추고 꼼꼼한 성격을 가지고 있다면 누구든 도전이 가능하다. 다만 고객을 대신해서 해당 사이트에 자료 삭제를 요청하는 것이기 때문에 요청서 작성 등에 필요한 글쓰기 능력이 필요하다. 사실 장의사는 죽은 사람의 장례에 필요한 여러 가지 일을 맡아 하는 직업을 뜻하기 때문에 이 명칭이 올바른가에 대한 논란이 있어 사이버 매니저 또는 디지털 자산 관리사라고 불리기도 한다. 그러나 디지털 정보를 완전히 삭제해 주는 일을 대변하는 적합한 명칭이라 여겨 가장 대중적으로 사용되고 있는 말이다.

46. 윗글에 나타난 필자의 태도로 가장 알맞은 것을 고르십시오.

① 정확한 자료를 가지고 다양한 직업의 세계를 분석하고 있다.

② 대중적으로 사용하는 직업의 명칭 논란에 대해 비판하고 있다.

③ 온라인상의 방대한 정보를 삭제해야 하는 이유를 설명하고 있다.

④ 디지털 장의사의 의미와 자격 요건에 대해 자세히 소개하고 있다.

47. 윗글의 내용과 같은 것을 고르십시오.

① 온라인상에 잘못된 정보를 올리는 것에 대한 논란이 많다.

② 직업의 명칭이 올바르지 않으면 바꿔 주는 일이 인기가 있다.

③ 인터넷에 퍼져 있는 개인 정보를 대신 지워 주는 직업이 있다.

④ 디지털 장의사 자격증을 취득하기 위한 자격 요건이 까다롭다.

한국어능력시험 _ 2교시(읽기)

※ [48~50] 다음을 읽고 물음에 답하십시오. (각 2점)

한국의 전통 의복은 역사적으로 형태와 방식에 있어서 변화를 겪으며 이어져 왔으며 계급의 상하와 직업의 귀천 등을 이유로 옷의 모양이나 무늬, 색상들에서 크게 차이를 두었다. 그러나 근대에 들어서면서 서양 문물의 유입과 제도, 인식의 변화에 따라 복식이 점차 (   ) 현대의 한복은 이전의 엄격했던 복식 구분과는 완전히 달라졌다. 지금은 주로 결혼, 명절, 잔치, 제사 등의 특별한 날 예복으로 입는다. 한복의 멋은 곡선이 가지는 부드러움과 우아함에 있으며 몸을 조이지 않는 너그러움을 가지고 있다. 여자의 한복은 치마와 저고리를 기본으로 하고 속바지, 속치마를 입고 버선을 신으며 겉옷으로 두루마기 등을 입는다. 또한 남자는 바지와 저고리가 기본이 되고 조끼와 마고자, 겉옷으로 두루마기를 입는다. 그리고 양복의 단추에 해당하는 고름이 있는데 남녀 공통으로 이 고름을 매어 옷을 여미게 된다.

48. 윗글을 쓴 목적으로 가장 알맞은 것을 고르십시오.

① 남녀 한복의 차이를 강조하기 위해

② 전통 한복의 다양성을 홍보하기 위해

③ 복식 문화의 역사적 의미를 설명하기 위해

④ 한복의 역사적 변화와 특징을 알려주기 위해

49. (   )에 들어갈 말로 가장 알맞은 것을 고르십시오.

① 화려해졌기 때문에

② 간소화되었기 때문에

③ 멋이 사라졌기 때문에

④ 가격이 비싸졌기 때문에

50. 윗글의 내용과 같은 것을 고르십시오.

① 한복은 남자와 여자가 입는 복식의 종류가 다르다.

② 예전부터 특별한 날 한복을 차려 입는 풍습이 있었다.

③ 현대의 한복은 직업에 따라 모양과 색상을 다르게 입는다.

④ 한복의 특징은 우아한 형태로 몸에 딱 맞게 만드는 데에 있다.

제2회 한국어능력시험
The 2nd Test of Proficiency in Korean

TOPIK II

1교시	듣기, 쓰기 (Listening, Writing)

수험번호(Registration No.)	
이름 (Name)	한국어(Korean)
	영 어(English)

第2回模試

유 의 사 항
Information

○ 시험 시작 지시가 있을 때까지 문제를 풀지 마십시오.
Do not open the booklet until you are allowed to start.

○ 수험번호와 이름을 정확하게 적어 주십시오.
Write your name and registration number on the answer sheet.

○ 답안지를 구기거나 훼손하지 마십시오.
Do not fold the answer sheet; keep it clean.

○ 답안지의 이름, 수험번호 및 정답의 기입은 배부된 펜을 사용하여 주십시오.
Use the given pen only.

○ 정답은 답안지에 정확하게 표시하여 주십시오.

Mark your answer accurately and clearly on the answer sheet.

making example ① ● ③ ④

○ 문제를 읽을 때에는 소리가 나지 않도록 하십시오.
Keep quiet while answering the questions.

○ 질문이 있을 때에는 손을 들고 감독관이 올 때까지 기다려 주십시오.
When you have any questions, please raise your hand.

TOPIK II 듣기 (1번~50번)

※ [1~3] 다음을 듣고 가장 알맞은 그림 또는 그래프를 고르십시오. (각 2점)

1.

2.

3. ① 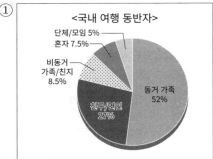 ②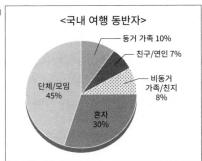

③ 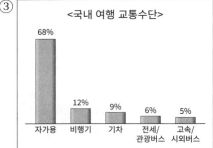 ④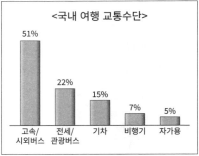

※ **[4~8]** 다음을 듣고 이어질 수 있는 말로 가장 알맞은 것을 고르십시오. (각 2점)

4. ① 그럼 환불이 가능할까요?
② 그 모자가 잘 어울리네요.
③ 그럼 다음 주에 사러 올게요.
④ 파란색이면 괜찮을 것 같아요.

5. ① 조심해서 다녀오세요.
② 저런, 많이 아쉽겠네요.
③ 같이 못 가서 미안해요.
④ 정말 즐거운 추억이네요.

한국어능력시험 _ 1교시(듣기, 쓰기)

6. ① 협조해 주셔서 감사합니다.
   ② 흡연실이 안 보여서 그랬어요.
   ③ 환기를 시키면 되니까 괜찮아요.
   ④ 나가면 왼쪽에 흡연실이 있습니다.

7. ① 다녀와서 알려 줄게요.
   ② 아, 그렇군요. 고마워요.
   ③ 이 옷 좀 맡겨 주실래요?
   ④ 저도 세탁소에 갈 거예요.

8. ① 이곳에서 좋은 시간 보냈어요.
   ② 이제 한국으로 돌아갈 거예요.
   ③ 처음 와 본 곳이라 많이 낯설어요.
   ④ 그런데 한국어를 아주 잘 하네요.

※[9~12] 다음을 듣고 여자가 이어서 할 행동으로 가장 알맞은 것을 고르십시오. (각 2점)

9. ① 자리에서 쉰다.   ② 밖으로 나간다.
   ③ 간식을 준비한다.   ④ 커피를 사러 간다.

10. ① 주차장으로 간다.   ② 인터넷으로 예약을 한다.
    ③ 남자에게 주차권을 건넨다.   ④ 발권기에서 입장권을 뽑는다.

11. ① 양파와 고기를 볶는다.   ② 양파와 버섯을 준비한다.
    ③ 고기에 양념을 넣고 섞는다.   ④ 고기가 익으면 버섯을 넣는다.

12. ① 계단으로 올라간다.   ② 승강기를 타고 간다.
    ③ 1층 로비에서 기다린다.   ④ 사무실에서 서류를 처리한다.

3

第2回模試

第2回 한국어능력시험 _ 1교시(듣기, 쓰기)

※ [13~16] 다음을 듣고 들은 내용과 같은 것을 고르십시오. (각 2점)

13. ① 남자는 이사를 온 지 얼마 되지 않았다.
    ② 층간 소음 때문에 두 사람이 다투고 있다.
    ③ 여자도 남자와 같은 강아지를 키우고 있다.
    ④ 남자는 여자로부터 이사 축하 선물을 받았다.

14. ① 남해안 어촌 지역이 태풍 피해를 크게 입었다.
    ② 태풍의 영향으로 전국에 비가 많이 내리고 있다.
    ③ 바람을 동반한 태풍이라 바닷가에 나가면 안 된다.
    ④ 배를 고정시키지 않아서 높은 파도에 휩쓸려 버렸다.

15. ① 에어컨 냉방 온도를 내리면 에너지 절약을 할 수 있다.
    ② 평소에도 사용하지 않는 전자 제품은 꺼 놓는 것이 좋다.
    ③ 외부 기온이 26도가 넘어가면 에어컨 사용이 늘어나게 된다.
    ④ 마지막으로 퇴근하는 사람은 반드시 사무실 불을 꺼야 한다.

16. ① 이번 전시에서는 한옥의 모든 것을 살펴볼 수 있다.
    ② 겨울에는 마루도 온돌처럼 따뜻하게 만들 수 있다.
    ③ 온돌은 방을 덥혀 주기 때문에 겨울에 특히 유용하다.
    ④ 난방과 냉방을 동시에 할 수 있어야 좋은 주거 문화이다.

한국어능력시험 _ 1교시(듣기, 쓰기)

※ [17~20] 다음을 듣고 남자의 중심 생각으로 가장 알맞은 것을 고르십시오. (각 2점)

17. ① 취업을 했으면 후회하지 말고 열심히 일을 해야 한다.
    ② 좋아하는 일을 즐기면서 여유롭게 사는 것이 중요하다.
    ③ 도전을 하는 것은 시간적 여유를 가지고 준비하는 것이 좋다.
    ④ 인생은 한 번뿐이므로 자기 계발에 많은 투자를 해야 한다.

18. ① 굽 높은 구두를 신고 넘어지게 되면 발목을 다치기 쉽다.
    ② 발은 몸 건강에 영향을 주기 때문에 피로감을 줄여야 한다.
    ③ 1주일에 세 번은 편한 신발을 신어야 다리에 무리가 안 간다.
    ④ 몸이 피곤하면 다칠 수 있으므로 굽 높은 신발은 피해야 한다.

19. ① 기상 이변으로 인한 피해는 사람에게도 심각한 영향을 끼친다.
    ② 남극의 빙하가 녹게 되면 동물들이 다른 곳으로 이동을 한다.
    ③ 남극에서 멀리 떨어져 있는 나라는 비교적 피해를 입지 않는다.
    ④ 지구 온난화의 문제는 지역적 특성과 밀접한 관계를 가지고 있다.

20. ① 산에 오를 때에는 활동하기 편한 복장과 신발을 신어야 한다.
    ② 여러 가지 기능을 갖춘 등산복과 등산화는 비쌀 수밖에 없다.
    ③ 산에서 미끄러졌을 때 안전을 지켜 줄 보호 장비를 갖춰야 한다.
    ④ 등산은 안전이 중요하기 때문에 이에 맞는 옷과 신발이 필요하다.

5

第2回模試

第2回 한국어능력시험 _ 1교시(듣기, 쓰기)

※ [21~22] 다음을 듣고 물음에 답하십시오. (각 2점)

21. 남자의 중심 생각으로 가장 알맞은 것을 고르십시오.
　　① 중독이 되지 않으려면 휴대폰을 잠시 멀리하는 것이 좋다.
　　② 휴대폰으로 다양한 것을 할 수 있으므로 늘 가지고 다닌다.
　　③ 휴대폰 중독이 되면 불안 증세가 지속되어 건강이 나빠진다.
　　④ 정신적인 안정을 찾으려면 가장 먼저 휴대폰을 없애야 한다.

22. 들은 내용과 같은 것을 고르십시오.
　　① 여자는 아침 출근길에 휴대폰을 잃어버렸다.
　　② 남자는 건강이 안 좋아서 고생을 한 경험이 있다.
　　③ 여자는 스마트폰 중독 증상을 보여 치료가 필요하다.
　　④ 남자는 휴대폰 사용을 줄이고 나서 시간이 많이 생겼다.

※ [23~24] 다음을 듣고 물음에 답하십시오. (각 2점)

23. 남자가 무엇을 하고 있는지 고르십시오.
　　① 차창의 서리를 신속하게 없앨 수 있는 방법을 알려 주고 있다.
　　② 겨울철 안전 운전을 위한 운전자의 자세에 대해 설명하고 있다.
　　③ 집 외부와 실내의 온도차를 줄일 수 있는 방법을 소개하고 있다.
　　④ 바쁜 아침 시간을 어떻게 효과적으로 쓸 수 있는지 질문하고 있다.

24. 들은 내용과 같은 것을 고르십시오.
　　① 운전 중에는 차의 창문을 약간씩 열어 두는 것이 안전하다.
　　② 차의 에어컨은 계절과 상관없이 계속 켜 두는 것이 효과적이다.
　　③ 일교차가 심한 계절에는 되도록 아침 운전을 안 하는 것이 좋다.
　　④ 서리는 기온이 떨어져 안과 밖의 온도차가 커질 때 주로 발생한다.

한국어능력시험 _ 1교시(듣기, 쓰기)

※ [25~26] 다음을 듣고 물음에 답하십시오. (각 2점)

25. 남자의 중심 생각으로 가장 알맞은 것을 고르십시오.

① 문화재를 원형 그대로 되살리기 위해 과학 기술이 필요하다.
② 첨단 과학의 기술이 사회의 다양한 분야에서 활용되어야 한다.
③ 가상현실을 통해 과거로 돌아갈 수 있는 방법을 개발해야 한다.
④ 과학 기술이 과거를 복원하고 미래로 나아가는 역할을 하고 있다.

26. 들은 내용과 같은 것을 고르십시오.

① 홀로그램 기술로 실존 인물의 입체 사진을 만들 수 있다.
② 과학 기술의 발달로 역사적인 인물들을 다시 살리고 있다.
③ 디지털 문화 박물관이 건립되어 사람들의 눈길을 끌고 있다.
④ 지금은 사라진 문화유산과 건축물을 실물처럼 복원하고 있다.

※ [27~28] 다음을 듣고 물음에 답하십시오. (각 2점)

27. 남자가 말하는 의도로 알맞은 것을 고르십시오.

① 환경 보호 대책의 문제점을 강조하기 위해
② 자동차 운전 시의 주의 사항을 알려 주기 위해
③ 환경 문제의 개선이 어려운 이유를 확인하기 위해
④ 자동차 요일제의 실천이 중요한 이유를 설명하기 위해

28. 들은 내용과 같은 것을 고르십시오.

① 일주일에 한 번 대중교통을 이용하는 것은 당연하다.
② 자동차를 오래 세워 놓으면 다시 움직이기가 불편하다.
③ 환경 보호는 각 개인의 작은 행동부터 시작되는 것이다.
④ 급한 용무가 있으면 자동차 요일제를 지키지 않아도 된다.

第2回 한국어능력시험 _ 1교시(듣기, 쓰기)

※ [29~30] 다음을 듣고 물음에 답하십시오. (각 2점)

29. 남자가 누구인지 고르십시오.

① 운동선수   ② 스포츠 감독
③ 해외 유학생   ④ 여행 전문가

30. 들은 내용과 같은 것을 고르십시오.

① 외국에서 오래 살다 보면 자연스럽게 적응력을 키울 수 있다.
② 새로운 언어와 문화를 배우기 위해 적극적인 노력을 기울였다.
③ 어려서 외국에 나가게 되면 낯선 것에 대한 두려움이 강해진다.
④ 외국에서 생활하면 혼자 있는 시간이 많아 학습 효과도 커진다.

※ [31~32] 다음을 듣고 물음에 답하십시오. (각 2점)

31. 남자의 중심 생각으로 가장 알맞은 것을 고르십시오.

① 적게 먹고 규칙적인 운동을 해야 건강을 지킬 수 있다.
② 무조건 탄수화물 섭취를 금지하는 것은 건강에 좋지 않다.
③ 식이섬유가 들어 있는 음식을 가급적 많이 먹는 것이 좋다.
④ 어떤 음식이든 잘 먹어야 영양소를 골고루 섭취할 수 있다.

32. 남자의 태도로 가장 알맞은 것을 고르십시오.

① 근거를 가지고 자신의 의견을 주장하고 있다.
② 구체적인 사례를 제시하며 주제를 설명하고 있다.
③ 조사 결과를 가지고 다양한 방법을 제안하고 있다.
④ 객관적인 분석을 통해 상대방의 의견을 지지하고 있다.

한국어능력시험 _ 1교시(듣기, 쓰기)

※ **[33~34]** 다음을 듣고 물음에 답하십시오. (각 2점)

33. 무엇에 대한 내용인지 알맞은 것을 고르십시오.

    ① 편안하고 안정감을 주는 컬러 가구 선택 요령

    ② 자연 채광을 위한 창문 설계와 벽 꾸미는 방법

    ③ 개성 넘치는 실내 인테리어와 가구 구입 요령

    ④ 효율적인 공간을 만들 수 있는 가구 배치 방법

34. 들은 내용과 같은 것을 고르십시오.

    ① 가구는 문에서부터 높은 순서로 놓은 것이 좋다.

    ② 다양한 색상의 가구를 개성 있게 선택해야 한다.

    ③ 방 안에 햇빛이 잘 들어오게 가구를 두어야 한다.

    ④ 벽 쪽으로 가구를 모아 놓아야 집이 넓어 보인다.

※ **[35~36]** 다음을 듣고 물음에 답하십시오. (각 2점)

35. 남자가 무엇을 하고 있는지 고르십시오.

    ① 폭식 방송 시청의 위험성을 지적하고 있다.

    ② 음식을 맛있게 잘 먹는 방법을 제시하고 있다.

    ③ 수면을 방해하는 다양한 요인을 분석하고 있다.

    ④ 우울증과 불안감 해소를 위한 치료를 권유하고 있다.

36. 들은 내용과 같은 것을 고르십시오.

    ① 우울하거나 불안함을 느끼는 사람들이 방송을 많이 본다.

    ② 먹는 방송을 많이 보면 참을성이 부족하게 될 수도 있다.

    ② 방송을 볼 때 음식을 많이 섭취하게 되면 수면을 방해한다.

    ④ 주로 식욕이 없는 사람들이 먹는 방송을 보며 대리 만족을 한다.

第2回 한국어능력시험 _ 1교시(듣기, 쓰기)

※ [37~38] 다음을 듣고 물음에 답하십시오. (각 2점)

37. 여자의 중심 생각으로 가장 알맞은 것을 고르십시오.

① 남에게 피해를 입히는 행동을 하면 안 될 것이다.
② 음주 운전을 하면 면허가 정지 또는 취소가 된다.
③ 술과 상관없는 사람이 희생되는 일은 없어야 한다.
④ 음주 운전 처벌 기준이 현재보다 강화되어야 한다.

38. 들은 내용과 같은 것을 고르십시오.

① 처벌 기준이 강화되면 교통사고가 현저히 줄어들게 된다.
② 음주 운전 사고로 희생되는 경우가 자주 일어나고 있다.
③ 음주 운전 처벌 기준은 운전면허 정지보다 취소가 엄격하다.
④ 소주와 맥주는 알코올 농도가 다르므로 처벌 기준도 다르다.

※ [39~40] 다음을 듣고 물음에 답하십시오. (각 2점)

39. 이 대화 전의 내용으로 가장 알맞은 것을 고르십시오.

① 아파트 구조의 변천사
② 공동 주거 환경의 변화
③ 아파트 가격 형성의 이유
④ 공동 건축물의 형태와 종류

40. 들은 내용과 같은 것을 고르십시오.

① 사람들은 여전히 단독주택 거주를 선호한다.
② 초기에는 아파트에 대한 인식이 좋지 않았다.
③ 다양한 종류와 형태의 건축물이 만들어지고 있다.
④ 땅이 좁고 인구가 많은 나라는 공동주택이 대부분이다.

한국어능력시험 _ 1교시(듣기, 쓰기)

※[41~42] 다음을 듣고 물음에 답하십시오. (각 2점)

41. 이 강연의 중심 내용으로 가장 알맞은 것을 고르십시오.

① 반려동물과 그 가족들이 이용할 수 있는 종합 시설이 생겼다.

② 반려동물을 입양할 때는 필요한 교육을 반드시 받아야 한다.

③ 동물과 함께 자유롭게 생활할 수 있는 편의 공간이 필요하다.

④ 거리에 버려지는 유기 동물의 치료 보호 시설이 너무 부족하다.

42. 들은 내용과 같은 것을 고르십시오.

① 주민들을 위한 문화 복합 공간이 조만간 문을 열 예정이다.

② 이곳에서는 유기 동물 입양과 관련된 교육도 받을 수 있다.

③ 반려동물이 언제든 치료를 받을 수 있는 병원이 건설되었다.

④ 반려동물을 위한 욕조와 건조기는 자유롭게 사용할 수 있다.

※[43~44] 다음을 듣고 물음에 답하십시오. (각 2점)

43. 무엇에 대한 내용인지 알맞은 것을 고르십시오.

① 해양 생물의 종류와 서식지 분석

② 선박의 침몰 이유와 인양하는 방법

③ 해저 유물의 발견과 보존 처리 과정

④ 갯벌을 보존해야 하는 이유와 필요성

44. 갯벌에서 유물이 잘 보존된 상태로 발견되는 이유로 맞는 것을 고르십시오.

① 갯벌의 흙은 산소가 차단되어 미생물이 살 수 없기 때문에

② 바닷물의 염분 농도가 진해서 유물의 부패를 막기 때문에

③ 바다 깊이 침몰했던 고대 선박이 유물을 지켜 주기 때문에

④ 해양에 서식하는 미생물이 자연적으로 보존을 돕기 때문에

第2回 한국어능력시험 _ 1교시(듣기, 쓰기)

※ [45~46] 다음을 듣고 물음에 답하십시오. (각 2점)

45. 들은 내용과 같은 것을 고르십시오.

① 현재 대부분의 나라에서 미술품 물납제를 실시하고 있다.

② 돈과 같은 가치의 부동산이나 미술품으로 납세를 할 수 있다.

③ 예술가들이 자유롭게 작품 활동을 할 수 있는 계기가 마련되었다.

④ 고가의 미술 작품을 국가에서 쉽게 확보할 수 있는 방법이 있다.

46. 여자의 태도로 알맞은 것을 고르십시오.

① 근거를 가지고 세계 각국의 납세 제도를 분석하고 있다.

② 세금 납부의 당위성을 여러 자료를 통해 주장하고 있다.

③ 침체되어 있는 미술 시장의 활성화 방안을 제안하고 있다.

④ 미술품 납세 도입을 주장하는 미술계 의견을 전달하고 있다.

※ [47~48] 다음을 듣고 물음에 답하십시오. (각 2점)

47. 들은 내용과 같은 것을 고르십시오.

① 남자는 재미있는 영화를 만들기 위해 감독이 되고 싶었다.

② 남자는 늘 남성을 주인공으로 한 무거운 주제를 다루어 왔다.

③ 이 영화는 부조리한 사회 제도를 정면 비판하여 호평을 받았다.

④ 남자는 지금까지 만들었던 작품과 완전히 다른 영화를 만들었다.

48. 남자의 태도로 알맞은 것을 고르십시오.

① 여성들이 사회적으로 차별을 받는 상황을 비판하고 있다.

② 제도의 모순과 고정관념을 깨야 하는 이유를 설명하고 있다.

③ 사회 고발을 다룬 여러 영화들을 종합적으로 비교하고 있다.

④ 자신이 추구하는 작품 방향과 새로 만든 영화를 소개하고 있다.

한국어능력시험 _ 1교시(듣기, 쓰기)

※ **[49~50]** 다음을 듣고 물음에 답하십시오. (각 2점)

49. 들은 내용과 같은 것을 고르십시오.

　① 전기차가 비싼 이유는 배터리 가격이 비싸기 때문이다.

　② 전력 에너지는 운송료가 비싸 가격 경쟁력이 떨어진다.

　③ 전기차 시장이 폭풍 성장하면서 배터리 수출도 증가했다.

　④ 배터리를 빌려 쓰게 되면 저렴한 서비스를 받을 수 있다.

50. 남자의 태도로 알맞은 것을 고르십시오.

　① 대체 에너지 개발을 위한 연구 결과를 발표하고 있다.

　② 비싼 전기차 가격을 인하하기 위한 방법을 제안하고 있다.

　③ 국제 경쟁력을 갖춘 제조업 분야의 활약상을 강조하고 있다.

　④ 세계 반도체 시장을 차지할 수 있는 전략을 제시하고 있다.

第2回 한국어능력시험 _ 1교시(듣기, 쓰기)

TOPIK II 쓰기 (51번~54번)

※ [51~52] 다음 글의 ㉠과 ㉡에 알맞은 말을 각각 쓰시오. (각 10점)

51.

제품 이름 공모

직원 여러분 안녕하십니까?

우리 회사에서 이번에 새로 만드는 세제의 이름을 (㉠   ).

건강하고 아름다운 피부를 위해 자연의 재료로 만든 세탁용 세제입니다.

좋은 아이디어가 있으신 분은 홍보팀으로 (㉡   ).

공모 마감은 이달 말까지입니다. 감사합니다.

한국생활환경 홍보팀

52.
　　낯선 곳보다 익숙한 곳에서 일을 하는 것이 더 잘 된다. 새로운 곳에서는 긴장감이나 두려움이 들기 쉬워 일에 집중이 잘 (㉠   ). 따라서 운동선수들도 중요한 경기가 있게 되면 그 장소에 가 본다거나 그곳에서 익숙해지도록 미리 가서 훈련을 하기도 한다. 이렇게 하면 낯선 곳에 대한 두려움을 덜 수도 있고 경기에 대한 부담감을 (㉡   ).

53. 다음은 국민 1인당 쌀 소비량에 대한 조사 결과이다. 이 내용을 200~300자의 글로 쓰시오. 단, 글의 제목은 쓰지 마시오. (30점)

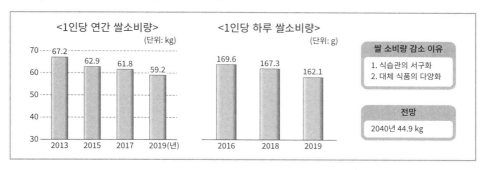

54. 다음을 참고하여 600~700자로 글을 쓰시오. 단, 문제를 그대로 옮겨 쓰지 마시오. (50점)

> 인간의 생활을 영위하기 위해 필요한 의약품이나 화장품 등의 안전성을 위해 동물을 대상으로 하는 실험이 계속되고 있다. 이러한 동물 대상 실험에 관하여 아래의 내용을 중심으로 자신의 생각을 쓰시오.
>
> • 동물 실험은 왜 한다고 생각하는가?
> • 동물 실험을 찬성(반대)하는 이유를 쓰시오.
> • 동물 실험을 대체할 수 있는 방법으로 무엇이 있는가?

※ 원고지 쓰기의 예

	우	리	는		기	분	이		좋	으	면		밝	은		표	정	을	
짓	는	다	.		그	리	고		기	분	이		좋	지		않	으	면	표

제1교시 듣기, 쓰기 시험이 끝났습니다. 제2교시는 읽기 시험입니다.

제2회 한국어능력시험

The 2nd Test of Proficiency in Korean

TOPIK II

2교시	**읽기** (Reading)

수험번호(Registration No.)	
이름 (Name)	한국어(Korean)
	영 어(English)

第2回模試

유 의 사 항
Information

○ 시험 시작 지시가 있을 때까지 문제를 풀지 마십시오.
Do not open the booklet until you are allowed to start.

○ 수험번호와 이름을 정확하게 적어 주십시오.
Write your name and registration number on the answer sheet.

○ 답안지를 구기거나 훼손하지 마십시오.
Do not fold the answer sheet; keep it clean.

○ 답안지의 이름, 수험번호 및 정답의 기입은 배부된 펜을 사용하여 주십시오.
Use the given pen only.

○ 정답은 답안지에 정확하게 표시하여 주십시오.

Mark your answer accurately and clearly on the answer sheet.

making example | ① ● ③ ④ |

○ 문제를 읽을 때에는 소리가 나지 않도록 하십시오.
Keep quiet while answering the questions.

○ 질문이 있을 때에는 손을 들고 감독관이 올 때까지 기다려 주십시오.
When you have any questions, please raise your hand.

TOPIK II 읽기 (1번~50번)

※[1~2] (   )에 들어갈 가장 알맞은 것을 고르십시오. (각 2점)

1. 주말에는 가족과 함께 주로 집에서 요리를 만들어 (   ).

    ① 먹을 때예요   ② 먹는 법이에요

    ③ 먹을 뿐이에요   ④ 먹는 편이에요

2. 실력이 아무리 (   ) 인간관계가 좋지 못하면 성공하기 어렵다.

    ① 뛰어나더라도   ② 뛰어나거니와

    ③ 뛰어나서인지   ④ 뛰어나기는커녕

※[3~4] 밑줄 친 부분과 의미가 가장 비슷한 것을 고르십시오. (각 2점)

3. 이 에어컨은 냉방도 <u>되는 데다가</u> 난방까지 되니까 편리해요.

    ① 될 수 있을지   ② 될 수 있을 뿐

    ③ 될 뿐만 아니라   ④ 될 수 있을 정도로

4. 오랜만에 전통시장에 가 <u>보니까</u> 사람들이 정말 많았어요.

    ① 보았더니   ② 보았다가

    ③ 보았더라면   ④ 보았다고 해서

第2回 한국어능력시험 _ 2교시(읽기)

※ [5~8] 다음은 무엇에 대한 글인지 고르십시오. (각 2점)

5.

아름답고 부드러운 머릿결
일주일만 써도 몰라보게 좋아집니다.

① 모자　　　② 샴푸　　　③ 화장품　　　④ 드라이기

6.

안락하고 편안한 좌석,
시원한 대형 화면으로 생생하게 느껴 보세요!

① 백화점　　　② 미술관　　　③ 야구장　　　④ 영화관

7.

엄마가 만들어 주신 그 맛의 비결
'엄마의 밥상'
지금 서점에서 만나 보세요!!!

① 책 소개　　　② 식당 광고　　　③ 요리 소개　　　④ 공연 안내

8.

1. 투입구에 동전을 넣으세요.
2. 원하는 상품의 버튼을 누르세요.

① 상품 설명　　　② 이용 방법　　　③ 주의 사항　　　④ 선택 기준

※ [9~12] 다음 글 또는 그래프의 내용과 같은 것을 고르십시오. (각 2점)

9.

새해맞이 특별 행사

희망찬 새해를 함께 맞는 특별한 기회
가족과 함께 즐거운 시간을 보내세요!

♠ 행사 내용: 떡국 만들기, 제기차기, 윷놀이 등
♠ 행사 일시: 1월 1일~1월 10일
♠ 참　가　비: 성인 5천 원, 청소년 3천 원(미취학 아동은 무료)
♠ 행사 장소: 한옥마을 놀이마당

① 이 행사는 1월 1일 하루 동안 진행이 된다.
② 다양한 전통 음식을 만들어 보고 맛볼 수 있다.
③ 어린아이를 동반한 가족은 무료로 입장이 가능하다.
④ 학교에 들어가지 않은 어린이는 돈을 내지 않아도 된다.

10.
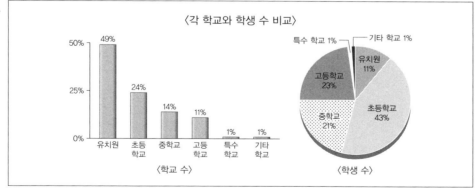

① 유치원 수가 전체에서 가장 많고 학생 수는 중학교가 두 번째이다.
② 학교 수는 중학교보다 고등학교가 더 적지만 학생 수는 비슷하다.
③ 학생 수는 유치원이 가장 적지만 학교 수는 특수 학교가 가장 적다.
④ 전체 학교에서 초등학교 수가 유치원 다음이지만 학생 수는 가장 많다.

11.

민족의 최대 명절인 추석을 앞두고 명절 준비에 필요한 비용을 조사한 결과, 지난해보다 8% 증가한 것으로 나타났다. 준비 품목으로는 주로 육류와 과일 등의 식품이 대부분을 차지하고 있는데 구입 장소로는 첫 번째가 대형 마트 그다음으로 전통 시장이었다. 이에 정부는 명절 수요가 몰리는 과일과 축산물을 중심으로 다양한 가격대의 선물 세트를 시중보다 저렴한 가격으로 구성해 농협이나 축협 등을 통한 판매 촉진 활동을 진행하고 있다.

① 명절 준비를 위한 장보기는 전통 시장이 대형 마트보다 편리하다.
② 과일이나 고기 종류는 명절 때보다 평소에 더 많이 팔리는 품목이다.
③ 작년보다 명절에 필요한 비용이 증가했지만 식재료 구입비는 줄었다.
④ 명절에 많이 찾는 품목의 선물 세트를 농협에서 싸게 구입할 수 있다.

12.

우리의 몸에서는 필요로 하지 않는데 배고프다고 느끼는 것을 가짜 배고픔이라고 한다. 식사를 한 지 얼마 되지도 않았는데 또 뭔가 먹고 싶어지거나 특정한 음식이 떠오르는 것이다. 이런 경우에 자꾸 음식을 섭취하면 결국 비만이 되고 각종 질병에 걸릴 위험이 높아질 수밖에 없다. 이러한 가짜 배고픔은 우울하거나 스트레스를 받을 때 주로 느껴진다. 이를 극복하기 위해서는 산책을 한다거나 음악을 듣는 등의 다른 행동으로 기분 전환을 하면 도움이 된다.

① 스트레스를 받거나 우울할 때에 음식물 섭취를 하면 도움이 된다.
② 몸에서 필요로 하지 않아도 배고픔을 해소해야 질병에 걸리지 않는다.
③ 가짜 배고픔도 자꾸 참으면 건강에 좋지 않으므로 조금씩 먹어야 한다.
④ 식사하고 얼마 안 됐음에도 또 배가 고프다면 산책을 나가는 것도 좋다.

한국어능력시험 _ 2교시(읽기)

※ [13~15] 다음을 순서에 맞게 배열한 것을 고르십시오. (각 2점)

13.

(가) 즉 사람들이 맡겨 놓고 찾아가지 않는 돈이 엄청나다는 것이다.
(나) 휴면계좌란 일정 기간 동안 입금 또는 출금이 없어 사용하지 않는 계좌를 말한다.
(다) 은행이나 보험사의 휴면계좌 잔액이 수 천 억에 이른다고 한다.
(라) 이렇게 은행에 쌓아 놓지 말고 안 쓰는 통장이나 은행 계좌가 없는지 잘 살펴볼
필요가 있다.

① (나) - (가) - (다) - (라)　　　　② (다) - (나) - (가) - (라)
③ (나) - (라) - (다) - (가)　　　　④ (다) - (가) - (나) - (라)

14.

(가) 직장인 대상으로 실시한 설문 조사 결과 가장 많이 먹는 점심 메뉴로 김치찌개가
1위를 차지했다.
(나) 그다음으로는 그날의 기분에 따라, 속도, 양, 서비스, 날씨 등이었다.
(다) 또한 점심 메뉴를 선택할 때 우선 고려되는 사항은 맛보다 가격인 것으로
나타났다.
(라) 이는 5년 연속 같은 결과로 부동의 1위이며 된장찌개, 비빔밥, 김밥 등이 뒤를 잇고
있다.

① (가) - (라) - (다) - (나)　　　　② (다) - (나) - (가) - (라)
③ (가) - (나) - (다) - (라)　　　　④ (다) - (라) - (나) - (가)

15.

(가) 이에 언어학자들의 공통적인 의견은 8세에서 12세 사이에 외국어 학습을 시작하는
것이 바람직하다고 한다.
(나) 최근 외국어 교육을 너무 일찍 시작하면 모국어를 제대로 배우지 못한다는 연구
결과가 나왔다.
(다) 그렇다고 해서 너무 늦게 시작하면 발음이 불완전해지기 때문에 좋지 않다는
의견도 있다.
(라) 결과적으로 아이의 발달 상황이나 교육 환경에 따라 시기를 조절하는 것이
무엇보다 중요할 것이다.

① (가) - (라) - (나) - (다)　　　　② (나) - (가) - (다) - (라)
③ (가) - (다) - (나) - (라)　　　　④ (나) - (다) - (가) - (라)

第2回 한국어능력시험 _ 2교시(읽기)

※[16~18] (   )에 들어갈 말로 가장 알맞은 것을 고르십시오. (각 2점)

16.

> 흔히 성공한 사람들을 보면 자신감이 느껴진다. 어떠한 어려움이 있어도 '나는 할 수 있다'는 믿음을 가지고 있기 때문이다. 이것이 바로 성공을 이루는 에너지가 된다. 또한 머릿속으로 생각한 것을 행동으로 옮기는 실천력을 지니고 있다. 그것은 (   ) 힘이다. 실패를 하더라도 다시 일어나 꿈을 이룰 때까지 끊임없이 노력하고 나아가는 것이다.

① 꿈을 현실로 만드는   ② 멋진 꿈을 꾸게 하는
③ 새롭게 변신하게 만드는   ④ 두려움을 이겨내게 하는

17.

> 작가와 독자가 만나 다양한 주제를 가지고 소통의 장을 펼치는 문학 주간이 올해는 온라인으로 열린다. 올해의 주제는 '문학과 더 가까이'이며 화상 연결을 통해 작가와 자유로운 대화가 가능하다. 이는 사회적 거리 두기로 인해 (   ) 상황에서 문학이 지니는 사회적 가치를 고민하고 문학과 함께 어려운 시기를 극복하자는 의미를 담고 있다.

① 만남의 장소를 확대해야 하는   ② 서로 떨어져 지낼 수밖에 없는
③ 경제적 여건이 개선되기 어려운   ④ 인간관계에 더욱 신경을 써야 하는

18.

> 커피에 들어 있는 카페인이 무조건 나쁜 것은 아니다. 카페인에 반응하는 정도는 (   ) 개인차가 크기 때문이다. 식품안전처가 정한 우리나라 국민의 카페인 하루 섭취 기준은 일반적인 커피 전문점 기준으로 3잔 정도이다. 그러나 하루에 먹는 다른 식품에도 카페인이 포함되어 있기 때문에 커피의 섭취 기준은 개인의 식습관이나 건강 상태를 고려해야 한다.

① 소득 수준의 등급에 따라   ② 하루 운동량의 차이에 따라
③ 체질이나 건강 상태에 따라   ④ 커피를 좋아하는 기준에 따라

※ **[19~20]** 다음을 읽고 물음에 답하십시오. (각 2점)

대부분의 실내에서 흡연을 금지하는 강력한 금연 정책으로 인해 흡연자들의 설 자리가 좁아졌지만 여전히 운전 중 흡연, 길거리 흡연 등으로 비흡연자들의 불만이 높다. 운전 중 흡연의 경우 다 피우고 난 담배꽁초를 차창 밖으로 버리는 경우가 많아 교통사고나 화재로 이어질 위험성도 있다. (   ) 금연 구역 외의 흡연 행위를 막을 만한 법적 근거가 없고 흡연자들 역시 사적 공간인 차량에서의 흡연까지 금지하는 것은 개인의 자유 침해라고 주장하고 있기 때문에 양측의 논란이 끊이지 않고 있다.

19. (   )에 들어갈 말로 가장 알맞은 것을 고르십시오.

① 그래서   ② 그리고   ③ 그러나   ④ 그러면

20. 윗글의 주제로 가장 알맞은 것을 고르십시오.

① 강력한 금연 정책으로 비흡연자의 피해를 막아야 한다.

② 흡연자와 비흡연자 사이의 논란은 여전히 이어지고 있다.

③ 운전 중 흡연 행위는 교통사고를 낼 수 있어 금지해야 한다.

④ 개인의 자유를 존중하기 위해 금연 구역을 줄이는 것이 좋다.

第2回 한국어능력시험 _ 2교시(읽기)

※ [21~22] 다음을 읽고 물음에 답하십시오. (각 2점)

의학의 발달과 건강에 대한 높은 관심이 평균 수명을 상당히 늘리고 있지만 무엇보다 건강하게 오래 사는 것이 중요하다고 할 수 있다. 이러한 것을 건강 수명이라고 하는데 이를 위해서는 몸의 근육을 늘려야 한다. 최근 근력 운동이 (   ) 이유도 이렇게 근력을 키우면 여러 질병들을 예방하고 치유하는 효과가 있기 때문이다. 예상치 못한 사고로 입원을 하더라도 근육이 탄탄하면 퇴원 시기를 앞당길 수 있는 것이다.

21. (   )에 들어갈 말로 가장 알맞은 것을 고르십시오.

① 발등을 찍는   ② 가슴을 치는
③ 등을 돌리는   ④ 각광을 받는

22. 윗글의 내용과 같은 것을 고르십시오.

① 근력을 키우면 병이 났을 때에도 치료가 빨라질 수 있다.
② 건강 수명을 늘리기 위한 사람들의 관심과 연구가 필요하다.
③ 근력 운동을 많이 해도 갑작스런 교통사고를 막을 수는 없다.
④ 장수에 대한 사람들의 관심으로 인해 부작용도 증가하고 있다.

8

한국어능력시험 _ 2교시(읽기)

※ [23~24] 다음을 읽고 물음에 답하십시오. (각 2점)

> 오늘 아침에도 여지없이 고양이 두 마리의 쫓고 쫓기는 추격전이 시작되었다. 야행성이라는 고양이의 특성은 어디로 갔는지 밤에는 얌전히 자고 아침에 활발하게 움직이는 우리 집 고양이들. 먼저 몸집이 작고 날렵한 한 녀석이 피아노 위로 훌쩍 날아올랐다. 이어 뚱뚱하고 커다란 또 한 녀석이 따라 오르다가 한쪽에 놓여 있던 도자기 화병을 건드려 그만 와장창 깨지고 말았다. 순간 아차 싶었다. 어제 버리려고 내놓았다가 아까운 마음에 그냥 올려놓았는데 내 사소한 욕심이 결국 이런 상황을 만들고 말았다. 다친 고양이에게 응급 처치를 하고 병원으로 향하는 내내 내 머리를 쥐어박고 싶었다.

23. 밑줄 친 부분에 나타난 '나'의 심정으로 가장 알맞은 것을 고르십시오.

① 서운하다   ② 억울하다

③ 후회하다   ④ 답답하다

24. 윗글의 내용과 같은 것을 고르십시오.

① 고양이는 주로 밤에만 활동하고 낮에는 잠을 잔다.

② 고양이 두 마리가 서로 쫓아다니다가 다치고 말았다.

③ 소중하게 아끼던 도자기를 고양이가 건드려 깨뜨렸다.

④ 나는 몸이 아파 병원에 가는 길에 고양이를 데리고 갔다.

第2回 한국어능력시험 _ 2교시(읽기)

※ [25~27] 다음 신문 기사의 제목을 가장 잘 설명한 것을 고르십시오. (각 2점)

25.

전국 맑다가 차차 구름, 내륙 지역 큰 일교차

① 전국이 맑은 후 차츰 구름이 많아져 내륙 지역부터 추워질 것이다.
② 전국이 맑았다가 흐려지겠고 내륙 지역에서는 큰 비가 내릴 것이다.
③ 전국적으로 구름이 끼겠지만 내륙 지역은 맑은 날씨를 보이고 있다.
④ 전국이 맑다가 점차 구름이 끼겠고 내륙 지역은 기온차가 클 것이다.

26.

엎치락뒤치락 카드사 2위 경쟁, 점유율 확보 치열

① 서로 선두를 차지하기 위해 카드사들이 치열하게 다투고 있다.
② 카드 회사들의 2위 경쟁이 마무리되어 시장 점유율이 확정되었다.
③ 가장 많은 회원을 확보하기 위한 카드 회사들의 경쟁이 엄청나다.
④ 카드 회사의 시장을 차지하려는 노력이 가열되어 2위 경쟁이 심하다.

27.

배달 폭주에 추석 선물까지, 포장 쓰레기 대란 우려

① 추석 명절이 되면 배달이 몰려 포장 업체의 쓰레기가 폭증한다.
② 배달 상품이 폭주하는 바람에 포장 쓰레기 운송이 지연되고 있다.
③ 추석 선물 배달 주문이 몰린 탓에 배출되는 쓰레기의 양도 늘었다.
④ 밀려드는 배달 주문과 추석 선물까지 겹쳐 포장 쓰레기가 넘쳐난다.

한국어능력시험 _ 2교시(읽기)

※ [28~31] (   )에 들어갈 말로 가장 알맞은 것을 고르십시오. (각 2점)

28.

온라인 영상을 통해 정보를 얻거나 음악을 듣고 홍보도 하는 시대가 되면서 직장인 4명 가운데 1명은 개인 영상 채널을 운영하고 있는 것으로 조사되었다. 그 이유로는 취미 생활 및 일상의 기록을 위해서라고 응답한 경우가 가장 많았고 그 다음으로 (   ) 부업을 한다는 것이었다. 또한 업무 경력에 도움이 되기 위해 그리고 본인의 홍보 차원으로 영상을 올린다는 답이 뒤를 이었다.

① 돈을 벌기 위해서   ② 재취업을 하기 위해서
③ 자신을 잘 알리기 위해서   ④ 직장의 운영을 돕기 위해서

29.

창덕궁은 조선의 궁궐 중 가장 오랜 기간 동안 왕들이 거처했던 곳이다. 특히 후원의 경우 왕실의 정원 가운데 가장 빼어난 경치를 자랑하는 곳이기도 하다. 이곳에는 부용지라는 아름다운 연못 위쪽으로 왕이 정원을 내려다보며 독서를 즐기던 규장각이 위치해 있다. (   ) 넉넉함을 느낄 수 있는 휴식의 장소이자 학업의 수련장이기도 했던 창덕궁 후원은 왕실 정원 문화의 특징을 잘 보여 주는 곳으로 그 의미가 크다.

① 국력을 키우기 위해   ② 왕권의 강화를 꾀하고
③ 느긋하게 여유를 즐기며   ④ 권력의 위대함을 상징하며

第2回 한국어능력시험 _ 2교시(읽기)

30.

이탈리아의 한 고대 유적지에서 유물 조각을 훔쳤다가 악운이 잇따른다는 이유로 자진 반납하는 사례가 이어졌다. 이들은 아무도 가질 수 없는 역사의 조각을 소유하고 싶어 벽돌 조각이나 모자이크 타일 등의 유물을 훔쳤으나 그 이후로 ( ) 유물을 다시 반납하게 되었다고 밝혔다. 그동안 유물을 훔쳐 가는 여행객들로 인해 골머리를 앓던 이탈리아 당국에서는 반납된 문화재들을 전시하는 박물관을 따로 세우기도 했다.

① 경찰의 수사가 계속되어　　　　② 유물의 가치가 떨어져서
③ 여러 불운한 일들이 발생해　　　④ 사람들의 손가락질이 이어져

31.

산사 체험은 전통 사찰에 머물면서 사찰의 생활을 체험하고 불교문화와 수행 정신을 몸소 경험해 보는 특별한 시간이다. 산사 체험은 2002년 월드컵이 개최되었을 때 외국인 관광객의 폭발적 증가로 인해 부족했던 숙박 시설의 대안으로 시작되었다. 이후 외국인은 물론이고 내국인들에게 좋은 반응을 얻게 되면서 지금은 전국의 사찰에서 광범위하게 운영되고 있다. 이러한 산사 체험은 ( ) 각 지역 대표적 관광 상품으로 자리를 잡았다.

① 그 누구도 따라 하기 어려운
② 자연의 위대함을 느낄 수 있는
③ 전통 불교문화를 접할 수 있는
④ 불교 입문의 기회로 삼을 수 있는

한국어능력시험 _ 2교시(읽기)

※ [32~34] 다음을 읽고 글의 내용과 같은 것을 고르십시오. (각 2점)

32.

아직 결혼을 하지 않은 30대를 대상으로 설문 조사를 실시한 결과 남성의 70%가 경제적으로 여유가 있다면 결혼을 선택할 것이라고 응답한 반면 여성의 경우는 60% 이상이 비혼 즉 결혼을 하지 않겠다고 밝혔다. 이 조사에 따르면 30대 미혼 100명 중 약 35%가 1인 가구인 것으로 나타났다. 향후 결혼 여부에 대해서는 전체 응답자 중 56%가 '결혼을 하고 싶다'고 응답했고 25%는 '하고 싶지 않다'고 대답했다. 성별로 살펴보면 '결혼을 하고 싶지 않다'는 응답은 여성이 남성보다 두 배 가까이 높게 나타났다.

① 1인 가구 응답자 중 앞으로 결혼을 하겠다는 응답이 가장 적었다.

② 비혼을 선택하겠다는 응답은 남성보다 여성에서 훨씬 높게 나타났다.

③ 30대 미혼 여성 응답자 중 1인 가구가 차지하는 비중이 가장 높았다.

④ 남녀 모두 경제적 여유가 있으면 결혼을 선택하겠다는 응답이 비슷하다.

33.

지구의 허파라고 불리는 아마존 열대 우림의 40%가 나무가 없이 풀만 자라는 아프리카 초원과 같은 형태로 바뀔 위기에 놓여 있다는 연구 결과가 나왔다. 열대 우림은 강우량에 큰 영향을 받기 때문에 비가 내리지 않으면 숲이 점차 줄어들어 초원으로 변하게 된다는 것이다. 전문가들은 온실가스의 증가에 따른 기온 상승으로 인해 아마존 지역의 강우량이 계속 감소할 것이라고 예상하고 있어 이에 대한 우려가 깊어지고 있다.

① 열대 우림은 비가 내리지 않으면 나무가 자라기 어렵다.

② 기온이 높아지면 아마존 지역에 비가 많이 내리게 된다.

③ 푸른 초원을 지키기 위해 온실가스 배출을 막아야 한다.

④ 아프리카 초원은 나무와 풀이 공존하는 광범위한 지역이다.

34.

　　'예술가의 환생'이라는 찬사를 듣고 있는 거미집이 화제이다. 최근 미국의 한 숲에서 발견된 거미집이 인터넷 상에서 관심을 끌고 있다. 이 거미집은 두 그루의 나무 사이에 동그랗고 촘촘하게 거미집이 만들어져 있는데 놀라운 사실은 사람도 걸릴 수 있을 정도의 크기이다. 이 거미집을 만든 거미는 복잡한 모양의 집을 만드는 것으로 알려져 있다. 사진을 본 사람들은 규모도 놀랍지만 완벽한 형태의 아름다움에 감탄하고 있다.

① 이 거미집은 한 예술가가 만든 작품으로 자연의 형태를 표현했다.
② 지금까지 없었던 큰 규모의 거미집을 보기 위해 사람들이 몰렸다.
③ 나무와 나무 사이에 동그란 모양의 큰 거미집이 시선을 끌고 있다.
④ 이 큰 거미집에 사람이 걸려 어려움을 겪은 일이 화제가 되고 있다.

※ **[35~38]** 다음을 읽고 글의 주제로 가장 알맞은 것을 고르십시오. (각 2점)

35.

　　신문이나 방송에서 다루는 뉴스는 말 그대로 새로운 소식을 전달하는 것이 목적이다. 이를 통해 독자들에게 세상이 어떻게 돌아가는지 알 수 있게 해 준다. 이러한 뉴스는 정확하고 공정한 시각으로 다루어야 한다. 그러나 정치적 사건의 경우, 종종 기사를 작성하는 기자의 소속 기관이 어디인가에 따라 같은 사건이 다르게 전달될 때가 있다. 따라서 기자는 어떤 경우에도 사건을 취재하고 기사를 쓰는 직업인으로서의 본질이 무엇인지 잊지 않아야 할 것이다.

① 독자들이 세상을 알 수 있도록 다양한 의견을 제시해야 한다.
② 기자는 자신이 소속된 기관의 입장을 대변할 수 있어야 한다.
③ 뉴스는 어느 한쪽에 치우치지 않고 사실을 정확히 전달해 한다.
④ 기자가 사건을 제대로 취재하기 위해 많은 기회를 주어야 한다.

36.

급격히 변하는 시대의 흐름에 맞게 사람들의 생활 방식이나 습관도 변화하면서 알레르기성 비염 환자도 증가하고 있다. 알레르기성 비염은 코의 점막에 염증 반응이 나타나 반복적인 재채기와 맑은 콧물, 눈과 코의 가려움과 코 막힘 등의 증상이 발생하는 질환이다. 원인은 주로 실내 환경이 되고 있으며 이는 과거에 비해 실내 생활이 보편화되고 이로 인해 카펫, 소파, 침대 등 집먼지진드기가 서식하기 쉬운 환경이 늘었기 때문으로 보고 있다.

① 나쁜 생활 습관은 각종 질병을 유발시키는 원인이 되고 있다.
② 집안에서 발생하는 먼지는 코와 관련된 질환과 밀접한 연관이 있다.
③ 반복된 생활 패턴을 변화시키지 않으면 건강에 안 좋은 영향을 준다.
④ 실내 위주의 생활 방식 변화로 인해 알레르기성 비염 발병이 늘고 있다.

37.

야외에서 취침과 취사를 즐기는 캠핑이 열기를 띠면서 야영장 주변은 물론이고 캠핑이 금지된 장소에서 고기를 굽거나 음식을 조리하는 냄새로 인해 인근 지역 주민들이 불편을 호소하고 있다. 더욱이 캠핑이나 취사를 금지한다는 현수막이 걸려 있음에도 불구하고 일부 캠핑족들의 이기적인 행동이 사람들의 눈살을 찌푸리게 만드는 것이다. 자신의 즐거움을 위해 다른 사람들의 불편 정도는 가볍게 무시해 버리는 행태는 사라져야 할 것이다.

① 지역 주민들의 불편 해소를 위해 캠핑을 금지시켜야 한다.
② 캠핑은 지정된 야영장에서만 즐기는 것이 올바른 행동이다.
③ 취미 생활을 위해 캠핑을 선택하는 것은 이기적인 생각이다.
④ 자신만 생각하며 남에게 피해를 주는 행동은 삼가야 할 것이다.

38.

　　청소를 힘들고 어렵다고 생각하는 사람들이 많다. 그러나 청소 자체가 힘든 게 아니라 잘못된 청소 습관이 원인이다. 그것은 바로 청소를 한 번에 전부 다 끝내려고 하는 것이다. 생활은 계속 이어지기 때문에 청소는 끝이 없는 게 당연하다. 따라서 청소는 일회성이 아니라 지속적인 작업이 된다. 또한 효율적인 청소를 위해서는 일을 세분화하는 것도 필요하다. 세안 후에 세면대나 설거지 후에 싱크대를 바로 닦고 물기를 제거하면 청소를 따로 할 일이 별로 없다. 이렇게 청소는 한꺼번에 하려고 하지 말고 그때그때 하나씩 처리해 나가는 것이다.

① 매일 지속적으로 청소를 하는 일은 힘들고 귀찮은 일이다.
② 효율적인 청소를 위해서는 집중적이고 계획적으로 해야 한다.
③ 한 번에 끝내려는 잘못된 청소 습관을 바꾸면 청소가 쉬워진다.
④ 물청소를 하고 난 후에 물기를 완전히 제거하는 것이 효과적이다.

※ **[39~41] 주어진 문장이 들어갈 곳으로 가장 알맞은 것을 고르십시오. (각 2점)**

39.

　　종이책 시장은 점점 줄어드는 반면, 전자책 시장은 매년 커져가고 있다. 성장 속도 역시 엄청나게 빠르다. (　㉠　) 그러나 종이책에 비해 전자책의 가격이 저렴한 편이 아니기 때문에 종이책과의 차이에서 가격적 혜택이 떨어진다. (　㉡　) 그래서 해결책으로 등장한 것이 바로 전자책 대여 서비스이다. (　㉢　) 종이책은 실물 소유가 가능하지만 전자책은 자신이 소유했다는 느낌을 가지기 어려운 데다 중고 판매가 가능한 종이책에 비해 전자책은 그러한 개념이 없다. (　㉣　) 이러한 전자책의 단점으로 인해 구매보다는 대여가 유리하다는 인식이 생겨난 것이다.

<보 기>

　　사실 종이책이든 전자책이든 어떤 형식을 사용하더라도 그 안에 있는 내용은 같기 때문에 제대로 읽을 의지만 있다면 어떤 선택을 하든 상관이 없다.

① ㉠　　　　　② ㉡　　　　　③ ㉢　　　　　④ ㉣

한국어능력시험 _ 2교시(읽기)

40.

바이러스 확산의 우려 때문에 얼굴을 마주하지 않는 비대면을 선호하는 시대가 되고 있다. (㉠) 그 예로 물건 배달이나 배송을 사람이 직접 하지 않고 드론으로 대신하는 경우가 많아졌다. (㉡) 소비자가 모바일 앱을 이용해 주문을 하면 드론이 배달을 하게 되는 것이다. (㉢) 드론으로 배달이 가능한 품목은 주로 식품, 그 가운데 간식 상품이나 도시락 등이 있다. (㉣) 이처럼 앞으로는 비대면 산업과 분야가 계속 발전하고 상승세를 이어갈 전망이다.

―――――――――<보 기>―――――――――

이를 통해 드론 자격증 취득이나 드론 관련 투자 등에 사람들의 관심이 쏠리고 있다.

① ㉠   ② ㉡   ③ ㉢   ④ ㉣

41.

도시 재생이란 인구의 감소나 주거 환경의 노후 등으로 쇠퇴해 가는 도시를 새롭게 변모시키는 것을 말한다. (㉠) 특히 저소득층이 주로 주거하는 지역은 도시 관리와 개선에 대한 비용을 지불할 능력이 떨어져 지역 재생에 어려움이 따른다. (㉡) 이로 인해 지역 역량의 강화와 자원 활용을 통해 경제적, 사회적으로 활력을 불어 넣고 환경을 개선하는 데에 목적이 있다. (㉢) 이러한 정책을 시행함에 있어서 환경 정비뿐만 아니라 다양한 사회, 문화 프로그램 도입도 함께 이루어져야 할 것이다.(㉣)

―――――――――<보 기>―――――――――

이에 국가적으로 도시 재생 개발 사업을 통해 열악한 환경을 개선하고 경제적 활력을 부여하고자 정책 마련에 나서고 있다.

① ㉠   ② ㉡   ③ ㉢   ④ ㉣

※ [42~43] 다음을 읽고 물음에 답하십시오. (각 2점)

> 강변도로 안쪽으로 교육행정 단지의 굵직굵직한 건물들이 보인다. 무릉국민학교도
> 보인다. 외관상 귀족학교다운 데도 없다. 그러나 주위의 건물들과 조화를 잃지 않을 만큼
> 적당히 세련된 현대식 건물이다. 넓은 운동장이 있고 그 속엔 각종 운동틀과 나무들이 있다.
> 나무도 이 학교의 역사처럼 아직 어리다. 가을의 문턱이라 나무들은 아직 청청하다. 그중엔
> 은행나무도 있고 벚꽃나무도 있다. 곧 예쁜 단풍이 들 것이다.
> 　그러나 단풍이 들자마자 이 어린 나무들이 얼마나 모진 곤욕을 겪게 될 것인지 나는 안다.
> 완벽한 질서를 부르짖는 교장 선생님은 나무가 물들어 매일매일 낙엽을 떨구기 시작하면
> 환경질서를 어지럽힌다고 해서 아이들을 나무에 올려 보내거나 장대를 휘둘러 낙엽을
> 한꺼번에 깨끗이 떨구게 하곤 한 번에 쓸어내게 했다. 그래서 무릉국민학교 교정의 나무들은
> 가을도 깊기 전에 어느 날 갑자기 나목이 된다. 작년에도 그랬었고, 재작년에도 그랬었다.
> 나는 변기에 앉아 내 아이들이 다니는 학교의 발가벗긴 나무들을 바라볼 적마다 정서의
> 불모지대를 보는 듯한 불쾌감을 느꼈었다.

<출처 : 낙토 (樂土) 의 아이들, 박완서>

42. 밑줄 친 부분에 나타난 '나'의 심정으로 가장 알맞은 것을 고르십시오.

① 당황하다　　　　　　　　　② 억울하다
③ 분노하다　　　　　　　　　④ 지루하다

43. 윗글의 내용으로 알 수 있는 것을 고르십시오.

① 이 학교는 오래된 역사를 가지고 있어 건물이 고풍스럽다.
② 학교 운동장에는 고목들이 많아 주변의 경관과 잘 어울렸다.
③ 가을이 되면 단풍이 아름다운 학교로 사람들이 많이 찾아왔다.
④ 교장 선생님은 매년 아이들에게 나무의 낙엽 청소를 시키곤 했다.

한국어능력시험 _ 2교시(읽기)

※ [44~45] 다음을 읽고 물음에 답하십시오. (각 2점)

　　가짜 기억 증후군이란 인간의 기억이 완벽할 수 없으며 얼마든지 가짜로 조작될 수 있다는 이론이다. 이것은 미국의 한 심리학자의 실험에 의해 처음으로 확인되었는데 특히 어린 시절의 기억과 같이 오랜 시간이 지난 기억일수록 쉽게 바뀔 수 있다고 한다. 이 실험에서 약 25%의 사람들은 어렸을 때 쇼핑몰과 같은 복잡한 장소에서 길을 잃었다는 가짜 기억을 만들어 냈다. 오래되고 희미한 기억일수록 조작되기 쉬우며 부정적이고 아픈 기억은 더 부풀려지기도 했다. 인간은 과거를 내려놓지 못하는 습성 때문에 무거운 짐을 짊어진 채 힘겹게 살아가는 경우도 있는가 하면 오래된 기억에서 교훈을 얻고 (　　　　　　　　). 현실과 상상을 구분하는 것은 얇은 막 하나라는 말처럼 과거의 기억에 매달리지 말고 새로운 미래를 만들어 가는 것에 더 가치를 두는 자세가 필요할 것이다.

44. 윗글의 주제로 가장 알맞은 것을 고르십시오.

① 과거의 기억에서 교훈을 얻을 수 있도록 노력해야 한다.

② 자신이 가진 기억 속에서 진짜를 구별할 수 있어야 한다.

③ 미래의 가치는 과거에서 나오는 것이므로 잘 기억해야 한다.

④ 기억은 왜곡되기 쉬우므로 과거에서 벗어나 미래로 향해야 한다.

45. (　　　)에 들어갈 말로 가장 알맞은 것을 고르십시오.

① 좋은 기억을 되살리기도 한다

② 과거로 돌아가려는 노력을 한다

③ 더 발전된 삶을 사는 사람도 있다

④ 기억 연구에 매달리는 경우도 있다

第2回 한국어능력시험 _ 2교시(읽기)

※[46~47] 다음을 읽고 물음에 답하십시오. (각 2점)

비가 오는 날이나 밥보다 별식이 생각날 때 한국인들이 즐겨 먹는 음식 가운데 수제비가 있다. 수제비는 고추장이나 멸치를 넣은 국물에 밀가루 반죽을 손으로 조금씩 떼어내 끓여 먹는 대표적인 서민의 음식이다. 특히 중년층에게 수제비는 애증이 교차하는 음식이다. 한국 전쟁을 겪으면서 끼니를 잇게 해 준 음식이 바로 수제비였다. 먹을 것이 없어 어려웠던 시절 배고픔을 달래기 위해 먹던 가슴 아픈 기억과 그 시절에 대한 그리움이 동시에 담겨 있는 것이다. 그러나 역사적으로 거슬러 올라가면 수제비는 서민의 음식이 아니라 양반들의 잔칫상에 오르기도 했던 고급 요리였다. 조선 시대의 음식 관련 문헌에 보면 곳곳에서 수제비에 대한 내용을 발견할 수 있다. 쇠고기나 양고기 등으로 국물을 내고 팔팔 끓는 물에 밀반죽을 숟가락으로 떼어 넣어 익혀 먹는 고급 음식으로 묘사되어 있다. 지금의 수제비는 별식으로 먹으며 과거를 추억하는 한국인의 영혼이 담긴 음식이라고 해도 과언이 아닐 것이다.

46. 윗글에 나타난 필자의 태도로 가장 알맞은 것을 고르십시오.

① 지역적으로 다양하게 수제비를 만드는 방법을 소개하고 있다.

② 한국인의 음식 문화에 대해 다양한 사례를 들어 설명하고 있다.

③ 역사적 기록을 통해 수제비에 대한 잘못된 인식을 일깨우고 있다.

④ 과거의 힘들고 가난했던 시절에 대한 아픈 기억을 되돌아보고 있다.

47. 윗글의 내용과 같은 것을 고르십시오.

① 수제비는 한국인이 가장 많이 먹는 명절 음식 중의 하나이다.

② 수제비는 한국 전쟁 이후 새롭게 등장한 대중적인 음식이다.

③ 수제비는 채소를 끓인 국물에 쌀가루 반죽을 넣어 익혀 먹는다.

④ 수제비는 원래 고급 요리였으나 점차 서민의 음식으로 바뀌었다.

한국어능력시험 _ 2교시(읽기)

※ [48~50] 다음을 읽고 물음에 답하십시오. (각 2점)

주변의 환경오염과 난개발로 인해 사라졌던 희귀종 물고기들이 최근 강물 속을 헤엄치는 것이 목격되었다는 뉴스가 보도되었다. 이번에 발견된 물고기들은 멸종 위기에 처했던 어종으로 알려졌다. 이는 오염된 강물에 녹조가 가득하고 강바닥에 쌓인 쓰레기로 인해 물고기들이 떼죽음을 당하고 최악의 수질로 기록되었던 강이 다시 생명이 숨 쉬는 곳으로 살아났음을 의미한다. 개발 사업을 전면 중단하고 강을 (   ) 모여 얻어진 결과이다. 강물의 생태계 탐사를 지휘했던 관계자는 그동안 강 주변의 마구잡이 개발에 따른 오염 등으로 막혀 있던 강물이 다시 흐르기 시작하면서 발견된 어린 물고기들은 강의 귀환을 알리는 중요한 신호라고 말했다. 또한 이 물고기들은 전 세계에서 우리나라에만 서식하는 희귀한 종류로 존재 자체만으로도 커다란 가치가 있어 잘 보존해 후대로 물려줘야 한다고 했다.

48. 윗글을 쓴 목적으로 가장 알맞은 것을 고르십시오.

① 강물의 수질 개선을 위해 실시한 연구 결과를 발표하기 위해
② 생태계 파괴의 주범인 녹조 현상을 없애는 방법을 제안하기 위해
③ 전 세계에 존재하는 희귀종의 생물들을 보존하는 방법을 공유하기 위해
④ 무분별한 개발을 중단하고 환경을 보호해야 하는 이유를 알려 주기 위해

49. (   )에 들어갈 말로 가장 알맞은 것을 고르십시오.

① 찾아오던 관광객들이   ② 되살리려는 노력들이
③ 따라 살던 거주민들이   ④ 개발하려는 움직임이

50. 윗글의 내용과 같은 것을 고르십시오.

① 강을 다시 살리기 위해 다양한 물고기들을 다른 곳에서 가져왔다.
② 강물이 완전히 오염되어 주변에 살던 주민들까지 모두 떠나버렸다.
③ 이번에 발견된 희귀종 물고기는 다른 나라에서 볼 수 없는 어종이다.
④ 이 물고기는 강물의 수질을 다시 살리는 데에 큰 역할을 하고 있다.

21

제3회 한국어능력시험

The 3rd Test of Proficiency in Korean

TOPIK II

1교시	듣기, 쓰기 (Listening, Writing)

수험번호(Registration No.)		
이름 (Name)	한국어(Korean)	
	영 어(English)	

유 의 사 항
Information

○ 시험 시작 지시가 있을 때까지 문제를 풀지 마십시오.
Do not open the booklet until you are allowed to start.

○ 수험번호와 이름을 정확하게 적어 주십시오.
Write your name and registration number on the answer sheet.

○ 답안지를 구기거나 훼손하지 마십시오.
Do not fold the answer sheet; keep it clean.

○ 답안지의 이름, 수험번호 및 정답의 기입은 배부된 펜을 사용하여 주십시오.
Use the given pen only.

○ 정답은 답안지에 정확하게 표시하여 주십시오.

Mark your answer accurately and clearly on the answer sheet.

making example | ① ● ③ ④ |

○ 문제를 읽을 때에는 소리가 나지 않도록 하십시오.
Keep quiet while answering the questions.

○ 질문이 있을 때에는 손을 들고 감독관이 올 때까지 기다려 주십시오.
When you have any questions, please raise your hand.

TOPIK II 듣기 (1번~50번)

※ [1~3] 다음을 듣고 가장 알맞은 그림 또는 그래프를 고르십시오. (각 2점)

1.

2.

3.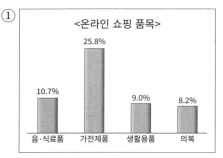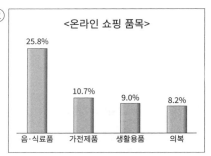

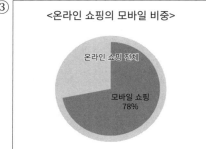 

※ [4~8] 다음을 듣고 이어질 수 있는 말로 가장 알맞은 것을 고르십시오. (각 2점)

4. ① 병원에 다녀와서 연락할게요.
   ② 즐거운 시간을 보내서 좋았어요.
   ③ 저도 같이 갈 수 있을 것 같아요.
   ④ 운동도 좋지만 너무 무리하지 마세요.

5. ① 이사 준비를 도와주면 좋겠어요.
   ② 이사 가게 되면 꼭 초대해 주세요.
   ③ 그동안 멀리 출퇴근하느라 고생했어요.
   ④ 어제 집들이 모임에 와 줘서 고마워요.

한국어능력시험 _ 1교시(듣기, 쓰기)

6. ① 30분 후에 영화가 시작할 거예요.
   ② 다음에 보면 되니까 식사하러 가요.
   ③ 먼저 들어가 있을 테니 빨리 오세요.
   ④ 그럼 제가 예매할 테니까 걱정 말아요.

7. ① 오랜만에 좋은 시간 보내고 와요.
   ② 부산에는 처음 와 보는데 멋지네요.
   ③ 휴가를 보내고 오니까 일이 밀렸어요.
   ④ 이번 여행은 좀 멀리 가 볼까 생각해요.

8. ① 많이 비교해 보고 샀는데 마음에 안 들어.
   ② 가격이 더 오르기 전에 빨리 사는 게 좋아.
   ③ 넌 산 지 얼마 되지도 않았는데 또 바꿨어?
   ④ 나온 지 얼마 안 된 제품인데 할인해 준대.

※[9~12] 다음을 듣고 여자가 이어서 할 행동으로 가장 알맞은 것을 고르십시오. (각 2점)

9. ① 열쇠 수리공을 부른다.   ② 관리 사무소에 전화한다.
   ③ 새 건전지를 사러 간다.   ④ 비밀번호를 다시 누른다.

10. ① 욕실 청소를 한다.   ② 나가서 꽃을 사 온다.
    ③ 식탁에 꽃병을 놓는다.   ④ 친구들 마중을 나간다.

11. ① 케이크 반죽을 다시 한다.   ② 케이크에 생크림을 바른다.
    ③ 케이크 위에 과일을 올린다.   ④ 오븐에 케이크 반죽을 넣는다.

12. ① 먼저 퇴근을 한다.   ② 안내장 출력을 한다.
    ③ 회의록 마무리를 한다.   ④ 다과와 음료 준비를 한다.

3

第3回模試

第3回 한국어능력시험 _ 1교시(듣기, 쓰기)

※ [13~16] 다음을 듣고 들은 내용과 같은 것을 고르십시오. (각 2점)

13. ① 이사 선물로 화분이 인기를 끌고 있다.
② 여자는 공기 정화 식물을 선물 받았다.
③ 남자는 친구 선물로 화분을 고르고 있다.
④ 이 화분은 물을 줄 필요가 없는 식물이다.

14. ① 여성 조종사의 삶을 다룬 영화가 큰 호응을 얻고 있다.
② 최초의 여성 비행사는 어렸을 때의 꿈을 결국 이루었다.
③ 이 영화는 소녀와 새가 인간적으로 교감을 하는 내용이다.
④ 영화의 주인공은 실제 인물로 현재 비행기 조종을 하고 있다.

15. ① 날씨가 매우 건조해서 산불이 자주 발생하고 있다.
② 오늘 밤부터 전국이 추운 날씨가 이어질 예정이다.
③ 일부 지역에서는 기온이 영하로 내려가 추워질 것이다.
④ 안개가 끼는 곳이 많아 차량 운행에 어려움을 겪고 있다.

16. ① 소금과 설탕을 대신할 수 있는 대체 식재료를 만들고 있다.
② 학교 급식을 만드는 주방 조리사들이 요리 모임을 만들었다.
③ 과일과 채소를 이용해 자연의 맛을 낸 여러 메뉴를 개발 중이다.
④ 학교와 가정에서 이용 가능한 메뉴 표준화를 위해 노력하고 있다.

한국어능력시험 _ 1교시(듣기, 쓰기)

※ [17~20] 다음을 듣고 남자의 중심 생각으로 가장 알맞은 것을 고르십시오. (각 2점)

17. ① 웃는 표정을 자주 짓게 되면 진짜 웃는 얼굴이 된다.

② 상대방을 보고 많이 웃어야 좋은 관계를 맺을 수 있다.

③ 냉정한 인상을 주면 원만한 인간관계를 이어가기 어렵다.

④ 표정은 연습으로 좋아지는 것이 아니라 진심을 담아야 한다.

18. ① 자녀가 잘못하면 고쳐 줘야 하는 것이 부모가 할 일이다.

② 아이들은 구속하지 않고 자유롭게 해 줘야 건강하게 자란다.

③ 젊은 부모일수록 아이들을 잘 키우려고 노력하는 경향이 있다.

④ 어린아이들은 자신도 모르게 남에게 피해를 주는 행동을 한다.

19. ① 최대한 이동을 줄이고 한 곳에서 지내는 여행이 바람직하다.

② 사람이 편하게 움직일 수 있는 교통수단이 더 많이 생겨야 한다.

③ 동력을 최소화하는 것이 자연을 보호하고 환경을 지키는 일이다.

④ 자동차 매연으로 인한 대기 오염을 줄여야 지구를 지킬 수 있다.

20. ① 인간만큼 복잡하고 큰 두뇌와 지능을 가진 고래가 있다.

② 돌고래는 흉내를 잘 내고 인간의 말을 알아듣기도 한다.

③ 바다에서 사는 해양 동물들은 다쳐도 흉터가 생기지 않는다.

④ 돌고래는 큰 두뇌와 치유력 등 다양한 능력을 가지고 있다.

第3回 한국어능력시험 _ 1교시(듣기, 쓰기)

※ [21~22] 다음을 듣고 물음에 답하십시오. (각 2점)

21. 남자의 중심 생각으로 가장 알맞은 것을 고르십시오.

① 예술가들의 작품 활동에 대한 지원을 아끼지 않아야 한다.
② 건물주와 임차인 모두를 보호할 수 있는 제도가 필요하다.
③ 지역의 가치를 높이기 위해 노력한 사람들을 보호해야 한다.
④ 각지의 예술가들이 지역 공동체 문화를 주도하는 것이 좋다.

22. 들은 내용과 같은 것을 고르십시오.

① 예술가들이 모여 공동으로 작품 활동을 하는 경우가 많다.
② 분위기나 서비스가 좋은 곳은 손님이 많이 찾기 마련이다.
③ 매출이 높은 가게를 차지하려는 건물주나 자본주들이 있다.
④ 지역 사회를 살리기 위한 예술가들의 노력을 지원하고 있다.

※ [23~24] 다음을 듣고 물음에 답하십시오. (각 2점)

23. 남자가 무엇을 하고 있는지 고르십시오.

① 개명 신청의 복잡한 절차를 비판하고 있다.
② 이름을 바꿀 수 없는 경우를 설명하고 있다.
③ 범죄 사실을 덮으려는 시도를 비난하고 있다.
④ 새로 개정된 개명 신청에 대해 소개하고 있다.

24. 들은 내용과 같은 것을 고르십시오.

① 앞으로 개명 신청은 인터넷으로만 가능하다.
② 예전보다 이름을 바꾸는 일이 많이 수월해졌다.
③ 일단 정해진 이름을 개명하려면 절차가 까다롭다.
④ 빚을 갚지 않으려고 몰래 개명하는 경우가 많아졌다.

한국어능력시험 _ 1교시(듣기, 쓰기)

※ [25~26] 다음을 듣고 물음에 답하십시오. (각 2점)

25. 남자의 중심 생각으로 가장 알맞은 것을 고르십시오.

 ① 지상 철도도 국제선 항공기와 동일한 속도가 되어야 한다.

 ② 앞으로의 운송 수단은 지상보다 공중 이동이 많아질 것이다.

 ③ 상상이 현실에서 이루어지는 것은 생각보다 쉬운 일이 아니다.

 ④ 비행기보다 빠른 기차의 탄생으로 꿈이 실현되는 시대가 온다.

26. 들은 내용과 같은 것을 고르십시오.

 ① 실제 기차를 이용해 초고속 주행 시험에 성공했다.

 ② 기차가 하늘을 날게 되는 꿈의 운송 수단이 개발되었다.

 ③ 공기의 방해를 받지 않게 되면 속도를 더욱 높일 수 있다.

 ④ 국제선 비행기와 유사한 형태의 새로운 기차가 만들어졌다.

※ [27~28] 다음을 듣고 물음에 답하십시오. (각 2점)

27. 남자가 말하는 의도로 알맞은 것을 고르십시오.

 ① 운전 중 음악 청취의 위험성을 경고하기 위해

 ② 터널에서 경보 방송을 하는 이유를 알려 주기 위해

 ③ 터널 내 교통사고 발생이 왜 많은지 알아보기 위해

 ④ 교통사고를 미리 막을 수 있는 방법을 설명하기 위해

28. 들은 내용과 같은 것을 고르십시오.

 ① 차가 터널 안으로 들어가면 음악 방송을 들을 수 없다.

 ② 고속도로의 터널에서는 항상 안내 방송을 실시하고 있다.

 ③ 전국의 모든 도로에서 재난 시 대피 훈련을 시행하고 있다.

 ④ 사고 발생 여부를 알려 주면 이어지는 사고를 막을 수 있다.

第3回 한국어능력시험 _ 1교시(듣기, 쓰기)

※ [29~30] 다음을 듣고 물음에 답하십시오. (각 2점)

29. 남자가 누구인지 고르십시오.

① 영화감독　　　　　　　　　② 영화배우
③ 영화사 대표　　　　　　　　④ 영화 평론가

30. 들은 내용과 같은 것을 고르십시오.

① 남자는 영화제에 참가할 수 없게 되어 아쉬워하고 있다.
② 영화제의 행사들은 관객 없이 온라인으로 열릴 예정이다.
③ 이 영화제는 25년 만에 처음으로 국제적 행사로 확대되었다.
④ 야외 행사는 취소되었고 실내 모임은 한 곳에서만 진행된다.

※ [31~32] 다음을 듣고 물음에 답하십시오. (각 2점)

31. 남자의 중심 생각으로 가장 알맞은 것을 고르십시오.

① 경제 발전은 수도가 있는 지역으로 집중될 수밖에 없다.
② 수도권 집중 발전으로 인한 지역 차별을 극복하기 어렵다.
③ 수도를 지방으로 옮기면 지역도 골고루 발전을 꾀할 수 있다.
④ 행정 수도의 이전은 부동산 문제를 해결할 수 있는 방법이다.

32. 남자의 태도로 가장 알맞은 것을 고르십시오.

① 구체적인 사례를 제시하며 주제를 설명하고 있다.
② 연구 결과를 가지고 자신의 의견을 주장하고 있다.
③ 객관적인 자료를 통해 효율적인 대책을 제안하고 있다.
④ 근거를 들어 상대방 의견을 부드러운 어조로 반박하고 있다.

한국어능력시험 _ 1교시(듣기, 쓰기)

※ [33~34] 다음을 듣고 물음에 답하십시오. (각 2점)

33. 무엇에 대한 내용인지 알맞은 것을 고르십시오.

① 인공 재배와 자연 수확의 차이점 비교

② 계절에 따라 달라지는 식품의 맛과 영양

③ 자연 재배되는 제철 과일과 수산물의 종류

④ 제철 음식의 장점과 꼭 챙겨 먹어야 하는 이유

34. 들은 내용과 같은 것을 고르십시오.

① 농산물은 자연 재배든 인공 재배든 별다른 차이가 없다.

② 계절의 변화에 따라 자연 식재료의 맛과 영양도 달라진다.

③ 건강을 지키기 위해서는 신선한 음식을 많이 먹어야 한다.

④ 사계절 재배가 가능하더라도 특별한 식재료는 구하기 어렵다.

※ [35~36] 다음을 듣고 물음에 답하십시오. (각 2점)

35. 남자가 무엇을 하고 있는지 고르십시오.

① 에너지 과다 사용의 위험성에 대해 경고하고 있다.

② 체중 증가를 방지할 수 있는 방법을 소개하고 있다.

③ 영양의 불균형을 잡아 주는 식사법을 설명하고 있다.

④ 과식으로 인해 오는 피로감과 예방법을 알려 주고 있다.

36. 들은 내용과 같은 것을 고르십시오.

① 먹는 행동이 에너지 소비가 많기 때문에 잘 먹는 게 좋다.

② 여러 번에 나누어 소식을 하는 것이 건강을 지키는 방법이다.

③ 에너지 사용을 줄이면 신체적, 정신적 피로감을 해소할 수 있다.

④ 현대인들은 피로가 많이 쌓이기 때문에 맛있는 음식을 먹어야 한다.

第3回 한국어능력시험 _ 1교시(듣기, 쓰기)

※ **[37~38]** 다음을 듣고 물음에 답하십시오. (각 2점)

37. 여자의 중심 생각으로 가장 알맞은 것을 고르십시오.

① 가정이나 학교에서 올바른 휴대폰 사용법을 가르쳐야 한다.

② 비상시에만 휴대폰을 사용할 수 있는 규칙을 정하는 것이 좋다.

③ 학생들 스스로 휴대폰 사용을 절제할 수 있도록 만들어 줘야 한다.

④ 휴대폰 과다 사용으로 인해 학습에 방해가 되는 일은 없어야 한다.

38. 들은 내용과 같은 것을 고르십시오.

① 학교 수업 시간에 통화를 하는 것은 금지하고 있다.

② 학생들은 무조건 학교에 휴대폰을 가지고 가면 안 된다.

③ 휴대폰 때문에 공부에 집중을 하지 못하는 학생들이 많다.

④ 휴대폰이 없으면 불안 증세를 보이는 것은 당연한 일이다.

※ **[39~40]** 다음을 듣고 물음에 답하십시오. (각 2점)

39. 이 대화 뒤에 이어질 내용으로 가장 알맞은 것을 고르십시오.

① 야생 희귀 식물의 보호 육성과 서식지

② 도시 정원 문화를 배울 수 있는 방법

③ 새롭게 만들어진 특별한 엘리베이터 소개

④ 식물원에서 볼 수 있는 독특한 세계의 식물

40. 들은 내용과 같은 것을 고르십시오.

① 세계의 식물을 한자리에서 볼 수 있는 공원이 만들어졌다.

② 야생에서만 만날 수 있는 희귀종의 동물과 식물이 살고 있다.

③ 이곳에서는 다양한 식물을 기를 수 있는 방법을 배울 수 있다.

④ 식물문화센터는 독특하고 아름다운 디자인으로 시선을 끌고 있다.

한국어능력시험 _ 1교시(듣기, 쓰기)

※ **[41~42]** 다음을 듣고 물음에 답하십시오. (각 2점)

41. 이 강연의 중심 내용으로 가장 알맞은 것을 고르십시오.

   ① 다수의 선택을 따르는 것이 안정감을 느낄 수 있는 방법이다.
   ② 소외되지 않으려는 인간의 동조 심리가 다양하게 활용되고 있다.
   ③ 많은 사람들이 동일한 선택을 하는 것은 바람직한 일이 아니다.
   ④ 다른 사람과 같아지는 것보다 확실한 자기 주관을 가져야 한다.

42. 들은 내용과 같은 것을 고르십시오.

   ① 강남에 가려면 친한 친구와 함께 가는 것이 좋다.
   ② 유행에 뒤지지 않으려면 적극적인 선택을 해야 한다.
   ③ 선거에서 인간의 심리를 이용하는 방법을 쓰기도 한다.
   ④ 자신이 속한 집단에서 다른 의견을 내는 일은 쉽지 않다.

※ **[43~44]** 다음을 듣고 물음에 답하십시오. (각 2점)

43. 무엇에 대한 내용인지 알맞은 것을 고르십시오.

   ① 수도권 택지와 농가 개발 증대의 필요성
   ② 멸종 위기 동식물 보호 육성의 이유와 의의
   ③ 공룡 서식지 발견과 생태 보존 지역의 연관성
   ④ 지속적인 조사와 발굴에 따른 생태계 파괴 고발

44. 이곳이 개발의 위협에서 벗어난 이유로 맞는 것을 고르십시오.

   ① 공룡알 화석이 발견되면서 천연기념물로 지정되었기 때문에
   ② 주변에 생산 공장이 너무 많아 차량 통행이 과다하기 때문에
   ③ 수도권과 가까운 곳에서 탁 트인 지평선을 볼 수 있기 때문에
   ④ 자연 생태계를 지키려는 환경 운동가들의 반대가 심했기 때문에

第3回 한국어능력시험 _ 1교시(듣기, 쓰기)

※ [45~46] 다음을 듣고 물음에 답하십시오. (각 2점)

45. 들은 내용과 같은 것을 고르십시오.

① 지역 상권을 살리기 위해 실시한 규제 정책이 효과가 없다.
② 대형 마트와 전통 시장이 손을 잡고 판촉 활동을 하고 있다.
③ 전통 시장이 최신 시설과 주차장을 갖추고 다시 문을 열었다.
④ 대형 마트가 쉬는 날은 시장이나 주변 상가에 사람이 몰린다.

46. 여자의 태도로 알맞은 것을 고르십시오.

① 지역 상권을 파괴하는 대형 마트의 횡포를 고발하고 있다.
② 대형 마트만 선호하는 소비자들의 편향성을 우려하고 있다.
③ 상권 회복을 위한 전통 시장 활성화 방안을 제안하고 있다.
④ 소비자의 선택권을 보호하기 위한 다양한 방법을 설명하고 있다.

※ [47~48] 다음을 듣고 물음에 답하십시오. (각 2점)

47. 들은 내용과 같은 것을 고르십시오.

① 이 잠수함은 국내 기술로 만든 최초의 중형 잠수함이다.
② 이전의 잠수함은 공기 시스템이 제대로 갖춰지지 않았다.
③ 물 위로 떠오를 필요가 없는 첨단 잠수함이 개발 예정이다.
④ 수백 명이 탑승할 수 있는 최첨단 시설의 여객선이 공개되었다.

48. 남자의 태도로 알맞은 것을 고르십시오.

① 새로 선보이는 해군 잠수함의 특징을 설명하고 있다.
② 최첨단 장비를 갖춘 잠수함의 필요성을 강조하고 있다.
③ 수중에서 펼쳐지는 해군의 작전 기술을 자랑하고 있다.
④ 국내 처음으로 개발한 선박 건조 기술을 발표하고 있다.

한국어능력시험 _ 1교시(듣기, 쓰기)

※ [49~50] 다음을 듣고 물음에 답하십시오. (각 2점)

49. 들은 내용과 같은 것을 고르십시오.

① 회사 출퇴근할 때 의욕이 소진된다는 응답이 제일 많았다.

② 성실하게 일을 하는 사람일수록 무기력증에 빠질 위험이 높다.

③ 적성에 맞지 않는 일을 하게 되면 열정이 사라질 수밖에 없다.

④ 어려운 인간관계에 부딪혔을 때 정신적 스트레스를 많이 받는다.

50. 남자의 태도로 알맞은 것을 고르십시오.

① 반복되는 일상생활에서 벗어나는 법을 제안하고 있다.

② 삶의 의욕이 소진되면 안 된다는 것을 강조하고 있다.

③ 직장인이 탈진 증상을 겪게 되는 이유를 설명하고 있다.

④ 직장 생활의 피로를 해소하는 방법에 대해 소개하고 있다.

第3回 한국어능력시험 _ 1교시(듣기, 쓰기)

TOPIK II 쓰기 (51번~54번)

※ [51~52] 다음 글의 ㉠과 ㉡에 알맞은 말을 각각 쓰시오. (각 10점)

51.

장소 이전 안내

안녕하십니까?

저희 식당을 찾아 주시는 고객 여러분께 진심으로 감사의 말씀을 드립니다.

다음 달부터 더 좋은 시설과 서비스로 보답하기 위해 도로 건너편으로 식당을 (㉠   ). 또한 이곳에서는 이달 말까지만 (㉡   ).

앞으로도 여러분의 많은 관심과 성원을 부탁드립니다. 감사합니다.

한강 식당

52.
흔히 밤에 커피를 마시면 잠이 오지 않는다는 사람들이 많다. 이는 커피에 들어있는 카페인 성분 때문인 것으로 알려져 있다. 그러나 어느 정도의 카페인이 잠을 방해하는지 확실하게 규정하기는 어렵다. 커피를 딱 한 잔만 마셔도 잠이 (㉠   ) 있는가 하면, 여러 잔을 마시고도 아무 문제없이 잠을 (㉡   ) 있기 때문이다.

53. 다음은 성인과 초·중·고등학생을 대상으로 연간 독서율 실태를 조사한 결과이다. 이 내용을 200~300자의 글로 쓰시오. 단, 글의 제목은 쓰지 마시오. (30점)

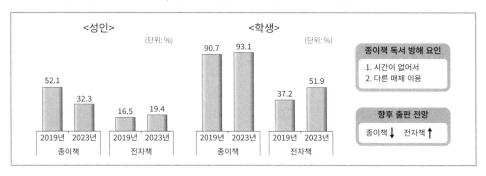

54. 다음을 참고하여 600~700자로 글을 쓰시오. 단, 문제를 그대로 옮겨 쓰지 마시오. (50점)

> 과속이나 신호 위반을 예방하기 위한 감시 카메라는 도로는 물론이고 시민의 안전과 범죄 예방을 위해서 거리 곳곳에 설치되어 있다. 그러나 사생활 침해의 논란도 있는 이러한 감시 카메라 설치에 대해 아래의 내용을 중심으로 자신의 생각을 쓰시오.

- 감시 카메라를 설치하는 목적이 무엇인가?
- 사생활 침해의 논란이 왜 있다고 생각하는가?
- 감시 카메라 설치에 대한 장점과 단점을 쓰시오.

※ 원고지 쓰기의 예

우	리	는		기	분	이		좋	으	면		밝	은		표	정	을	
짓	는	다	.		그	리	고		기	분	이		좋	지		않	으	면	표

제1교시 듣기, 쓰기 시험이 끝났습니다. 제2교시는 읽기 시험입니다.

제3회 한국어능력시험

The 3rd Test of Proficiency in Korean

TOPIK II

2교시

읽기
(Reading)

수험번호(Registration No.)		
이름 (Name)	한국어(Korean)	
	영 어(English)	

第3回模試

유 의 사 항
Information

○ 시험 시작 지시가 있을 때까지 문제를 풀지 마십시오.
Do not open the booklet until you are allowed to start.

○ 수험번호와 이름을 정확하게 적어 주십시오.
Write your name and registration number on the answer sheet.

○ 답안지를 구기거나 훼손하지 마십시오.
Do not fold the answer sheet; keep it clean.

○ 답안지의 이름, 수험번호 및 정답의 기입은 배부된 펜을 사용하여 주십시오.
Use the given pen only.

○ 정답은 답안지에 정확하게 표시하여 주십시오.

Mark your answer accurately and clearly on the answer sheet.

making example   ① ● ③ ④

○ 문제를 읽을 때에는 소리가 나지 않도록 하십시오.
Keep quiet while answering the questions.

○ 질문이 있을 때에는 손을 들고 감독관이 올 때까지 기다려 주십시오.
When you have any questions, please raise your hand.

TOPIK II 읽기 (1번~50번)

※[1~2] (   )에 들어갈 가장 알맞은 것을 고르십시오. (각 2점)

1. 하늘이 온통 흐린 걸 보니 금방이라도 비가 (   ).

　　① 쏟아지고 있다　　　　　　　② 쏟아질 듯하다

　　③ 쏟아지게 되었다　　　　　　④ 쏟아진 적이 없다

2. 이번 홍수로 인명 피해도 (   ) 경제적 손실도 상당합니다.

　　① 큰 데다가　　　　　　　　　② 크기만 했지

　　③ 크기는 해도　　　　　　　　④ 클 수는 없기에

※[3~4] 밑줄 친 부분과 의미가 가장 비슷한 것을 고르십시오. (각 2점)

3. 집값이 올라서 내 집 <u>마련은 고사하고</u> 전셋집을 구하기도 어려워요.

　　① 마련한답시고　　　　　　　② 마련할지언정

　　③ 마련하느니만큼　　　　　　④ 마련하기는커녕

4. 사람들이 많은 곳에서 넘어져서 <u>부끄럽기 짝이 없었어요</u>.

　　① 부끄럽지 않았어요　　　　　② 부끄럽기 때문이에요

　　③ 부끄럽기 그지없었어요　　　④ 부끄러울 리가 없었어요

第3回 한국어능력시험 _ 2교시(읽기)

※ **[5~8]** 다음은 무엇에 대한 글인지 고르십시오. (각 2점)

5.

첨단 과학으로 만나는 환상적 컬러의 세계!
대형 화면으로 새로운 세상을 보세요.

① 안경　　　　② 거울　　　　③ 화장품　　　　④ 텔레비전

6.

수백 송이의 국화꽃이 당신을 기다립니다.
동화 속 이야기가 가득한 가을을 함께 즐겨요!

① 미술관　　　　② 꽃 가게　　　　③ 놀이 공원　　　　④ 전통 시장

7.

먹고, 보고, 즐기고
남도 별미를 느끼며 자연의 품으로!
(1박 2일: 10만 원 / 2박 3일: 15만 원)

① 식당 광고　　　　② 여행 상품　　　　③ 요리 소개　　　　④ 공연 안내

8.

•친환경 재료로만 만듭니다.
•녹차가 함유되어 피부에 자극이 없습니다.
•온 가족이 함께 쓰셔도 좋습니다.

① 상품 설명　　　　② 주의 사항　　　　③ 이용 안내　　　　④ 선택 기준

2

※ [9~12] 다음 글 또는 그래프의 내용과 같은 것을 고르십시오. (각 2점)

9.

연극 '할아버지와 함께 춤을'

♠ 기간: 12월 1일 ~ 12월 31일(월요일은 공연 없음)
♠ 시간: 평일 오후 7시 / 토·일 오후 3시, 6시
♠ 장소: 대학로 소극장
♠ 입장료: 일반 15,000 / 대학생 및 청소년 10,000(학생증 확인)
♠ 기타 문의: 333-1234(예매는 인터넷만 가능)

① 이 공연은 휴무 없이 12월 한 달 동안 계속된다.
② 평일과 주말 모두 1일 2회 공연 관람이 가능하다.
③ 대학생이나 청소년은 학생증이 있으면 할인이 된다.
④ 전화로 궁금한 점을 물어보거나 티켓 예약도 할 수 있다.

10.

① 농촌의 가구 수는 증가하고 있지만 고령자들은 점점 감소하고 있다.
② 농촌 기피 현상으로 인해 농업에 종사하는 사람들은 점점 줄고 있다.
③ 농촌의 인구는 점점 줄고 있는 반면 고령 인구 비율은 늘어나고 있다.
④ 농사를 짓는 가구는 점점 줄고 있지만 노인 농촌 유입은 증가하고 있다.

11.

통계청에서 발표한 올해 국민 생활시간 조사 결과에 따르면 가장 기분 좋은 행동 1위는 식사하기로 나타났다. 다음으로 좋은 사람과의 만남, 방송 시청 순이었고 4위와 5위는 평일의 경우 퇴근, 간식 및 음료 섭취, 주말의 경우에는 수면과 간식 음료 섭취라고 응답했다. 생활시간이란 하루 24시간을 사용 내용에 따라 나눈 시간으로 잠이나 식사 등의 필수 시간과 일이나 학습, 가사 노동 등의 의무 시간 그리고 개인의 자유로운 시간인 여가 시간 등을 말한다.

① 생활시간 가운데 텔레비전을 보는 것이 좋다는 응답이 두 번째로 높다.

② 평일과 주말 모두 간식을 먹는 시간이 좋다는 응답이 동일하게 나타났다.

③ 필수 시간은 직장에서 업무를 수행하거나 학교에서 공부를 하는 시간이다.

④ 하루 동안 행동하는 내용에 따라 사용하는 시간을 나눈 것이 생활시간이다.

12.

아이들은 가정과 사회에서 지속적인 돌봄과 관심을 기울여야 하는 대상이다. 특히 맞벌이 부모의 자녀들은 부모가 일을 하는 시간 동안 아이를 돌봐 줄 사람이 필요하다. 이에 주민들 스스로 지역의 아이들을 돌보고 지도하는 아이 돌봄센터가 새롭게 문을 열어 호응을 얻고 있다. 주민 센터나 도서관 등의 공공시설을 이용하여 방과 후 돌봄이 필요한 초등학생을 대상으로 등하교 관리나 독서, 숙제 지도 등의 프로그램을 제공하고 있다.

① 부모들이 자녀들을 편하게 돌보며 일을 할 수 있는 장소가 생겼다.

② 학교에서 돌아온 아이들을 지도하고 돌봐 주는 곳이 많이 부족하다.

③ 지역 당국에서 마련한 아이 돌봄센터가 주민들에게 환영을 받고 있다.

④ 이 돌봄센터는 지역 주민들이 공동으로 사용하는 시설을 활용하고 있다.

한국어능력시험 _ 2교시(읽기)

※ [13~15] 다음을 순서에 맞게 배열한 것을 고르십시오. (각 2점)

13.

> (가) 파스타 식감을 살린 라면, 국물이 없는 라면 등, 라면 업계의 다채롭고 새로운 시도는 소비자들에게 선택의 즐거움을 안겨 주고 있다.
> (나) 이에 따라 라면 회사들은 다양한 종류의 라면들을 경쟁적으로 내놓고 있다.
> (다) 여기에 1인 가구의 급증과 캠핑 열풍에 힘입어 간편식을 선호하는 소비자가 계속 증가하고 있어 라면 시장은 매년 확대되고 있다.
> (라) 한국은 인구 대비 라면 소비량이 세계 1위를 차지할 정도로 국민들의 라면 사랑이 깊다고 할 수 있다.

① (가) - (나) - (라) - (다) ② (라) - (다) - (나) - (가)
③ (가) - (라) - (나) - (다) ④ (라) - (나) - (가) - (다)

14.

> (가) 또한 외출 시 홀로 남겨진 반려동물의 활동 상태와 시간 등도 확인할 수 있다.
> (나) 바쁜 생활 속에서 반려동물을 제대로 관리할 수 없는 사람들에게 필요한 모바일 프로그램이 개발되었다.
> (다) 이 프로그램은 반려동물의 생활 습관을 기반으로 건강 상태를 분석해서 알려 준다.
> (라) 이를 통해 가족 구성원이 반려동물을 안전하게 양육할 수 있도록 도움을 받을 수 있게 되었다.

① (나) - (다) - (가) - (라) ② (나) - (가) - (라) - (다)
③ (다) - (가) - (라) - (나) ④ (다) - (나) - (가) - (라)

15.

> (가) 쉽게 말하면 보통 개인이나 동호인에 의해 후원과 제작이 행해지는 모든 영화를 일컫는 말이다.
> (나) 따라서 독립이라는 말은 자본으로부터의 독립을 의미하는 것이다.
> (다) 이는 이익이 우선인 일반 상업 영화와 달리 창작자의 의도가 우선이며 상영 시간이나 주제와 형식, 제작 방식 등에서 일반 영화와 차별화된다.
> (라) 기존의 상업 자본에 의존하지 않고 자유롭게 제작되는 영화를 독립 영화라고 한다.

① (가) - (나) - (다) - (라) ② (가) - (다) - (라) - (나)
③ (라) - (가) - (다) - (나) ④ (라) - (나) - (다) - (가)

第3回 한국어능력시험 _ 2교시(읽기)

※[16~18] ( )에 들어갈 말로 가장 알맞은 것을 고르십시오. (각 2점)

16.
> 한글은 자음과 모음 28자로 세상의 모든 소리를 담을 수 있는 문자이다. 또한 전 세계에서 유일하게 만든 사람과 일시 그리고 목적이 명확하게 밝혀진 문자이기도 하다. 국민들이 어려운 한자가 아닌 쉬운 문자를 ( ) 세종대왕이 주도하여 집현전 학자들이 만든 것이다. 현재는 4글자가 없어지고 24자만 쓰이고 있어 더욱 쉽게 배우고 쓸 수 있다.

① 만들어 쓸 수 있도록　　　　　　② 배우고 익힐 수 있도록
③ 누구나 발명할 수 있도록　　　　④ 확인할 수 있게 하기 위해서

17.
> 정신과 의사는 사람의 생각이나 감정을 파악하고 살피는 직업이다. 그래서 늘 남의 감정을 잘 알아보기 위해 많은 노력을 기울인다. 그러나 이러한 정신과 의사들이 정작 ( ) 경우가 있다. 그렇게 되면 결국 환자들의 감정 상태에 휘둘리게 되거나 스스로의 벽에 가로막혀 혼자 괴로워하는 상황이 발생할 수 있다.

① 자신이 질병에 걸리게 되는　　　② 자신의 감정을 돌보지 못하는
③ 다른 사람에게 피해를 주게 되는　④ 남의 고민을 잘 들어 주지 못하는

18.
> 24절기는 태양이 움직이는 각도 및 위치에 따라 1년을 15일 간격으로 나누어 계절을 구분한 달력이라고 볼 수 있다. 24절기의 날짜는 해마다 양력으로는 거의 비슷하지만 음력으로는 조금씩 달라진다. 봄, 여름, 가을, 겨울의 4계절은 각각 입춘, 입하, 입추, 입동의 4절기로부터 시작한다. 따라서 24절기는 ( ) 것이다.

① 일기예보의 기준이 되는　　　　② 계절의 안내자 역할을 하는
③ 기상 상황을 미리 알려 주는　　④ 매년 다르게 정할 수밖에 없는

한국어능력시험 _ 2교시(읽기)

※ **[19~20]** 다음을 읽고 물음에 답하십시오. (각 2점)

> 젊은 층의 결혼 기피와 출산율 감소 및 도시의 인구 집중에 따른 사회적 현상으로 농촌 지역의 학교가 점점 사라지고 있다. 도시를 선호하여 농촌을 떠나는 인구가 늘어나면서 학생 수가 줄고 있기 때문에 더 이상 학교를 운영하기 어려운 지경에 이르고 있는 것이다. 이러한 학교의 폐교는 지역 상권에도 영향을 끼치고 있어 ( ) 말처럼 지역 주민들의 지역 사회 활동까지 위축시키고 결국 지역의 황폐화를 가져오게 된다. 농촌의 한 관계자는 마을에서 아이의 울음소리가 끊긴 지 오래 되었다며 한숨을 쉬기도 했다.

19. ( )에 들어갈 말로 가장 알맞은 것을 고르십시오.

    ① 엎친 데 덮친다는

    ② 소 잃고 외양간 고친다는

    ③ 떡 본 김에 제사 지낸다는

    ④ 비 온 뒤에 땅이 굳는다는

20. 윗글의 주제로 가장 알맞은 것을 고르십시오.

    ① 도시로 몰리는 인구를 농촌 지역으로 확산시켜야 한다.

    ② 학생 수가 감소하면 새로운 교육 방법을 도입할 수 있다.

    ③ 학교가 문을 닫으면 지역 사회에도 큰 피해를 주게 된다.

    ④ 농촌 발전을 위해 주민들의 사회 활동 기회를 넓혀야 한다.

第3回模試

第3回 한국어능력시험 _ 2교시(읽기)

※ [21~22] 다음을 읽고 물음에 답하십시오. (각 2점)

최근 오디오북을 듣는 사람이 점점 늘어나고 있다. 종이책의 자리를 전자책이 상당 부분 대신하는가 싶더니 (   ) 또 다른 책의 형태가 등장하여 이제 책은 읽고 보는 것에서 듣는 시대가 온 것이다. 듣기만 하면 되는 편리함에 노안으로 글씨를 읽는 것에 불편함을 느끼던 노년층은 물론이고 초중고 학생들과 젊은 층에서도 오디오북 활용이 늘고 있다. 이는 일반적인 책 형태에서 벗어나 배경 음악이나 드라마와 같은 형태 등 다양한 미디어와의 결합이 가능하기 때문이다.

21. (   )에 들어갈 말로 가장 알맞은 것을 고르십시오.

① 그대로   ② 어느새

③ 여전히   ④ 일부러

22. 윗글의 내용과 같은 것을 고르십시오.

① 노인들은 아직도 종이로 된 책을 선호하고 있다.

② 종이책의 자리를 전자책에 모두 내줄 수밖에 없었다.

③ 다양한 매체의 활용으로 전자책은 더욱 발전할 것이다.

④ 여러 가지 미디어와 결합한 새로운 형태의 책이 등장했다.

한국어능력시험 _ 2교시(읽기)

※[23~24] 다음을 읽고 물음에 답하십시오. (각 2점)

여름방학이면 엄마 손을 잡고 찾아갔던 외갓집 텃밭에는 오이, 고추, 가지 등이 주렁주렁 열려 있었다. 나는 그 열매들을 하나씩 따는 재미에 시간 가는 줄 모르고 텃밭에서 놀곤 했다. 그중에서도 내가 가장 좋아했던 것은 다름 아닌 옥수수였다. 외할머니는 옥수수를 좋아하는 나를 위해 마당 한쪽에 자리 잡은 커다란 가마솥에 큼지막한 옥수수를 껍질째 넣고 삶으셨다. 옥수수 찌는 고소한 냄새가 온 집안에 가득해지면 나는 마당 앞 평상 마루에 누웠다 일어났다 반복하며 옥수수를 기다렸다. 그럴 때면 어김없이 외할머니가 정성으로 거두시는 강아지 백구 녀석도 꼬리를 흔들며 내 주변을 빙빙 돌곤 했다. 지금도 선명하게 떠오르는 외갓집 풍경은 살면서 내내 나를 넉넉하게 감싸 주는 최고의 보물이 아닐 수 없다.

23. 밑줄 친 부분에 나타난 '나'의 심정으로 가장 알맞은 것을 고르십시오.

① 아쉽다   ② 우습다

③ 억울하다   ④ 평온하다

24. 윗글의 내용과 같은 것을 고르십시오.

① 외할머니는 내게 장터에서 옥수수를 사다 주셨다.

② 나는 외갓집 개를 무서워해서 가까이 가지 않았다.

③ 외할머니의 텃밭에는 여러 가지 채소가 잘 자랐다.

④ 나는 텃밭 옆에 있는 놀이터에서 노는 걸 좋아했다.

9

第3回模試

第3回 한국어능력시험 _ 2교시(읽기)

※ [25~27] 다음 신문 기사의 제목을 가장 잘 설명한 것을 고르십시오. (각 2점)

25.

구름 양 많아 선선, 주말은 맑고 일교차 커

① 구름이 점차 걷히고 주말에는 하루 종일 맑고 시원할 것이다.
② 구름이 많아 시원하며 주말은 맑겠으나 낮과 밤의 기온 차가 클 것이다.
③ 구름이 점점 많아지고 쌀쌀하겠으며 주말은 맑은 날씨를 보일 것이다.
④ 구름이 끼고 비가 내리며 주말에는 맑겠지만 낮 기온이 내려갈 것이다.

26.

김장철 앞둔 대형 마트, 절임 배추 사전 예약 판매 돌입

① 김장의 계절이 다가오면서 대형 마트에서는 배추를 절여서 팔고 있다.
② 김장을 하는 사람이 많아져 대형 마트에서는 김치를 예약 판매하고 있다.
③ 김치를 담그는 사람들을 위해 대형 마트에서 배추김치를 대량 판매 중이다.
④ 김장 시기가 가까워져 대형 마트에서 절임 배추를 미리 예약 판매에 들어갔다.

27.

온라인 수업 장기화, 청소년 신체 불균형 우려

① 온라인 수업이 길어지면서 청소년들의 신체적 불균형이 걱정스럽다.
② 온라인 수업이 길어져 청소년들의 학업 불균형에 대한 걱정이 크다.
③ 온라인 수업은 학업 시간이 길어지기 때문에 청소년들의 불만이 많다.
④ 온라인으로 하는 수업이 길어져 청소년들의 학업 능력이 떨어지고 있다.

한국어능력시험 _ 2교시(읽기)

※ [28~31] (   )에 들어갈 말로 가장 알맞은 것을 고르십시오. (각 2점)

28.

65세 이상의 고령 운전자에 의한 교통사고가 증가하면서 앞으로 야간이나 고속도로 운전을 금지하는 조건부 운전면허 제도 도입이 추진된다. 조건부 운전면허 제도는 고령 운전자의 운전 능력이 떨어지지 않았다는 전제하에 위와 같은 조건을 달아 운전을 허용하는 제도이다. 경찰청에서는 이 제도 도입을 위해 고령 운전자의 시력이나 (   ) 수시 적성 검사를 실시하게 된다.

① 나이를 정확히 측정하는   ② 운동 신경 등을 파악하는
③ 감정 상태를 알릴 수 있는   ④ 운전 능력을 향상시킬 수 있는

29.

아침마다 모닝커피를 내리고 그 향을 맡으며 하루를 기분 좋게 시작하던 사람이 갑자기 커피의 향을 맡지 못하게 된다면 바이러스 감염에 의한 후각 기능 상실을 의심해 봐야 한다. 또한 마늘도 후각 기능을 확인해 볼 수 있는 좋은 재료가 된다. 꼭 식재료만 가능한 것은 아니지만 냄새를 맡아도 해롭지 않은 것들을 사용해야 한다. 방향제나 표백제와 같이 향은 강하나 (   ) 경우는 피하는 것이 좋다.

① 음식 맛을 돋우는   ② 건강과 관계가 없는
③ 잠을 잘 자게 해 주는   ④ 건강에 해를 줄 수 있는

第3回 한국어능력시험 _ 2교시(읽기)

30.

노인에게 주로 나타나는 알츠하이머 즉 치매는 뇌의 신경세포가 서서히 손상되어 장애가 생기는 병이다. 노인 인구 중 상당히 많은 사람들이 이 병을 앓고 있으며 이러한 치매는 진행성으로 기억력뿐만 아니라 (   ) 행동의 제약을 가져오게 된다. 또한 악화되면 일상적인 일이나 시간 및 공간을 판단하는 일, 언어와 의사소통 기술, 사고력이 현저히 떨어진다. 치매의 원인은 다양하나 나이와 상관없이 과한 흡연이나 음주로 인해 발병하는 경우도 있다.

① 다른 사람에게 옮길 수도 있어　　② 신체의 균형 감각까지 쇠퇴하여
③ 음식물 섭취도 불가능하게 되면서　　④ 모든 신체 기관이 기능을 멈추게 되어

31.

문주란은 수선화과에 속하는 식물로 따뜻한 바닷가의 모래 언덕에서 주로 자생한다. 잎이 길어 중간부터는 아래로 둥글게 내려오며 꽃은 흰색이 많고 통꽃 형태로 피는데 6장의 가느다란 꽃잎으로 이루어져 있다. 또한 향기가 좋아 (   ) 주변에 온통 은은하고 부드러운 꽃향기가 널리 퍼진다. 한국에서는 유일하게 제주도 토끼섬에서 자라고 있으며 이곳을 천연기념물로 지정하여 보호하고 있다.

① 집 안에 화분을 놓으면
② 사람들이 꽃을 꺾으면
③ 이 꽃을 파는 꽃집에는
④ 꽃이 만발하는 계절이면

한국어능력시험 _ 2교시(읽기)

※ [32~34] 다음을 읽고 글의 내용과 같은 것을 고르십시오. (각 2점)

32.

　　한국에서도 인기가 높은 외국의 유명 청소기 제조 회사에서 조사한 결과 한국인이 전 세계에서 청소를 가장 자주 한다고 발표했다. 이 조사에 따르면 한국인 60%가 매일 한 번 이상 청소를 하는 것으로 나타났다. 또한 응답자 가운데 43%는 집안에 가구나 물건이 너무 많아 청소가 어렵다고 답했으며 청소를 위해 이러한 가구나 물건을 많이 움직인다고 했다. 이러한 결과에 대해 회사 관계자는 '한국인들은 누구보다 부지런하고 바쁘게 살지만 깨끗함도 매우 중요하게 생각한다.'고 말했다.

① 매일 여러 번 청소를 하는 사람이 60% 이상을 차지한다.
② 절반 이상의 사람들이 집이 좁아 청소가 어렵다고 생각한다.
③ 아시아에서 첫 번째로 한국인이 청소를 많이 하는 것으로 나타났다.
④ 한국 사람들은 청소를 할 때 집안의 물건들을 자주 옮기는 편이다.

33.

　　화장품을 필요한 양만 덜어서 살 수 있는 매장이 생겨 소비자들의 호응을 얻고 있다. 이 매장에서는 샴푸나 린스 등 15개 제품 가운데 소비자가 희망하는 제품의 내용물을 원하는 만큼 친환경 용기에 담는 형태로 구매가 가능하다. 용기 또한 살균 처리하여 재활용이 가능하기 때문에 완제품에 비해 상대적으로 가격이 저렴한 데다 환경 보호도 되는 일석이조의 효과를 얻을 수 있다. 이는 화장품 업계의 판매 방식과 제품 형태에 있어서도 새로운 변화를 가져올 것으로 기대하고 있다.

① 이 매장에서는 모든 화장품을 필요한 만큼만 살 수 있다.
② 화장품의 용기도 다시 쓸 수 있어 쓰레기 배출도 줄일 수 있다.
③ 원하는 화장품을 조금씩 구매할 수 있는 매장이 많아지고 있다.
④ 일부만 파는 화장품의 경우 포장이나 용기의 위생에 문제가 있다.

34.

> 지난해 결혼한 부부 10쌍 가운데 1쌍이 국제결혼인 것으로 나타났으며 이러한 다문화 가정은 2015년 이후 지속적인 증가세를 보이고 있다. 다문화 결혼의 유형으로는 아내가 외국인인 경우가 전체의 70%에 이르고 있다. 결혼 연령으로는 남자가 36.8세, 여자가 28.4세로 연령차는 남편이 연상인 부부가 78.5%였다. 그러나 국제결혼이 증가하고 있는 것과는 별개로 이들 가정에서 출생한 자녀 수는 오히려 감소하고 있다. 저출산의 전체적 사회 분위기가 동일하게 이어지고 있는 것이다.

① 국제결혼의 증가로 인해 다문화 가정 인구도 늘어나고 있다.
② 남편과 아내의 나이가 대부분 비슷하거나 나이 차가 크지 않다.
③ 다문화 결혼에서 여자가 외국인인 경우가 남자보다 훨씬 더 많다.
④ 외국인과 결혼하는 가정이 점점 늘고 있어 전체 결혼의 30%에 이른다.

※ **[35~38] 다음을 읽고 글의 주제로 가장 알맞은 것을 고르십시오. (각 2점)**

35.

> 일찍 일어나 새벽 운동을 하고 주말에 산을 오르는 것이 게으른 사람에게는 쉽지 않은 일이다. 이처럼 규칙적으로 운동을 한다는 것은 그만큼 부지런해야 하는 것이다. 그러나 무조건 운동을 열심히 한다고 해서 좋은 것만은 아니다. 때와 장소, 운동량을 잘 살피는 것이 더욱 중요하다. 특히 날씨가 갑자기 추워지면 뇌혈관 질환뿐만 아니라 신체 부상의 위험도 높아지게 된다. 기온이 떨어지면 근육이나 관절 유연성이 떨어져 자칫 넘어지거나 다치기 쉽기 때문이다.

① 매일 규칙적으로 운동을 해야 부지런한 생활 습관을 가질 수 있다.
② 근육이나 관절은 다치기 쉬우므로 넘어지지 않도록 늘 조심해야 한다.
③ 추운 날씨에는 부상 위험 때문에 실내에서 가볍게 움직이는 것이 좋다.
④ 자신의 신체 조건이나 건강 상태에 맞게 운동량을 조절하는 것이 우선이다.

36.

앞으로 몇 년 후에는 완전 자율 주행차가 상용화될 예정이다. 완전 자율 주행차란 4단계를 말하며 이는 운전자가 탑승은 하지만 비상 상황을 제외하고는 직접 운전할 필요가 없는 수준을 의미한다. 자율 주행 단계는 0에서 5까지 여섯 단계로 나눠지며 4단계 이상이면 완전한 자율 주행에 해당한다. 이를 위해 전국의 고속도로와 국도에 자율 주행에 필요한 제반 시설이 설치되며 이에 따른 제도 개선도 완료하게 된다.

① 6단계까지 완전한 자율 주행 자동차가 완성되어 출시되었다.
② 스스로 움직이는 자율 주행차가 조만간 도로를 달릴 예정이다.
③ 이미 모든 도로에 자율 주행을 위한 시설과 제도가 마련되었다.
④ 비상 상황에서도 알아서 판단하고 처리하는 자동차가 개발되었다.

37.

조선 시대 후기의 대표적 실학자 정약용은 글을 쓸 때 다른 누군가가 읽고 상처를 받거나 조롱을 당하지 않게 두 번, 세 번 생각하며 써야 한다고 아들에게 당부했다. 이러한 정약용의 당부는 지금의 우리 시대에 더욱 필요한 격언이 되었다. 인터넷에 마구잡이로 올리는 허위 사실이나 악성 댓글로 인해 극단적인 선택을 하는 피해자도 발생할 정도로 그 해악이 매우 크다. 이에 대한 대안으로 나온 것이 자신의 실명을 걸고 글을 쓰는 인터넷 실명제이다. 물론 찬반양론이 거세긴 하지만 글을 쓸 때 여러 번 생각해야 함은 당연한 일이다.

① 인터넷에 글을 올릴 때는 자신의 이름을 분명하게 나타내야 한다.
② 조롱을 당하거나 상처를 받지 않으려면 글을 쓰지 않는 것이 좋다.
③ 실명으로 글을 쓰면 다른 사람들이 알아보기 쉬워 불편한 면이 있다.
④ 많이 생각하고 신중하게 글을 써야 다른 사람에게 피해를 주지 않는다.

第3回 한국어능력시험 _ 2교시(읽기)

38.

> 대부분의 사람들이 아파트를 선호하는 이유가 살기에 편리하다는 장점도 있지만 단독 주택이나 다가구 주택에 비해 사고팔 때 수월하기 때문이다. 나중에 팔 때 되도록 손해를 보지 않으려는 인식도 작용하는 것이다. 그러나 집은 사람이 사는 곳이지 시장에서 파는 물건이 아니다. 따라서 집은 투자의 대상이 아니라 거주의 대상이 되어야 한다. 조그마한 땅이라도 자신에게 맞는 형태의 집을 지어 오래도록 편안하게 살 수 있는 곳, 이런 곳이야말로 진정한 집이라고 할 수 있지 않을까.

① 자신에게 맞는 집을 스스로 짓고 사는 것이 행복한 삶이다.
② 내가 살기 편리한 집이 다른 사람에게는 불편함을 줄 수 있다.
③ 팔고 싶을 때 손해 없이 빨리 팔릴 수 있는 집에 투자해야 한다.
④ 집은 사고파는 물건이 아니라 사람이 평생 살아가는 곳이어야 한다.

※ [39~41] 주어진 문장이 들어갈 곳으로 가장 알맞은 것을 고르십시오. (각 2점)

39.

> 오랜 시간 명상을 가르쳐 온 한 교사가 그동안의 수많은 관찰을 통해 성공한 사람들에게서 나타나는 공통적인 습관을 알아냈다고 밝혔다. (㉠) 이에 따르면 자기 분야에서 큰 성공을 거둔 인물들은 보통 오후 8시나 9시 정도에 잠들어 새벽 4시에서 5시에 일어난다고 했다. (㉡) 즉 일찍 자고 일찍 일어나는 습관을 가지고 있다는 것이다. (㉢) 물론 이러한 습관을 가져야 성공을 한다는 과학적 증거는 없으나 연구 결과 잠을 충분히 자야 생산성이 높아지고 학문적 성과에도 중요한 영향을 끼친다는 사실은 확인된 바 있다. (㉣)

> ─────〈보 기〉─────
> 따라서 취침 시간과 기상 시간이 보통 사람들과 불과 2시간 정도의 차이를 보이고 있지만 이 작은 차이의 결과는 크게 달라질 수 있는 것이다.

① ㉠   ② ㉡   ③ ㉢   ④ ㉣

한국어능력시험 _ 2교시(읽기)

40.

최근 고층 빌딩의 화재 현장에서 고생하는 소방관들을 위해 유명 자동차 회사에서 전시장을 휴식처로 제공한 사연이 알려져 감동을 주고 있다. (㉠) 또한 화재를 진압하고 소방관들이 철수한 후 이곳 직원들은 솔선수범하여 사고 현장에서 날아온 잔해를 치우며 주변 정리를 도왔다. (㉡) 현장에 있었던 소방관들은 마땅한 휴식 공간이 없어 길바닥에서 대기해야 했는데 덕분에 추위를 피할 수 있었다며 고마움을 전했다. (㉢) 이번 화재는 건물 전체가 화염에 휩싸일 정도로 엄청나 건물의 손상은 컸으나 소방관들의 활약으로 인명 피해는 발생하지 않았다. (㉣)

―――――――――――〈보 기〉―――――――――――

이 회사에서는 단지 쉴 수 있는 장소뿐만 아니라 식사와 간식 등의 필요 물품까지 무료로 제공하여 화마와 싸우는 소방관들을 격려하기도 했다.

① ㉠　　　　② ㉡　　　　③ ㉢　　　　④ ㉣

41.

매년 9월 4일은 태권도의 날로 지정되어 있다. (㉠) 이날은 태권도의 올림픽 정식 종목 채택을 기념하기 위해 2006년 세계태권도연맹에서 정한 법정 기념일이다. (㉡) 태권도 진흥 및 공원 조성에 관한 법률 제7조 1항에는 태권도에 대한 국민의 관심을 높이고 태권도 보급을 도모하기 위해 태권도의 날을 정한다고 명시되어 있다. (㉢) 이 법령에 따라 국가나 지방자치단체 및 태권도 단체 등은 태권도의 날에 태권도 경기나 관련 세미나, 태권도 유공자 포상 등의 행사를 진행할 수 있다. (㉣)

―――――――――――〈보 기〉―――――――――――

이는 1994년 9월 4일 프랑스 파리에서 열린 국제올림픽위원회 총회에서 올림픽 정식 종목 채택이 결정되었기 때문이다.

① ㉠　　　　② ㉡　　　　③ ㉢　　　　④ ㉣

第3回 한국어능력시험 _ 2교시(읽기)

※ [42~43] 다음을 읽고 물음에 답하십시오. (각 2점)

어머니가 시집올 때 해왔다는 등신대(等身大)의 거울은 이 방에서 유일하게 흠 없이 온전하고 훌륭한 물건이었다. 눈에 보이게 또는 보이지 않게 남루해져가는 우리들 가운데서 거울은, 어머니가 매일 닦는 탓도 있지만, 나날이 새롭게 번쩍이며 한구석에 버티고 있었다. 그 이물감 때문에 우리의 눈에는 실체보다 훨씬 더 커 보이는 건지도 몰랐다. 거울 속에는 언제나 좁은 방 안이 가득 담겨 있었다. 소꿉놀이를 하다가도, 게으르게 눈을 껌벅이며 잠에서 깨어나서도, 싸움질을 하다가도, 허겁지겁 밥을 먹다가도 문득 눈을 들면 방의 한구석에 버티어 선 거울이 뒷모습까지도 환히 비추는 바람에, 우리는 거울 속에서 낯설게 만나지는 자신에게 경원과 면구스러움을 느껴 옆으로 슬쩍 비켜서거나 남의 얼굴처럼 물끄러미 바라보곤 했다. 거울은 기울여놓기에 따라 우리의 모습을 작게도 크게도 길게도 짧게도 자유자재로 바꾸어 비추었다. 언니와 나는 어머니가 없을 때면 끙끙대며 거울을 옮겨놓고 그 앞에서 입을 크게 벌리고 노래를 부르거나 연극놀이를 했다. 비가 와서 밖에 나갈 수 없을 때면 연극놀이를 했는데 내용은 늘 똑같았다.

<유년의 뜰, 오정희, 문학과지성사>

42. 밑줄 친 부분에 나타난 '우리'의 심정으로 가장 알맞은 것을 고르십시오.

① 부끄럽다　　　　　　　　② 만족하다

③ 실망하다　　　　　　　　④ 신기하다

43. 윗글의 내용으로 알 수 있는 것을 고르십시오.

① 거울은 우리 집에서 가장 크고 값비싼 물건이다.

② 언니와 나는 거울을 가지고 노는 것을 좋아했다.

③ 거울은 어머니가 아이들을 위해 사 주신 선물이었다.

④ 어머니는 집에 계실 때 항상 거울 앞에 앉아 계셨다.

한국어능력시험 _ 2교시(읽기)

※ [44~45] 다음을 읽고 물음에 답하십시오. (각 2점)

인간이 건강한 삶을 영위하기 위한 의약품이나 화장품, 식품 등의 안전성 확보를 목적으로 하는 동물 대상 실험이 광범위하게 이루어지고 있다. 동물의 생존권이나 학대에 대한 문제가 꾸준히 제기되고 있으나 현실적으로는 불가피한 선택이라는 명분으로 행해지고 있는 것도 사실이다. 이에 2000년 4월에는 유럽 연합에서 화장품 안전성 검사를 위한 동물 실험을 전면 금지하는 지침을 채택하였고 (   ) 대체 실험 연구가 활발히 진행되고 있다. 이러한 시도는 다음과 같은 목표를 가진다. 첫째, 가능한 한 동물에게 고통을 주지 않을 것. 둘째, 편리하다는 명분으로 동물을 사용하지 않을 것. 셋째, 가능한 범위에서 다른 방법으로 대체할 것 등이다. 대체 방법으로 활용하고 있는 것이 동물의 배양 세포 사용, 실험 대상의 동물 수 대폭 감소, 고통을 느끼지 않는 생물 이용, 컴퓨터 사용 등이 있다.

44. 윗글의 주제로 가장 알맞은 것을 고르십시오.

① 인간이 안전하게 살아가기 위한 불가피한 선택이 있을 수 있다.

② 동물을 학대하고 희생시키는 동물 실험은 절대 행해서는 안 된다.

③ 동물 실험을 자제하고 다른 방법을 찾으려는 노력이 계속되고 있다.

④ 동물을 이용한 약품이나 화장품 등의 사용을 전면 금지해야 할 것이다.

45. (   )에 들어갈 말로 가장 알맞은 것을 고르십시오.

① 동물과 공존할 수 있는

② 동물을 대상으로 하지 않는

③ 함께 살아가는 사회를 지향하는

④ 인간의 생존권을 유지하기 위한

第3回 한국어능력시험 _ 2교시(읽기)

※ [46~47] 다음을 읽고 물음에 답하십시오. (각 2점)

불치병으로 알려진 암은 현대 의학의 눈부신 발전에도 불구하고 여전히 원인이나 그 기원이 명확하게 밝혀지지 않고 있다. 현재 발병 원인으로 추정하고 있는 것들은 각종 발암물질과 방사선, 지속적인 자극과 손상, 유전적 요소, 바이러스에 의한 것 정도이다. 암 발생의 80% 이상이 직접 또는 간접적으로 환경 요인과 관련되어 있으며 이는 자동차 매연, 담배 연기, 각종 화공 약품 등이 이에 속한다. 또한 영국에서 최초로 굴뚝 청소부에게 암이 발생한 것을 계기로 화학적, 기계적 자극이 암의 원인이 될 수 있다는 발표도 있었다. 바이러스에 의한 것으로는 간암이 B형 간염 바이러스에 의해 발생할 수 있다는 것이 증명된 바 있다. 유전적 요인의 경우에는 나폴레옹 일가가 모두 암으로 사망했다는 사실과 일란성 쌍둥이가 같은 암에 걸릴 확률이 높다는 것에서 암의 원인으로 인정이 되고 있다. 그러나 실질적으로 유전하는 암은 극히 드물다는 게 의학계의 일반적인 의견이기도 하다.

46. 윗글에 나타난 필자의 태도로 가장 알맞은 것을 고르십시오.

① 암의 발생 원인으로 인정되는 요소들을 자세히 설명하고 있다.
② 유전적인 요소가 암을 발생시킬 수 있다는 것을 증명하고 있다.
③ 불치병의 치료법을 밝혀내지 못하는 현대 의학을 비판하고 있다.
④ 환경오염이 가져올 수 있는 각종 질병의 위험성을 경고하고 있다.

47. 윗글의 내용과 같은 것을 고르십시오.

① 환경 요인은 암 발병 원인으로 인정되지 못하고 있다.
② 유전으로 인한 암 발병은 아직 뚜렷하게 밝혀진 바가 없다.
③ 직업의 특성에 따라 불치병의 원인을 제공하는 경우가 있다.
④ 의학의 지속적인 발전으로 모든 병의 원인이 드러나고 있다.

한국어능력시험 _ 2교시(읽기)

※[48~50] 다음을 읽고 물음에 답하십시오. (각 2점)

대한민국의 수도이자 세계적으로도 손꼽히는 국제 도시 서울은 역사적 전통을 고스란히 품고 있으며 도시 규모, 인구, 발전상으로 전 세계의 어느 도시에도 뒤지지 않는다. 이러한 서울의 지리적 특징을 꼽으라면 단연 도심에 우뚝 솟아있는 산이라고 해도 과언이 아니다. 더욱이 대통령 집무실과 관저가 위치한 청와대와 조선 시대 왕의 정궁이기도 했던 경복궁의 배경이 되는 북악산은 그 경관이 매우 뛰어나다. 그러나 이 산은 1968년부터 일반인의 출입이 제한되어 있었다. 국가 안보를 위협하는 불미스러운 사건이 벌어진 이래 이러한 사태를 방지하고 (   ) 취지로 막아 놓은 것이다. 이렇게 52년간 출입이 금지되었던 북악산의 일부가 개방되어 시민들의 자유로운 왕래가 가능해졌다. 이로써 서울의 성곽과 둘레길 등산 코스가 완성되었고 이곳에 들어서면 오랜 시간 사람들의 발길이 닿지 않았던 만큼 성곽을 둘러싼 울창한 숲과 나무가 우거져 있어 대도시의 한가운데에 있다는 사실조차 잊게 된다.

48. 윗글을 쓴 목적으로 가장 알맞은 것을 고르십시오.

① 서울의 지리적 특징이 되는 산을 소개하기 위해
② 사람들의 출입을 막은 등산로 개방을 촉구하기 위해
③ 자연 보호와 문화유산 보존의 상징성을 강조하기 위해
④ 한 나라의 수도가 갖춰야 할 제반 조건을 설명하기 위해

49. (   )에 들어갈 말로 가장 알맞은 것을 고르십시오.

① 사람들을 감시하려는
② 산림 자원을 관찰하려는
③ 문화유산을 보존하려는
④ 도시 기능을 회복하려는

50. 윗글의 내용과 같은 것을 고르십시오.

① 세계적으로 유명한 도시들은 대부분 산으로 둘러싸여 있다.
② 서울은 국제도시가 되기 위해 필요한 조건을 잘 갖추고 있다.
③ 오랫동안 막혀 있던 성곽길이 모두 개방되어 출입이 가능해졌다.
④ 궁 주변의 산은 옛날부터 일반인들이 자유롭게 드나들 수 없었다.

한국어능력시험
TOPIK II

第1回 模試

1 교시(듣기)

성 명 (Name)	한 국 어 (Korean)	
	영 어 (English)	

수 험 번 호

결시
확인란 | ※ 결시자의 영어 성명 및
수험번호 기재 후 표기

※ 답안지 표기 방법(Marking example)

바른 방법(Correct) ● | 바르지 못한 방법(Markingexample)
⊗ ⊙ ⊘ ◑ ○

※ 위 사항을 지키지 않아 발생하는 응시자에게 있습니다.

감독관
확 인 | 본인 및 수험번호 표기가 정확
한지 확인 | (인)

한국어능력시험
TOPIK II
2 교시(읽기)

第1回
模試

성 명 (Name)	한 국 어 (Korean)	
	영 어 (English)	

수 험 번 호

수 험 번 호			8							
⓪	⓪	⓪		⓪	⓪	⓪	⓪	⓪	⓪	⓪
①	①	①		①	①	①	①	①	①	①
②	②	②		②	②	②	②	②	②	②
③	③	③		③	③	③	③	③	③	③
④	④	④		④	④	④	④	④	④	④
⑤	⑤	⑤		⑤	⑤	⑤	⑤	⑤	⑤	⑤
⑥	⑥	⑥		⑥	⑥	⑥	⑥	⑥	⑥	⑥
⑦	⑦	⑦		⑦	⑦	⑦	⑦	⑦	⑦	⑦
⑧	⑧	⑧	●	⑧	⑧	⑧	⑧	⑧	⑧	⑧
⑨	⑨	⑨		⑨	⑨	⑨	⑨	⑨	⑨	⑨

※결 시 결시자의 영어 성명 및
확인란 수험번호 기재 후 표기

○

※답안지 표기방법(Marking examples)

바른 방법(Correct) ●
바르지 못한 방법(Incorrect) ⊗ ⊙ ◑ ◐ ●

※ 위 사항을 지키지 않아 발생하는 불이익은 응시자에게 있습니다.

감독관
확 인 본인 및 수험번호 표기가 정확 (인)
한지 확인

번호	답 란			
1	①	②	③	④
2	①	②	③	④
3	①	②	③	④
4	①	②	③	④
5	①	②	③	④
6	①	②	③	④
7	①	②	③	④
8	①	②	③	④
9	①	②	③	④
10	①	②	③	④
11	①	②	③	④
12	①	②	③	④
13	①	②	③	④
14	①	②	③	④
15	①	②	③	④
16	①	②	③	④
17	①	②	③	④
18	①	②	③	④
19	①	②	③	④
20	①	②	③	④

번호	답 란			
21	①	②	③	④
22	①	②	③	④
23	①	②	③	④
24	①	②	③	④
25	①	②	③	④
26	①	②	③	④
27	①	②	③	④
28	①	②	③	④
29	①	②	③	④
30	①	②	③	④
31	①	②	③	④
32	①	②	③	④
33	①	②	③	④
34	①	②	③	④
35	①	②	③	④
36	①	②	③	④
37	①	②	③	④
38	①	②	③	④
39	①	②	③	④
40	①	②	③	④

번호	답 란			
41	①	②	③	④
42	①	②	③	④
43	①	②	③	④
44	①	②	③	④
45	①	②	③	④
46	①	②	③	④
47	①	②	③	④
48	①	②	③	④
49	①	②	③	④
50	①	②	③	④

한국어능력시험
TOPIK II

第1回
模試

1 교시(쓰기)

성 명
(Name)

한국어 (Korean)	
영 어 (English)	

주관식 답안은 정해진 답란을 벗어나거나 답란을 바꿔서 쓸 경우 점수를 받을 수 없습니다.
(Answers written outside the box or in the wrong box will not be graded.)

51	㉠	
	㉡	
52	㉠	
	㉡	

53 아래 빈칸에 200자에서 300자 이내로 작문하십시오. (띄어쓰기 포함).
(Please write your answer below your answer must be between 200 and 300 letters including spaces.)

53

（눈금: 50, 100, 150, 200, 250, 300）

수 험 번 호

| ⓪ ① ② ③ ④ ⑤ ⑥ ⑦ ⑧ ⑨ | | | | | | 8 | | | | | | | |

※ 결시자의 영어 성명 및
수험번호 기재 후 표기

결시
확인란

○

※ 답안지 표기 방법(Marking examples)

바른 방법(Correct) ●
바르지 못한 방법(Incorrect) ⊘ ⊙ ⊗ ◐

※ 위 사항을 지키지 않아 발생하는 불이익은 응시자에게 있습니다.

※감독관 본인 및 수험번호 표기가 정확 (인)
확 인 한지 확인

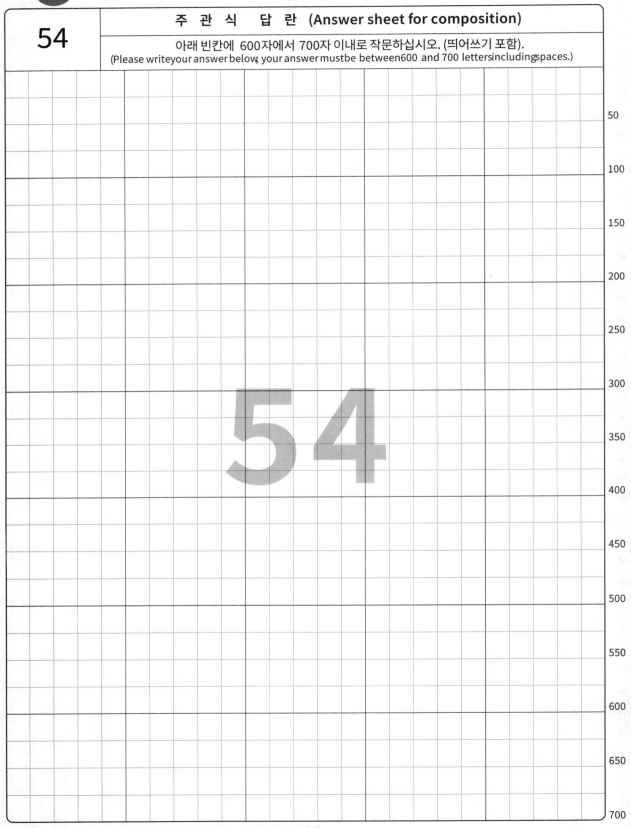

한국어능력시험 TOPIK II

1교시 (듣기)

第2回 模試

성명 (Name)	한국어 (Korean)	
	영 어 (English)	

수험번호

결시 확인란: 결시자의 영어 성명 및 수험번호 기재 후 표기

답안지 표기 방법 (Marking example)

바른 방법 (Correct): ●
못한 방법 (Incorrect): ⊘ ⊙ ● ⊗

※ 위 사항을 지키지 않아 발생하는 불이익은 응시자에게 있습니다.

감독관 확인: 본인 및 수험번호 표기가 정확한지 확인 (인)

번호	답			란
1	①	②	③	④
2	①	②	③	④
3	①	②	③	④
4	①	②	③	④
5	①	②	③	④
6	①	②	③	④
7	①	②	③	④
8	①	②	③	④
9	①	②	③	④
10	①	②	③	④
11	①	②	③	④
12	①	②	③	④
13	①	②	③	④
14	①	②	③	④
15	①	②	③	④
16	①	②	③	④
17	①	②	③	④
18	①	②	③	④
19	①	②	③	④
20	①	②	③	④

번호	답			란
21	①	②	③	④
22	①	②	③	④
23	①	②	③	④
24	①	②	③	④
25	①	②	③	④
26	①	②	③	④
27	①	②	③	④
28	①	②	③	④
29	①	②	③	④
30	①	②	③	④
31	①	②	③	④
32	①	②	③	④
33	①	②	③	④
34	①	②	③	④
35	①	②	③	④
36	①	②	③	④
37	①	②	③	④
38	①	②	③	④
39	①	②	③	④
40	①	②	③	④

번호	답			란
41	①	②	③	④
42	①	②	③	④
43	①	②	③	④
44	①	②	③	④
45	①	②	③	④
46	①	②	③	④
47	①	②	③	④
48	①	②	③	④
49	①	②	③	④
50	①	②	③	④

한국어능력시험
TOPIK II

第2回
模試

2 교시(읽기)

성 명 (Name)	한국어 (Korean)	
	영 어 (English)	

수 험 번 호

	8							

※ 결시자의 영어 성명 및 수험번호 기재 후 표기

결시
확인란 ○

※ 답안지 표기 방법(Marking examples)

바른 방법(Correct) ●
바르지 못한 방법(Incorrect) ⊙ ⊗ ⊘ ◑ ●

※ 위 사항을 지키지 않아 발생하는 불이익은 응시자에게 있습니다.

감독관
확 인 본인 및 수험번호 표기가 정확
한지 확인 (인)

번호	답		란	
1	①	②	③	④
2	①	②	③	④
3	①	②	③	④
4	①	②	③	④
5	①	②	③	④
6	①	②	③	④
7	①	②	③	④
8	①	②	③	④
9	①	②	③	④
10	①	②	③	④
11	①	②	③	④
12	①	②	③	④
13	①	②	③	④
14	①	②	③	④
15	①	②	③	④
16	①	②	③	④
17	①	②	③	④
18	①	②	③	④
19	①	②	③	④
20	①	②	③	④

번호	답		란	
21	①	②	③	④
22	①	②	③	④
23	①	②	③	④
24	①	②	③	④
25	①	②	③	④
26	①	②	③	④
27	①	②	③	④
28	①	②	③	④
29	①	②	③	④
30	①	②	③	④
31	①	②	③	④
32	①	②	③	④
33	①	②	③	④
34	①	②	③	④
35	①	②	③	④
36	①	②	③	④
37	①	②	③	④
38	①	②	③	④
39	①	②	③	④
40	①	②	③	④

번호	답		란	
41	①	②	③	④
42	①	②	③	④
43	①	②	③	④
44	①	②	③	④
45	①	②	③	④
46	①	②	③	④
47	①	②	③	④
48	①	②	③	④
49	①	②	③	④
50	①	②	③	④

한국어능력시험
TOPIK II

第2回
模試

1 교시 (쓰기)

주관식 답안은 정해진 답란을 벗어나거나 답란을 바꿔서 쓸 경우 점수를 받을 수 없습니다.
(Answers written outside the box or in the wrong box will not be graded)

51	㉠	
	㉡	
52	㉠	
	㉡	

아래 빈칸에 200자에서 300자 이내로 작문하십시오. (띄어쓰기 포함).
(Please write your answer below your answer must be between 200 and 300 letters including spaces.)

53

						50
						100
						150
						200
						250
						300

성 명
(Name)

한 국 어 (Korean)
영 어 (English)

수 험 번 호

8									
⓪	⓪	⓪	⓪	⓪	⓪	⓪	⓪	⓪	⓪
①	①	①	①	①	①	①	①	①	①
②	②	②	②	②	②	②	②	②	②
③	③	③	③	③	③	③	③	③	③
④	④	④	④	④	④	④	④	④	④
⑤	⑤	⑤	⑤	⑤	⑤	⑤	⑤	⑤	⑤
⑥	⑥	⑥	⑥	⑥	⑥	⑥	⑥	⑥	⑥
⑦	⑦	⑦	⑦	⑦	⑦	⑦	⑦	⑦	⑦
⑧	⑧	⑧	⑧	●	⑧	⑧	⑧	⑧	⑧
⑨	⑨	⑨	⑨	⑨	⑨	⑨	⑨	⑨	⑨

※ 결시 확인란
결시자의 영어 성명 및 수험번호 기재

○

※ 답안지 표기 방법 (Marking examples)
바른 방법 (Correct) ●
바르지 못한 방법 (Incorrect) ⊘ ⊙ ⊗ ⊖

※ 위 사항을 지키지 않아 발생하는 불이익은 응시자에게 있습니다.

감독관 확인
본인 및 수험번호 표기가 정확 한지 확인

(인)

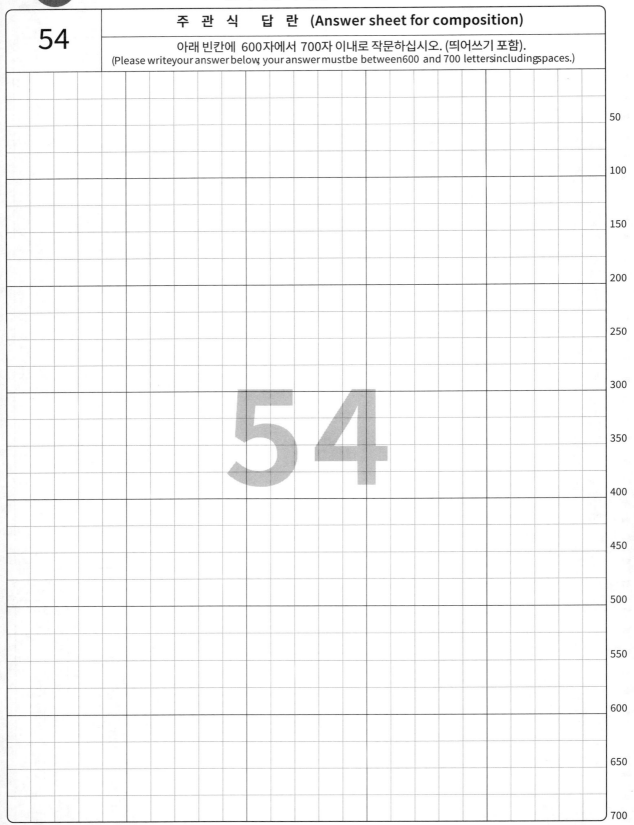

한국어능력시험
TOPIK II
1 교시(듣기)

第3回 模試

성 명 (Name)	한 국 어 (Korean)	
	영 어 (English)	

수 험 번 호

※결 시
확인란 : 결시자의 영어 성명 및 수험번호 기재 후 표기 ○

※답안지 표기 방법(Marking examples)

바른 방법(Correct) ● 바르지 못한 방법(Incorrect) ⊙ ⊗ ⊖ ◑ ○

※위 사항을 지키지 않아 발생하는 불이익은 응시자에게 있습니다.

※감독관
확 인 : 본인 및 수험번호 표기가 정확 한지 확인 (인)

번호	답			란
1	①	②	③	④
2	①	②	③	④
3	①	②	③	④
4	①	②	③	④
5	①	②	③	④
6	①	②	③	④
7	①	②	③	④
8	①	②	③	④
9	①	②	③	④
10	①	②	③	④
11	①	②	③	④
12	①	②	③	④
13	①	②	③	④
14	①	②	③	④
15	①	②	③	④
16	①	②	③	④
17	①	②	③	④
18	①	②	③	④
19	①	②	③	④
20	①	②	③	④

번호	답			란
21	①	②	③	④
22	①	②	③	④
23	①	②	③	④
24	①	②	③	④
25	①	②	③	④
26	①	②	③	④
27	①	②	③	④
28	①	②	③	④
29	①	②	③	④
30	①	②	③	④
31	①	②	③	④
32	①	②	③	④
33	①	②	③	④
34	①	②	③	④
35	①	②	③	④
36	①	②	③	④
37	①	②	③	④
38	①	②	③	④
39	①	②	③	④
40	①	②	③	④

번호	답			란
41	①	②	③	④
42	①	②	③	④
43	①	②	③	④
44	①	②	③	④
45	①	②	③	④
46	①	②	③	④
47	①	②	③	④
48	①	②	③	④
49	①	②	③	④
50	①	②	③	④

한국어능력시험
TOPIK II

第3回
模試

2 교시 (읽기)

| 성 명
(Name) | 한국어
(Korean) | |
| | 영 어
(English) | |

수 험 번 호

				8					
⓪	⓪	⓪	⓪		⓪	⓪	⓪	⓪	⓪
①	①	①	①		①	①	①	①	①
②	②	②	②		②	②	②	②	②
③	③	③	③		③	③	③	③	③
④	④	④	④		④	④	④	④	④
⑤	⑤	⑤	⑤		⑤	⑤	⑤	⑤	⑤
⑥	⑥	⑥	⑥		⑥	⑥	⑥	⑥	⑥
⑦	⑦	⑦	⑦		⑦	⑦	⑦	⑦	⑦
⑧	⑧	⑧	⑧	●	⑧	⑧	⑧	⑧	⑧
⑨	⑨	⑨	⑨		⑨	⑨	⑨	⑨	⑨

※ 결 시
확인란
결시자의 영어 성명 및
수험번호 기재 후 표기
○

※ 답안지 표기 방법 (Marking example)
바른 방법 (Correct) ●
바르지 못한 방법 (Incorrect) ⊗ ⊙ ● ◐
※ 위 사항을 지키지 않아 발생하는 불이익은 응시자에게 있습니다.

※ 감독관
확 인
본인 및 수험번호 표기가 정확
한지 확인 (인)

번호	답 란			
1	①	②	③	④
2	①	②	③	④
3	①	②	③	④
4	①	②	③	④
5	①	②	③	④
6	①	②	③	④
7	①	②	③	④
8	①	②	③	④
9	①	②	③	④
10	①	②	③	④
11	①	②	③	④
12	①	②	③	④
13	①	②	③	④
14	①	②	③	④
15	①	②	③	④
16	①	②	③	④
17	①	②	③	④
18	①	②	③	④
19	①	②	③	④
20	①	②	③	④

번호	답 란			
21	①	②	③	④
22	①	②	③	④
23	①	②	③	④
24	①	②	③	④
25	①	②	③	④
26	①	②	③	④
27	①	②	③	④
28	①	②	③	④
29	①	②	③	④
30	①	②	③	④
31	①	②	③	④
32	①	②	③	④
33	①	②	③	④
34	①	②	③	④
35	①	②	③	④
36	①	②	③	④
37	①	②	③	④
38	①	②	③	④
39	①	②	③	④
40	①	②	③	④

번호	답 란			
41	①	②	③	④
42	①	②	③	④
43	①	②	③	④
44	①	②	③	④
45	①	②	③	④
46	①	②	③	④
47	①	②	③	④
48	①	②	③	④
49	①	②	③	④
50	①	②	③	④

한국어능력시험
TOPIK II
第3回 模試 1 교시(쓰기)

주관식 답안은 정해진 답란을 벗어나거나 답란을 바꿔서 쓸 경우 점수를 받을 수 없습니다.
(Answers written outside the box or in the wrong box will not be graded.)

51	㉠	
	㉡	
52	㉠	
	㉡	

53 아래 빈칸에 200자에서 300자 이내로 작문하십시오. (띄어쓰기 포함).
(Please write your answer below your answer must be between 200 and 300 letters including spaces.)

50
100
150
200
250
300

성 명 (Name)
한 국 어 (Korean)
영 어 (English)

수 험 번 호

결 시 확인란
결시자의 영어 성명 및 수험번호 기재 후 표기

※ 답안지 표기 방법(Marking examples)
바른 방법(Correct) ●
바르지 못한 방법(Incorrect) ⊘ ⊙ ⊗ ◑

※ 위 사항을 지키지 않아 발생하는 불이익은 응시자에게 있습니다.

감독관 확 인
본인 및 수험번호 표기가 정확한지 확인 (인)

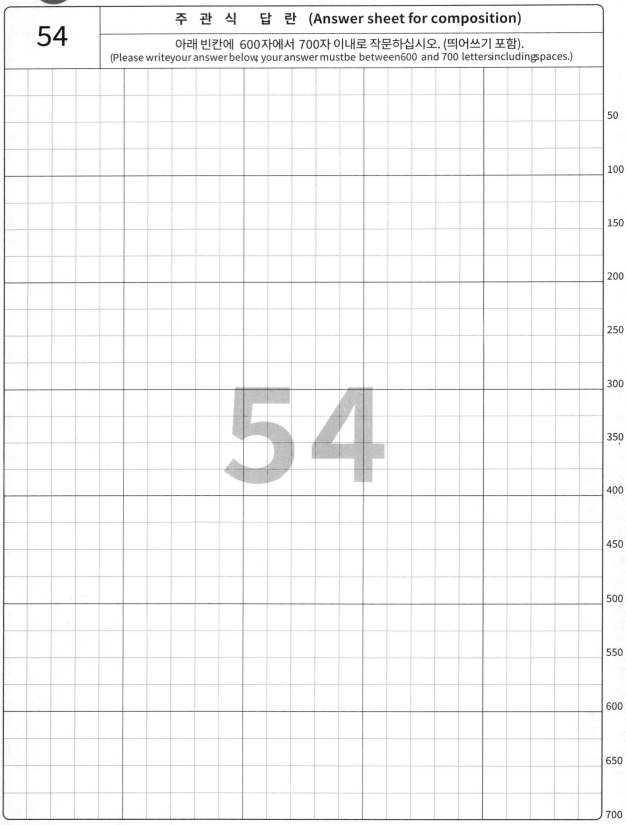

「筆記ー作文問題」の答案作成について

　作文問題では、原稿用紙（マス目を使った用紙）の書き方や分かち書きも採点の対象となります。主な点を確認しておきましょう。

●韓国語の基本的な分かち書きルール
①文節（体言＋助詞、形容詞、副詞、動詞等）でスペースを空ける。
②用言の連体形と依存名詞の前でスペースを空ける。

●原稿用紙（マス目を使った解答欄）の使い方
①段落の始まり
　53番も54番も最初のマスを空けて書き始める。行の最初のマスが空いていると新しく段落がスタートしたことになるので、改行の際に分かち書きで空けるスペースが行の先頭に来ても、空けずに詰めて記入する。

②文章記号
　ピリオドやコンマなどの文章記号は1マスを使って書き、続きは直後のマスからスタートする。改行で文章記号が行の先頭に来る場合は、改行する前の最後のマスに一緒に記入する。

③アルファベット
　略称などの大文字は、1文字で1マス使う。単位などを小文字で表記する場合は、1マスに2文字書く。

④数字
　1ケタの数字は1マスに1つ書くが、2ケタ以上の数字は1マスに2つずつ書く。

⑤数字と単位の表記
　単位名詞はアラビア数字の直後に書くが、ハングルで表記した数字の後にはスペースが必要になる。

〈例〉

매	출	액	은		20	14	년	에		65	조		원
으	로		5	배	로		증	가	하	였	다	.	또	한
'	S	N	S	를		통	해	서	'	라	고		응	답
한		사	람	이		70	.8	%	를		차	지	했	다